教师招聘考试

幼儿园高分题库精编

教育理论

参考答案及解析

山香教师招聘考试命题研究中心 主 编

目　录

上篇　高分题库

下篇　全真模拟试卷

参考答案及解析

上篇 高分题库

专题一 学前卫生学

基础训练

知识1 幼儿生长发育特点与卫生保健

一、单项选择题

1. B【解析】当人在从事某一项活动时，只有相应区域的大脑皮质在工作(兴奋过程)，与这项活动无关的区域则处于休息状态(抑制过程)。这种"镶嵌式活动"方式，使大脑皮质的神经细胞能有劳有逸，以逸待劳，维持高效率。
2. D【解析】新生儿脑重为350克~380克，1岁时脑重为950克，3岁时脑重约为1100克，6岁时脑重已达1250克，达到成人脑重的90%。
3. D【解析】由于幼儿大脑皮质的神经细胞很脆弱——易疲劳，加之易兴奋，抑制过程发育不完善，所以注意力很难持久，需要较长的睡眠时间进行休整。3~5岁每天需要12~13小时的睡眠。
4. A【解析】婴幼儿代谢旺盛，需消耗较多的氧气，因此只能通过加快呼吸频率来满足生理需要，年龄越小，呼吸频率越快。
5. A【解析】幼儿的眼球前后距离较短，物体往往成像于视网膜的后面，称为生理性远视。随着眼球的发育，眼球前后距离变长，一般5岁左右，就可以达到正常的视力。
6. D【解析】幼儿晶状体的弹性好，具有很强的调节能力，所以他们能看清很近的物体。但较长时间看近距离的物体，会使睫状肌过度紧张而疲劳，引发近视。
7. B【解析】婴儿通常6~7月时出牙，最早4个月就出牙了，但不晚于1岁，个体差异较大。
8. A【解析】在神经系统中，脑的耗氧量最高，幼儿脑的耗氧量为全身耗氧量的50%左右，而成人则为20%。
9. A【解析】眼球壁的中膜是由虹膜、睫状体和脉络膜组成，我们说的"黑眼珠""蓝眼睛"，实际上就是虹膜的颜色。
10. B【解析】幼儿腕骨的发育是逐渐进行的。新生儿时期的腕骨都是软骨，随年龄的增长，腕骨逐渐钙化。所以，幼儿手腕的负重能力差，不宜让幼儿提拎太重的物品。
11. D【解析】生长发育具有个别差异性是指生长发育有其一般的规律，但每个儿童生长发育又有自身的特点。由于先天遗传以及后天环境条件的不同，个体在整个生长时期都存在着广泛的差异，呈现出高矮、胖瘦、强弱、智愚的不同。
12. C【解析】家长或教师应教会幼儿正确的刷牙方法：(1)顺着牙缝竖刷，刷上牙自上而下，刷下牙自下而上；(2)磨牙的里外要竖刷，咬合面横刷；(3)刷牙时间不要太短，要使牙齿里外及牙缝都刷到。为有效祛除牙菌斑，每次刷牙的时间不宜少于3分钟。
13. D【解析】幼儿大脑皮质活动过程的特点是兴奋过程强于抑制过程，即兴奋占优势。表现为：容易激动，控制自己的能力较差。
14. D【解析】弱视的治疗，年龄越小，治愈率越高，最佳治疗年龄在3~6岁，年龄大于7岁，治愈率明显下降。
15. B【解析】生长发育具有程序性，即指生长发育遵循由上到下、由近到远、由粗到细、由简单到复杂的规律。
16. A【解析】弱视是指视力低下但又检查不出眼睛有器质性病变的眼疾。弱视患儿视力低下，缺乏良好的双眼单视，没有完善的立体视觉，无法完成许多精细工作(如穿珠、剪纸等)，今后也难以胜任需要正常立体视觉的工作(如外科医生、精密仪器制造者、运动员等)。
17. A【解析】体格是指人体形态、结构和生理机能的发展状况。
18. B【解析】神经系统包括中枢神经系统和周围神经系统，其基本活动方式是反射。
19. B【解析】幼儿的骨膜比较厚，血管丰富，这对骨的生长及再生起重要作用。当幼儿的骨骼受损伤时，因血液供应丰富，新陈代谢旺盛，愈合较成人快。
20. C【解析】脑垂体是人体最重要的内分泌腺体，被誉为"内分泌之王"。

二、多项选择题

1. ABC【解析】评价幼儿生长发育的指标包括形态指标、生理功能指标、心理指标。
2. ABCD【解析】人体的骨骼由206块骨组成，约占体重的20%。具有构成人体支架、支持体重、保护内脏器官和造血等功能。
3. AD【解析】幼儿肾脏的重量相对地大于成人。在1岁和12~15岁两个阶段肾脏的发育最快。
4. ABD【解析】幼儿心脏的特点包括：(1)心脏相对重量大于成人。(2)心脏排血量较少。(3)心率快。
5. ABCD【解析】眼睛要看清东西，外界物体的平行光线经过眼球折光系统的作用，物像必须恰好聚焦在视网膜上，如果物像落在视网膜之前或之后，视物就模糊，视力就不好，这就叫作屈光不正。屈光不正可分为近视、远视、散光、老花眼。

6. ABCD【解析】每一个健康的幼儿在迈向身体成熟的过程中，头颅增长了1倍，躯干增长了2倍，上肢增长了3倍，下肢增长了4倍。

7. ABCD【解析】本题考查幼儿生长发育的主要规律。幼儿生长发育的主要规律包括：(1)生长发育是连续性(顺序性)和阶段性的统一；(2)幼儿生长发育的不均衡性(不平衡性)；(3)生长发育具有程序性；(4)个体学前儿童的发育等级在各发育阶段均相对稳定(生长发育具有个别差异性)。

三、判断题

1. ×【解析】随着年龄的增长，大脑皮质的功能日趋完善，兴奋过程的加强使幼儿睡眠时间逐渐减少，觉醒时间不断延长。

2. √【解析】安排幼儿一日生活时，要注意劳逸结合、动静交替。

3. ×【解析】幼儿晶状体的弹性好，具有很强的调节能力，所以他们能看清很近的物体。

4. √【解析】虽然矫治弱视的方法不同，但"常规遮盖法"被公认为是一种简便易行的方法，即平日遮盖健眼，以提高弱视眼的视力，配合一些需精细目力的作业(如串小珠子、剪纸等)，定期复查，以决定遮盖的时间长短。

5. √【解析】6岁左右，最先萌出的恒牙是"第一恒磨牙"(又称"六龄齿")，上下左右共4颗。恒牙共28～32颗，其中28颗在14岁前全部出齐。六龄齿对建立正常的咬合关系最为重要。

6. ×【解析】幼儿各肌肉群的发育是不平衡的，支配上、下肢的大肌肉群发育较早，而小肌肉群如手指和腕部的肌肉群发育较晚。

7. √【解析】幼儿年龄越小，体温调节能力越差，天气寒冷时应多穿衣服，注意防寒保暖。

8. ×【解析】噪声是指使人感到吵闹或为人所不需要的声音，它是一种环境污染，会影响幼儿听力的发展。因此要做到：(1)要防止幼儿受噪声的影响，平时成人与幼儿讲话声音要适中，不要大喊大叫，家电的声音勿开得太大；(2)教育幼儿听到过大的声音要张嘴、捂耳，预防强音震破鼓膜，影响听力。

9. √【解析】由于先天遗传以及后天环境条件的不同，个体在整个生长时期都存在着广泛的差异，呈现出高矮、胖瘦、强弱、智愚的不同。

10. ×【解析】牙齿发育过程中，最先发育长出的牙叫乳牙。

11. ×【解析】一般认为，味觉是儿童早期最发达的感觉，因为它具有保护生命的价值。

12. √【解析】幼儿骨骼含有机物比成人多，无机盐比成人少，故骨骼弹性大，可塑性强，容易变形。一旦发生骨折，常会出现折而不断的现象，称为"青枝骨折"。

13. ×【解析】与成人的心率相比，幼儿的心率快。

14. ×【解析】幼儿小肠内各种消化液的质量差，所以幼儿的消化能力较差。

15. √【解析】人体各系统的生长发育是不均衡的，但这种不均衡恰恰是机体整体协调发展的需要。

16. √【解析】定期检查幼儿的视力，以便及时发现，及时矫治。幼儿期(3～6岁)是视觉发育的关键时期和可塑阶段，也是预防和治疗视觉异常的最佳年龄段。

17. √【解析】在活动中应让幼儿的两臂交替使用，上、下肢均参与活动。避免经常单一地使用某些肌肉、骨骼，如让幼儿长时间站立等，幼儿园不宜开展拔河、长跑、长时间的踢球等剧烈运动。

18. √【解析】出生2周至1个月，就可以给小儿晒太阳。在日光照射下，周围血管扩张，循环加快，可促进心脏功能发育。所以应经常带小儿到户外进行活动和睡眠。

19. √【解析】纠正幼儿挑食、偏食的毛病，可以预防缺铁性贫血。

20. √【解析】有关研究表明，大脑活动所需要的能量只有糖提供，所以幼儿膳食中要摄入足量的糖类(碳水化合物)。

21. √【解析】肺是气体交换的场所，是呼吸系统的主要器官。

22. √【解析】血糖是神经系统能量的唯一来源。

23. ×【解析】斜视越早治疗，效果越好。治疗儿童斜视不仅为了外观，更主要的是为了恢复眼的正常功能。

24. √【解析】6个月以下是儿童视力发展的敏感期。这时期如果出现发育异常，会引起视力丧失。

四、填空题

1. 脱臼
2. 个别差异性
3. 睡眠状态
4. 10
5. 优势原则
6. 反射
7. 身高和体重
8. 握力　背肌力
9. 弱视
10. 3
11. 呼吸系统
12. 5～10
13. 感染关
14. 3
15. 神经系统

五、名词解释

1. 生理性远视

幼儿的眼球前后距离较短，物体往往成像于视网膜的后面，称为生理性远视。

2. 屈光不正

眼睛要看清东西，外界物体的平行光线经过眼球折光系

统的作用，物像必须恰好聚焦在视网膜上，如果物像落在视网膜之前或之后，视物就模糊，视力就不好，这就叫作屈光不正。

3. 弱视

弱视是指视力低下但又检查不出眼睛有器质性病变的眼疾。

4. 常规遮盖法

常规遮盖法即平日遮盖健眼，以提高弱视眼的视力，配合一些需精细目力的作业（如穿小珠子、剪纸等），定期复查，以决定遮盖的时间长短。

5. “青枝骨折”

幼儿骨骼含有机物比成人多，无机盐比成人少，故骨骼弹性大，可塑性强，容易变形。一旦发生骨折，常会出现折而不断的现象，称为“青枝骨折”。

六、简答题（答案要点）

1. 简述大脑皮质活动的特性。

（1）对侧支配；

（2）倒立分布且皮质区面积与功能相关；

（3）睡眠；

（4）动力定型；

（5）优势原则；

（6）镶嵌式活动原则。

2. 如何帮助幼儿养成良好的用眼习惯？

（1）不要在阳光直射或过暗处看书、画画；

（2）不躺着看书，不在走路或乘车时看书；

（3）集中用眼一段时间后，应远望或去户外活动，以消除视疲劳；

（4）看电视要有节制，小班每次不超过半小时，中、大班不超过1小时；

（5）幼儿的座位要隔一段时间进行调换，以防眼斜视。

3. 简述幼儿骨骼的特点。

（1）骨膜比较厚；

（2）全是红骨髓；

（3）有机物多、无机盐少，柔韧性大而强度低，容易弯曲变形；

（4）骨在不断生长，骨化未完成；

（5）关节灵活性好，牢固性差。

4. 幼儿神经系统发展具有哪些特点？

（1）神经系统发育迅速；

（2）中枢神经系统的发育顺序不均衡——先皮下，后皮质；

（3）植物性神经发育不完善；

（4）高级神经活动的特点：兴奋过程占优势，条件反射建立少，第一信号系统发育早于第二信号系统；

（5）脑细胞的耗氧量大；

（6）可利用的能量来源单一。

5. 简述在组织幼儿活动和锻炼时要注意的问题。

（1）活动量要适当；

（2）活动程序要符合生理要求；

（3）剧烈运动后不宜马上喝大量的开水；

（4）多在阳光下活动或睡眠。

6. 简述幼儿生长发育的主要规律。

（1）生长发育是连续性（顺序性）和阶段性的统一；

（2）幼儿生长发育的不均衡性（不平衡性）；

（3）生长发育具有程序性；

（4）个体学前儿童的发育等级在各发育阶段均相对稳定（生长发育具有个别差异性）。

7. 简述幼儿耳的保育要点。

（1）禁止用锐利的工具给幼儿挖耳；

（2）做好中耳炎的预防工作；

（3）避免噪声的影响；

（4）避免药物的影响；

（5）发展幼儿的听觉。

8. 简述幼儿肌肉发展的特点。

（1）肌肉收缩力差，容易疲劳；

（2）大、小肌肉群的发育不同速。

9. 简述幼儿血液发展的特点。

（1）血液相对量比成人多，年龄越小，比例越大；

（2）血浆含水分较多，血液中血小板数目与成人相近，但含凝血物质较少；

（3）红细胞的数目和血红蛋白量不稳定；

（4）白细胞中中性粒细胞比例较小，机体抵抗力相对较差；

（5）血容量相对较成人多。

10. 简述幼儿耳的特点。

（1）外耳道壁骨化未完成；

（2）咽鼓管短、粗，倾斜度小；

（3）脑膜血管与鼓膜血管相连；

（4）耳蜗的感受性较强，对噪声敏感；

（5）一些药物会损害听神经，引起药物性中毒。

11. 简述幼儿血管的特点。

（1）管径粗，毛细血管丰富；（2）血管比成人短；（3）血管的管壁薄，弹性小；（4）血压低。

12. 简述幼儿内分泌系统发展的特点。

（1）脑垂体分泌的生长素较多；

（2）缺碘影响甲状腺的功能；

（3）幼年时胸腺发育不全会影响免疫功能。

13. 简述幼儿皮肤的保育要点。

（1）培养幼儿良好的卫生习惯；（2）注意衣着卫生；（3）不用刺激性的化妆品，不应佩戴各种首饰；（4）加强锻炼，增强身体的冷热适应能力；（5）防中毒；（6）防烫伤。

14. 简述幼儿泌尿系统的保育要点。

（1）供给充足的水分；（2）养成幼儿定时排尿的习惯；（3）注意会阴部的清洁卫生，预防尿路感染；（4）不摄入过咸的食物，保护肾脏。

15. 简述幼儿内分泌系统的保育要点。

(1)制定合理的生活制度,要保证幼儿有充足的睡眠,以促进其生长发育;(2)合理营养,预防碘缺乏病,多食海产品,提倡使用加碘盐;(3)不乱服营养品,防止性早熟。

七、论述题(答案要点)

1. 试述影响幼儿生长发育的因素。

(1)遗传。遗传对学前儿童的生长发育具有很大的作用。

(2)环境。①营养。营养是幼儿生长发育的物质基础。充足和合理的营养素供给,有助于幼儿的生长潜力得到最好的发挥。②疾病。疾病对幼儿生长发育的干扰作用十分明显,疾病的预防重于治疗。③体育锻炼。④生活制度。建立良好的生活制度不仅可以促进学前儿童的生长发育,而且使他们受益终生。⑤环境污染。环境污染对幼儿发育有较大危害。此外,季节和气候以及社会经济、文化教育和生活环境对幼儿生长发育也有一定影响。

2. 试述幼儿消化系统的保育要点。

(1)爱护牙齿,注意用牙卫生。①养成进食后漱口的好习惯;②正确刷牙;③不吃过冷过热的食物,不用牙齿咬坚硬的东西;④预防牙齿排列不齐;⑤合理营养和户外活动;⑥定期检查。

(2)养成良好的饮食习惯。①幼儿的消化能力较弱,所以应培养幼儿细嚼慢咽、定时定量、少吃零食、不偏食、不吃过冷过热的食物等习惯;②还应避免进食时说笑,以防食物呛入气管。

(3)注意饮食卫生,防止病从口入。幼儿消化能力较差,所以应少吃一些不易消化的食品。要注意饮食卫生,教育孩子饭前便后要洗手。

(4)保持愉快情绪安静进餐。组织幼儿进餐时,可播放轻松愉快、悠扬悦耳的音乐,如果在餐厅就餐,餐厅的灯光应柔和,墙壁粘贴水果等壁画,释放香喷喷的气味等激发幼儿的食欲,促进副交感神经的兴奋,增强消化器官的功能。进餐前后不宜处理幼儿行为上的问题,以免影响幼儿的食欲。

(5)饭前饭后不做剧烈活动。①剧烈运动时,大部分血液涌向运动器官,从而使消化器官的血液量减少;②剧烈运动时,交感神经的兴奋性增强,使消化器官的功能减弱;③尤其是饭后胃肠充满食物,剧烈活动将牵拉胃肠系膜,导致胃下垂等疾病的发生。

(6)养成良好的排便习惯。对6个月以后的婴儿应逐步训练定时大便的习惯,既可以防止便秘的发生又有利于教师的管理。另外,平时应经常组织幼儿参加户外活动,多吃蔬菜、水果,多喝开水,预防便秘。

3. 试述幼儿运动系统的保育要点。

(1)培养幼儿各种正确的姿势,防止脊柱和胸廓畸形。为防止骨骼变形,形成良好体态,需注意以下几点:①托幼园所应配备与幼儿身材相适的桌椅;②教师要随时纠正幼儿坐、立、行中的不正确姿势,并为幼儿做出榜样。

(2)合理组织户外活动和体育锻炼。①多晒太阳,促进骨骼和肌肉发育;②全面发展动作;③保证安全,防止伤害事故。

(3)供给足够的营养。幼儿应多摄取含钙、磷、维生素D、蛋白质等丰富的食品,如小虾皮、蛋黄、牛奶、鱼肝油、动物肝脏、豆制品等,以促进骨的钙化和肌肉的发育。

(4)衣服、鞋帽应宽松适度。幼儿的服饰应有别于成人,要便于骨骼的发育和动作的发展。

4. 试述皮肤的生理功能。

(1)感觉作用。皮肤的真皮中有丰富的感觉神经末梢,能感受触、痛、冷、热、压、痒等刺激。

(2)代谢作用。皮肤中的7-脱氢胆固醇在阳光紫外线的作用下,可转化成维生素D。

(3)保护机体。皮肤有保护身体内部使之不受外来刺激损害的作用。

(4)分泌与排泄作用。皮脂腺分泌皮脂,能滋润皮肤和毛发。汗腺分泌的汗液中大部分是水分,还有少量的无机盐、尿素等废物,有些药物也经过汗液排泄。

(5)调节体温。汗液的排泄对体温调节起主要作用。皮下脂肪有保温的作用。

(6)吸收作用。一些物质可以通过完整的皮肤吸收,如脂溶性物质、乙醇和溶解在其中的物质等。因此,皮肤用药和使用化妆品要慎重。

八、案例分析题(答案要点)

1. 案例中这位母亲所做的是为了开发孩子的右脑。因为神经生理学研究表明,“人有一个头,但有两个脑袋”,即左右脑的功能是不同的,以前由于习惯,人们的左脑得到开发,而右脑没有得到开发,实际上开发右脑潜能和协调左右脑对于幼儿智力发展有很大作用,案例中母亲正是注意到了这一点。首先这位母亲有意识地安排孩子左手、左脚活动,进行左视野训练,这些都直接训练了大脑右半球;孩子做全身性运动,有利于左右脑的协调发展;辨别相似事物的不同之处,对于孩子细心观察的习惯的养成很有帮助,而细心观察能达到活化右脑的目的;这位母亲在对孩子进行语言教育时注意形象化,教孩子认识“梨”这个字的同时,使其看到、摸到、并尝到梨,这样教育很好地协调了左右脑的功能。可以说,正是这位母亲对孩子右脑的开发及左右脑功能的协调,才使孩子成了“小神童”。

2. (1)案例中的孩子患了弱视。

(2)案例中的孩子是因为五个月时左眼眶磕伤,被包扎后,就发现孩子的表现不正常,后来他的左眼视力非常差,总是把一个物体看成两个物体等,婴幼儿期遮盖眼睛,致使外界光刺激不能到达眼内和大脑,导致视觉发

育停顿而引起。导致这种病的原因还有：①先天遗传；②高度远视、近视、散光或两眼曲光数不等；③斜视。

(3)弱视的治疗，年龄越小，治愈率越高，最佳治疗年龄在3～6岁，年龄大于7岁，治愈率明显下降。虽然矫治弱视的方法不同，但“常规遮盖法”被公认为是一种简便易行的方法，即平日遮盖健眼，以提高弱视眼的视力，配合一些需精细目力的作业(如穿小珠子、剪纸等)，定期复查，以决定遮盖的时间长短。此外还有视觉刺激疗法、红色滤光胶片疗法等，对不同病因所致的弱视可有选择地应用。

3. 该园的做法是十分合理的，它对幼儿的主要生活环节进行了很好的安排。这样做意义重大。

(1)保护了幼儿神经系统的正常发育。将幼儿一日生活中的主要环节，如睡眠、进餐、活动、如厕等加以合理安排，使幼儿养成习惯，到什么时间就知道做什么，做时轻松愉快，形成动力定型。

(2)动力定型建立后，能节省神经细胞的功能消耗，达到“事半功倍”的效果。

(3)安排幼儿进行户外活动，不是让幼儿总是在户内作业、活动，使大脑皮质的“工作区”与“休息区”轮换，保证劳逸结合，可以预防过度疲劳，从而保护了幼儿发育不够成熟的大脑皮质。

(4)婴幼儿需要较长时间的睡眠进行休整，合理安排生活制度，使睡眠时间有了保证。

(5)幼儿合理的进餐，既可使幼儿获得足够的营养，又能保护功能尚未发育成熟的消化系统，对幼儿的睡眠、进餐、活动安排好了，也便于安排幼儿的教育活动，使幼儿更好地获得各种知识、技能，并养成良好的生活和行为习惯。

4. (1)人的大脑分为左脑和右脑，左脑与右脑的功能是不同的。所以，被形象的概括为：“人有一个头，但是有两个脑袋。”左脑负责语言、逻辑思维、顺序等工作；右脑则承担着音乐、绘画、情绪等具有创造性的工作。

(2)成人可以通过以下途径开发婴幼儿大脑潜力：根据孩子特点进行肢体的锻炼；要在活动过程中，使孩子经常保持良好的情绪和对活动的积极态度；将学习的语言形象化，让幼儿学会形象判断；婴幼儿早教主要都是为了使宝宝的大脑得到更好的发育。通过学习阅读、数学、百科知识和体能锻炼，可以使孩子们在感知觉、运动平衡技能等方面获得丰富的、连续的、有益的、有效的和有趣的早期经验。

5. 近年来，由于电子产品的广泛普及，很多幼儿沉迷于电脑游戏，导致视力下降，越来越多的家长和幼儿为此困扰，幼儿教师应初步具备帮助幼儿保护和提高视力的能力。例如，案例中罗老师说的话，视力不佳的幼儿明显增多了。在日常生活中眼保健的措施主要有：

(1)教育幼儿养成良好的用眼习惯。不要在阳光直射或过暗处看书、画画；不躺着看书，不在走路或乘车时看书；集中用眼一段时间后，应远望或去户外活动，以消除视疲劳；看电视要有节制，小班每次不超过半小时，中、大班不超过1小时；幼儿的座位要隔一段时间进行调换，以防眼斜视。

(2)为幼儿提供良好的采光环境、适宜的读物和教具。幼儿活动室的光线要适中，当幼儿画画、写字、阅读时，光线应来自左上方，以免造成暗影；幼儿读物，字体宜大，字迹、图案应清晰；教具大小适中，颜色鲜艳，画面清楚。

(3)注意眼的安全和卫生，预防眼外伤。教育幼儿不玩有可能伤害眼睛的危险物品，如竹签、弹弓、小刀、剪刀等；不放鞭炮，不撒沙子；教育孩子不要用手揉眼，自己的手绢、毛巾等要专用，并且保持清洁，保教人员要定期将这些物品消毒；教育孩子最好用流动的水洗手、洗脸，以防眼病。

(4)定期检查幼儿的视力。要定期检查幼儿的视力，以便及时发现，及时矫治。幼儿期(3～6岁)是视觉发育的关键时期和可塑阶段，也是预防和治疗视觉异常的最佳年龄段。

(5)接受和发展幼儿的辨色力。颜色鲜艳的玩具、教具，可以使幼儿色觉得到发展。因此，应组织幼儿进行辨认颜色的活动，使幼儿会区别近似的颜色并说出它们的名称。

(6)供给足够的营养。幼儿的饮食中要注意供给充足的维生素A、胡萝卜素、钙等营养物质，预防夜盲症和干眼病。

知识2 幼儿膳食

一、单项选择题

1. A【解析】在人体受到损伤时，需要蛋白质参与修复和更新组织。
2. D【解析】钙的食物来源首选牛奶，它含钙丰富，吸收率也较高。其次是豆类、豆制品和绿叶蔬菜，如小白菜、油菜、芹菜等。海产品如小虾皮、小鱼干、紫菜等也是钙的良好来源。
3. A【解析】维生素A严重缺乏会造成夜盲症和干眼病。
4. A【解析】钙是人体需要量最多的矿物质。它是构成人体骨骼和牙齿的重要成分，并在维持神经和肌肉的兴奋性、血液凝固、心动节律方面发挥重要作用。
5. D【解析】幼儿需要的总能量约50%～60%来源于碳水化合物。
6. D【解析】铁是人体内含量最高的微量元素，是合成血红蛋白的原料，参与维持正常造血功能和体内氧的运送。
7. C【解析】碘是合成甲状腺素的原料。甲状腺素具有调节新陈代谢、促进神经系统发育的生理功能。碘缺乏会导致甲状腺素合成不足，造成碘缺乏病。碘缺乏的典型症状为甲状腺肿大。
8. A【解析】维生素C是水溶性维生素，又名抗坏血酸。维生素C可以促进胶原合成，参与胆固醇代谢，增强机体

免疫力，还能促进铁的吸收和利用。维生素C缺乏会造成毛细血管通透性增加，导致坏血病。

9. C【解析】维生素B_1又称硫胺素，是一种水溶性维生素。它参与糖类的代谢，对维持神经系统正常功能起着重要作用。同时，维生素B_1可以促进肠蠕动，辅助消化。

10. D【解析】《3～6岁学龄前儿童膳食指南》的内容包括：(1)食物多样，谷类为主；(2)多吃新鲜蔬菜和水果；(3)经常吃适量的鱼、禽、瘦肉；(4)每天饮奶，常吃大豆及其制品；(5)膳食清淡少盐，正确选择零食，少喝含糖量高的饮料；(6)进食量与体力活动要平衡，保证正常体重增长；(7)不挑食、不偏食，培养良好饮食习惯；(8)吃清洁卫生、未变质的食物。

11. A【解析】维生素B_1广泛存在于瘦肉、动物内脏、豆类、坚果类食物中，粮谷类食物外皮中维生素B_1含量丰富，但米面碾磨过细、过分淘米或烹调中加碱，会丢失大量维生素B_1。

12. C【解析】三餐热量分布合理是指早、午、晚三餐食物的供热量比应分别占25%～30%、30%～35%、25%～30%，两次加餐占10%。

13. C【解析】各年龄儿童每日水的需要量大致如下：初生至1岁，120～160毫升/每千克体重；2～3岁，100～140毫升/每千克体重；4～7岁，90～110毫升/每千克体重。

14. D【解析】锌的缺乏会引起蛋白质合成障碍、细胞分裂减少，导致幼儿生长发育迟缓、停滞、性发育延迟、智能发育迟缓、伤口愈合不良、食欲减退，甚至发生异食癖。

15. D【解析】阳光中的红外线能使人体血管扩张，促进新陈代谢；紫外线照射在人体皮肤上，可使皮肤内的7-脱氢胆固醇转化成活性维生素D，有利于防止佝偻病。

16. A【解析】维生素A严重缺乏会造成夜盲症和干眼病。

17. D【解析】维生素D、乳糖和膳食中丰富的蛋白质有利于钙的吸收。

18. C【解析】人体对蛋白质的需要量比较恒定，儿童每千克体重的蛋白质需要量比成人高。膳食中蛋白质摄入量不足，会导致学前儿童生长发育迟缓、体重过轻、贫血、精神疲乏甚至产生智力发育障碍、营养不良性水肿等症状。

19. B【解析】碘缺乏的典型症状为甲状腺肿大。胎儿发育期缺碘，婴儿出生后就会生长发育迟缓、智力低下，严重者发生“呆小症”，即“克汀”，表现为聋、哑、矮、傻。

20. D【解析】维生素B_1缺乏常引起“脚气病”，表现为乏力、肢体麻木、水肿、感觉迟钝等。幼儿膳食应注意粗细搭配，每天吃豆类及其制品，以获取维生素B_1。

21. B【解析】幼儿进餐时保教人员不能一味要求孩子吃得快，或用“看谁得第一”等方法进行比赛以刺激幼儿提高进餐速度。

22. A【解析】人体从食物中获得的维生素A有两大类，一类来源于动物性食物中的维生素A，主要存在于动物肝脏、鱼肝油、蛋、牛奶中；另一类来自植物性食物中的胡萝卜素，一般橙黄色、深绿色蔬菜和水果中含量较高，如胡萝卜、西兰花、菠菜、豌豆苗、芒果等，胡萝卜素在人体内可以转化为维生素A。

23. C【解析】本题考查营养基础知识。摄入充足的碳水化合物，可预防体内酮体生成过多。

24. D【解析】本题考查幼儿膳食。D项是引起食物过敏的原因。

25. B【解析】本题考查六大营养素。能产生并供给人体所需热能的营养素，主要有蛋白质、脂肪、碳水化合物3种。

26. B【解析】脂类的生理功能包括：(1)人体组织的重要组成成分；(2)供给机体能量；(3)保护机体组织、器官，维持体温恒定；(4)提供脂溶性维生素，并促进脂溶性维生素的吸收；(5)提供必需脂肪酸。

27. B【解析】钙是构成人体骨骼和牙齿的重要成分，并在维持神经和肌肉的兴奋性、血液凝固、心动节律方面发挥重要作用。铁是人体内含量最高的微量元素，是合成血红蛋白的原料，参与维持正常造血功能和体内氧的运送。碘是合成甲状腺素的原料。

二、多项选择题

1. ABC【解析】蛋白质、脂类、碳水化合物能够提供机体所需要的能量，故称为产能营养素。

2. CD【解析】托幼机构内儿童的膳食应努力具备科学合理、营养平衡、增进食欲、清洁卫生、有利消化、安全新鲜的特点。

3. ABCD【解析】具体在配膳时，可以按以下方法进行搭配：粗细粮搭配、米面搭配、荤素搭配、谷类与豆类搭配、蔬菜五色搭配、干稀搭配。

4. ACD【解析】《3～6岁幼儿膳食指南》的内容包括：(1)食物多样，谷类为主；(2)多吃新鲜蔬菜和水果；(3)经常吃适量的鱼、禽、蛋、瘦肉；(4)每天饮奶，常吃大豆及其制品；(5)膳食清淡少盐，正确选择零食，少喝含糖量高的饮料；(6)进食量与体力活动要平衡，保证正常体重增长；(7)不挑食、不偏食，培养良好饮食习惯；(8)吃清洁卫生、未变质的食物。

5. ABD【解析】好的饮食习惯的内容包括：(1)按时定位进食，食前有准备；(2)细嚼慢咽，专心进餐；(3)饮食定量，控制零食；(4)不偏食，饮食多样；(5)注意饮食卫生和就餐礼貌。

三、判断题

1. √【解析】1～6岁幼儿每日膳食中蛋白质的推荐摄入量为45克～55克，其中一半应来源于优质蛋白质。

2. ×【解析】断奶后添加辅食要根据婴儿营养需要及消化能力循序渐进，适应一种食品后再增加另一种，从少到多，从稀到稠，从细到粗，逐步过渡。

3. √【解析】由于组成人体各种组织细胞蛋白质的氨基酸有一定的比例，因此人体对必需氨基酸的需求是非常严格的，不但要有量和质的保证，而且还要求各种必需氨

基酸之间有适当的比例。也就是说膳食蛋白质中的必需氨基酸既要在数量上满足机体的需要,又要有符合机体要求的比例才能在体内被充分利用,满足机体合成组织蛋白质的需要。

4. ×【解析】1~2岁小儿每日可进食5次,三餐加上、下午各一次点心,以后逐渐改为4次,三餐加午后点心一次。每次间隔约4小时。

5. √【解析】每顿饭,幼儿都能吃好、吃饱,三餐之间不太饿,"点心"应以低脂肪、低热量为宜,不吃甜食和油煎炸的食物,着重补充维生素C,如半个苹果、一个橘子、几片水萝卜。

6. √【解析】食物中所含的糖类,一部分可被人体吸收,另一部分不能被消化吸收。可被吸收的糖包括单糖(葡萄糖、果糖、半乳糖等)、双糖(蔗糖、麦芽糖、乳糖等)及多糖(淀粉、糊精等)。不能被吸收的糖包括粗纤维和果胶,总称"膳食纤维"。

7. ×【解析】高蛋白食物含锌量较高,海产品次之,蔬菜和水果普遍含锌量不高。

8. √【解析】添加辅食时应遵循由少到多,由稀到稠,由细到粗,由一种到多种的原则。

9. √【解析】《3~6岁学龄前儿童膳食指南》内容包括"食物多样,谷类为主;多吃新鲜蔬菜和水果;经常吃适量的鱼、禽、蛋、瘦肉;食量与体力活动要平衡,保证正常体重增长"等。

10. ×【解析】根据儿童生理需求,制订膳食计划,根据膳食计划制订食谱,每周更换食谱。

11. √【解析】《3~6岁学龄前儿童膳食指南》指出,学龄前儿童每天应进行至少60分钟的体育活动,最好是户外游戏或运动,除睡觉外尽量避免让儿童有连续超过1小时的静止状态,每天看电视、玩平板电脑的累计时间不超过2小时。

12. √【解析】营养素分为蛋白质、脂类、碳水化合物、矿物质(无机盐)、维生素和水六大类。

13. √【解析】组织幼儿进餐时,可播放轻松愉快、悠扬悦耳的音乐,如果在餐厅就餐,餐厅的灯光应柔和,墙壁粘贴水果等壁画,释放香喷喷的气味等激发幼儿的食欲,促进副交感神经的兴奋,增强消化器官的功能。进餐前后不宜处理幼儿行为上的问题,以免影响幼儿的食欲。

14. √【解析】本题考查幼儿饮水。孩子最理想的饮水应该是白开水。

四、填空题

1. 碘
2. 氨基酸
3. 碘
4. 脂类
5. 维生素A
6. 生长发育

五、名词解释

1. 蛋白质互补作用

为了提高食物蛋白质的营养价值,人们将几种营养价值较低的蛋白质混合食用,使必需氨基酸得以相互补充,其模式更接近人体需要,这种食物搭配的效果叫作"蛋白质互补作用"。

2. 营养素

营养素是指食物中所含的能够维持生命和健康并促进机体生长发育的化学物质。

六、简答题(答案要点)

1. 简述蛋白质的生理功能。

(1)构成、更新和修复机体组织;
(2)调节生理功能;
(3)供给能量。

2. 简述学前儿童膳食的特点。

(1)科学合理;
(2)营养平衡;
(3)增进食欲;
(4)有利消化;
(5)清洁卫生;
(6)安全新鲜。

3. 简述在为幼儿配膳时的具体方法。

(1)粗细粮搭配;(2)米面搭配;(3)荤素搭配;(4)谷类与豆类搭配;(5)蔬菜五色搭配;(6)干稀搭配。

4. 简述脂类的生理功能。

(1)人体组织的重要组成成分;(2)供给机体能量;(3)保护机体组织、器官,维持体温恒定;(4)提供脂溶性维生素,并促进脂溶性维生素的吸收;(5)提供必需脂肪酸;(6)促进食欲,增加饱腹感。

七、论述题(答案要点)

1. 试述碳水化合物的生理功能(可吸收部分)。

(1)供给能量。碳水化合物是神经系统的唯一能量来源。幼儿需要的总能量约50%~60%来源于碳水化合物。

(2)构成细胞和组织。碳水化合物是构成细胞和组织的重要物质,参与核糖、脱氧核糖和糖脂的合成。

(3)节约蛋白质的作用。碳水化合物摄入充足时,人体首先使用碳水化合物作为能量来源,从而避免将宝贵的蛋白质转变为葡萄糖供给能量。

(4)抗酮体生成和解毒作用。脂肪代谢过程中必须有碳水化合物存在才能完全氧化而不产生酮体。酮体是酸性物,血液中酮体达到一定浓度会发生代谢性酸中毒。此外,糖原有保肝解毒的作用,能在肝脏内与多种有害物质结合而起到解毒作用。

2. 试述幼儿进食的要求。

(1)良好的物理环境。托幼机构幼儿用餐的场所应整齐清洁,空气通畅,温度适宜,桌椅高低适合幼儿身高,餐具简单便于使用。进餐时良好的物理环境有益于幼儿

保持大脑皮层的兴奋和用餐时的愉快情绪。

(2)良好的心理环境。托幼机构的保育员和教师在幼儿进餐时要给予关心和爱护,对独立进餐有困难的幼儿要给予帮助。不能在就餐时批评、训斥幼儿,造成幼儿情绪低落,大脑皮层受到抑制,食欲不振,即使吃下去的食物也不能得到很好的消化吸收。

(3)适当的进餐速度。幼儿进餐时保教人员不能一味要求孩子吃得快,或用"看谁得第一"等方法进行比赛以刺激幼儿提高进餐速度。进餐过快会造成咀嚼不够,引起消化不良,或因呛噎造成气管异物等情况发生。进餐速度过慢会造成饭菜变凉,特别是在冬季,会导致幼儿胃部不适,消化不良。要指导帮助进餐速度过慢的幼儿改进进餐技巧,提高进餐速度,和同伴一起把饭吃完。

(4)进餐时不谈笑打闹。

(5)不强迫幼儿进食。如果幼儿突然出现比往日进餐量骤减的情况,一般都是有原因的,要注意观察了解,加强与家长的联系,不要强迫幼儿进食,以免造成不良后果。

八、案例分析题(答案要点)

1. (1)这家人大部分的做法是对的,例如,给孩子的妈妈吃好吃的,使其有合理的营养,这样母亲的乳汁不仅充裕而且质量高,对孩子健康成长十分有利;鸡汤、排骨汤、猪蹄汤都是下奶的好东西;吃放在室温下的水果,对身体有益无损,母亲身体健康,对乳儿十分重要;乳汁是否充裕,与乳母的精神状态有很大关系,该家庭氛围使孩子的母亲精神轻松愉快,母亲的乳汁会很充裕,乳儿也因此会得到合理的营养和母爱。

   (2)但这家人做的不合理的是给孩子按钟点喂奶,按钟点喂奶,不仅会饿着孩子,而且还会影响乳腺分泌乳汁。正确的做法应该是"早开奶,按需喂哺"。

2. (1)能吃完饭菜固然是最好。能把饭菜吃完的孩子占大多数,这些孩子没有挑食的习惯,能牢记老师的话,是老师眼中的乖孩子,小朋友的好榜样。对于这种孩子,应该在其他孩子面前加以鼓励,起到正面教育的作用。这样能激励类似于博伦的孩子继续保持这种好习惯,还能给其他孩子一种目标的定向。

   (2)不能把老师的意愿强压于孩子的身上。为什么会有那么多孩子一到吃饭就会那么痛苦,不难发现一是有的孩子确实挑食,二是有的孩子确实是胃口不好,有的孩子胃容量不大,吃到一定限度就是吃不下了。如果一味地对孩子说:"不行,一定都要吃完。"对于这些孩子来说无疑就是一种压力。如果吃饭带着一种压力,那么本身很愉快的事情就变得痛苦。

   (3)针对幼儿进餐应采取的措施:①指导家长,配合教育;②循循善诱,消除心结;③量身定做,尊重孩子身心发展的规律。

知识3 幼儿常见疾病和意外事故的防护

一、单项选择题

1. C【解析】若是苍蝇、蚂蚁等小昆虫钻进耳内,可用灯光对着外耳道口,利用昆虫的趋光性,引诱它爬出来;也可将半茶匙稍加热后的食油、甘油、酒精倒入耳内,再让患儿病耳朝下,控制5~10分钟,被淹死的昆虫可随液体一道流出。对于其他外耳道异物,最好到医院处理。
2. D【解析】流行性腮腺炎是由流行性腮腺炎病毒所致的急性呼吸道传染病。含有病毒的唾液或其他分泌物,通过空气飞沫,经过咽喉部侵入易感者。
3. A【解析】肺炎的病因主要由细菌或者病毒自上呼吸道、气管、支气管下降,侵入肺泡而引起,因此肺炎常发生在上呼吸道感染或气管炎之后,但也可以一开始就患肺炎,最常见的是细菌感染,如肺炎球菌、金黄色葡萄球菌、溶血性链球菌、肺炎杆菌等。
4. C【解析】正常鼻黏膜分泌物无色、量少,若有大量清水样鼻涕见于过敏性鼻炎;粘稠、黄色分泌物,见于慢性鼻炎、鼻窦炎;双侧鼻出血多因全身疾病引起,如血液病、维生素C缺乏等;单侧鼻出血常因外伤、鼻腔异物、鼻腔感染等引起。
5. D【解析】湿疹是婴幼儿常见的过敏性皮肤炎症,病因较为复杂,可由小儿的遗传过敏体质引发;也可由致敏食物引起,如鱼、虾、牛羊肉、鸡蛋、牛奶;还可由接触丝织品、人造纤维、外用药物等引起。
6. C【解析】甲型肝炎病毒存在于病人的粪便中,粪便污染食物、水源而经口传染。
7. D【解析】狂犬病是由狂犬病毒引起的中枢神经系统急性传染病,又称恐水病。狂犬病患者饮水、闻流水声,甚至谈到饮水都可诱发喉肌痉挛,因此病儿渴极却惧怕饮水。
8. A【解析】不同的传染病潜伏期长短不同,即使同一种传染病,也有"一般""最短"和"最长"潜伏期之分。对传染病接触者的观察期限,常依据该传染病的最长潜伏期而定。
9. C【解析】流行性乙脑是由蚊虫传播,水痘由呼吸道传染,猩红热为急性呼吸道传染病,流行性脑脊髓膜炎经飞沫传染。
10. C【解析】题干描述的是终末消毒的概念。
11. A【解析】儿童甲型肝炎主要表现有:食欲减退、恶心、乏力,或偶尔呕吐、腹泻,肝大并有压痛、肝功能异常,不喜欢吃油腻食物等。甲型肝炎是病毒性肝炎的一种。
12. B【解析】第一种已在地球上消灭的传染病是天花。
13. B【解析】流行性乙型脑炎是由乙脑病毒引起的急性中枢神经系统传染病,简称乙脑。本病经蚊虫叮咬传播,流行于夏秋季节,儿童多见。
14. B【解析】呼吸道传染是指病原体由传染源的唾液、痰以及鼻咽分泌物通过空气、飞沫、尘埃等作为媒介,经过呼吸道侵入机体,感染疾病,如麻疹、流感、猩红热等。
15. C【解析】接触传播有两种形式,即直接接触和间接接

触。间接接触是指病原体通过污染各种物品(桌椅、玩具、文具)、用品(衣物、碗筷、杯子、毛巾),再经易感者接触而致病,又称日常生活接触传播。流感、水痘、手足口病、红眼病(急性结膜炎)、乙肝、沙眼等疾病可由间接接触传染。

16. D【解析】手足口病症状包括:(1)潜伏期4~6日。最先出现轻微的症状,如发烧、全身不适、咳嗽、咽痛等。(2)在指(趾)的背面、侧缘、手掌、足跖,尤其是指(趾)甲的周围,有时在臀部、躯干四肢发生红色斑丘疹,很快发展为水疱。(3)口腔内在舌、硬腭、颊黏膜、齿龈上发生水疱,破溃后形成潜在的糜烂,可因疼痛影响进食。(4)一般于8~10天水疱干涸,病愈。

17. A【解析】维生素D缺乏性佝偻病占总佝偻病的95%以上,此病主要由于维生素D不足引起全身性钙、磷代谢失常,以致钙盐不能正常沉着在骨骼的生长部分,最终发生骨骼畸形。

18. D【解析】正常小儿腋下测得的体温为36℃~37.4℃,体温波动的幅度约1℃。体温37.5℃~38℃为低烧,体温在39℃以上为高烧。体温升高是幼儿生病的迹象,应送往医务室查明原因。

19. A【解析】手足口病主要发生于学前儿童,尤以1~2岁婴幼儿为多。

20. A【解析】钩虫病患儿常有异食癖。钩虫病又叫“桑叶黄”“懒黄病”,多见于南方潮湿的地方,北方较少见。缺锌、缺铁也可有异食癖。

21. A【解析】产生异食癖的原因可能是微量元素缺乏,如缺锌、缺铁等,也可能源于家长对孩子缺乏科学饮食习惯的指导,还有可能是孩子为引起父母的关注,用异食行为吸引他们的眼球。

22. C【解析】脱臼后不能随意搬动,应止痛固定后送医院处理。不能用药膏涂抹在脱臼部位,以防病情加重。

23. C【解析】84消毒液是学前教育机构中最常用的消毒液。

24. D【解析】幼儿肩关节脱臼后,上肢就无法正常运动,局部疼痛并出现关节肿胀等现象。

25. A【解析】2016年《中国学龄前儿童膳食指南》指出,学龄前儿童每天饮水600~800mL,以白开水为主,少量多次饮用。

二、多项选择题

1. ABCD【解析】幼儿痱子的预防和护理包括:(1)勤洗澡,保持皮肤干燥清洁,夏季宜穿透气吸汗的纯棉衣服,多喂水、勤翻身;(2)应避免在烈日下玩耍。

2. ABC【解析】传染源、传播途径和易感者(易感人群)构成了传染病发生和流行的三个基本环节,缺少其中任何一个环节,都不会形成传染病的流行。

三、判断题

1. ×【解析】幼儿被烧烫伤后不要给伤处涂抹酱油、醋、碱、牙膏或紫药水之类的东西,这样不但不能减轻伤情,而且会继续刺激创面,加深受伤程度,增加感染的机会,加重幼儿的痛苦。

2. ×【解析】指压止血法是指用手指或手掌将出血的血管上端(近心端)用力压向相邻的骨骼上,以阻断血流,达到暂时止血的目的。此法常用于紧急抢救时的动、静脉出血,不适用于长时间止血。针对案例中的情形,老师应该采取指压止血法进行应急处理。

3. √【解析】乙型肝炎病毒存在于患者的血液、粪便、唾液、鼻涕、乳汁等中。含有病毒的微量血液可通过输血、注射血制品、共用注射器等途径传播。由于患者的唾液和鼻咽分泌物中也含有病毒,所以通过牙刷、食具的传播途径也可传染。乙型肝炎病毒病原体也可通过胎盘传播给胎儿。

4. ×【解析】人患过麻疹后,可获得对麻疹的终生免疫。

5. √【解析】托幼机构对传染源要早发现、早报告、早隔离、早诊断及早治疗。

6. ×【解析】肺炎是学前儿童的常见病、多发病,一年四季均可发生,但以冬、春季节及气候骤变时多见。

7. ×【解析】细菌性痢疾的症状:(1)发病急,高热、腹痛、腹泻,一日可腹泻几十次,有明显的里急后重(有总排不净大便的感觉),大便内有黏液及脓血。(2)少数病人有高热,很快抽风、昏迷,为中毒型痢疾。题干中的幼儿可能患了细菌性痢疾。

8. √【解析】风疹出疹时,部分患儿可不出现皮疹;部分患儿表现为枕后、耳后和两侧颈部的淋巴结肿大。

9. √【解析】肠套叠的症状:患儿阵发性哭闹、屈腿、面色苍白、拒食,每次发作数分钟,过后患儿全身放松或安静或入睡,约数十分钟后再发作。腹痛发作后不久频频呕吐。8~12小时以后可出现红果酱样便(暗红色血便或血黏液的混合物)。

10. ×【解析】手足口病主要由库克萨基病毒引起,多在夏季流行。

11. ×【解析】为了防止气管异物事故的发生,要让幼儿养成良好的习惯,告诉幼儿不要捡吃东西,不要躺在床上吃东西。当幼儿嘴中含有豆粒、花生米等食物时,成人不能一惊一乍,也不能吓唬他,而要同他讲道理,让他吐出来。幼儿在哭闹时,不要用吃东西来哄他。

12. ×【解析】猩红热的潜伏期一般为2~4天,最短1天,最长7天。

13. √【解析】由于空气飞沫传播是呼吸道传染病的主要传播方式,日常生活中应注意环境卫生,加强室内通风换气,并宜采用湿式打扫。

14. ×【解析】幼儿被铁器割的伤口较深的话,应在24小时内注射破伤风疫苗。

15. ×【解析】幼儿发生骨折的时候,在急救处理前不能用手大力揉搓骨折处,以免造成粉碎性骨折。

16. ×【解析】一度冻伤时,在冻伤部位涂上凡士林、蓖麻油等,并缠上绷带;二度冻伤时,不要挑破水疱,水疱上面

涂上青霉素或链霉素软膏，再缠上绷带；三度冻伤时，在受伤部位缠上干燥的无菌绷带，并立即把患儿送医院处理。

17. ×【解析】新生儿皮脂层较薄，且体温控制中枢发育不完善，如果在寒冷的天气不注意保暖，宝宝就会由于保暖不良引起皮脂硬化、受损，患上新生儿硬肿症。

18. ×【解析】发生扭伤后，初期应停止活动减少出血，采用冷敷，以达到止血、消肿、止痛的目的。1～2天后，可用热敷促进消肿和血液的吸收。中药七厘散外敷伤处有良好效果。

19. ×【解析】日晒法是利用紫外线消毒灭菌。一般附着在衣服、被褥等物品表面的病原体，在阳光下暴晒3～6小时就可灭活。

20. ×【解析】饮食中铁的摄入量不足是导致缺铁性贫血的重要原因。

21. √【解析】婴幼儿佝偻病、小儿营养性缺铁性贫血、小儿肺炎、婴幼儿腹泻统称小儿的四种疾病。小儿四病是严重影响小儿健康成长的常见病和多发病。

四、填空题

1. 婴儿
2. 飞沫
3. 灯光
4. 日晒法
5. 冷敷
6. 阴凉通风处
7. 冷水冲洗

五、名词解释

1. 传染病

传染病又称感染性疾病，是由病原微生物（细菌、病毒和真菌）和寄生虫（原虫和蠕虫）感染人体后所产生的疾病，具有传染性和流行性。

2. 潜伏期

从病原体侵入人体到开始出现临床症状，这段时期称为潜伏期。

六、简答题（答案要点）

1. 简述煤气中毒的急救措施。

(1)立即打开门窗或尽快将病人移至通风好的房间内或户外，呼吸新鲜空气。(2)注意保暖，给病人盖好被子，防止受寒发生感冒、肺炎。(3)呼吸、心跳已停止，立即进行胸外心脏挤压和口对口吹气，护送到医院。(4)不要浪费时间去找醋或酸菜汁，酸不能解煤气中毒。(5)对中、重度中毒者，速送医院，接受高压氧治疗。

2. 简述流行性感冒的预防措施。

(1)对流感患儿要尽早隔离，治疗一周或至热退后两天。患儿应多喝水，饮食注意有营养、易消化。

(2)对密切接触者要加强观察，并采取相应措施，中草药板蓝根、金银花等有一定的预防作用。

(3)室内应通风、有阳光照射。避免幼儿出入人群密集的公共场所，外出归来、饭前便后均应用肥皂洗手。

(4)托幼机构应定期消毒儿童玩具及其他用品，儿童被褥等不能交叉使用。

3. 简述维生素D缺乏性佝偻病的病因。

(1)紫外线照射不足是维生素D缺乏的主要原因；

(2)食物中维生素D摄入不足；

(3)生长速度过快，所需维生素D更多；

(4)其他疾病影响；

(5)某些药物的影响。

4. 简述流行性脑脊髓膜炎（简称流脑）的预防措施。

(1)隔离患儿，至症状消失后3天，但不能少于病后7天。对密切接触者及可疑患者应及时采取措施。

(2)注意室内卫生和个人卫生，在流脑流行期间，不带儿童到拥挤的公共场所去。

(3)国内制成的A群荚膜多糖菌苗免疫效果较好。

5. 简述缺铁性贫血的病因。

(1)先天储铁不足：胎儿于出生前3个月，自母体获得较多的铁，储存在体内。(2)饮食中铁的摄入量不足：这是导致缺铁性贫血的重要原因。(3)生长发育过快：随着体重增长，血容量亦相对增加。(4)疾病的影响：长期腹泻引起铁的吸收障碍。

6. 简述学前儿童常见传染病中百日咳的病因及预防。

(1)病因：百日咳是由百日咳杆菌引起的急性呼吸道传染病，传染性很强。大量百日咳杆菌在患儿咳嗽时随飞沫传播，因其在外界环境中生存能力较弱，故很少通过衣物、玩具、书籍等媒介物传播。

(2)预防：①隔离患儿，病人从潜伏期至发病后6周均有传染性。对密切接触的易感者检疫21天。②按计划接种多抗原混合制剂DPT。

7. 简述急性上呼吸道感染的预防措施。

(1)应使学前儿童尽量避免接触急性上呼吸道感染者，隔离患者，以防传染他人；

(2)及时为患者治疗，防止并发症的发生（如中耳炎）；

(3)加强营养，坚持“三浴”锻炼，增强儿童体质；

(4)注意室内通风换气，保持居室空气新鲜；

(5)注意根据气温的突然变化，及时增减儿童所穿、盖的衣物；

(6)小儿不宜穿着过多，以防出汗后吹风受凉。

8. 简述肥胖症的病因。

(1)多食：人工喂养的婴儿，易喂哺过量，胖娃娃远比母乳喂养的多。

(2)少动：大多数小胖子平时不爱运动，也不做家务事。

(3)遗传：双亲肥胖，子女易成肥胖体型。

(4)心理因素：受到精神创伤或心理异常的小儿可有异常的食欲，导致肥胖症。

(5)内分泌疾病：因疾病所致的肥胖症，除超重以外，还有其他的症状，可加以鉴别。

9. 简述龋齿的预防措施。

(1)教育儿童从小注意口腔卫生，养成早晚刷牙、吃东西

后漱口、睡前不吃零食的习惯。

(2)注意正确的刷牙方法，每次刷牙的时间不短于3分钟。

(3)要根据儿童的年龄选择大小适宜的牙刷，每3个月更新一次牙刷，含氟牙膏对降低龋齿的发生率有一定的效果。

(4)合理营养，增强机体的抗龋能力。

(5)定期进行口腔检查，发现龋齿，及时治疗。

10. 简述物理消毒法几种常见方法。

(1)机械法；

(2)煮沸法；

(3)日晒法。

11. 简述常见的止血方法。

(1)加压包扎止血法；

(2)指压止血法；

(3)止血带止血法；

(4)一般止血法。

12. 幼儿小外伤有哪些?

(1)擦伤；

(2)挫伤；

(3)割伤；

(4)扭伤。

七、论述题(答案要点)

试述对烧、烫伤的急救处理可从哪些方面入手。

(1)立即清除造成烧伤、烫伤的根源。如遇火焰灼伤，应迅速将幼儿脱离火源，扑灭伤者身上的余火。对热汤、热粥烫伤幼儿，应立即脱去浸湿的衣服，不易脱去时，切忌强行撕拉，可用剪刀剪破撕开，充分暴露创面。若不慎沾有化学药品时，要用大量净水冲洗。

(2)根据受伤的程度不同及时处理创面。①根据烧(烫)伤的深浅不同，烧(烫)伤可分三度：一度烧(烫)伤，只损伤皮肤表皮层，局部皮肤红肿、疼痛、无水疱。处理时可将损伤部位用凉水或冷开水反复冲洗，若手足灼伤可直接浸于冷水中，至疼痛缓解后去除冷水。可在伤面上涂清凉油或烫伤药膏等，一般4~5天可痊愈，不留疤痕。千万不可随意乱抹肥皂水、牙膏、酱油等。二度烧(烫)伤，伤及真皮层，局部除红肿外，还出现水疱，疼痛剧烈。三度烧(烫)伤，伤及皮下组织和肌肉，甚至累及骨骼。②对二、三度烧(烫)伤的患儿，可用干净的纱布、毛巾等覆盖创面，或用干净的床单包裹住，不要弄破水疱，及时送医院救治。有时烧(烫)伤面积较大，患儿可能烦躁口渴，可少量多次喝些淡盐水。

八、案例分析题(答案要点)

1. 这位母亲针对传染病流行的三个主要环节，采取综合措施，很好地预防了传染病的传播。(1)母亲做到了早发现传染病，早隔离和早治疗病人。因为病人是主要的传染源，病人得到及时隔离，可减少传染病传播的机会，病人也可早日康复。(2)这位母亲在发现儿子得传染病后，隔离儿子，并对儿子的各种排泄物进行消毒，让医生抓紧时间为儿子治疗，这也就切断了传染病传播的途径。这对家长经常按计划为儿女预防接种，为儿女较少感染传染病也打下了基础。

2. (1)案例中老师的做法不正确，强强被面条烫伤，属于一度烧(烫)伤，只损伤皮肤表皮层，局部皮肤红肿、疼痛、无水疱。烧烫伤后，千万不要揉搓、按摩、挤压烫伤的皮肤，也不要急着用毛巾拭擦，以免表皮剥脱。不要给伤处涂抹酱油、醋、碱、牙膏或紫药水之类的东西，这样不但不能减轻伤情，而且会继续刺激创面，加深受伤程度，增加感染的机会，加重患儿的痛苦。

(2)学前儿童的皮肤娇嫩，同样的刺激对学前儿童的伤害比成人更严重。对烧、烫伤的急救处理可从以下几点入手：①立即清除造成烧伤、烫伤的根源。如遇火焰灼伤，应迅速将幼儿脱离火源，扑灭伤者身上的余火。对热汤、热粥烫伤幼儿，应立即脱去浸湿的衣服，不易脱去时，切忌强行撕拉，可用剪刀剪破撕开，充分暴露创面。若不慎沾有化学药品时，要用大量净水冲洗。②根据受伤的程度不同及时处理创面。对一度烧(烫)伤的患儿，处理时可将损伤部位用凉水或冷开水反复冲洗，若手足灼伤可直接浸于冷水中，至疼痛缓解后去除冷水。可在伤面上涂清凉油或烫伤药膏等，一般4~5天可痊愈，不留疤痕。千万不可随意乱抹肥皂水、牙膏、酱油等；对二、三度烧(烫)伤的患儿，可用干净的纱布、毛巾等覆盖创面，或用干净的床单包裹住，不要弄破水疱，及时送医院救治。有时烧(烫)伤面积较大，患儿可能烦躁口渴，可少量多次喝些淡盐水。

3. (1)该幼儿患了流行性腮腺炎。

(2)护理：①注意口腔清洁，常用淡盐水漱口；②腮腺肿痛可用湿毛巾做冷敷，也可外敷清热解毒中药；③在腮肿期间饮食以流质、半流质为宜，避免吃酸的食物；④应用中药进行治疗。

(3)预防：①患儿需隔离至腮肿完全消退，并注意口腔清洁。对接触者应逐日进行检查，如有可疑症状，应隔离观察。②腮腺炎减毒活疫苗及腮腺炎—麻疹—风疹三联疫苗已用于预防，效果较为理想。

4. 针对材料中鼻腔异物的情况，可采用：

(1)要明确孩子鼻腔里进入了什么异物，是从鼻孔哪一侧进入的。

(2)压住没有异物的一侧鼻孔，让孩子闭上嘴，用力擤鼻，这样可以借助空气的压力，将异物擤出来。

(3)用羽毛、纸刺激幼儿鼻黏膜，引起喷嚏反射。

(4)如果上述方法排不出异物，则应到医院处理。

5. (1)该男童体重超出同龄儿童标准体重的40%以上，属于中度肥胖。

(2)该男童体重肥胖的可能原因有：①多食；②少动；③心理因素；④内分泌疾病。

(3)干预措施：①控制幼儿的食量；②掌握幼儿的运动量。

6. (1)根据《3~6岁儿童学习与发展指南》的相关知识，该幼儿的身高体重是不正常的，表现为身高偏低，体重偏高。

(2)根据该儿童的发育现状，给出以下教育建议：①为幼儿提供营养丰富、健康的饮食。食物多样化，均衡搭配；科学烹调，尽量少煎炸、烧烤、腌制。②保证充足的睡眠。充足的睡眠不仅能使神经系统、感觉器官和肌肉得到充分的休息，同时，睡眠时脑组织能量消耗减少，脑垂体分泌的生长素也在睡眠时分泌，可以促进机体生长。保证幼儿每天睡11～12小时，其中午睡一般应达到2小时左右。这样，有利于促进该幼儿的身高发展。③定期为幼儿进行健康检查，以便发现问题及时治疗。④开展体育锻炼。适当的运动，促进幼儿身体热量消耗，以便保持适宜的体重，促进幼儿的健康成长。

知识4 幼儿安全与心理卫生教育

一、单项选择题

1. B【解析】儿童多动综合征(简称多动症)，又名轻微脑功能失调(MBD)，或“注意缺陷障碍”(ADD)，是一类以注意障碍为最突出表现，以多动为主要特征的儿童行为问题。
2. B【解析】口吃出现的年龄以2～4岁为多。2～3岁，一般是口吃开始发生的年龄，3～4岁是口吃的常见期。
3. C【解析】儿童孤独症的症状：(1)社会交往障碍；(2)语言发育障碍；(3)行为异常；(4)兴趣的范围十分狭窄，有独特的兴趣对象；(5)还可能伴有感知障碍、癫痫发作等表现。
4. D【解析】口吃的发生并非因发音器官或神经系统有缺陷，而是与心理状态有密切关系。
5. D【解析】口吃的矫治方法之一是多让幼儿练习朗诵、唱歌。不强迫幼儿当众说话。
6. A【解析】儿童孤独症主要由生物学因素所致，早期生活环境的影响也不容忽视。生物学因素主要指孕期和围产期对胎儿造成的脑损伤，如孕母病毒感染、先兆流产、宫内窒息、产伤等。
7. D【解析】梦魇也是睡眠障碍的一种表现。表现为儿童做噩梦(如从树上跌落、突然失足落水等)，伴有呼吸急促、心跳加剧，自觉全身不能动弹，以致从梦中惊醒、哭闹。醒后仍有短暂的情绪失常，紧张、害怕、出冷汗、面色苍白等。对梦境能有片段的记忆。
8. A【解析】口吃的发生并非因发音器官或神经系统有缺陷，而是与心理状态有密切关系。
9. B【解析】神经性厌食症主要是由心理因素引起的进食障碍，多见于年龄较大的学前儿童。最初表现为食欲减退，吃得极少，逐渐对任何食物都不感兴趣，经常回避或拒绝进食，甚至将食物暗中抛弃，若强迫进食会引起呕吐。
10. D【解析】幼儿如有习惯性阴部摩擦习惯，成人应转移兴奋，避免斥责：当患儿将要发作或正在发作时，家长应装作若无其事的样子将孩子抱起来走走，或给孩子玩具玩，和孩子“逗逗乐”，领孩子出去玩耍，以转移注意力。
11. C【解析】“儿童期恐惧”常用的矫治方法之一是系统脱敏法。
12. C【解析】纠正咬指甲癖的关键在于消除儿童的紧张心理，而劝诫、惩罚、涂苦药或辣物等均不能取得良好效果。成人应为儿童创设良好的生活环境，适当安排儿童进行体育活动，使儿童心情愉快，注意力得到转移。同时应调动儿童的积极性进行自我矫正。

二、多项选择题

1. ABD【解析】功能性遗尿症主要由于大脑皮质功能失调所致。诱因多为精神方面的障碍，如精神紧张、不安，受过惊吓，大病一场之后，生活环境改变，不能适应等。睡眠过深，没有养成好的控制排尿习惯，也是主要诱因。躯体疾病是器质性病变。
2. BCD【解析】小动作多，易冲动，注意力有明显缺陷是多动症的主要表现。
3. ABCD【解析】常见的学前儿童心理问题有：睡眠障碍、语言障碍、遗尿症、说谎、不良习惯、情绪障碍、孤独症、多动症等。其中不良习惯包括吮吸手指、咬指甲癖、习惯性阴部摩擦等。

三、判断题

1. ×【解析】家长或教师不能随便地对幼儿的多动行为下结论。教师要审慎对待幼儿的多动现象，既不能轻率地把幼儿的爱动、多动现象归为多动症，也不能忽视幼儿注意的不稳定现象。教师要善于分析幼儿注意不稳定的原因，注重幼儿良好习惯的养成，在活动中逐渐提高幼儿的注意力水平。
2. √【解析】梦魇是睡眠障碍的一种表现。它表现为儿童做噩梦(如从树上跌落、突然失足落水等)，伴有呼吸急促、心跳加剧，自觉全身不能动弹，以致从梦中惊醒、哭闹。
3. ×【解析】矫治幼儿的口吃时，首先要消除环境中的各种不良因素，避免周围人对幼儿的嘲笑和模仿，要消除幼儿对口吃的紧张心理，树立信心，鼓励主动练习，大胆地说话，自由地呼吸，放松与说话器官相关的肌肉。
4. ×【解析】某些新入幼儿园的小朋友，出现遗尿，检查尿液未发现异常，幼儿在家里并不遗尿。这种情况常与幼儿刚进入陌生环境，还不适应有关。幼儿因为紧张、不安，总觉得有尿而往厕所跑，或因为紧张而尿了裤子。如果受到批评，紧张情绪加剧，更不能控制排尿。这种因精神紧张，偶尔遗尿的现象，不是“遗尿症”。
5. √【解析】幼儿品行障碍包括攻击性行为、说谎等。
6. √【解析】每次活动前做好充分的准备工作，向幼儿提出活动的具体注意事项，配备足够数量的保教人员。
7. ×【解析】发生屏气发作多为3岁以下的幼儿，3岁以后很少发生，6岁以后更为罕见。

8. ×【解析】夜惊指睡眠中突然出现的短暂性惊扰症状。常见于4～7岁儿童,男孩多于女孩。通常青春期开始后消失。

9. √【解析】口吃表现为正常的语言节律受阻,无法控制地重复某些字音或词句,发音延长或停顿。常伴有跺脚、摇头、挤眼、歪嘴等动作,才能费力地将字迸出。有口吃的儿童大都性格内向、不开朗、自卑、羞怯、退缩、情绪易急躁、冲动。

10. √【解析】建立严格的药品保管制度。内服药、外用药、消毒剂均需标签清楚、分开放置、专人保管,不给儿童造成可轻松拿到的机会。给儿童用药前,要仔细核对姓名、药名、剂量,切勿拿错药或服过量。

11. ×【解析】儿童的"恋物癖"是一种离了某一样陪伴惯了的东西就忐忑不安的行为,会使患者怕见生人,回避集体活动,不敢与人说话和交往,胆怯退缩,表情淡漠,与成人的恋物癖有本质的区别。

12. √【解析】教师要允许孩子犯错误,鼓励幼儿说实话,创造一种宽松的气氛。要及时揭穿谎言;大人不弄虚作假,彼此信任、坦诚,为幼儿树立榜样。

13. √【解析】吮吸手指是一种幼稚动作,大多见于未满周岁的婴儿。婴儿饥饿时常吮吸手指,是生理上的习惯,但如持续时间太长,尤其是两三岁,以后,仍保留这种行为,则不易戒除。

14. √【解析】对儿童孤独症患儿的教育和治疗是一项长期系统的工程,不仅需要幼儿园老师和家长的密切配合,更需要社会的关注和支持。

四、填空题

1. 语言障碍　情绪障碍　多动症
2. 系统脱敏法
3. 缄默症
4. 梦游症
5. 活动体验法
6. 功能性遗尿症
7. 注意障碍
8. 屏气发作

五、名词解释

1. 退缩行为

退缩行为是指孩子表现胆小、害怕、孤独、退缩,而无精神异常的一种行为障碍。

2. 遗尿症

幼儿在5岁或5岁以上,仍不能控制排尿,经常夜间尿床,白天尿裤,称"遗尿症"。所谓"经常",是指5岁,每月至少有2次遗尿,6岁,每月至少有1次遗尿。

3. 暴怒发作

暴怒发作是指儿童在自己的要求或欲望得不到满足,受到挫折时,就哭闹、尖叫、在地上打滚、用头撞墙、撕东西、扯自己的头发等过火的行为。

4. 环境教育法

环境教育法是指通过浅显易懂的环境创设让幼儿感受安全教育的知识。

5. 口吃

口吃为常见的语言节奏障碍。口吃的发生并非因发音器官或神经系统有缺陷,而是与心理状态有密切关系。

6. 儿童焦虑症

焦虑症是在儿童时期无明显原因下发生的发作性紧张、莫名恐惧与不安,常伴有自主神经系统功能的异常,是一种较常见的情绪障碍。

六、简答题(答案要点)

1. 简述暴怒发作的教育措施。

(1)家长采用冷处理或故意忽视;

(2)幼儿情绪平稳后的教育,成人(尤其是家长不以情绪化的态度对待孩子)用各种方法疏导幼儿的不良情绪;

(3)帮助幼儿学习情绪、情感自我调节和控制的方法;

(4)家长可以采用脱敏疗法和阳性强化疗法进行治疗。

2. 简述神经性厌食症的预防措施。

(1)如果学前儿童有反复的厌食现象,应规律饮食,培养学前儿童定时定量进食,少吃油腻、不易消化的食物,少吃零食;

(2)营造良好的进食环境,让孩子集中精力吃饭,不能边吃边玩,边吃边看书和电视等;

(3)注意饮食多样化,用食物本身的色、香、味激发他们的食欲;

(4)对于孩子爱吃的东西要控制,不要一次性让他们吃够,要少吃多餐;

(5)对于孩子的厌食行为要正确对待,对孩子的食量变化不必过于敏感,不要用"许诺"作为开胃药,要让孩子懂得不好好吃饭,得不到大人的注意和关怀,好好吃饭才能受到表扬;

(6)儿童每天吃定量的瘦肉等,保证从饮食中摄取足够的锌,解决缺锌问题;

(7)缺锌的孩子常伴有缺钙,因此要注意多吃含钙多的食物,如牛奶、豆制品等;

(8)补充钙锌复合制剂,是快速解决孩子厌食的最有效的途径之一。

3. 简述幼儿教育的安全措施。

(1)提高安全意识、建立健全规章制度;

(2)组织好儿童的活动;

(3)环境设施要安全卫生;

(4)加强特殊物品的管理。

4. 简述幼儿安全教育的内容。

(1)遵守幼儿园的安全教育制度;

(2)遵守交通规则;

(3)懂得生活中潜在的危险;

(4)教给儿童自救的粗浅知识。

5. 简述幼儿园安全教育的方法。

(1)环境教育法;

(2)活动体验法;

(3)趣味游戏法;

(4)日常渗透法;

(5)随机教育法;

(6)家园互动法。

七、论述题(答案要点)

试述引起口吃的诱因及矫治。

(1)引起口吃的诱因:①精神创伤:受惊吓;迁入陌生的环境,久久不能适应;家庭破裂,失去温暖等。

②模仿:幼儿喜欢模仿,觉得口吃者滑稽可笑,先模仿,终成口吃。

③心理紧张:心理紧张是引起口吃的重要因素。

④成人的教养方式不当,尤其是当孩子发音不准、说话不流利的时候,成人过分的指责给孩子造成心理压力,从而导致口吃。

⑤疾病:幼儿患百日咳、流行性感冒、猩红热等传染病,或脑部受创伤后,都可造成大脑皮质功能减退而发生口吃。

(2)口吃的矫治:①要消除环境中导致学前儿童心理紧张的不良因素。解除幼儿的心理紧张是矫治口吃的重要方法。

②正确对待小儿说话时不流畅的现象,成人和孩子说话时要正确示范,要教给孩子正确的说话方法。

③多让幼儿练习朗诵、唱歌。不强迫幼儿当众说话。

④和谐的家庭氛围,正确的教育方法,有规律的生活,充足的睡眠,都有助于幼儿恢复正常的语言节律。

八、案例分析题(答案要点)

1. (1)原因:①与同伴交往不顺畅,情绪低落;②语言表达能力迟缓,受方言、内向的性格及家庭教育环境的影响。

(2)对策:①首先,应给予芳芳更多的关心与关注,走进芳芳的内心,鼓励芳芳勇敢和其他小朋友共同玩耍;其次,应创设良好的语言环境,多提供给幼儿交流的机会;最后,要注重幼儿间的个别教育。教师要尽可能多地关注和尊重每一个孩子,让每一个幼儿都有成功和表现自我的机会。以上是针对案例中"芳芳在幼儿园里从不吵闹,甚至从不说一句话,也不主动和其他小朋友交往,常常一个人静静坐着,看着其他小朋友玩"而采取的策略。

②树立良好的言语榜样。在日常的教育活动中,教师要坚持说普通话,尽量做到吐字清晰、正确,潜移默化地去影响幼儿的言语发展。以上是针对案例中"芳芳父母工作忙,所以芳芳从小由不同方言的外婆和奶奶照顾,较少使用普通话与人交流,使得芳芳的语言表达能力较为落后"而采取的对策。

③鼓励孩子与同伴的交往活动,消除紧张的心理,使其感到快乐,培养活泼开朗的性格。这是针对案例中"芳芳上幼儿园初期曾尝试着用方言与小朋友交流,但是奇怪的口音引起了小朋友的嘲笑"而采取的对策。

2. (1)该幼儿可能患有梦游症。

(2)可能性原因有:①家族遗传;②大脑皮质内抑制功能减退;③白天过于兴奋或紧张、不安等不良情绪得不到缓解。

(3)①消除引起紧张、恐惧的因素;②避免过度疲劳和睡眠不足;③注意加强对婴幼儿的保护,在患儿可能进行的通道上尽量清除障碍物、电线等,窗、门、厨房及热水瓶存放处最好临睡前上锁,各种危险品要经常检查和清除;④随着儿童年龄的增长,梦游症一般可自行消失,不必进行特殊的治疗。

3. (1)从小红的症状上看,该幼儿有明显的儿童缄默症倾向。缄默症是指儿童在无任何言语障碍情况下的缄默不语,患儿不在同伴或他人面前说话,仅与家人有不多的言语往来。例如,案例中,小红在幼儿园一天不说一句话,也不跟其他小朋友一起玩耍,也不跟其他小朋友说话。但根据家长反映,该幼儿在家里和熟悉的亲友面前有说有笑,言语自如,跟在幼儿园简直就是两个样。

(2)可能的病因有:在受惊、生气、恐惧等精神诱因刺激下的保护性反应,常见于身体衰弱和心理胆怯的儿童。也可能是其他疾病(如伤寒病、舞蹈病)的伴随症状,应注意鉴别。缄默症严重地影响了幼儿的人际关系、合作关系和社会交往能力的锻炼与发展。因此,一旦发现,及早、及时进行治疗。

(3)矫正措施:消除精神紧张、适当改变环境、转移儿童对自己言语的注意力,是较为有效的治疗方法。

4. (1)案例中张女士的孩子是为了不上幼儿园而撒谎说肚子疼的,这是有意说谎。在生活中,有的小朋友为了得到老师的表扬、奖励或逃避责备、惩罚,故意编造谎言,这些都是有意说谎。当幼儿在一次撒谎中避免了惩罚或打骂甚至得到甜头后,就会情不自禁地说谎,因为幼儿没有控制和分辨能力,很容易认为这种做法是对的。

(2)案例中的张女士应该对儿子撒谎说肚子疼这件事进行了解,不能一味地满足孩子的需求,避免孩子把撒谎当作一种习惯。在日常生活中,家长平时要少打骂孩子,当孩子犯错误时,要尽量多了解情况,孩子有错,就让他意识到这样做不对,告诉他怎么做才是正确的。避免孩子因撒谎而在品行上出现问题。要允许孩子犯错误,鼓励幼儿说实话,创造一种宽松的气氛。要及时揭穿谎言,大人不弄虚作假,彼此信任、坦诚,为幼儿树立榜样。

5. (1)从案例中可以看出,轩轩很可能患了多动症。儿童多动综合征(简称多动症),又名轻微脑功能失调(MBD),或"注意缺陷障碍"(ADD),是一类以注意障碍为最突出表现,以多动为主要特征的儿童行为问题。学龄儿童的发病率比学前儿童高,男性的发病率明显高于女性。

(2)多动症儿童一般在智力、动作技能、语言、社会性等

方面比正常儿童发展迟缓，因而需要对他们进行较多的教育训练，如训练其手眼协调、注意力集中，多让他们与同伴一起做游戏，以增强语言交往和社会适应的能力等。心理学研究表明，多动症儿童的社会阈值较高，不管是正性强化还是负性强化，多动症儿童均不易接受，即一般奖惩不易约束和矫正此类儿童的行为，所以，对这类儿童的教育和训练要有极大的耐心，每一次提出的具体要求不要太高，要让他们通过努力能够达到，以增强其成就感。与此同时，要注意消除其不适宜的行为，当不良行为出现时采用漠视或暂时剥夺一些权利效果较好。行为治疗对学前儿童多动症有一定的疗效。

6. (1)心理问题：案例中的幼儿对自己弹琴效果不满意时，便会出现哭闹、打自己，甚至在地上打滚，这种现象属于情绪障碍中的暴怒发作。

(2)心理疗法：①采用脱敏疗法；②阳性强化疗法。

(3)教育措施：①冷处理或故意忽视；②幼儿情绪平稳后再教育，成人(尤其是家长不以情绪化的态度对待孩子)用各种方法疏导幼儿的不良情绪；③帮助幼儿学习情绪、情感自我调节和控制的方法。

7. (1)培养幼儿的安全及自我保护意识。首先，可通过各种有趣的游戏让幼儿掌握一些关于安全的基础信息，如记住自己、父母、老师的姓名、家庭住址、电话号码以及所在幼儿园的名称；懂得保护身体各部分器官；能够熟练运用各种求救电话等。其次，要让幼儿掌握一些简单的安全技巧，在幼儿成长过程中，安全的责任要逐步从大人手中转交到孩子自己手中，我们再细心也无法预见到孩子可能面临的危险，而且即使预见到危险，也并不意味着能代替孩子避开危险，所以安全教育中最好的办法是让幼儿掌握一些避开、应对危险的技巧和方法。

(2)创设良好生活环境，培养幼儿良好的生活习惯。利用环境进行教育也是我们不能忽视的一种教育手段。因为环境可对幼儿进行生动、直观、形象而又综合性的教育。

(3)引导幼儿找出身边的安全隐患。在日常生活中要注重调动幼儿的主动性、积极性，让他们亲自参与到安全教育之中。如让幼儿亲自找一找身边(室内、室外)哪些地方容易发生危险，怎样想办法消除这些危险，教师和幼儿一起设计标志，并把它们贴到适当的位置上。

(4)利用生动的生活和游戏活动，增强幼儿处理应急情况的能力。幼儿总会遇到某些应急情况，缺乏社会生活锻炼的机会是幼儿不会正确应对危险的原因之一。因此，教师可设计一些角色扮演、情境模拟或实景演习来帮助幼儿掌握一些躲避、处理危险的简单方法，学会独立处理问题。

8. (1)该儿童患了“幼儿园恐惧症”。

(2)可运用系统脱敏法进行矫治：①获取儿童的信任，带孩子在幼儿园附近散步数次；②带孩子进入幼儿园进行娱乐活动，注意选择儿童感兴趣的活动；③带孩子进入教室进行娱乐活动；④到幼儿园上课，参与学习活动，但不布置任务(如作业等)，教师不给予批评、惩罚；⑤到幼儿园上课，参加学习及其他活动，布置较少的任务，并渐次增加，直至不再惧怕幼儿园。在各个环节中，只要该儿童未出现不良情绪，即给予表扬、鼓励，待情绪稳定不再惧怕后，再进入下一环节。

整合提升

一、单项选择题

1. D【解析】左脑半球具有显意识功能，主要通过语言和逻辑来表达世界，负责理解文学语言以及数学计算；右脑半球具有潜意识功能，主要通过情感和形象来表达内心世界，负责鉴赏绘画、欣赏音乐、欣赏自然风光、凭借直觉观察事物、把握整体等。很小的孩子能在一群人中辨认出一张脸，这是右脑的功能。

2. C【解析】若一系列的刺激总是按照一定的时间、顺序，先后出现，重复多次后(强化)，这种时间和顺序就在大脑皮质上“固定”下来(神经联系的牢固建立)，每到一定时间大脑就自然地重现这一系列的活动，并提前做好准备，这种大脑皮质活动的特性叫作动力定型。建立动力定型以后，脑细胞能以最经济的消耗，收到最大的工作效益。因此，幼儿教师要为幼儿制定并严格执行合理的生活制度。

3. C【解析】生活环境直接影响学前儿童的生长发育。良好的生活环境可以陶冶他们的情操，激励他们积极向上，保持愉快的生活状态，促进学前儿童的生长发育；相反，生活贫困、疾病流行、文化落后，以及不和谐的家庭环境等会对学前儿童的身心发育造成不良影响。

4. C【解析】缺乏维生素 B_{12} 及叶酸的症状：(1)贫血，一般表现为：面色苍黄，易疲倦，头发稀疏，肝、脾、淋巴结可轻度肿大。(2)神经精神症状：患儿表情呆滞、嗜睡，对外界反应差，很少哭笑。智力和动作发育迟缓，或有倒退现象，即原来已会的动作，病后却不会了。(3)多数患儿可有肢体、头部、口唇无意识的颤抖。(4)哭时少泪，无汗。

5. D【解析】人工被动免疫是指通过注射被动免疫制剂，如丙种球蛋白、抗毒素等，使接受者获得一定时期的免疫力。

6. A【解析】沙子、谷皮、小飞虫等眯眼，嘱咐小儿不要用力挤眼、揉眼，要安静地等着大人来处理。粘在眼表面的异物，翻开眼皮后，可用干净的手帕或棉签轻轻擦去。

7. D【解析】风疹病发烧多为低烧(体温常在38℃～39℃之间)，而不是40℃，其余三项均为风疹症状。

8. B【解析】幼儿应避免从高处跳到硬的地面上，以免使组成髋骨的各骨移位，影响正常愈合，甚至对女孩成年后的生育造成不良影响。

9. C【解析】锌的主要食物来源为动物性食品，高蛋白食物含锌量较高，海产品次之，蔬菜和水果普遍含锌量不高。

10. A【解析】从病原体侵入人体到开始出现临床症状，这段时期称为潜伏期。

11. B【解析】维生素D缺乏性佝偻病的症状有：小儿会出现一系列神经精神症状，如多汗、夜惊、烦躁、睡眠不安。多汗一般与室温、季节无关，由于头部汗水的刺激，小儿经常摇头擦枕，致使枕部秃发。因此题干描述的现象是佝偻病的症状。

12. B【解析】儿童发生鼻出血时，安慰儿童，不要紧张，安静坐下，头略向前低；压迫止血，捏住鼻翼，一般压住5~10分钟即可止血。

13. C【解析】乳牙共20颗，2~2.5岁出齐。

14. D【解析】儿童孤独症又称儿童自闭症，表现为人际交往障碍、言语发育障碍、兴趣奇特及情绪和行为方面的异常。

15. C【解析】3岁以上学前儿童测量身高用身高计或固定于墙壁上的立尺或软尺。被测者赤足，背靠立柱以立正姿势站立，脚跟、臀部和两肩胛间处与立柱紧贴。

16. D【解析】预防吸吮手指的关键是帮助幼儿建立安全依恋，同时满足幼儿喂养的需要(吃饱)。家长要多陪伴孩子，多鼓励孩子，给孩子一个温馨、安全、和谐的家庭，让孩子感受到父母的爱。不要动辄训斥、惩罚孩子，也不要无故拒绝孩子，因为这些都可能造成他们心理上的无助感和紧张不安。同时，可安排丰富多彩的娱乐和游戏活动，鼓励幼儿与小伙伴们交往，将儿童的注意力转移到各种活动中。

17. B【解析】沙门氏菌食物中毒，该病潜伏期一般为6~24小时，发病即有高热、腹痛、呕吐、腹泻，大便为黄绿色水样便，有恶臭，便中有黏液、脓血。若治疗不及时可导致死亡。

18. B【解析】由于神经系统功能发育不完善，小儿喉部的保护性反射机能尚不完善，吃食物时说笑，容易将未嚼碎的食物呛入呼吸道。

二、多项选择题

1. ABCD【解析】淋巴系统是由淋巴管、淋巴结、脾、扁桃体等组成。

2. ABC【解析】幼儿呼吸运动的特点：(1)呼吸量少，频率快；(2)呼吸不均匀；(3)以腹式呼吸为主。

3. AC【解析】评定幼儿生长发育常用的形态指标是身高、体重、头围、胸围和坐高。其中，身高和体重是最基本的指标，不但测定简单，而且能较为准确地评定生长发育状况。

4. ABCD【解析】本题考查进食卫生要求。进食卫生的要求主要包括：(1)良好的物理环境；(2)良好的心理环境；(3)适当的进餐速度；(4)进餐时不谈笑打闹；(5)不强迫幼儿进食。

三、判断题

1. ×【解析】甲状腺是人体最大的内分泌腺，它通过分泌甲状腺激素来调节新陈代谢，影响中枢神经系统的兴奋性，促进生长发育。

2. ×【解析】新生儿的腕骨是由软骨组成的。6个月后，逐渐出现骨化中心，10岁左右，8块腕骨的骨化中心才全部出现。

3. ×【解析】量就是看食物蛋白质的绝对含量，食物中蛋白质含量愈高，则营养价值愈高。质就是看食物中必需氨基酸的种类是否齐全，必需氨基酸的相互比例是否合适。

4. ×【解析】碳水化合物是最容易获得和最经济的供能物质，它在体内代谢较为简单，能迅速分解供能。

5. √【解析】扭伤初期应停止活动减少出血，采用冷敷，以达到止血、消肿、止痛的目的。1~2天后，可用热敷促进消肿和血液的吸收。

6. ×【解析】当人们在吞咽食物的时候，会厌软骨盖住气管口，以免食物误入"歧途"进入气管。但幼儿会厌软骨的工作不如成人机灵敏感，因此当幼儿正吃东西时突然大哭、大笑，会厌软骨来不及盖住气管，使食物呛入气管，形成气管异物。

7. ×【解析】手足口病主要发生于学前儿童，尤以1~2岁婴幼儿为多。多在夏季流行。

8. ×【解析】黄蜂毒液呈碱性，可在伤口涂食醋等弱酸性液体；蜜蜂的毒液呈酸性，可在伤口涂淡碱水、肥皂水等弱碱性液体，以达到减轻疼痛和消除水肿的目的。

9. √【解析】情绪障碍包括：儿童焦虑症、儿童期恐惧、暴怒发作、屏气发作等。

10. √【解析】止血带止血法适用于大血管出血，尤其是动脉出血，使用一般加压包扎法无效时可使用此法，止血效果较好。使用此法时常用橡皮管、绷带、三角巾等。

11. ×【解析】动脉出血的血色鲜红，出血量大，呈节律喷射状，与心跳一致。静脉出血的血色暗红，持续不断，如流水样。

12. ×【解析】预防吸吮手指关键是帮助幼儿建立安全依恋，同时满足幼儿喂养的需要(吃饱)。可安排丰富多彩的娱乐和游戏活动，鼓励幼儿与小伙伴们交往，将儿童的注意力转移到各种活动中。

四、填空题

1. 快　适宜

2. 6

3. 病原携带者

4. 预防接种

5. 潜伏期末2~3天直至出疹后5天的患者

6. 60~80次

7. 暴怒发作

五、名词解释

1. 生长发育

生长是指身体各个器官、系统以及全身的大小、长短和重量的增加与变化，是机体量的改变。发育是指细胞、组织、器官和系统功能的不断成熟与完善，属于质的变化。

2. 动力定型

若一系列的刺激总是按照一定的时间、顺序,先后出现,重复多次后(强化),这种时间和顺序就在大脑皮质上“固定”下来(神经联系的牢固建立),每到一定时间大脑就自然地重现这一系列的活动,并提前做好准备,这种大脑皮质活动的特性就叫动力定型。

3. 条件反射

条件反射是后天获得的,在生活过程中通过一定条件形成的,是在非条件反射的基础上建立起来的,反射弧是不固定的、临时的,是一种高级神经活动。

六、简答题(答案要点)

1. 简述幼儿神经系统的保育要点。

(1)执行合理的生活制度,注意用脑卫生;

(2)保证充足的睡眠;

(3)保持室内空气新鲜;

(4)提供合理的营养,保证大脑发育;

(5)积极开展体育锻炼。

2. 简述传染病的传播途径的种类。

(1)空气飞沫传播;(2)水、食物、苍蝇传播;(3)接触传播;(4)医源性传播;(5)虫媒传播(6)土壤传播;(7)母婴传播;(8)自身传播。

3. 简述幼儿皮肤的特点。

(1)保护功能较差;(2)调节体温的功能差;(3)皮肤的渗透作用强;(4)感受刺激不敏锐。

4. 简述学前儿童肺炎的预防及护理。

(1)应注意学前儿童的体格锻炼,增强体质,预防感冒、麻疹、百日咳、佝偻病等疾病,加强营养,这些均可减少肺炎的发生;

(2)患儿卧室应通风,保持空气新鲜,改善缺氧状况;

(3)患儿衣着要宽松,以免加重呼吸困难;

(4)患病期间及恢复期的饮食应易消化且富有营养,并保证有充足的维生素。

5. 简述传染病的特性。

(1)各种传染病都有其特异的病原体;

(2)传染病有传染性和流行性;

(3)传染病有感染后的免疫性;

(4)病程的发展有一定的规律性。

6. 简述预防传染病的主要措施。

(1)发现和管理传染源;

(2)切断传播途径;

(3)保护易感者。

7. 简述手足口病的症状。

(1)潜伏期4~6日。最先出现轻微的症状,如发烧、全身不适、咳嗽、咽痛等;

(2)在指(趾)的背面、侧缘、手掌、足跖,尤其是指(趾)甲的周围,有时在臀部、躯干和四肢发生红色斑丘疹,很快发展为水疱;

(3)口腔内在舌、硬腭、颊黏膜、齿龈上发生水疱,破溃后形成浅在的糜烂,可因疼痛影响进食。

(4)一般于8~10天水疱干涸,病愈。

七、论述题(答案要点)

1. 试述幼儿循环系统的保育要点。

(1)合理营养,防治贫血。

(2)服装宽松适度。幼儿的服装、鞋帽要宽大舒适,有利于血液循环的畅通。

(3)一日活动要做到动静交替、劳逸结合。①安排幼儿一日生活时,要注意劳逸结合、动静交替;②避免长时间的精神紧张,避免过度的或突然的神经刺激,否则将会影响心脏和血管的正常机能;③要保证充足的睡眠时间,发烧时卧床休息,减轻心脏负担。

(4)科学组织体育锻炼和户外活动,增强心脏功能。经常组织幼儿进行户外活动和体育锻炼,可使幼儿的心肌粗壮结实,提高心脏的工作能力和血管壁的收缩力,促进循环系统的发育。但是,如果组织不当,会适得其反。

2. 幼儿发生气管异物时应如何进行急救?

(1)救护者站在患儿背后,搂住他的腰,迅速用右手大拇指的背部顶住上腹部,左手重叠于右手之上,间断地向上、后方用力推压,使横膈肌压缩肺,产生冲击气流,将气管异物冲出。(2)若患儿已昏迷,则可让其俯卧,进行同样的推压。采取上述方法后,仍不能排出气管异物,应立即送医院急救。

八、案例分析题(答案要点)

1. (1)镶嵌式活动原则;优势原则。

(2)①案例中老师带领幼儿玩游戏时,采用了劳逸结合的安排策略,游戏中有休息时间,这样保证了游戏的高效率,这体现了镶嵌式活动原则。②案例中老师采取了游戏这样的一种活动形式,也是幼儿最喜欢的一种形式,所以保证了幼儿的参与性和愉悦性,这体现了优势原则。

2. (1)不科学。牛奶和鸡蛋提供的优质蛋白主要是供给身体结构的,而主食比如馒头、米饭富含的碳水化合物才是提供能量的,对于脑细胞来说,充足的碳水化合物才能补充其运转的能量。

(2)早餐要做到“干稀搭配,主副食兼顾”,比如馒头配豆浆、米饭炒菜、大饼、豆腐花等。早饭的配菜中要加上鱼类、新鲜蔬菜、瓜果等。

3. (1)原因:口吃的发生并非因发音器官或神经系统的缺陷,而是与心理状态有关。幼儿由于肌肉控制能力的发展落后于情绪和智力活动表达的需要,常表现为说话踌躇和重复。幼儿在突然受到惊吓时有可能形成口吃,由于口吃受到讥笑、指责,从而产生紧张、自卑、羞怯、焦虑或退缩反应,有可能使症状加重和发展。案例中,果果原先并不口吃,在三岁半时学小提琴,每次妈妈都会对他大打出手,这使他产生了紧张与恐惧心理,受到了惊吓,从而引发了口吃。

(2)矫正:①消除造成孩子心理紧张的社会因素。果果

学的小提琴等兴趣班，都是他的妈妈坚持让他学的，每次都会不同程度地遭到批评。为此，应先找到他妈妈做工作，要求配合老师的工作，先停掉孩子所有的兴趣班，以减轻孩子的压力，并给孩子的父母介绍一些有关的书籍，加强父母对口吃的认识。同时，让孩子有更多的时间玩耍、游戏以及户外活动，让家长在孩子出现口吃现象的时候，不要斥责和打骂，给孩子创造一个轻松愉快的环境。②我们要更加关心他、组织小朋友和他玩游戏和交谈，不让孩子们嘲笑、议论和模仿他。

4. 由于父母和保姆的教养态度不同，弘弘在保姆处"一切由着他"的行为在父母处受阻，使他产生了一种焦虑感。弘弘就是希望通过吮吸手指来安慰自己，从而减轻紧张的心情。孩子吮吸手指，会成为阻碍其身心发展的障碍，因此，必须引起家长和教师的足够重视。

矫治策略如下：(1)创设温馨轻松的环境，缓解孩子的紧张压力。教师和家长不要给孩子过多的压力，要寻找引起孩子紧张的环境并及时消除，创设一种洋溢着温馨气氛的环境，这是帮助孩子克服吮吸手指坏习惯的关键一步。(2)组织丰富多彩的活动，转移孩子的注意力。在幼儿园，鼓励弘弘多与小朋友一起玩耍，体会集体游戏给他带来的快乐。(3)培养孩子的自我控制能力。三岁的孩子已萌发了自尊心和自信心，教师通过故事、图片等形式告诉他把手放在嘴里很不卫生，让他懂得不把手放在嘴里的道理。当孩子稍有进步时，父母和教师要及时肯定他、鼓励他，以增强他的自信心和自制力。(4)采取孩子能接受的干预手段。在家里或幼儿园入睡前，可以为他设计好"放手的位置"，这样，时间长了孩子会自然而然地不去吮吸手指了。另外，还可以为他准备创可贴，贴在他的小手上，并告诉他，小手受伤了，需要他来帮助它治病，当他觉得难受时，就鼓励他，小手需要保护好，在这个过程中，教师始终用亲切的方式影响和感染孩子，对弘弘的吮吸手指的不良习惯也会起到很好的矫治作用。

5. (1)案例中明明坐在椅子上的时候，身体前倾，只有臀部落在椅面上，坐在桌前时，常会耸着肩，这些坐姿是不正确的。

(2)让明明养成正确的坐姿要做到：头略向前，身体坐直、背靠椅背；大腿和臀部大部分落座在座位上；小腿与大腿成直角，两手自然放在腿上；脚自然放在地上。有桌子时，身体与桌子距离适当；两臂能自然放在桌子上，不耸肩或塌肩，坐时两肩一样高。

6. (1)尿床的原因：①诱因多为精神方面的障碍，如精神紧张、不安，受过惊吓，大病一场之后，生活环境改变，不能适应等。保育老师当着小朋友的面批评该幼儿尿床，对该幼儿造成了心理压力，是幼儿尿床的原因之一。②睡眠过深，没有养成好的控制排尿习惯，也是主要诱因。

(2)①消除可致幼儿精神不安的因素，包括因遗尿带来的心理压力。帮助他们树立战胜遗尿症的信心，既不要自卑，也不该满不在乎。

②绝不可耻笑、责骂有遗尿症的儿童，否则心理压力越来越大，遗尿也越加频繁。

③白天避免过累。使幼儿的一日生活有规律，白天有午睡，避免过度疲劳使睡眠过深。

④避免临睡前过度兴奋。

⑤控制饮水。吃饭宜清淡，少吃稀的。饭后不再喝水。

⑥唤醒排尿。掌握幼儿遗尿的时间(多数在睡熟后2～4小时内)，提前将幼儿唤醒，起床排尿，也可利用闹钟、蜂鸣器或褥垫内的唤醒器(稍遇湿，即发出铃声)。经多次重复后，使幼儿形成有尿意可醒来的条件反射。

⑦针灸、药物治疗。针灸有一定疗效。服药须在医生指导下进行。

专题二　学前教育学

基础训练

知识1 学前教育与学前教育学

一、单项选择题

1. B【解析】学前教育发展的规模和速度受社会经济水平的影响和制约。国家是否愿意为幼儿教育提供人力、物力和财力，是否愿意大力推进学前教育，其决定因素就是经济是否需要学前教育以及人们对幼儿教育的需求状况。
2. B【解析】1816年，英国空想社会主义者欧文在苏格兰的纽兰纳克创办了一所幼儿学校，目的是寻求儿童特别是社会底层家庭儿童的生存、健康和幸福之路，这堪称是欧洲最早的幼儿教育机构。
3. B【解析】行动研究法作为一种特殊的研究方法，着重于将教育科学研究和教育实践活动合二为一，用行动的方式来认识和解决教育活动中的实际问题。
4. D【解析】湖北巡抚端方于1903年在武昌创办湖北幼稚园，我国第一所学前儿童教育机构正式诞生。
5. B【解析】世界学前教育机构发展的特点包括：(1)学前教育机构规模的扩大化；(2)学前教育机构的多样化；(3)师资质量和教育质量的提高，这是学前教育机构发展的重要标志；(4)学前教育的手段不断现代化。
6. B【解析】1837年，福禄贝尔在德国勃兰根堡开办了一所招收1～7岁儿童的教育机构，1840年命名为幼儿园。
7. C【解析】学前教育的启蒙性是指对学前儿童的教育要与他们的现实发展需要联系起来，要启于未发、适时而教、循序渐进，不损伤"幼嫩的芽"，并且要促使其茁壮成长。把握幼儿教育的启蒙性质，在于严格区别于小学教育，防止小学化或成人化倾向，使教育目标确实建立在幼儿教育工作规律的基础上。
8. A【解析】学前教育学是研究学前阶段的教育现象和教育问题、揭示这一特定阶段教育规律，以及阐明学前教育理论的科学。一般我们认为，学前教育是对胎儿至进

入小学前的儿童所进行的教育、组织的活动和施加的影响。它的教育对象包括胎儿、婴儿(0~3岁)、幼儿(3~6、7岁)。

9. A【解析】湖北巡抚端方于1903年在武昌创办湖北幼稚园,我国第一所学前儿童教育机构正式诞生。

10. C【解析】幼儿教育主要指的是对3~6岁年龄阶段的幼儿所实施的教育,幼儿教育是学前教育或说早期教育的后半阶段,前面与0~3岁的婴儿教育衔接,后面与初等教育衔接,是一个人教育与发展的重要而特殊的阶段。

11. A【解析】幼儿阶段身体的发育和机能的健全发展是其他一切发展的基础。因此幼儿教育把幼儿身体的健康发展放在首位。

12. D【解析】1904年,由张之洞、张百熙、容庆合订的《奏定学堂章程》即癸卯学制,其中就包括蒙养院制度。癸卯学制第一次用国家学制的形式把学前教育机构的名称定下来,把社会学前教育机构的地位固定下来,使蒙养院成为我国最早的学前教育机构。

二、多项选择题

1. AB【解析】根据观察时是否借助仪器设备,可以把观察法分为直接观察法和间接观察法。直接观察法就是观察者直接运用自己的感官对研究对象的行为进行感知的观察方法。间接观察法是指研究者借用一定的仪器设备来考察研究对象的方法。

2. BC【解析】学前教育按照年龄可以分为婴儿教育和幼儿教育两种。

3. ACD【解析】实验的实施阶段研究者应具体完成三个方面的任务,即操纵自变量;控制无关变量;观察和测量因变量。

4. BD【解析】学前教育的性质包括:(1)基础性;(2)公益性;(3)先导性。

5. AB【解析】从理论上说,为学前儿童提供的保育和教育,是确保实现人的教育权的必然要求,任何人都有权享受学前教育,因此,要将某位儿童排除在学前教育的消费群之外,在理论和法理上是不允许的,这体现了非排他性。但在现实中,会因种种原因而出现不足,还无法非排他性地满足所有学前儿童的保育和教育,即具有部分排他性。

三、判断题

1. √【解析】学前教育的公益性是指学前教育具有造福公众、让社会获益的性质。坚持教育的公益性是我国教育事业健康发展的基本要求。

2. ×【解析】儿童福利院也称儿童教养院,是一种招收孤儿和残疾儿童的社会福利机构。

3. ×【解析】学前教育的意义是指学前教育所具有的功能和作用,它具有客观性和多样性。学前教育的根本意义是促进个体和社会的发展。

4. ×【解析】幼儿教育的主要意义:(1)促进生长发育,提高身体素质;(2)开发大脑潜力,促进智力的发展;(3)发展个性,促进人格的健康发展;(4)培育美感,促进想象力、创造性的发展。因此,可以知道开发幼儿智力并不是幼儿教育的全部意义。

5. √【解析】学前教育影响着儿童社会化进程。较之其他影响学前儿童社会化的因素,幼儿园教育无疑在儿童社会化的过程中发挥着核心、主导的作用。

6. √【解析】1816年,英国空想社会主义者欧文在苏格兰的纽兰纳克创办了一所幼儿学校,目的是寻求儿童特别是社会底层家庭儿童的生存、健康和幸福之路,这堪称是欧洲最早的幼儿教育机构。

7. √【解析】学前教育对幼儿的教育来说,具备启蒙性。因为幼儿对客观世界的认识尚处于蒙眬的阶段,还不能分门别类地接受系统的科学知识。

8. ×【解析】质的研究以描述性资料为主,以现场的观察记录、关键人物的访谈实录、图片、实物为主要资料来源。

9. ×【解析】狭义的学前教育是指学前教育工作者整合儿童周围的资源,对0~6岁年龄阶段儿童的发展施以有目的、有计划、有系统的影响活动。

四、填空题

1. 有目的

2. 家庭　学前教育机构

3. 师资质量和教育质量的提高

4. 代表性　随机性

五、名词解释

1. 幼儿园

幼儿园是对3~6周岁的儿童进行教育的专门机构,主要由教育部门负责。

2. 学前教育学

学前教育学是研究学前阶段的教育现象和教育问题、揭示这一特定阶段教育规律,以及阐明学前教育理论的科学。

3. 质的研究

质的研究也称为"实地研究法"或"参与观察法",它是基于经验和直觉之上的研究方法,以研究者本人作为研究工具,凭借研究者自身的洞察力在与研究对象的互动中理解和解释其行为和意义建构的研究方法。

4. 行动研究法

行动研究法是一种适应小范围的教育改革的探索性研究方法,它是研究者为科学地解决教育活动中的实际问题,在对问题诊断分析的基础上来拟定和实施行动计划的一种循环研究的程序性方法。

5. 托儿所

托儿所是指用于专门照顾和培养婴幼儿生活能力的地方,也指公共场所中因父母不在而由受过训练的服务人员临时照顾孩子们的房间或地方。

6. 实验法

实验法是研究者以一定的理论假设为指导,根据研究的

目的,有计划地操纵某些条件,控制某些条件,并观测特定的教育现象随之发生的变化,以探索不同教育现象之间的因果关系,揭示教育活动规律的研究方法。

7. 调查法

调查法是教师围绕某一教育现象,采用问卷、谈话、座谈等多种形式收集资料,并对所获得的资料进行定量、定性分析,指出所存在的问题,提出教育建议的一种研究方法。

8. 个案研究法

个案研究法是教师利用观察法、调查法、作品分析法等方法对班级个别儿童进行全面系统的研究,以揭示儿童发展普遍规律的一种研究方法。

六、简答题(答案要点)

1. 简述幼儿教育的主要意义。

(1)促进生长发育,提高身体素质;

(2)开发大脑潜力,促进智力的发展;

(3)发展个性,促进人格的健康发展;

(4)培育美感,促进想象力、创造性的发展。

2. 简述学前教育学的任务。

(1)总结我国学前教育的经验,研究学前教育基本理论,引进国外学前教育的理论和实践,以探讨我国学前教育的规律及今后发展趋势;(2)通过对学前教育实践的理论研究,用科学的教育观念指导学前教育实践,不断提高学前教育机构和家庭的科学教育水平;(3)学前教育学的有关基本理论,可为国家和有关部门制定学前教育的政策、措施和进行教育改革提供理论依据和策略思想。

3. 简述学前教育准公共产品的性质。

(1)学前教育的非排他性与排他性;

(2)学前教育的非竞争性与竞争性;

(3)学前教育的外溢性。

4. 简述撰写研究报告的内容。

(1)研究工作概述;

(2)研究目的和范围;

(3)研究方法、过程、样本及所用测验的有关情况;

(4)阐明研究结果,并进行说明和判断;

(5)简短的总结和结论;

(6)参考书目。

七、论述题(答案要点)

1. 试述学前教育对个体发展的意义。

(1)学前教育对正常儿童的发展起诱导作用。①学前教育制约着儿童发展的水平和方向。学前教育与儿童发展之间是一个复杂、动态的相互作用、相互制约的过程,它对正常儿童的发展起着诱导作用,是儿童发展的必要条件。儿童出生后最初几年的教养经验对其今后的智力发展有着决定性的影响作用。②学前教育影响着儿童社会化进程。较之其他影响学前儿童社会化的因素,幼儿园教育无疑在儿童社会化的过程中发挥着核心、主导的作用。

(2)学前教育对非正常儿童的发展具有改善性的影响。学前教育不仅对正常儿童的发展具有决定性的影响,对智力落后儿童的发展也具有改善性的功能。

2. 试述质的研究特点。

(1)质的研究以描述性资料为主,以现场的观察记录、关键人物的访谈实录、图片、实物为主要资料来源;

(2)质的研究对现场的人、事、物做整体性的研究;

(3)质的研究强调在自然情境中做临床性的探究,注重情境发展线索,从现场的关系结构中发现事件发生、发展的意义;

(4)质的研究是从研究对象的角度来研究问题,注重现场参与者的观点,从局内人的观点了解他们是如何看待世界的;

(5)质的研究具有归纳的取向,从资料搜索的过程中发展和归纳概念理论,而不是收集资料和证据来评估验证理论假设;

(6)质的研究强调研究者亲自体验被研究者的内在生活和人性特质;

(7)质的研究是学习的过程,研究者向被研究者了解他们的世界观和价值观,并获得自己价值观的新知觉;

(8)质的研究关注的是过程,而不只是结果。

八、案例分析题(答案要点)

(1)案例反映了当前我国幼儿教育公平失衡的问题。由于幼儿教育属于非义务教育,幼儿园的收费标准较高,而且,像机关幼儿园等教育质量较高的幼儿园面向特定的群体招生,导致不同社会阶层的儿童接受学前教育的机会与所接受的教育质量差别巨大。国家公务员的子女享受进入机关幼儿园的特权(政府对幼儿教育的有限投入中的大部分进入了机关幼儿园)。公司白领等收入较高的群体有能力进行更多的幼儿教育投资,可以凭借经济实力选择优质的幼儿园。而下岗工人、民工、农民等低收入人群既没有特权,又没有经济实力,再加上交通条件的限制,只能选择收费较低、教育质量相对较差的幼儿园,有的甚至放弃子女接受学前教育的机会。

(2)针对幼儿教育公平失衡的问题,我们应该从多方面促进幼儿教育公平的发展。幼儿教育公平的实现需要一个长期的过程,必须从理念、制度、措施、行动等多层次予以落实。这就需要提高全社会对幼儿教育的重视,大力发展经济,减小社会差距;同时,采取措施改革幼儿教育资源的配置方式。

知识2 著名幼儿教育家的学前教育思想

一、单项选择题

1. A【解析】"做"是陈鹤琴的"活教育"理论中活教育方法的核心。

2. D【解析】陶行知先生认为教育要启发、解放幼儿的创造力,为他们提供手脑并用的条件和机会。

3. B【解析】卢梭自然教育的核心思想是:强调对幼儿进行

教育必须遵循自然的要求，顺应幼儿的自然本性，即顺应幼儿身心自然发展的特点进行教育。

4. C【解析】裴斯泰洛齐是提倡“爱的教育”和实施“爱的教育”的典范。

5. A【解析】在蒙台梭利教育中，感觉教育是重要内容。她认为3～6岁是幼儿身心迅速发展的时期，幼儿的各种感觉先后处于敏感期，因此必须对幼儿进行系统的和多方面的感官训练，使他们通过与外部世界的直接接触发展敏锐的感觉和观察力，为高级的智力活动和思维发展奠定基础。

6. D【解析】杜威认为儿童在出生后对每一件事都是要学习的，如看、听、做等，但是他们只有对真实的活动本身产生了兴趣，才会对活动中产生的一切进行观察；然后发现问题，寻求解决问题的方法；最后解决问题，从而提高他们的思维能力。这就是杜威的“做中学”教育思想，活动性原则正是源于此。

7. B【解析】福禄贝尔制作的玩具取名为“恩物”，意为“神恩赐之物”。

8. C【解析】卢梭的教育思想主要集中于他的教育著作《爱弥儿》一书中。

9. A【解析】在蒙台梭利的感官训练中，触觉训练最为主要，因为蒙台梭利相信儿童常以触觉替代视觉或听觉。

10. B【解析】杜威认为教育应该把重心放在儿童的身上，以儿童为中心，即尊重儿童真正的面貌来熟悉儿童，尊重自我指导学习，尊重作为学习的刺激和中心活动。

11. A【解析】福禄贝尔是第一个阐明游戏教育价值的人。

12. A【解析】张雪门的主要著作有《幼稚园教育概论》《新幼稚教育》《幼稚园的课程》《幼稚园的研究》《幼稚园组织法》等，对丰富和提高幼儿教育理论，做出了很大的贡献。

13. A【解析】《母育学校》是世界上第一部论述学前教育的专著，集中体现了夸美纽斯的学前教育思想。

14. B【解析】福禄贝尔认为游戏中玩具是必需的，幼儿通过玩具“可直觉到不可观的世界”。他制作的玩具取名为“恩物”，意为“神恩赐之物”。“恩物”的基本形状是圆球、立方体和圆柱体，现在仍有很多幼儿园在使用。

15. A【解析】陶行知针对当时的社会实际，提出三条培养幼儿园师资的途径。一是为建设省钱的幼儿园，陶行知主张“训练本乡师资教导本乡儿童"。二是创办幼稚师范学校。三是实行“艺友制”。

16. D【解析】蒙台梭利是意大利著名的幼儿教育家，也是世界上第一位杰出的女学前教育家。

17. B【解析】卢梭自然教育的核心思想是：强调对幼儿进行教育必须遵循自然的要求，顺应幼儿的自然本性，即顺应幼儿身心自然发展的特点进行教育。

18. A【解析】以自然教育理论为依据，卢梭在道德教育上提出了“自然后果法”。他强调对于幼儿的过失，不必加以责备和处罚，而要利用幼儿过失所造成的自然后果，使他们自食其果，从而使他们认识其过失并予以改正。

19. B【解析】陈鹤琴先生是我国现代著名教育家、儿童心理学家和儿童教育专家，是我国现代幼儿教育的奠基人，被誉为“中国幼教之父”“中国的福禄贝尔”。

20. A【解析】陶行知身体力行地积极推行平民的、乡村的教育，在南京郊区首创了中国第一所乡村幼稚园——南京燕子矶幼稚园，还创建了乡村幼儿师范教育，农村幼教研究会，等等。

21. A【解析】洛克从唯物主义的立场出发，提出了著名的“白板说”。他认为人出生后心灵如同一块白板，没有任何标记和观念；人的一切知识都是后天得来的，都建立在经验的基础上。

22. A【解析】卢梭自然教育的核心思想是强调对幼儿进行教育，必须遵循自然的要求，顺应幼儿的自然本性，即顺应幼儿身心自然发展的特点进行教育。

23. B【解析】夸美纽斯著有《母育学校》，这是世界上第一部论述学前教育的专著，集中体现了夸美纽斯的学前教育思想。

24. A【解析】做是学的中心，也是教的中心。

25. B【解析】蒙台梭利教育方案的理论基础包括儿童观、教育观、敏感期和吸收性心智。

26. B【解析】蔡元培是我国近代美育体系创始人之一并提出“五育并举”的教育方针（军国民教育、实利主义教育、公民道德教育、世界观教育和美育）。

27. D【解析】蒙台梭利认为，儿童的心理发展既不是单纯的内部成熟，也不是环境、教育的直接产物，而是机体和环境交互作用的结果，是“通过对环境的经验而实现的”。因此，一个有准备的环境是关键。

二、多项选择题

1. AD【解析】陶行知先生认为教育要启发、解放幼儿的创造力，为他们提供手脑并用的条件和机会。具体包括六个方面：(1)解放幼儿的头脑，把他们的头脑从迷信、成见、曲解和幻想中解放出来；(2)解放幼儿的双手，给幼儿动手的机会；(3)解放幼儿的眼睛；(4)解放幼儿的嘴，给幼儿说话的自由，尤其是要允许他们发问；(5)解放幼儿的空间，让他们接触大自然、大社会；(6)解放幼儿的时间，给他们自己学习、活动的时间，但不要把儿童的全部的时间占去，让儿童有学习人生的机会。

2. ABCD【解析】蒙台梭利的教育思想：(1)幼儿自我学习的法则；(2)重视教育环境的作用；(3)教师的作用；(4)幼儿的自由和作业的组织相结合的原则；(5)重视感觉教育。

3. ABD【解析】在幼儿教育方面，陶行知主要的贡献和观点如下：(1)农村幼儿教育事业的开拓者；(2)重视幼儿教育；(3)生活是教育的中心；(4)教、学、做合一的教育方法；(5)解放幼儿的创造力。

4. ABC【解析】“儿童中心主义”是杜威的教育思想。

三、判断题

1. ×【解析】卢梭提出了“自然后果法”。

2. √【解析】杜威认为教育应该把重心放在儿童的身上，以儿童为中心，即尊重儿童真正的面貌来熟悉儿童，尊重自我指导学习，尊重作为学习的刺激和中心活动。

3. √【解析】蒙台梭利于1907年在罗马贫民区创办了一所"儿童之家"。

4. √【解析】洛克认为，教育的目的就是培养绅士。所谓绅士，就是一种有德行、有学问、有能力、有礼貌的人。他认为一国之中的绅士教育是最应该注意的。

5. ×【解析】陶行知先生首先提出幼儿教育应采用"教学做合一"的方法。

6. √【解析】在蒙台梭利的感官训练中，触觉训练最为主要，因为蒙台梭利相信儿童常以触觉替代视觉或听觉。

四、填空题

1. 福禄贝尔
2. 陶行知
3. 做人、做中国人、做现代中国人　做中教、做中学、做中求进步　大自然、大社会是我们的活教材
4. 陈鹤琴
5. 陈鹤琴
6. 整个教学法
7. 陈鹤琴
8. 张雪门
9. 夸美纽斯

五、名词解释

1. 自然后果法

以自然教育理论为依据，卢梭在道德教育上提出了"自然后果法"。他强调对于幼儿的过失，不必加以责备和处罚，而要利用幼儿过失所造成的自然后果，使他们自食其果，从而使他们认识其过失并予以改正。

2. 五指活动

陈鹤琴把课程内容划分为：健康活动、社会活动、科学活动、艺术活动、文学活动等五项，但这五项活动是一个整体，如人的手指与手掌，手指只是手掌的一部分，其骨肉相连，血脉相通，因此被称为"五指活动"。

3. 恩物

福禄贝尔制作的玩具取名为"恩物"，意为"神恩赐之物"。"恩物"的基本形状是圆球、立方体和圆柱体，现在仍有很多幼儿园在使用。

六、简答题(答案要点)

1. 简述福禄贝尔的教育思想。

(1)幼儿自我发展的原理；

(2)游戏理论；

(3)协调原理；

(4)亲子教育。

2. 简述洛克的幼儿教育思想。

(1)提出了"白板说"。(2)提倡"绅士教育"。(3)健康的精神寓于健康的身体，因此，体育是教育的基础，其目标是能有健康的身体以及强健的体格。(4)德行是人生最重要的最不可缺少的品德，因此，德育是教育的核心。(5)相对于身体锻炼和德行培养来讲，智育是教育的辅助，其目标是传授学问以及发展智力。

3. 简述杜威的进步主义教育思想。

(1)教育即生长；

(2)教育即生活；

(3)教育即经验的不断改造。

七、论述题(答案要点)

试述裴斯泰洛齐的教育思想。

(1)提倡爱的教育。裴斯泰洛齐认为，幼儿对母亲的爱，是道德教育最基本的要素。他同时指出爱不是万能的，也不是无限度的，爱如果变成溺爱、纵容、放任，则是教育中的极大祸害。所以他又主张爱要与威严结合。裴斯泰洛齐是提倡"爱的教育"和实施"爱的教育"的典范。

(2)提倡要素教育理论。裴斯泰洛齐提倡要素教育。他认为教学应从教学的基本要素开始，使教学过程心理化。"使一切通过感觉印象而获得的认识得以清晰的手段来自数、形、词。"他把数目、形状和语言确定为教学基本要素。幼儿正是通过计算来掌握数目，通过测量来认识形状，通过言语来掌握语言，并同时培养和发展自己的计算、测量和言语的能力。

知识3 我国幼儿园教育的目标、任务和原则

一、单项选择题

1. D【解析】主体性原则是指教师要承认学前儿童的主体地位，认识到学前儿童是学习、发展的主体，是一个独立的、完整的、成长着的、拥有极大发展潜能的主体。

2. D【解析】保教合一的原则，也称保教结合或保教并重，指对幼儿保育和教育要给予同等的重视，并使两者相互配合。

3. C【解析】某一教育活动目标是指一个具体的教育活动所要达到的结果，或引起幼儿行为的变化，是最具操作性的目标。

4. D【解析】幼儿园保育和教育不可分割的关系是由幼教工作的特殊性和幼儿身心发展的特点决定的。虽然保育和教育有各自不同的主要职能，但并不是完全分离的。教育中包含了保育的成分，保育中也渗透着教育的内容。

5. C【解析】发展适宜性原则是美国幼儿教育协会1986年以后极力提倡的教育理念与实践，它当时主要是针对美国幼教界普遍出现的幼儿教育"小学化"等倾向而提出来的。

6. B【解析】中期目标即幼儿园小、中、大等各年龄班的教育目标。也就是说，在幼儿园教育总目标的指导下，对不同年龄班的儿童提出了不同的要求。

7. A【解析】生活教育化就是将学前儿童日常生活中已获得的原有经验，加以系统化、条理化，在生活中适时引导，促进学前儿童发展。题干中描述的现象主要体现了

教师生活教育化的原则。

8. C【解析】从横向维度来看,根据我国体、智、德、美全面发展的总体教育目的的要求,我国的学前教育目的的结构要从体、智、德、美等方面来设计与制定相应的要求与规格。

9. C【解析】幼儿园的任务是:贯彻国家的教育方针,按照保育与教育相结合的原则,遵循幼儿身心发展特点和规律,实施德、智、体、美等方面全面发展的教育,促进幼儿身心和谐发展。

10. C【解析】近期目标,也称短期目标,指在某一阶段内要达到的教育目标,近期目标的制定是为完成最终目标服务的。短期目标一般是教师在日常生活的教育活动中制定的,往往在月计划和周计划中体现出来。

11. D【解析】学前教育的目标最终要落实到每个儿童的身上,因此只有正确认识并理解儿童身心发展的特点和规律,才能制定出科学的学前教育目标。

12. A【解析】良好的工作伙伴与师幼关系是实现保教合一的前提。

13. C【解析】题干中教师为幼儿提供了小棒、积木和圆片等学具供其操作,体现了学前教育的教育的活动性和直观性原则。

14. D【解析】某一教育活动目标往往是以行为目标的方式表述,即以幼儿外显的行为描述活动目标;是月(或几周)目标在每日教学过程的具体反映,可以说是实现课程总目标的最小单位。

15. D【解析】儿童是学习的主体,只有儿童积极参与、主动建构,课程才能内化为他们的学习经验,促进其身心发展。发挥主体性原则,要尊重儿童人格、尊重儿童需要、激发儿童的主动性。

16. C【解析】发展适宜性原则按维果斯基的理论来说,即是要找准每个孩子的"最近发展区",使每个孩子通过教学活动都能在原有的基础上有所提高,即"跳一跳,摘个桃"。

17. D【解析】整合性原则是指将学前教育看作是一个完整的系统,保证学前儿童身心整体健全和谐的发展,综合化地整合课程的各要素实施教育。题干描述的现象违背了整合性原则中活动内容的整合。

18. B【解析】幼儿园教育的双重任务包括幼儿园对幼儿实施保育和教育;幼儿园同时面向幼儿家长提供科学育儿指导。此外,为提高基础教育打好基础也是幼儿园的重要任务。

19. A【解析】教育的活动性原则包括:以活动为中介,通过各种活动促进儿童的发展;教育活动的多样性。

20. C【解析】主体性原则是指儿童是学习的主体,只有儿童积极参与、主动建构,课程才能内化为他们的学习经验,促进其身心发展。

21. A【解析】学前教育的目标,在不同的经济发展阶段中,经历了如下变化:(1)工业社会初期——主要为工作的母亲照管儿童;(2)工业社会——不限于看护儿童,促进儿童身心发展;(3)现代社会初期——以发展儿童智力为中心;(4)现代社会(20世纪80年代以后)——促进儿童身体的、情绪的、智能的和社会性的全面发展。

22. C【解析】学前教育的目标,在不同的经济发展阶段中,经历了如下变化:(1)工业社会初期——主要为工作的母亲照管儿童;(2)工业社会——不限于看护儿童,促进儿童身心发展;(3)现代社会初期——以发展儿童智力为中心;(4)现代社会(20世纪80年代以后)——促进儿童身体的、情绪的、智能的和社会性的全面发展。

二、多项选择题

1. ABC【解析】D选项是学前教育的一般性原则。

2. ABCD【解析】学前教育目标制定的意义有:(1)增强教育的目的性和自觉性;(2)使教育工作更有针对性;(3)保证教育工作全面系统地进行;(4)保证各项教育工作的协调配合。

3. AB【解析】我国幼儿园具有为幼儿和幼儿家长服务的"双重任务"。

4. BCD【解析】制定幼儿园教育目标的依据包括:教育目的(教育方针);幼儿身心发展的特点和可能性(学前儿童发展的需要);社会要求和时代要求(社会发展的需要)。

5. ABC【解析】从学前教育目标可操作性程度上看,可分五个层次:(1)幼儿园教育总体目标;(2)幼儿园各年龄阶段培养目标;(3)学期目标;(4)月(或几周)计划(主题活动)的教育目标;(5)某一教育活动目标。

三、判断题

1. √【解析】教育目标的确立要先于过程。目标决定着过程,影响着过程,在活动过程中具有指导性的功能,不能本末倒置,先有活动再有目标。

2. √【解析】幼儿园不仅是一个教育机构,也是一个社会福利机构,负有为在园幼儿家长服务的任务。

3. ×【解析】近期目标,也称短期目标,指在某一阶段内要达到的教育目标,近期目标的制定是为完成最终目标服务的。短期目标一般是教师在日常生活的教育活动中制定的,往往在月计划和周计划中体现出来。

4. ×【解析】幼儿园应当适应社会的需要,以游戏为基本活动,启迪幼儿智力。

5. √【解析】教育设计、组织、实施既适合儿童的现有水平,又有一定的挑战性;教育活动内容的安排与要求、活动过程的推进应循序渐进。

6. √【解析】课程发展目标是教师制订教育计划、组织教育活动的基本依据。

7. ×【解析】我国幼儿园具有为幼儿和幼儿家长服务的"双重任务"。

8. ×【解析】儿童是学习的主体,只有儿童积极参与、主动建构,课程才能内化为他们的学习经验,促进其身心发展。因此在作业课上儿童也是主体。

四、填空题

1. 科学性
2. 社会要求和幼儿身心发展的规律

五、名词解释

1. 整合性原则
整合性原则是指将学前教育看作是一个完整的系统，保证学前儿童身心整体健全和谐的发展，综合化地整合课程的各要素实施教育。
2. 某一教育活动目标
某一教育活动目标是指一个具体的教育活动所要达到的结果，或引起幼儿行为的变化，是最具操作性的目标。
3. 学前教育的目标
学前教育的目标是教育目的在学前教育阶段的具体体现，是对培养幼儿规格的要求，是对学前教育最终结果的反映和预期。
4. 保教合一的原则
保教合一的原则，也称保教结合或保教并重，指对幼儿保育和教育要给予同等的重视，并使两者相互配合。

六、简答题(答案要点)

1. 简述遵循发展适宜性原则包含的几层含义。
(1)教育设计、组织、实施既符合儿童的现实需要，又有利于其长远发展。
(2)教育设计、组织、实施既适合儿童的现有水平，又有一定的挑战性；教育活动内容的安排与要求、活动过程的推进应循序渐进。
(3)教育必须促进儿童体、智、德、美诸方面全面发展。
(4)为每个儿童着想，关注个体差异。
2. 简述新时期幼儿园教育双重任务的特点。
(1)对幼儿身心素质的培养提出了更高的要求；
(2)为家长服务的范围不断扩大；
(3)家长对幼儿教育认识不断提高，要求幼儿园具有更高的教育质量。
3. 简述幼儿园教育的特点。
(1)群体性；
(2)专业性；
(3)计划性；
(4)组织性；
(5)活动性。
4. 简述现代幼儿园教育目标的特点。
(1)重视幼儿身体健康。幼儿阶段身体的发育和机能的健全发展是其他一切发展的基础。因此幼儿园教育把幼儿身体的健康发展放在首位。
(2)幼儿智力教育不仅仅是知识的传授，强调利用感官，培养幼儿的动手能力、学习兴趣和求知欲望。
(3)幼儿品德教育。强调从情感教育入手，重视幼儿良好性格和习惯的培养。
(4)幼儿美育，把培养幼儿感受美的情趣放在第一位，适合幼儿的年龄特点。

七、案例分析题(答案要点)

1. (1)案例中，让幼儿学外语成为人们最为关注的热点，家长让幼儿上英语兴趣班等现象，违背了幼儿发展适宜性原则。对幼儿进行教育的出发点和最后归宿都是促进儿童身心和谐发展，促进幼儿在现有的水平基础上获得充分的、最大限度的发展，而不是过早对幼儿进行外语的学习。教师要对家长灌输正确的育儿观，共同促进幼儿的全面和谐发展，既不能任意拔高，也不能盲目滞后。
(2)要尊重幼儿的主体性原则，对幼儿进行双语教育主要是培养幼儿的兴趣，而不是一味地知识灌输。
2. (1)案例中教师的做法体现了尊重儿童的人格尊严和合法权益的原则。
(2)教师要尊重儿童的人格尊严。幼儿与教师之间的关系是平等的人与人的关系。教师要将儿童作为具有独立人格的人来对待，尊重他们的感情、兴趣、爱好、要求和愿望等。教师的言行中要处处体现对儿童的尊重，注意倾听儿童的想法，尊重他们的意愿，这样就会使儿童意识到他们是有价值，有能力，不可缺少的，从而建立起自信心，获得良好的自我概念，为自身的继续发展奠定基础。
(3)案例中教师在面对龙龙尿床这件事情上充分体现了尊重儿童的原则，教师在捕捉到龙龙的紧张情绪后意识到他可能尿床了。在发现被子确实湿了一大片时，并没有批评他，而是安慰他说“出汗了没有关系，一会儿我帮你把被子晒干了就行了。你先去尿尿。”并“把他带到无人的消毒室里，帮他换上了干净的裤子”充分体现教师对龙龙的人格尊严的尊重。

知识4 幼儿园全面发展教育

一、单项选择题

1. D【解析】幼儿德育的目标强调从情感入手，符合幼儿品德形成和发展的规律，符合幼儿的年龄特点。
2. D【解析】培养儿童对美的感受力就是培养他们对自然美、社会美和艺术美的较灵敏的感知能力和正确的理解评价能力以及相应的情感体验。要培养儿童对美的感受力，就要教他们欣赏一些美术作品、歌曲、乐曲和文学作品，评价人们的道德行为等。题干的表述即美的感受力在起作用。
3. A【解析】对幼儿实施全面发展教育是我国幼儿教育的基本出发点。
4. C【解析】体、智、德、美诸方面统一于幼儿个体的身心结构之中，体、智、德、美任何一方面的发展都与其他方面的发展相互促进、相互渗透、相互制约，不可分割，不存在作用最大或最小的问题。
5. D【解析】幼儿各方面的健康发展首先需要身体的正常发育，这是幼儿健康发展的前提条件。
6. D【解析】幼儿园全面发展教育是指以幼儿身心发展的现实与可能为前提，以促进幼儿在体、智、德、美诸方面全面和谐发展为宗旨，并以适合幼儿身心发展特点的方

式、方法、手段加以实施的，着眼于培养幼儿基本素质的教育。

7. C【解析】幼儿园体育应以增强幼儿体质为核心。全面地、综合地为幼儿有一个强壮、健康的身体创造条件。

8. B【解析】幼儿智育是有目的、有计划地让幼儿获得粗浅的知识技能，发展智力，增进对周围事物的求知兴趣、学习“如何学习”，并养成良好学习习惯的教育过程。幼儿智育应当根据幼儿发展的特点来进行。

9. A【解析】智育能满足幼儿认知的需求，帮助幼儿获得相应的知识，促进幼儿各项智力的发展，为日后学习打基础。

二、多项选择题

1. ABCD【解析】幼儿的品德结构是道德认知、道德意志、道德情感、道德行为。

2. ABD【解析】幼儿智育的目标是：培养幼儿的学习兴趣和求知欲望，发展幼儿智力，培养正确运用多种感官和运用语言的基本能力，以及初步的动手能力。

3. ABC【解析】D选项属于幼儿园安全教育的内容。

三、判断题

1. √【解析】幼儿园全面发展教育是指以幼儿身心发展的现实与可能为前提，以促进幼儿在体、智、德、美诸方面全面和谐发展为宗旨，并以适合幼儿身心发展特点的方式、方法、手段加以实施的，着眼于培养幼儿基本素质的教育。

2. √【解析】幼儿品德教育的内容主要包括发展幼儿的社会性与发展幼儿个性两个方面。

3. ×【解析】幼儿智育的重点不在于教给幼儿多少知识，而是让幼儿产生对学习的热爱，越学越想学，这对今后的学习至关重要。

4. ×【解析】行动操练法是在教师指导下，儿童依靠自觉的控制和校正，反复地完成一定的动作或活动方式，借以巩固知识，形成简单的技能技巧或行为习惯的方法。行动操练法是一种改变重口头教育轻行为训练倾向的很有效的教育手段。

5. ×【解析】知识与智力是不同的概念，获得了知识不等于就发展了智力，但智力的发展离不开知识。

6. ×【解析】幼儿美育的特点是：通过活动，用具体鲜明的形象去引导幼儿直接感受美，而不要求对美的形象从逻辑上进行过多地理解和分析；以培养幼儿审美的情感、兴趣为主，而不以培养审美观念、概念为主；以培养表现美的想象力、创造力为主，而不以训练技能技巧为主。

7. √【解析】幼儿表现美的核心是幼儿的想象和创造，即幼儿以自己的方式、带着自己的特点，表现自己对美的独特体验和理解，创造出新的形象、新的想法。

8. ×【解析】日常生活是实施幼儿德育最基本的途径。专门的德育活动是实施幼儿德育的有效手段。

9. ×【解析】幼儿园全面发展教育是指以幼儿身心发展的现实与可能为前提，以促进幼儿在体、智、德、美诸方面全面和谐发展为宗旨，并以适合幼儿身心发展特点的方式、方法、手段加以实施的，着眼于培养幼儿基本素质的教育。

四、填空题

1. 生活习惯　卫生习惯

2. 形象性原则　情感性原则　活动性原则

3. 感知能力

五、名词解释

1. 幼儿体育

幼儿体育是指幼儿园进行的，遵循幼儿身体生长发育的规律，运用科学的方法以增强幼儿的体质，保证幼儿健康为目的的一系列教育活动。

2. 幼儿智育

幼儿智育是有目的、有计划地让幼儿获得粗浅的知识技能，发展智力，增进对周围事物的求知兴趣、学习“如何学习”，并养成良好学习习惯的教育过程。

3. 幼儿德育

幼儿德育是道德教育的起始阶段，是根据幼儿身心发展的特点和实际情况，对幼儿实施的品德教育。

4. 幼儿美育

幼儿美育是美育的一部分，它是根据幼儿身心特点，利用美的事物和丰富的审美活动来培养幼儿感受美、表现美的情趣和能力的教育。

5. 道德认知

道德认知，即人们对是非、善恶、美丑的行为准则及其意义的认识。

6. 道德意志

道德意志，即人们在实现道德目的的过程中所表现出的主观能动性。

7. 道德行为

道德行为，是人们在一定道德意识支配下所采取的行动。

8. 智育

智育是指有目的、有计划地使受教育者掌握系统的科学基础知识和基本技能，促进受教育者智力发展的教育过程。

9. 道德

道德是在一定社会条件下形成与发展起来的人们共同生活的行为准则的总和，也是评价人们行为的标准。

六、简答题(答案要点)

1. 简述实施幼儿体育应注意的问题。

(1)注重幼儿身体素质的提高；

(2)重视培养幼儿对体育活动的兴趣和态度；

(3)专门的体育活动与日常活动相结合；

(4)注意体育活动中教师的指导方式。

2. 简述实施幼儿美育的途径。

(1)艺术教育是幼儿美育的主要途径；

(2)幼儿的日常生活是美育的重要途径；

(3)大自然、大社会是幼儿美育的广阔天地。

3. 简述幼儿智育的内容。

(1)发展幼儿的智力;

(2)引导幼儿获得粗浅的知识;

(3)培养幼儿求知的兴趣和欲望以及良好的学习习惯。

4. 简述幼儿美育的内容。

(1)培养幼儿的审美感知;

(2)培养幼儿的审美情感;

(3)培养幼儿的审美想象和创造。

5. 孩子教育有"智高诚可贵,情高价更高"的说法,请你谈谈怎样才能培养出全面发展的孩子。

幼儿园全面发展教育是指以幼儿身心发展的现实与可能为前提,以促进幼儿在体、智、德、美诸方面全面和谐发展为宗旨,并以适合幼儿身心发展特点的方式、方法、手段加以实施的,着眼于培养幼儿基本素质的教育。

(1)在幼儿体育方面:促进幼儿身体正常发育和机能协调发展,增强体质,增进健康,培养良好的生活、卫生习惯和参加体育活动的兴趣。

(2)在幼儿智育方面:培养幼儿的学习兴趣和求知欲望,发展幼儿智力,培养正确运用多种感官和运用语言的基本技能,以及初步的动手能力。

(3)在幼儿德育方面:萌发幼儿爱家乡、爱祖国、爱集体、爱劳动、爱科学的情感,培养诚实、自信、好问、友爱、勇敢、爱护公物、克服困难、讲礼貌、守纪律等良好的品德行为和习惯,以及活泼、开朗的性格。

(4)在幼儿美育方面:培养幼儿感受美、表现美的情趣和初步能力。

体、智、德、美四育在幼儿的发展中具有各自独特的作用,具有各自不同的价值,不能相互取代。但必须注意,体、智、德、美诸方面统一于幼儿个体的身心结构之中,体、智、德、美任何一方面的发展都与其他方面的发展相互促进、相互渗透、相互制约,不可分割。

七、论述题(答案要点)

1. 试述实施幼儿体育的途径。

(1)为幼儿创设良好的生活环境,科学护理幼儿的生活:一是物质环境的创设:①合乎要求的房屋、设备和场地;②合理科学的生活制度;③完善、严格的卫生保健制度;④合理、丰富的营养和膳食。二是心理环境的创设:①平等、和谐的人际关系,特别是良好的师生关系;②宽松、自由、愉快的生活气氛。

(2)精心组织各项体育活动,提高幼儿健康水平。①幼儿园体育活动的内容:基本动作练习、基本体操、体育游戏。②幼儿园体育活动的组织形式:早操(或课间操)、体育活动、户外体育活动。③体格锻炼的内容和方法:专门的体格锻炼、日常生活中的锻炼。

2. 试述实施幼儿德育应注意的问题。

(1)热爱与尊重幼儿。爱幼儿是向幼儿进行德育的前提。幼儿对成人的信赖和热爱,是他们接受教育的重要条件。

(2)遵从德育的规律实施德育。幼儿德育必须从情感入手,重点放在道德行为的形成上。具体应注意:①由近到远,由具体到抽象;②直观、形象,切忌说教,切忌空谈;③注意个别差异。

(3)重视指导幼儿行为的技巧。有目的地改变幼儿的行为是幼儿德育的重要任务。它不仅需要教师的热情,而且需要一定的技巧。常用的技巧主要有:①强化行为的技巧。②预估行为的技巧。③转移行为的技巧。④让幼儿理解行为后果的技巧。

3. 试述实施幼儿德育的途径。

(1)日常生活是实施幼儿德育最基本的途径。幼儿德育应贯穿于幼儿的日常生活之中。幼儿在日常生活中,在与同伴、成人交往的过程中,了解人与人之间、人与社会之间、人与物之间的关系,了解一定的行为准则,并且进行各种行为练习,日积月累,循序渐进,逐步形成某些良好的行为品质。在一日生活常规和生活制度中渗透着道德教育的内容,通过常规训练和严格执行生活制度,可以培养幼儿品德和行为习惯。

(2)专门的德育活动是实施幼儿德育的有效手段。专门的德育活动是指教师根据幼儿的年龄特征与年龄班德育的内容与要求,结合本班幼儿的实际情况、行为表现,有目的、有计划组织的德育活动,也就是为实现某项德育内容而组织的教育活动。专门性的德育活动可以集体进行,也可以分组、个别进行;活动内容应以幼儿周围熟悉的现象或他们生活中的事例为主;多采用幼儿自己解决问题的方式;活动时间长短依内容而定,可以在一日生活的任何时间内进行;活动应当尽可能利用游戏的形式进行。

(3)利用游戏培养幼儿良好的道德行为。游戏是幼儿园的基本活动,也是德育的基本形式。在游戏过程中,幼儿自发地扮演一定的社会角色,实践一定的社会行为,体验一定的社会情感,对幼儿社会性发展有其他任何形式都难以替代的效果。

知识5 幼儿教师和幼儿

一、单项选择题

1. D【解析】由于儿童的差异及环境条件的不同,幼儿教师必须针对具体情况,开展教育工作,这种劳动是一种创造性的过程。

2. A【解析】在慎思熟虑式反思中,教师有意识地对所面临的实际问题与想象中的各种可能的解决方法之间建立连接,再从各种连接中选择最佳解决方式。

3. D【解析】幼儿教师的劳动手段,带有很大的主体性,儿童的学习很大一部分是通过直接模仿和感染而展开的。幼儿教师和儿童朝夕相处,和儿童一同活动、游戏,教师的一言一行、一举一动都是儿童的榜样,有力地熏陶、影响着儿童。在学前教育中,身教重于言教,幼儿教师的自身活动和言行是重要的劳动手段。

4. A【解析】由于幼儿的社会性发展水平不高,知识经验缺乏,自我控制力低,因此他们的情绪往往易冲动,难以有

效地控制自己的情绪,往往表现出在成人看来不讲理的行为。教师在面对幼儿的冲动行为时不能受其影响,必须注意克制自己,以冷静沉着的方式、理性的教育方法解决问题。

5. A【解析】儿童观是指对儿童的认识、看法以及与此有关的一系列观念的总和。教师是否具有正确的儿童观是师幼关系和谐的一个关键。

6. B【解析】把儿童看作是家族传承和繁衍的工具,着眼点是整个社会的利益,就是以社会为本位的一种儿童观。

7. D【解析】幼儿教师的劳动手段,带有很大的主体性,儿童的学习很大一部分是通过直接模仿和感染而展开的。幼儿教师和儿童朝夕相处,和儿童一同活动、游戏,教师的一言一行、一举一动都是儿童的榜样,有力地熏陶、影响着儿童。

8. A【解析】爱岗敬业属于教师的职业道德素养。

9. C【解析】师幼关系是指幼儿教师与幼儿在保教过程中形成的比较稳定的人际关系。相对于亲子关系和同伴关系,师幼关系对幼儿的学习和幼儿园适应方面的影响最为突出。

10. D【解析】幼儿教师的职业能力素养包括:(1)观察和了解儿童的能力;(2)设计教育活动的能力;(3)组织管理能力;(4)对幼儿进行行为辅导的能力;(5)沟通的能力;(6)独立思维与创造的能力;(7)适应新情境的能力;(8)及时转变角色的能力;(9)反思能力(不断评价和反思的能力)。

11. D【解析】教师是社区资源的整合者。幼儿园是一个开放的体系,它的良好运行需要社区、家长的大力支持,作为一名学前教育教师,必须学会和家长、社区沟通,整合各种有用的资源为儿童发展做好服务。

12. B【解析】儿童权利观和民主平等的师生观是指在教育上,教师应民主、平等地对待幼儿,应尊重他们的人格、尊严和基本权利,并保护他们的人格、尊严和基本权利免受剥夺和侵犯;不得任意处置、惩罚、虐待和歧视幼儿,应尊重他们的意愿、需要和兴趣,不可按自己的意志对他们采取任意的强制;每一个幼儿的基本权利是平等的,教师不可忽视对每一个幼儿的保护和教育。

13. D【解析】发现学习是指幼儿通过动手操作、亲自实践、与人交往等去发现自己原来不知道的东西,从而获得各种直接经验、体验以及思维方法的学习方式。

14. B【解析】启发思考属于挑战式互动策略。

15. C【解析】设计教育活动的能力是指幼儿教师应善于运用教学理论,结合幼儿的心理特点和接受能力,对教育活动进行设计,并选择恰当的教学方法,促进幼儿全面的发展。

16. B【解析】建构主义理论认为幼儿教师是幼儿学习环境的创设者,是幼儿学习的支持者、观察者和研究者。

17. C【解析】幼儿教师的能力结构:观察和了解儿童的能力;设计教育活动的能力;组织管理能力;对幼儿进行行为辅导的能力;沟通的能力(与幼儿积极互动的能力);独立思维与创造的能力;适应新情境的能力;及时转变角色的能力;反思能力(不断评价和反思的能力)。

18. A【解析】小刘老师因为家庭琐事心情不好而大声斥责孩子,把孩子当成坏情绪的发泄对象是不妥当的。小刘老师应该学会自我调节情绪。

19. A【解析】现代儿童观认为:儿童是与成人平等的、独立的、发展中的个体,社会应当保障他们的生存和发展,应当尊重他们的人格尊严和权利,尊重他们的发展特点和规律,尊重他们的能力和个性,应当为他们创造参与社会生活的机会。

20. B【解析】幼儿教师劳动任务是十分细致的。儿童独立生活能力较差,教师要精心地照料他们的生活,如喂养婴儿,帮助儿童洗手时把袖子卷起,随时按气温和活动量为儿童增减衣服,等等。

21. A【解析】教师职业的最大特点是职业角色的多样化。

22. C【解析】幼儿正处在生长发育最快的时期,其身心发展变化极为迅速,想象力异常丰富,活泼好动。幼儿身心发展的特点决定了幼儿教育必然是一个充满创造性的过程。幼儿好奇心强,教学过程中任何一个小插曲都会吸引他们的注意力,因此需要教师机智、灵活地及时处理和解决。这都体现了教师工作过程的创造性和灵活性。

23. D【解析】学前教育专业教师要在做好教育教学工作的同时,做好管理和卫生保健工作,让儿童学得好,玩、吃、睡得好,使其身心得到全面健康的发展。因此,学前教育教师的工作任务是全面性的、综合性的。

二、多项选择题

1. ABCD【解析】现代幼儿教师的角色有:(1)教育者;(2)公共关系的协调者;(3)幼儿游戏的伙伴;(4)幼儿的第二任母亲,也是幼儿的知心朋友;(5)既是学前教育实践者,也是学前教育理论的研究者和建构者。

2. ABCD【解析】作为一个幼儿教师应当具有宽阔、慈爱的心胸,主动的精神,乐观的心态,稳定的情绪,丰富的感情,活泼开朗的性格,良好的行为习惯等等。这样的教师容易与幼儿打成一片,接纳幼儿,并潜移默化地让幼儿受到教师的感染,有利于幼儿身心的成长。

3. BCD【解析】良好师幼关系的特征包括:互动性、民主性、互主体性、分享性、激励性。

4. ACD【解析】影响幼儿学习的外部因素主要有家庭条件、幼儿园教育水平、幼儿园环境条件的好坏等。影响幼儿学习的内部因素主要有两方面,即智力因素和非智力因素。

5. ABC【解析】作为专业的教育者,教师的爱应该是普遍而广泛的。每位幼儿都有各自不同的性格特征和学习特点,教师应该认识到这些差异的普遍存在,并充分尊重幼儿的差异,平等地对待每一位幼儿,促进他们富有个性地全面发展。因此D项是错误的。

6. BCD【解析】现代儿童观的内涵包括:(1)儿童是人,具有与成年人一样的人的一切基本权益,具有独立的人格;

(2)儿童是一个不断发展的整体,应尊重并满足儿童各种发展的需要;(3)儿童的发展具有个体差异性;(4)儿童具有巨大的发展潜能,在适当的环境和教育的条件下,应最大限度地发展儿童的潜力;(5)儿童具有主观能动性;(6)男女平等,不同性别的儿童应享有均等的机会和相同的权益,受到平等的对待。

7. ABCD【解析】所谓完整儿童是指全面发展和谐平衡的儿童,其发展是身体的、认知的、情感的、社会的和人格的整合性的发展。

8. ABD【解析】正确的儿童观包括:(1)儿童有各种合法权利;(2)儿童的成长受制于多种因素;(3)儿童发展的潜力要及时挖掘;(4)儿童是连续不断发展的;(5)儿童发展具有差异性;(6)儿童通过活动得到发展;(7)儿童发展的整体性。

三、判断题

1. ×【解析】尊重儿童的人格尊严是指儿童与教师是平等的人与人之间的关系。教师要将儿童作为具有独立人格的人来对待,尊重他们的思想感情、兴趣、爱好、要求和愿望等。保障儿童的合法权益是指儿童是不同于成人的、正在发展中的社会成员,他们享有不同于成人的许多特殊的权利,如生存权、受教育权、受抚养权、发展权等,这反映了人类对儿童在社会中的地位和权利的认可与尊重。并不是指根据幼儿的意愿来安排教育活动。
2. √【解析】教师职业是由教育教学专业人员在社会分工条件下所从事的培养人的活动。
3. ×【解析】把"教师讲、幼儿听"笼统地斥为机械灌输的说法是不对的。
4. √【解析】儿童凭借感知觉认识外界事物,教师的简笔画可以给儿童提供直观具体的形象,帮助他们理解所学内容。
5. ×【解析】幼儿教师要不断丰富自身的知识和提高自身的能力,要积极参加业务学习和幼儿教育研究活动。
6. ×【解析】幼儿园保育和教育不可分割的关系是由幼教工作的特殊性和幼儿身心发展的特点决定的。虽然保育和教育有各自不同的主要职能,但并不是完全分离的。教育中包含了保育的成分,保育中也渗透着教育的内容。

四、填空题

1. 组织者
2. 发展潜能

五、名词解释

1. 教育机智

教育机智是教师对儿童活动的敏感性以及根据学生新的、特别的意外情况,快速做出反应,及时采取恰当措施的能力。

2. 幼儿教师的职业素养

幼儿教师的职业素养是幼儿教育工作者对幼儿教师提出的专业化的要求,是幼儿教师开展幼儿教育工作必须具备的素质,主要包括职业道德、科学的儿童观和教育观、合理的知识结构和能力结构、良好的心理素质和身体素质。

3. 接受学习

接受学习是指学习者主要通过教师的言语讲授获得知识、技能、概念等的学习方式。

4. 师幼关系

师幼关系是指幼儿教师与幼儿在保教过程中形成的比较稳定的人际关系。

5. 人际交往活动

人际交往活动是指幼儿与成人(主要是教师和家长)和幼儿同伴之间相互作用,建立起某种关系与联系的社会性活动。

六、简答题(答案要点)

1. 简述幼儿教师劳动的特点。

(1)劳动对象的主动性和幼稚性;
(2)劳动任务的全面性(综合性)和细致性;
(3)劳动过程的创造性和复杂性;
(4)劳动手段的主体性和示范性;
(5)劳动周期的长期性和间接性;
(6)幼儿教师劳动的整体性。

2. 简述现代幼儿教师的角色。

(1)教育者;
(2)公共关系的协调者;
(3)幼儿游戏的伙伴;
(4)幼儿的第二任母亲,也是幼儿的知心朋友;
(5)既是学前教育实践者,也是学前教育理论的研究者和建构者。

3. 学前教育工作者应树立怎样的儿童观?

(1)儿童有各种合法权利;
(2)儿童的成长受制于多种因素;
(3)儿童发展的潜力要及时挖掘;
(4)儿童是连续不断发展的;
(5)儿童发展具有差异性;
(6)儿童通过活动得到发展;
(7)儿童发展的整体性。

4. 简述间接"教"时要注意的问题。

(1)与直接"教"的方式相结合;
(2)正确的角色定位;
(3)环境适应幼儿的年龄特点和个别差异。

5. 简述直接"教"时要注意的问题。

(1)变单向的"教"为双向的交流;
(2)变单一的言语传授为多样化的教育手段;
(3)重视情感效应;
(4)重视幼儿的个别差异,因人施教;
(5)重视随机地"教";
(6)直接"教"和间接"教"相结合。

6. 简述实物操作活动对幼儿发展的意义。

(1)幼儿在实物操作活动中发展自我意识;

(2)幼儿在实物操作活动中发展思维能力；
(3)实物操作活动是获取知识的重要源泉。

7. 人们对儿童的认识和看法随着时代的变化不断发展，简述现代儿童观的内涵。
(1)儿童是人，具有与成年人一样的人的一切基本权益，具有独立的人格；
(2)儿童是一个不断发展的整体，应尊重并满足儿童各种发展的需要；
(3)儿童的发展具有个体差异性；
(4)儿童具有巨大的发展潜能，在适当的环境和教育的条件下，应最大限度地发展儿童的潜力；
(5)儿童具有主观能动性；
(6)男女平等，不同性别的儿童应享有均等的机会和相同的权益，受到平等的对待。

8. 教师作为儿童与社会沟通的中介者。在幼儿园中，幼儿教师应做到哪几点？
(1)要理解孩子的内心世界；
(2)运用谈话的技巧；
(3)要与孩子建立平等关系，不要居高临下；
(4)注重孩子的兴趣；
(5)教师用语通俗易懂；
(6)重视运用非语言沟通策略。

9. 简述幼儿教师必须具备的几方面知识文化素养。
(1)广博的文化基础知识。
(2)扎实的幼儿教育理论基础。幼儿教师若想做好自己的教育工作：①必须了解幼儿；②要善于运用教育规律；③为发挥幼儿家庭和社区的教育力量，幼儿教师还必须懂得教育社会学、教育文化学、教育人类学等方面的知识。

10. 简述幼儿教师应具备的主要人格特征。
(1)正确的动机；
(2)成熟的自我意识；
(3)良好的性格。

11. 简述儿童发展差异性的表现。
(1)儿童发展有性别差异；
(2)儿童的发展有个体差异；
(3)儿童的发展有文化差异。

七、案例分析题(答案要点)

1. (1)要理解孩子的内心世界。我们要尊重孩子，孩子虽小但他们也有自尊心，只有尊重他们，才能让孩子接受教师所讲的话。案例中的军军是个有个性、有思想的小朋友，老师与他接触时要多理解他的内心世界。
(2)运用谈话的技巧。教师要用一颗童心和孩子沟通，和孩子讨论他们感兴趣的事，并运用一些儿童化的语言，让幼儿感觉你是他们的朋友。
(3)要与孩子建立平等关系，不要居高临下。如果教师想要接近孩子，必须放下自己的架子，同孩子建立一种平等的谈话方式，与孩子站在同样的高度，用孩子的眼光看问题。案例中老师和军军最后成了“好朋友”，处于平等友好的关系。
(4)注重孩子的兴趣。观察发现儿童感兴趣的话题，将儿童引入交谈主题之中，运用简洁有趣的提问，保持儿童交谈的兴趣，儿童发言时，教师要表现出极大的热情和耐心，注意倾听并给予鼓励。案例中老师发现军军对课前游戏有兴趣，就抓住机会表扬他，充分调动了他的积极性。
(5)教师用语通俗易懂。教师用语应符合儿童的年龄特点和认知水平，因此，教师表述简单明了，从容不迫，使儿童容易听懂；教师始终要用积极的语言与儿童谈话，告诉儿童应当做什么，而不是指出他不应当做什么。老师表扬军军：“你以后好好上课，我每节课都给你小星星。”正面激励军军，更易被他所接受。
(6)重视运用非语言沟通策略。教师与儿童的非言语沟通主要是指教师运用微笑、点头、抚摸、搂、蹲下与儿童交谈等方式与儿童沟通。

2. (1)王老师的这种安排不妥当。因为幼儿教师应该对每一个孩子一视同仁，这是幼儿教师的职业道德。
(2)①幼儿的形象、气质和艺术才能不可能一样，但是有一点却是共同的：他们都有参与集体活动的权利。幼儿教师应当热爱每个孩子，关心、教育和帮助每个孩子成长。②王老师为了能够在表演中获奖，把几名较差的幼儿让保育员带着玩，不能作为演员上台表演，她的做法首先就违反了教师职业道德的基本要求：平等地对待每一个孩子，不管孩子的出生是贫穷还是富裕，长相是丑陋还是漂亮，都应该一视同仁。③教师的这种行为也会影响到其他孩子对这些形象、气质和艺术才能不好的幼儿产生歧视，导致孩子之间关系的不融洽，最终也会影响师幼之间的关系。④作为新时代的一名幼儿教师，应该具备起码的职业道德标准，其中有一点就是要关心、热爱幼儿。这是做好教育工作的前提条件。它包括关心爱护全体幼儿，尊重幼儿的人格，平等、公正对待幼儿。王老师应让所有的幼儿都参加节目，上台表演。

3. (1)案例中体现了优质师幼关系的平等性。教师与学前儿童之间虽然在年龄、知识、经验、能力等方面存在着或多或少的差异，但彼此之间是平等的主体。案例中孩子们问种的是什么树时，李老师马上请导游介绍树的名称和主要特点。这体现了优质师幼关系的平等性。
(2)案例中体现了优质师幼关系的民主性。教师要尊重学前儿童的个体权利与自由，注意倾听学前儿童的“声音”，彰显学前儿童的“话语权”，保障学前儿童的个体权利与自由，这是民主性的核心。案例中李老师不仅给孩子们和家长拍照，还和孩子们一起种树，一起做面条。这体现了优质师幼关系的民主性。
(3)案例中体现了优质师幼关系的对话性。对话不仅是一种具体的谈话行为，更是一种对话意识、精神，一种平等民主、和睦相处、不断在多元之间寻求融合并促成新

生的意识与精神。案例中孩子们兴奋地邀请李老师和自己坐同一辆车,为此孩子们争了起来。李老师用商量的语气说:“去的时候老师坐一号车,回来时老师坐二号车,你们说好不好呀?”孩子们高兴地同意了。这体现了优质师幼关系的对话性。

(4)案例中体现了优质师幼关系的互动性。优质师幼关系互动性的核心即是彼此相倚,即教师与儿童彼此都是互动的控制者,而非一方对另一方单向的控制与被控制的关系。案例中孩子们纷纷拿出自己心爱的零食分给李老师,李老师也把自己精心制作的寿司和孩子们一起分享,耐心地介绍了寿司的做法。这体现了优质师幼关系的互动性。

4. (1)树立现代儿童观是关键。儿童观是儿童教育的基础,同时也是师幼关系的基础。具体的师幼关系是一定儿童观的体现。案例中对幼儿园教师调查,教师对幼儿始终面带微笑,热爱幼儿。

(2)转变教育观念是根本。儿童观是通过教育观念而影响具体教育行为的,因此现代儿童观也必然通过相应教育观念的树立而实现对儿童教育行为(包括师幼关系)的影响。在教育幼儿时,教师要转变教育观念,以平等的态度对待幼儿,让幼儿在愉快的氛围里学习。

(3)营造良好环境是基础。实现师幼关系从“我与它”到“我与你”的根本转变,需要幼儿园教师对传统的“我与它”师幼关系进行深入批判与大胆变革。案例中教师良好的情绪可以带动幼儿轻松愉快的学习,为幼儿营造良好的心理环境,使幼儿产生对教师的亲近感与信任感。

知识6 幼儿园教育活动

一、单项选择题

1. A【解析】演示是教师通过向儿童展示各种实物或直观教具,引导儿童按一定的顺序注意物体的各个方面和各种特征,使他们获得对某一事物或现象较完整的感性材料。
2. B【解析】合理的生活常规是适宜于幼儿且是幼儿身心健康发展所必需的。其合理性标准有三:(1)保障幼儿健康安全之需;(2)保障集体生活及幼儿交往顺利进行之必需;(3)要符合幼儿年龄特点,是幼儿可以做到的。
3. B【解析】在日常生活活动中,学前儿童的能力和习惯形成是日积月累的,并具有反复的特点。学前儿童良好行为习惯的养成贯穿于日常生活的方方面面,与他们各方面的发展有着紧密的联系。
4. A【解析】活动性原则就是要让儿童在主动和真实的活动中,通过感知、操作、体验、交流来进行学习。
5. A【解析】主题活动往往整合了幼儿园内外各种与教育内容紧密相关的资源。幼儿园、家庭及社区中有许多丰富的教育资源,都需要充分运用到主题活动中。这反应了整合各种教育资源的特点。
6. D【解析】题干描述的现象体现了幼儿园教学活动的灵活性特点。
7. B【解析】示范或范例是教师通过自己的或儿童的动作、语言、声音,或以经过选择的图画、剪纸和典型事例,为儿童提供模仿的对象,是儿童模仿学习必要的方法。
8. C【解析】操作法是指儿童按照一定的要求和程序通过自身的实践活动进行学习的方法。
9. B【解析】幼儿园的小组活动可以是教师有计划安排的活动,可以是教师组织引导的活动,也可以是儿童自发的活动。
10. A【解析】观察法是指儿童在教师或成人指导下,有目的地感知客观事物的过程和儿童自发的观察过程。
11. B【解析】讨论法是有效提高儿童认识、情感、意志与行为水平的重要方法之一。由于儿童在讨论法的教育活动中是处在主体的地位,而不是传统教育模式中那种被动接受灌输的地位,所以其学习的积极性、主动性、能动性都比较高。
12. D【解析】谈话法是教师根据儿童已有的知识和经验,通过提问,引导儿童思考交流获得相应的知识经验的一种互动教育方法。
13. A【解析】主题活动是指围绕着贴近儿童生活的某一中心内容即主题作为组织课程内容的主线来组织教育教学的活动。题干描述的是主题活动。
14. B【解析】观察法是指儿童在教师或成人指导下,有目的地感知客观事物的过程和儿童自发的观察过程。讨论是指幼儿在教师的指导下,通过提出交流话题,引导幼儿在已有知识经验的基础上,围绕话题各抒己见,辨明是非真伪,以此提高认识或弄清问题的方法。教师带领幼儿去公园观赏桃花运用的是观察法,回来后教师组织幼儿交流桃花的特征运用的是讨论法。
15. A【解析】直观法是一种让儿童直接感知认识对象的方法。演示、示范、运用范例属于直观法。
16. B【解析】口授法是指教师通过口头语言系统地向儿童传授知识经验的一种教学方法。儿童教学活动中的口授法,主要包括讲解、讲述、提问、谈话、讨论等。

二、多项选择题

1. ABC【解析】幼儿园区域活动的特点:(1)儿童自选活动内容;(2)儿童的自主性活动;(3)小组和个体活动。
2. AB【解析】幼儿园教学活动的原则包括:活动性原则、发展性原则、科学性和教育性原则(科学性、思想性原则)、连续性和渗透性原则、集体教学活动与个别教学活动相结合的原则、整体性和一致性原则、直接指导与间接影响相结合的原则、巩固性原则。直观性和启蒙性是幼儿园教学活动的特点。
3. ABCD【解析】晨检的检查步骤可概括为一问、二摸、三看、四查。一问:即儿童入园时,询问家长,了解儿童在家的健康状况,如食欲、睡眠、大小便、精神等,以及有无传染病接触史。二摸:摸儿童额部、手心是否发烫,摸腮腺及淋巴有无肿大。三看:观察儿童的精神状态以及脸色是否正常、眼睛是否有流泪、眼结膜是否充血、皮肤是

否有皮疹等。四查:检查儿童口袋里有无不安全的东西,如小刀、弹弓、别针、小钉子、玻璃片、黄豆等。

三、判断题

1. √【解析】在教学中,各年龄班运用游戏化教学的比重应有所不同,年龄越小,宜多采用游戏法,随着儿童年龄的增长,知识经验的丰富,语言和智力的发展,可以适当减少游戏法的比重,综合运用多种方法。

2. ×【解析】游戏法是指教师采用游戏或以游戏的口吻进行教育教学的方法,它体现学前儿童教学活动的显著特点,是学前教育机构教学活动的主要方法。

3. ×【解析】讲解是指教师用儿童能理解的语言来解释和说明某事某物的一种方法。

4. √【解析】在幼儿园中,集体的教育活动和分散的个体活动起着不同的作用,应当结合运用,交替进行,互相配合。

5. ×【解析】晨检中"问"是指:问幼儿在家吃饭情况,睡眠是否正常,大小便有无异常。

6. √【解析】主题活动的教育功能包括:(1)儿童获得的知识经验是完整的;(2)能促使儿童在生活中主动学习;(3)有利于提高教师的专业化水平。

四、填空题

1. 1~2
2. 由教师组织自主自由
3. 提问
4. 讨论
5. 解释和说明
6. 讲解　谈话
7. 中心内容
8. 自在性

五、名词解释

1. 游戏法

游戏法是指教师采用游戏或以游戏的口吻进行教育教学的方法,它体现学前儿童教学活动的显著特点,是学前教育机构教学活动的主要方法。

2. 狭义的幼儿园教学活动

狭义的幼儿园教学活动是指教师根据国家的学前教育目标和任务,结合社会的需求和学前儿童身心发展规律而专门设计的、多种形式的、有目的、有计划地引导学前儿童生动活泼、主动活动的学习活动,它是学前儿童全面发展教育的重要手段。

3. 间隙活动

间隙活动是使幼儿大脑获得休息,调节幼儿身心的有效方法。

六、简答题(答案要点)

1. 简述照顾好幼儿睡眠的标志。

(1)按时睡,睡得好,按时醒,醒后精神饱满愉快;

(2)睡够应睡的时间,要以孩子为主,不能任意减少或增加睡眠时间;

(3)保持良好的睡眠姿势和习惯。

2. 简述区域活动观察与指导的注意事项。

(1)尽量让儿童自己去探索、发现、思考,不急于提供答案;(2)应加强区域间的配合、渗透,加强横向联系;(3)保证区域活动的时间和空间。

3. 简述班级幼儿饮用水管理的具体要求。

(1)教师要根据季节变化供应冷暖适度、符合卫生标准的生活饮用水,夏季凉,冬季要保温;(2)按时组织学前儿童集体喝水,每日上下午各1~2次集中喝水;(3)保证学前儿童按需喝水,鼓励学前儿童用自己的杯子随渴随喝,引导不爱喝水的学前儿童喝水;(4)注意安全,谨防热水烫伤。

4. 简述幼儿园主题活动的特点。

(1)知识的横向联系;

(2)整合各种教育资源;

(3)生活化、游戏化的学习;

(4)富有弹性的计划;

(5)需要刻意遵循儿童"前学科"知识经验的建构规律。

5. 简述幼儿园教学活动的功能。

(1)幼儿园教学活动是对儿童实施全面发展教育的重要途径;

(2)幼儿园教学活动是促进教师专业成长的重要途径;

(3)幼儿园教学活动是学前教育改革的重要阵地。

6. 简述运用口授法时应注意的问题。

(1)讲解的语言要生动形象、清晰准确、浅显易懂、简明扼要、富有感情,孩子愿意听,听得懂;

(2)讲解时尽量与演示、示范结合,或辅以适当的肢体语言,做到形神兼备,利于儿童理解;

(3)提问时要考虑提问的艺术,提问应围绕主题,由浅入深,具体明确,富有启发性和逻辑性,多提启发性、开放性问题,让孩子展开想象,运用已有经验大胆思考;

(4)谈论的主题应在儿童的认知经验范围内,属于儿童感兴趣的内容,利于儿童丰富认知经验,发展语言表达能力。

7. 简述运用操作法时应注意的问题。

(1)要根据活动目标和儿童年龄特点,提供适合每一个儿童认知水平和技能的操作材料;

(2)要使儿童明确操作的目的,启发儿童操作的积极性;

(3)要交给儿童操作的基本方法和步骤,鼓励他们敢于动手,大胆操作;

(4)操作的方式要多种多样,避免让儿童机械、简单地重复。

8. 简述范例法的特征。

(1)示范法;

(2)直观法;

(3)行为的定向作用。

9. 简述运用发现法时应注意的问题。

(1)要为儿童创设良好的学习环境和物质条件,提供充

分的活动时间，教给学前儿童感知、探索、观察等发现学习的方法；(2)要在学前已有的知识经验的基础之上运用发现法，要符合儿童认知水平，引导儿童去发现周围生活中能理解的、容易捕捉到的事物和现象；(3)要引导儿童将发现结果，通过思考，加工整理成明确的概念或经验，并用语言的形式描述自己的发现成果；(4)应对儿童的发现多鼓励或赏识，鼓励儿童积极提问，大胆探索。

10. 简述教师设计与组织教育活动应注意的问题。

(1)每个教育活动应有明确的、适宜的教育目的要求；

(2)组织教育活动应充分利用周围环境的有利条件；

(3)灵活采用集体的、小组的或个别的活动形式及多样化的方法；

(4)教育活动中引导儿童运用各种感官积极参与活动过程；

(5)促进每个幼儿在原有水平上发展；

(6)每次教育活动的时间，可根据活动的内容、活动的方式和儿童年龄而定，有长有短，以儿童不过度疲劳为限；

(7)每日均应安排有组织的教育活动。

11. 简述幼儿园的一日生活活动的组织原则。

(1)保教结合原则；

(2)一致性和灵活性相结合的原则；

(3)全面管理与个别照顾相结合的原则；

(4)支持性与主动性相结合的原则；

(5)丰富性与流畅性相结合的原则。

12. 简述幼儿园一日生活的教育意义。

(1)保护幼儿身体的健康发育；

(2)有利于幼儿心理的健康发展；

(3)培养幼儿良好的生活习惯；

(4)促进幼儿的学习；

(5)是全面完成幼儿园教育任务的保证。

13. 简述教学活动导入的方法。

(1)教具导入；

(2)演示导入；

(3)悬念导入；

(4)作品导入；

(5)游戏导入；

(6)歌曲导入；

(7)经验导入；

(8)直接导入。

七、论述题(答案要点)

1. 试述幼儿"接受学习"和"发现学习"的区别。

(1)接受学习是指学习者主要通过教师的言语讲授获得知识、技能、概念等的学习方式。如果教师能按照幼儿的身心特点来讲课，让幼儿发挥主体性，学有兴趣，把教师传授的东西积极地消化、吸收，转化为自己的东西，而不是死记硬背，幼儿这样的学习是主动的、有意义的学习。把"教师讲、幼儿听"笼统地斥为机械灌输的说法是不对的。

(2)发现学习是指幼儿通过动手操作、亲自实践、与人交往等去发现自己原来不知道的东西，从而获得各种直接经验、体验以及思维方法的学习方式。在幼儿期，这是比"接受学习"更适合幼儿的一种学习方式，特别有利于发挥幼儿的主体性，如激发幼儿的学习动机、发展其分析和解决问题的能力、培养主动参与的积极态度等。因此，幼儿的学习是否有意义，关键是教师能否激发幼儿的主动性，而不在于教给幼儿采用哪种学习方式。

2. 试述幼儿园的教学活动的原则。

(1)活动性原则。活动性原则就是要让儿童在主动和真实的活动中，通过感知、操作、体验、交流来进行学习。儿童是在活动中学习，获取经验并发展的。活动是儿童认知发展的关键，这是由学前儿童认知发展水平决定的。

(2)发展性原则。发展性原则就是通过教学使儿童在原有的发展水平上，得到身心和谐的充分的发展和持续的发展。贯彻发展性教学原则，教师所选择的学习内容应有一定的难度，而且是逐步加深的，需要幼儿做出一定的努力才能学会，从而促进幼儿不断地发展。要通过教学促使幼儿积极地、主动地开展智力的、情感的、独立的活动，以达到幼儿个性的全面发展。

(3)科学性和教育性原则(科学性、思想性原则)。教学内容要具有科学性和教育性，促使幼儿正确地感知客观事物和现象，帮助幼儿形成正确的概念，形成对事物的正确态度，并结合各科教学内容有机地进行道德品质教育。

(4)连续性和渗透性教学原则。教师不仅要理解、熟悉各种教育活动内容的内在联系、连续性和体系，还要了解不同教育内容之间的相互渗透性，并把各种教育活动科学、合理地组织安排，从而保持各种教育活动的特定的体系、经验的连续，又互相渗透、有机联系，不绝然割裂，以使全部教学活动取得最佳效果。

(5)集体教学活动与个别教学活动相结合的原则(个别对待原则)。为了使每个幼儿都能在原有基础上得到最大限度的发展，在教学中要从每个幼儿实际出发，个别对待。

(6)整体性和一致性原则。为了使儿童个体得到整体、协调的发展，幼儿园的课程和教学活动贯彻整体性、一致性原则是很重要的。

(7)直接指导与间接影响相结合的原则。教师在活动中的直接指导与间接影响是相互联系、相辅相成的。在各种教育活动中都有直接指导与间接影响，但对不同的活动，指导的程度是不同的。在同一活动中，两者并存，有时是直接指导，有时则是间接影响，相互交替。

(8)巩固性原则。儿童积累经验，储存信息，掌握简单的技能是学习新的知识技能的基础，是发展智力、进行活

动的必要前提，也是入小学后学习系统的科学文化知识需要具备的条件。但幼儿期大脑皮质形成新的暂时神经联系不稳定和不巩固，为使儿童学习的知识技能得到积累，在教学中必须贯彻巩固性原则。

3. 试述幼儿园一日生活的特点。

(1)自在性。一日生活活动是一种具有自在性特征的活动，如果我们去观察学前儿童在家里的一日生活，可以发现，有很多儿童的日常生活一般都没有固定的活动内容。他们可以随意地去做自己喜欢的事情，种种活动既没有时间的限制，也没有确定的地点，玩腻了自然休息，饿了找东西吃，困了就睡觉，生活活动往往是听其自然、十分宽松的。

(2)习惯性。学前教育机构的日常生活是平常而琐碎的，但却日复一日地反复出现。在日常生活活动中，学前儿童的能力和习惯形成是日积月累的，并具有反复的特点。学前儿童良好行为习惯的养成贯穿于日常生活的方方面面，与他们各方面的发展有着紧密的联系。正如教育家陶行知先生所说，“教育就是培养生活习惯”。良好生活习惯的培养，重点是从日常生活中的琐事、小事做起。

(3)情感性。一方面，学前儿童在日常生活活动中要接触许多事物，了解许多物品的名称、性能和用途，这对于增长他们知识、发展智力有一定的促进作用。另一方面，在日常生活活动中学前儿童逐步建立良好的生活卫生习惯、生活自理能力、自我保护意识，学会关注和理解自己及他人的情绪情感，学习用恰当的方式表达情感和需要，也提高了他们的自信心及人际交往能力。

知识7 幼儿园游戏

一、单项选择题

1. B【解析】象征性游戏是学前儿童最典型的游戏形式，对儿童人格和情绪的发展都能发挥一定的功效；基于它的这一功效，现代的游戏治疗也是通过这种游戏形式得以实现的。
2. A【解析】游戏可以促进幼儿体力、智力、创造力、情感、社会性和美感的发展。在游戏中幼儿能变换各种方式来对待物体，通过对同一游戏材料做出不同的设想和行为，或对不同的物体做出同一种思考和动作，就能扩大幼儿与游戏材料相互作用的范围，增加相互作用的频率，使求异思维得到充分的训练。儿童在游戏中玩出新玩法，这体现游戏可以促进儿童的创造力的发展。
3. A【解析】霍尔的“复演说”，认为游戏是远古时代人类祖先的生活特征在幼儿身上的重演，不同年龄的幼儿以不同形式重演祖先的本能特征。
4. D【解析】创造性游戏包括角色游戏、结构游戏、表演游戏。规则性游戏包括智力游戏、音乐游戏、体育游戏。
5. B【解析】教师在对儿童游戏进行评价时应该是正面评价，这样才能保持儿童在游戏过程中的愉悦、成功的情绪体验，有利于激起儿童再次游戏的愿望。
6. B【解析】象征性游戏是处于前运算阶段(2～7岁)儿童常进行的一类游戏。它是把知觉到的事物用它的替代物来象征的一种游戏形式。
7. A【解析】合作游戏是幼儿后期出现的较高级的游戏形式，是一种有着共同需要、共同计划、共同协商完成的游戏活动。题干描述的游戏属于合作游戏。
8. A【解析】表演游戏是幼儿按照故事、童话的内容，分配角色，安排情节，通过动作、表情、语言、姿势等来进行的游戏。
9. A【解析】游戏丰富了幼儿的知识。游戏是幼儿学习知识最有效的途径，幼儿在游戏中通过使用材料和器械，从中习得了许多关于周围世界的基本知识和主要概念。
10. B【解析】结构性游戏又称建构游戏或造型游戏，是指儿童运用积木、积塑、金属材料、泥、沙等各种材料进行建构或构造，从而创造性地反映现实生活的游戏。堆雪人属于结构游戏。
11. D【解析】格罗斯的“生活预备说”把游戏看作是幼儿对未来生活的无意识的准备，是一种本能的练习活动。
12. D【解析】合作游戏是幼儿后期出现的较高级的游戏形式。
13. B【解析】象征性游戏是处于前运算阶段(2～7岁)儿童常进行的一类游戏。它是把知觉到的事物用它的替代物来象征的一种游戏形式。儿童将一物体作为一种信号物来代替现实的客体，这就是象征游戏的开始。题干中孩子的游戏属于象征性游戏。
14. B【解析】教师对儿童游戏的指导必须以保证儿童游戏的特点为前提。否则，一切指导都可能是徒劳的，甚至可能成为儿童发展的障碍。
15. D【解析】游戏性体验有以下几种主要成分：(1)兴趣性体验；(2)自主性体验；(3)胜任感体验；(4)幽默感；(5)驱力愉快。
16. C【解析】儿童与同伴等互动交往有利于其社会性的发展。
17. A【解析】儿童游戏是对儿童生活的反映，所以生活经验是其基础与源泉。
18. C【解析】结构性游戏又称建构游戏或造型游戏，是指儿童运用积木、积塑、金属材料、泥、沙等各种材料进行建构或构造，从而创造性地反映现实生活的游戏。
19. A【解析】交叉式介入法是指教师以角色的身份参与游戏，以游戏情节需要的动作、语言来引导幼儿游戏的发展。题干描述的介入方法是交叉式介入法。
20. A【解析】内部干预是指成人以游戏中的角色身份参与幼儿的游戏，以游戏情节需要的角色动作和语言来引导幼儿的游戏行为。
21. D【解析】“造城堡”游戏属于建构游戏。
22. D【解析】表演游戏是指儿童根据故事、童话的内容，运用动作、表情、语言、扮演角色，进行创造性表演的游戏。

23. D【解析】体育游戏是以身体练习为主要内容,以发展基本动作为目的的游戏活动。

24. A【解析】表演游戏又称为戏剧游戏,是以故事或童话情节为表演内容的一种游戏形式。在表演游戏中,儿童扮演故事或童话中的人物,并以故事中人物的语言、动作和表情进行活动。这种游戏是以想象为基础的。

25. C【解析】材料指引是通过教师为儿童提供材料,引发游戏的兴趣,促进游戏的延续和提升的方法。材料可以是实物(成品、半成品和废旧品)和图片、图书等。

26. B【解析】格罗斯的“生活预备说”把游戏看作是幼儿对未来生活的无意识的准备,是一种本能的练习活动。

27. B【解析】游戏提高了幼儿的交往技能。游戏扩大了幼儿的社交范围,增加了幼儿的社交频率,使幼儿掌握了与人交往的技能和艺术,社交能力得到不断的提高。题干描述的教师观察内容主要考查的是幼儿的社会交往能力。

28. C【解析】象征性游戏是处于前运算阶段(2~7岁)儿童常进行的一类游戏。它是把知觉到的事物用它的替代物来象征的一种游戏形式。题干描述的是象征性游戏。

29. D【解析】游戏确实可以使人放松,但这种放松恰恰是通过“紧张”获得的。如在“丢手绢”游戏中,游戏者往往是很“紧张”的,他们非常注意丢手绢者的一举一动,做好了当手绢丢在自己的身后能够立即站起来跑的准备。

30. B【解析】儿童(2~7岁)具有了象征性游戏的能力。最常见的象征性游戏包括儿童跨在棍子上“骑马”、坐在椅子上“开车”、哄布娃娃睡觉等。

31. B【解析】题干的描述属于结构游戏中玩泥的指导要点。因此,这类游戏属于结构游戏。

32. A【解析】以身体练习为主要内容,以发展基本动作为目的的游戏活动,属于体育游戏。

33. D【解析】幼儿的游戏离不开游戏材料。有的材料较接近于真实的事物,有的材料则和真实物体有较大的差异。幼儿在运用这些游戏材料时,需要把它们想象成为真的,并对其施加类似成人的真实动作。题干的表述反映了幼儿游戏充满了想象、创新。

34. D【解析】儿童的游戏自有章法,游戏是儿童自我规则意识和能力的外显,同时也是社会规则的内化过程。题干的描述体现了游戏是有序的。

35. B【解析】观察者固定在游戏中的某一区域定点进行观察,适合于了解某主题或区域幼儿的游戏情况,了解学前儿童的现有经验以及他们的兴趣点、学前儿童之间交往、游戏情节的发展等动态信息,并且让教师较为系统地了解某一事件发生的前因后果,避免指导的盲目性。定点观察法一般多在游戏过程中使用。

36. C【解析】结构游戏的特点包括:(1)建构材料是游戏的基础;(2)幼儿对材料的使用是游戏的支柱;(3)游戏的建构过程是极具创造性的,是一种造型艺术活动。

37. C【解析】合作式参与指教师加入幼儿正在进行的游戏之中,但仍让幼儿主宰游戏的进程。为了促进游戏的发展,教师会偶尔提出一些问题和建议,但不是直接教给幼儿任何新的游戏行为,幼儿可做出反应、予以接受;也可不予理睬、加以拒绝。在幼儿没有邀请教师参加游戏的情况下,教师可以根据游戏情节,利用角色的身份,主动参与进去。教师的合作式参与方式,能吸引更多的幼儿,给幼儿提供较多的谈话机会,提高幼儿游戏的水平和社会交往能力。

38. D【解析】象征性游戏是处于前运算阶段(2~7岁)儿童常进行的一类游戏。它是把知觉到的事物用它的替代物来象征的一种游戏形式。儿童将一物体作为一种信号物来代替现实的客体,这就是象征游戏的开始。

二、多项选择题

1. ABC【解析】游戏的本质特征主要包括:(1)游戏是内在需要的自愿活动;(2)游戏是“日常生活”的表征;(3)游戏富有选设性的自足乐趣;(4)游戏是有规则的活动。

2. ACD【解析】创造性游戏的类型包括:角色游戏、结构游戏、表演游戏等。

3. BC【解析】幼儿在游戏中的学习有以下三个特点:(1)学习的目标是隐含的;(2)学习的方式是潜移默化的;(3)学习的动力来自幼儿内部。

4. ABC【解析】儿童的游戏具有以下特点:游戏是儿童自主自愿的活动(自由性);儿童重视的是游戏的过程,而非游戏的结果,无强制性的外在目的;游戏是充满想象和创造的活动(想象性);游戏具有假想成分,是在假想的情景中反映社会生活,是虚构和现实统一的活动(虚构性和社会性);游戏是能给儿童带来积极情感体验的活动(愉悦性);游戏是具体的活动。

5. AB【解析】弗洛伊德认为游戏也有潜意识成分,游戏是补偿现实生活中不能满足的愿望和控制创伤性事件的手段。

6. ABC【解析】表演游戏和角色游戏的区别在于:表演游戏中,幼儿扮演的角色是以一定的故事或童话为依据,情节内容也是对故事或童话情节内容的反映;而在角色游戏中,幼儿扮演的角色既是生活印象的再现,又是幼儿自由创造的表现。

7. ABD【解析】小班幼儿的游戏具有目的性不强,兴趣不稳定,兴趣持续时间短,重内容、轻规则等特点。

8. ABCD【解析】早期的传统游戏理论主要有:霍尔的“复演说”、席勒和斯宾塞的“精力过剩说”、彪勒的“机能快乐说”、格罗斯的“生活预备说”、博伊千介克的“成熟说”等。

9. BD【解析】有规则游戏是成人在儿童自发游戏的基础上,为一定的教育目的而编制的,大都由教师组织儿童进行,有时也可以由儿童组织进行。包括体育游戏、智力游戏、音乐游戏等。

10. ABCD【解析】游戏促进幼儿创造力的发展表现在:

(1)游戏为幼儿提供了宽松的心理氛围;(2)游戏催发了幼儿的探究行为;(3)游戏激发了幼儿的发散性思维;(4)游戏提高了幼儿的创造性水平。

三、判断题

1. ×【解析】合作游戏是儿童在游戏中围绕一个共同的主题,有共同的目的,采取分工合作的有组织的方式游戏。
2. ×【解析】题干描述的是建构游戏。
3. ×【解析】无规则游戏是发挥幼儿游戏的主动性,给幼儿一定的自由,但是教师也要给予适时的支持和引导。
4. ×【解析】教师对游戏的指导以间接指导为主,并不代表有优劣之分。
5. √【解析】幼儿的游戏往往依赖于具体的游戏材料或玩具。幼儿年龄越小,对玩具材料的逼真性程度要求越高。
6. √【解析】当我们去判断幼儿是否在游戏时,可以从幼儿的表情、动作,言语和游戏材料等几方面来综合考虑,可以说这几方面构成了游戏的外部框架。
7. ×【解析】教师应该遵循儿童身心发展的特点,组织儿童进行游戏活动,培养儿童的求知欲望和学习兴趣。
8. √【解析】我们不应提供给幼儿带有尖角和锋利边缘的粗糙玩具和具有发射能力的枪炮、弓箭等玩具;室外的运动设备应定期进行卫生和安全检查,并且成人要让幼儿学会正确使用玩具。
9. √【解析】尊重幼儿游戏的自主性就是要尊重幼儿游戏的意愿和兴趣,尊重幼儿游戏的氛围和游戏中的想象、探索、表现、创造。
10. ×【解析】幼儿园应以游戏为主要活动。
11. √【解析】室内活动场地是儿童在活动室内开展游戏的场所。活动室的空间大小不能过于拥挤,根据研究表明:空间密度会影响到儿童的游戏行为,空间过于宽大,会引发儿童的追赶和嬉闹行为,而空间过于拥挤会降低社会性游戏的层次。
12. ×【解析】在儿童的游戏中,幼儿教师是游戏材料的准备者、游戏情节的献计人和游戏矛盾的协调人。但教师做的最多的应该是扮演游戏中的角色,做儿童游戏的伙伴。
13. ×【解析】要为儿童提供足够的游戏材料。儿童是通过使用玩具材料在游戏中学习的。材料的种类对儿童游戏的具体选择有着某种定向的功能。如果教师提供的材料单一,儿童游戏情节的发展就会受到限制。但这并不是说给予学前儿童的材料越多越好。重要的是要让这些材料真正地发挥作用,提高其利用率。
14. √【解析】无固定功能的游戏材料,往往可以使儿童按着自己的想象创造出游戏的多种玩法,有利于学前儿童通过探索接受丰富的感官刺激,利用不同的材料去替代和想象,在与材料的互动中促进发散性思维的发展。
15. ×【解析】幼儿的想象异常活跃,所以在游戏中应该鼓励和引导幼儿大胆想象。

四、填空题

1. 创造性
2. 游戏
3. 有规则游戏
4. 自主自愿
5. 自由性　想象性　虚构性(任选其二即可)

五、名词解释

1. 游戏

游戏是一种主动、自愿、愉快、假想的社会性活动,是学前儿童获得知识的最有效手段。

2. 动作技能游戏

动作技能游戏指通过手脚和身体其他部位的运动而获得快乐的游戏活动,既可以是一种户外进行的身体大幅度的运动,如相互追逐、荡秋千、滑滑梯、骑三轮车、攀登等,也可以是在室内桌面上进行的串珠、夹弹子、弹弹子、挑游戏棒、拍纸牌等相对精细的活动。

3. 智力游戏

智力游戏是指以生动、新颖、有趣的游戏形式,使儿童在轻松愉快的活动中,增进知识、发展智力的游戏。

4. 定点观察法

定点观察法是指观察者固定在游戏中的某一区域定点进行观察,适合于了解某主题或区域幼儿的游戏情况,了解学前儿童的现有经验以及他们的兴趣点、学前儿童之间交往、游戏情节的发展等动态信息,并且让教师较为系统地了解某一事件发生的前因后果,避免指导的盲目性。

5. 语言游戏

语言游戏指儿童时期运用语音、语调、词语、字形而开展的游戏,如合着语音、节奏的变化而展开的拍手游戏、绕口令、接龙等。

6. 内部干预

内部干预是指成人以游戏中的角色身份参与幼儿的游戏,以游戏情节需要的角色动作和语言来引导幼儿的游戏行为。

7. 扫描观察法

扫描观察法是指观察者在相等的时间段里对观察对象依次轮流进行观察。

8. 追踪观察法

追踪观察法是指观察者根据需要确定1~2个学前儿童作为观察对象,观察他们在游戏活动中的各种情况,固定人而不固定地点。

9. 音乐游戏

音乐游戏是指在歌曲或乐曲伴奏下进行的游戏。

10. 复演说

霍尔的“复演说”,认为游戏是远古时代人类祖先的生活特征在幼儿身上的重演,不同年龄的幼儿以不同形式重演祖先的本能特征。

11. 外部干预

外部干预是指成人并不直接参与游戏，而是以一个外在的角色，引导、说明、建议、鼓励游戏中幼儿的行为。

12. 自发游戏

自发游戏是儿童自己发起的、自愿参加的、自主支配的游戏。它一方面反映了儿童的认知特点和社会性等方面的发展水平，另一方面也反映了儿童的兴趣爱好。

13. 教学游戏

教学游戏就是根据幼儿园教育大纲和课程的要求，有目的、有计划地进行设计和开展的游戏。

14. 交往游戏

交往游戏指两个以上的儿童以遵守某些共同规则为前提而开展的社会性游戏。

15. 机械性游戏

感觉机能性游戏又称为练习性游戏或机械性游戏。它是儿童发展中最早出现的一种游戏形式，其动因来自感觉器官所获得的快感，由简单的重复运动所组成。

六、简答题(答案要点)

1. 简述幼儿游戏的特点与功能。

(1)幼儿游戏的特点：

①游戏是儿童自主自愿的活动(自由性)；

②儿童重视的是游戏的过程，而非游戏的结果，无强制性的外在目的；

③游戏是充满想象和创造的活动(想象性)；

④游戏具有假想成分，是在假想的情景中反映社会生活，是虚构和现实统一的活动(虚构性和社会性)；

⑤游戏是能给儿童带来积极情感体验的活动(愉悦性)；

⑥游戏是具体的活动。

(2)幼儿游戏的功能：

①促进幼儿体力的发展；

②促进幼儿智力的发展；

③促进幼儿创造力的发展；

④促进幼儿情感的发展；

⑤促进幼儿社会性的发展；

⑥发展幼儿的美感。

2. 简述幼儿晚期儿童游戏的发展水平。

幼儿晚期的儿童处于象征游戏的高水平阶段，儿童已摆脱了实物直观相似性的束缚，语言描述和动作表象起主导作用，可以用语言、动作替代实物进行游戏。此阶段儿童会自行策划游戏，讨论游戏主题、构思情节、分配角色、创设环境，积极主动地进行游戏。

3. 简述游戏促进幼儿情感的发展的主要表现。

(1)游戏使幼儿有机会表现自己的情感；

(2)游戏能使幼儿充分体验到快乐；

(3)游戏能帮助幼儿克服恐惧情绪；

(4)游戏能使幼儿进行情感宣泄。

4. 简述游戏促进幼儿社会性的发展的主要表现。

(1)游戏有助于克服幼儿的自我中心；

(2)游戏培养了幼儿的合群行为；

(3)游戏提高了幼儿的交往技能；

(4)游戏发展了幼儿遵守规则的能力；

(5)游戏锻炼了幼儿顽强的意志。

5. 教师怎样指导幼儿的游戏？

(1)尊重幼儿游戏的自主性；

(2)以间接指导为主；

(3)按幼儿游戏发展的规律指导游戏；

(4)按各种类型游戏的特点指导游戏；

(5)正确评价幼儿的游戏；

(6)使游戏成为幼儿园的基本活动。

6. 教师怎样正确评价幼儿的游戏？

(1)幼儿按意愿选择玩具做游戏，儿童在游戏中感到轻松、愉快，发挥了创造性；

(2)幼儿选择一种游戏很认真，能克服困难，能遵守游戏的规则，不依赖他人独立游戏；

(3)会正确使用玩具，爱护玩具，会收放玩具；

(4)在游戏中对同伴友爱、谦让，能与同伴合作，愿意帮助别人，不妨碍别人；

(5)游戏内容健康，有益于幼儿身心健康发展。

7. 简述大班儿童表演游戏的特点。

(1)能独立完成角色分配任务，有很强的角色更换意识；

(2)游戏的目的性、计划性较强，能自觉表现故事内容；

(3)具有一定的表演意识，但尚待提高；

(4)具备一定的表演技巧，能灵活运用多种表现手段，但表演水平尚待提高。

8. 简述智力游戏的组织与指导原则。

(1)选择和编制合适的智力游戏；

(2)帮助幼儿构建规则意识；

(3)培养幼儿的游戏策略意识，而不是教给幼儿游戏的策略。

9. 简述中班结构游戏的特点。

(1)目的比较明确，能初步了解结构游戏的计划；

(2)对操作过程有浓厚的兴趣，关心结构成果；

(3)能围绕结构物开展游戏，会按主题进行构建，初步利用材料美化结构物；

(4)能独立地整理玩具。

10. 简述教师对幼儿游戏的介入方法。

(1)参与式介入；

(2)材料指引介入；

(3)语言指导介入。

11. 简述以认知发展为依据的游戏分类。

(1)感觉机能性游戏；

(2)象征性游戏；

(3)结构性游戏；

(4)规则性游戏。

12. 简述以儿童社会性发展为依据的游戏种类。

(1)非游戏行为；

(2)旁观游戏;

(3)独立游戏;

(4)平行游戏;

(5)联合游戏;

(6)合作游戏。

七、论述题(答案要点)

1. 试述音乐游戏的指导原则及其内容。

(1)指导原则:①"漫不经心的娱乐"原则:强调幼儿自身的参与和感受,从幼儿身心特点出发,让幼儿在亲身参与和感受中体会音乐的魅力和内涵。②"幼儿主体、教师引导"原则:在了解幼儿的基础上,以促进幼儿的发展来设计游戏,确定游戏主题;充分发挥幼儿的想象力,与他们共同设计音乐游戏。

(2)指导内容:①自娱性音乐游戏的指导。自娱性音乐游戏的特点是"自发性、趣味性、随机性",这决定了教师的指导应当少之又少,基本上只提供游戏材料,或者间接指导,尽量不干涉幼儿游戏。教师应创设丰富的音乐环境,提供自娱性音乐游戏的平台。②教学性音乐游戏的指导。教师要通过选择合适的、有趣的内容,通过教师的感染力来激发幼儿游戏的兴趣。注重游戏过程中的音乐体验,给幼儿充分地表现自我的机会。

2. 组织和指导表演游戏时应注意的问题?

(1)协助幼儿选择表演游戏的主题,选择适合表演的文学作品。幼儿表演游戏的题材主要来自童话、故事、语言等文学作品,还可以来自电影、电视以及幼儿的生活经验。适于进行表演游戏的作品,应具有如下特征:思想内容健康活泼;明显的表演性,要有一定情境,适合小班表演的作品最好只有一个场面,明显的动作性,在小中班宜选择简单的,有重复动作的作品;起伏的情节,情节主线要简单明确,节奏要快;较多的对话易于用动作来表演。

(2)激发儿童对表演游戏的兴趣。

(3)创设适合表演的游戏环境,提供表演游戏的物质条件。表演的舞台和布景,以及服饰和道具应当简单大方、经济适用。可以充分利用现有的游戏材料,同时因地制宜地利用废旧物品进行设计和改造。教师要充分信任幼儿的能力,充分发挥幼儿的积极性、主动性、创造性。

(4)帮助幼儿组织表演活动,指导幼儿分配角色。最初可先组织部分儿童练习表演,之后,再组织全班儿童参加表演游戏,可以同时组织几组,让儿童轮流当观众与演员。在表演过程中教师要注意儿童表演的逼真性和教育性,还应特别注意吸引一些胆怯儿童参加表演游戏,教他们学会担任角色,充分发挥表演游戏对所有儿童的教育作用。分配角色时,要尊重幼儿的选择。小班可由教师指定角色,或幼儿自选;对于中、大班幼儿,应鼓励他们按照自己的意愿进行表演。

(5)指导幼儿表演的技能,鼓励幼儿自然生动地表演。指导幼儿表演技能的方法有:①引导幼儿观察、表现和交流;②教师示范表演;③教师与幼儿共同表演;④利用幼儿的生活经验,对幼儿进行口头语言、歌唱表演、形体表演等技能的训练;⑤启发并尊重幼儿的创造性表演。

(6)引导幼儿积累社会经验,提高表演水平。教师应注意在幼儿的日常生活、教育活动以及游戏活动中丰富幼儿的社会经验,不断提升幼儿表演游戏的水平。另外,教师可以以观众的身份,用提问、建议等方式指导幼儿顺利演出,并对幼儿演出加以评价,但是切莫变成"导演"。

3. 试对儿童游戏的水平进行分析。

(1)3岁前儿童游戏的发展水平。3岁前儿童处于感知运动阶段。在生命的最初三年,儿童从每天只能躺着到会抬头、翻身、坐、爬、站、走,儿童动作的发展是游戏发生发展的条件之一。此阶段儿童主要以感觉运动性游戏为主,如大运动类游戏、用手的游戏、感觉游戏等,伴有象征性游戏的萌芽,此阶段儿童喜欢独自游戏和平行游戏。

(2)幼儿初期儿童游戏的发展水平。幼儿初期的儿童处于象征性游戏初期,此阶段儿童的象征性游戏内容和情节都比较简单,常常重复同一动作,而且游戏主题不稳定,常随外部条件和自己情绪的变化而改变。

(3)幼儿中期儿童游戏的发展水平。幼儿中期是儿童象征游戏的高峰期,儿童游戏内容逐渐扩展,同时游戏的水平也提高了。游戏情节丰富、内容多样化,游戏兴趣明显增加。

(4)幼儿晚期儿童游戏的发展水平。幼儿晚期的儿童处于象征游戏的高水平阶段,儿童已摆脱了实物直观相似性的束缚,语言描述和动作表象起主导作用,可以用语言、动作替代实物进行游戏。此阶段儿童会自行策划游戏,讨论游戏主题、构思情节、分配角色、创设环境,积极主动地进行游戏。

八、案例分析题(答案要点)

1. (1)游戏是幼儿的自发学习。在观察实录的游戏中,贝贝看到老师拿雪花片当菜,在接下来的游戏中,也将雪花片当作菜,这是一种自发的学习。瓜瓜把手指当成筷子,夹起一片雪花片"啊呜啊呜"地吃起来,也是一种自发的学习。

(2)教师的回应策略:中班角色游戏重点是引导幼儿解决游戏冲突。①教师应结合幼儿的社会经验,为幼儿提供丰富且富有变化的游戏材料,鼓励幼儿不断丰富游戏主题;②仔细观察并认真分析幼儿发生冲突的起因,以游戏者的身份介入游戏,指导游戏;③通过幼儿讨论等形式展开游戏评价,增长游戏经验,丰富游戏内容;④指导幼儿在游戏中逐渐掌握社会规则和交往技能,逐渐学会独立解决问题。观察实录中,教师首先应该为幼儿提供足够量的"菜",启发幼儿想象没有菜了,可以怎么办?其次,教师可以扮演卖菜的,丰富游戏主题。再者,在指

导的过程中,让幼儿学会独立解决问题。最后,在游戏结束时,组织幼儿讨论游戏中遇到的问题,增长游戏经验。

2. (1)与幼儿一起准备游戏环境,侧重语言引导,培养幼儿的自主性;(2)认真观察游戏,给幼儿提供必要的条件和机会以及适当的引导;(3)允许并鼓励幼儿在游戏中进行创造,培养幼儿的创造性。案例中,刘老师带领幼儿去参观真实的理发店,为大班幼儿提供种类较多的游戏材料以鼓励和支持他们进行多样化探索。

3. 老师对洋洋游戏的干预是不合适的。

(1)在这个案例中,洋洋用小椅子代替自行车,来实现他"摸特等奖"的情节构思。这表明:①他能独立完成角色分配任务;②游戏的目的性、计划性较强,能自觉表现故事内容;③具有一定的表演意识;④具备一定的表演技巧,能灵活运用多种表现手段,但表现水平有待提高。这一阶段,幼儿能够成功地以物代物,表明幼儿象征思维的发展。替代物与被替代物越不像,越具有符号抽象的意义。而教师以角色身份对洋洋所选择的替代物提出了质疑,认为小椅子不像自行车,试图引导幼儿按真实的样子加以改装,结果阻碍了幼儿的游戏想象,中断了幼儿原来的游戏情节,因此这种干预是不恰当的。

(2)老师正确的做法:①为幼儿提供较多种类的游戏材料,鼓励和支持他们进行多样化探索;②在游戏初期应尽可能少地干预;③随着游戏的展开,及时给幼儿提供反馈,提高其表现故事、塑造角色的能力;④通过反思性谈话和小组讨论来帮助幼儿丰富游戏情节。

4. 在幼儿游戏过程中,教师不仅是观察者、记录者,而且还应该是幼儿游戏的尊重者、支持者、参与者、引导者和干预者。教师作为幼儿游戏的引导者,应注意以下几个方面:

(1)教师要引发幼儿游戏的兴趣。教师可以通过在游戏场地放置一些新材料、新设备等来引起幼儿开展某种游戏的兴趣。案例中教师在"动动巧手"的活动里提供许多大小、形状都不同的螺丝,孩子们爱不释手,兴趣很浓厚。

(2)教师要适时提出开放性问题。在幼儿游戏的过程中,教师要善于把握时机,提出启发性的问题,以促进幼儿游戏的发展。案例中当吴艳楠向老师展示自己做的"蛋糕"时,老师表扬她并引导她再搭一个跟它不一样的东西。

(3)教师要及时提出合理化建议。当幼儿的游戏未能向前发展时,教师应给予提示、建议,以帮助幼儿更好地开展游戏。案例中老师表扬顾洋螺丝拧的好,并让他表演给其他小朋友看,一些小朋友也跟着拧螺丝,间接地给这些小朋友提供了游戏的方式,引导了更多的小朋友参与到游戏中去。

(4)教师要巧妙地扮演游戏中的角色。教师通过扮演一定的角色,自然而然地加入到幼儿的游戏中。案例中的教师是一个鼓励者,巧妙地引导更多的小朋友自觉进入游戏。

(5)教师要以间接方式为主指导幼儿的游戏。案例中,老师没有直接教孩子们怎么玩螺丝,而是让幼儿自己发现螺丝游戏的乐趣。

5. 在案例中,教师采用的是内部干预的方法,以顾客身份参与幼儿的邮局游戏,虽然没有给幼儿直接建议他们该怎么做,但以角色行为暗示了游戏方法,提示幼儿可以如何进行游戏。对于没有多少生活经验的小班幼儿来说,教师参与游戏、通过角色行为给予游戏暗示的方法比简单的几句建议来得更有效。

6. (1)游戏是学前儿童的基本活动,是学前儿童喜爱的、主动的活动,是学前儿童反映现实生活的活动。儿童的游戏具有以下特点:①游戏是儿童自主自愿的活动(自由性);②儿童重视的是游戏的过程,而非游戏的结果,无强制性的外在目的;③游戏是充满想象和创造的活动(想象性);④游戏具有假想成分,是在假想的情景中反映社会生活,是虚构和现实统一的活动(虚构性和社会性);⑤游戏是能给儿童带来积极情感体验的活动(愉悦性);⑥游戏是具体的活动。

(2)案例中的教师没有尊重幼儿的意愿,强制要求幼儿上台表演,违背了自主自愿的特点;案例中的教师不时地按照故事情节规范语言,纠正孩子们的动作,使得幼儿失去了创造的机会,也不会给幼儿带来愉悦性。

(3)综上所述,该案例中的老师组织的所谓"游戏"活动并不是真正的游戏,违背了游戏的本质特点。教师在组织儿童进行游戏的时候,应当充分尊重儿童游戏的兴趣和意愿,根据儿童的身心特点及生活经验进行游戏环境的创设,在儿童游戏的过程中,用心观察儿童在游戏中的表现,鼓励幼儿的自主性和创造性,在幼儿园中为幼儿提供他们感兴趣的游戏材料和游戏环境。

7. (1)案例中教师的指导行为是一种平行游戏指导方式。平行游戏策略,是指导教师接近幼儿,并与他们用相同的游戏材料一同玩一样的游戏,但教师不与幼儿相互交往,不参与幼儿游戏。这种指导策略往往用于结构游戏与表演游戏之中,效果较显著。案例中老师没有参与小男孩的积木游戏,而是坐在小男孩身边也搭起积木,没有直接指导小男孩。

(2)案例中教师的指导方式,作为介入幼儿游戏的策略,属于隐性指导,也是一种间接指导。这种指导,不直接参与和干预幼儿游戏的过程,最大限度地保护了幼儿游戏的自主性体验。

(3)案例中教师的指导也是一种正向的指导,即给予幼儿游戏进行支持和解决问题的暗示。而不是直接制止幼儿原来的不恰当游戏行为,教师通过这种平行游戏的指导,给幼儿做出了适宜的、有效的游戏行为的示范,试图启发幼儿,给予幼儿一种积极的暗示,可以引发幼儿的效仿和学习。案例中教师没有直接指出小男孩为什

么搭不起“大高楼”,而是边搭边自言自语怎么才能搭好大高楼,给予幼儿积极的暗示,更容易引发幼儿的模仿行为。

(4)教师指导行为的发起,是基于幼儿遇到问题即不能“搭高”和“搭稳”的时候,实际上也是把握住了介入的一个适宜时机。

8.(1)案例中的游戏类型是角色游戏。角色游戏的特点有两点:①与幼儿的社会生活密切联系。角色游戏是幼儿对现实生活积极主动的再现活动,游戏的主题、角色、情节、材料与规则均与幼儿的社会生活经验有密切关系。幼儿自身社会经验的丰富程度直接决定着游戏内容的丰富程度和游戏情节变换的可能性。②角色游戏是富有创造性的想象活动。想象活动是角色游戏得以进行和发展的重要支撑。角色游戏过程是创造性想象的过程,幼儿可以在角色游戏中自由地发挥其想象力和创造力,因而他们对角色游戏的兴趣最为浓厚,幼儿玩角色游戏的主题、角色、情节可以十分多样与新颖。

(2)案例中幼儿在游戏中出现不善于分配角色的问题。硕硕认为自己是男生不能当妈妈,但是洋洋要当爸爸,就需要再创建一个适合男生的角色。老师引导他们想出了“叔叔”这个角色,使游戏能顺利进行。在角色游戏过程中,幼儿往往非常关注自己扮演什么角色,但由于自身发展水平的限制,幼儿会表现出不善于分配角色的问题。为保证游戏顺利进行,教师在指导角色游戏时,要适当引导幼儿学会如何较好地分配角色,让幼儿明白角色的意义及轮换角色的必要性。这不仅可以提高幼儿的游戏能力,也有助于幼儿个性的健康发展。

9.(1)案例中邹老师平行介入游戏,巧妙扮演角色。邹老师和幼儿一起玩积木,老师偶尔用语言评价几句,使幼儿在游戏活动的过程中,激发幼儿的想象和思考,使游戏不断深入,以促进游戏的发展。

(2)在实际的幼儿园游戏活动中,指导策略还包括:丰富儿童的生活经验;创设适宜的游戏环境;提出启发性的问题;提出合理化建议。

10.案例中角色指导的环节属于角色游戏过程中的现场指导,王老师应做到以下几点:

(1)鼓励和启发幼儿按照自己的意愿自主确定游戏主题;

(2)教会幼儿分配游戏角色;

(3)观察、参与幼儿游戏,尊重幼儿个体差异性,给予适宜的指导。比如,告诉幼儿:“有人想吃点心、年糕,谁来卖这些东西啊?”以此来丰富活动内容。

11.(1)案例中杨老师在幼儿游戏时的三次介入分析如下:

①案例中杨老师的第一次介入的时机是不适宜的。幼儿在确定结构游戏的主题时,教师使用指令性语言“那你们就搭个幼儿园吧!”对幼儿游戏进行介入指导的过早,且介入的方式不合理,导致幼儿“迟疑了一下说:‘好吧。’”

②第二次介入时机是适宜的,在孩子游戏出现困难时杨老师及时介入,通过语言指导“班上有什么东西能让我们迅速长高呢?”引发了豆豆的思考,使豆豆想出了用凳子垫脚的方法。

③案例中杨老师的第三次介入是合理的,老师和幼儿一起游戏,帮忙扶好凳子,确保幼儿的安全,同时也帮助幼儿取得成功。

(2)教师介入幼儿游戏的适宜性策略:①参与式介入。参与式介入是教师以游戏者的身份,介入儿童游戏。一般采用的有平行式介入法、交叉式介入法。

②材料指引是通过教师为儿童提供材料,引发游戏的兴趣,促进游戏的延续和提升的方法。

③语言指导是教师通过运用“询问式”“建议式”“鼓励式”“澄清式”“邀请式”“角色式”“指令式”等不同形式的语言指导儿童游戏的方法。

知识8 幼儿园班级管理与环境创设

一、单项选择题

1. D【解析】幼儿园教师应为幼儿创设一个心理安全、自由的环境,要具体做到:(1)教师应经常表扬、鼓励幼儿;(2)教师应持肯定、支持的态度;(3)教师应多接纳、多欣赏。
2. C【解析】记录式创设着重于对幼儿学习经历、学习过程和学习成果的展示,一般而言,在学习活动的过程中,记录式墙面有利于幼儿了解探索问题的方法。
3. D【解析】狭义的幼儿园环境是指在幼儿园中,对幼儿身心发展产生影响的物质与精神要素的总和。
4. C【解析】幼儿园将自身环境与外界的家庭、社区等环境结合在一起,而不是将自己封闭在园内小环境,这体现了其对外开放的特点,坚持了开放性原则。
5. C【解析】幼儿园环境创设要遵循幼儿参与性原则,是指环境的创设过程是幼儿与教师共同合作、共同参与的过程。
6. A【解析】幼儿园的环境应做到绿化、艺术化、儿童化,使之成为儿童的乐园。
7. C【解析】情感沟通法是指通过激发和利用师生间或幼儿间以及幼儿对环境的情感,以引发或影响幼儿行为的方法。题干中老师运用了情感沟通法。
8. C【解析】环境创设必须重视幼儿的全面发展,德智体美劳不可偏废,因此A项错误。幼儿的个体差异很大,教师必须根据不同年龄阶段的幼儿发展特点设置环境,避免统一化,因此B项错误。我国经济发展虽然有了较大的进步,但是还有很多地区较为穷困,所以D项错误。
9. A【解析】在人的要素中,幼儿教师是幼儿园中对幼儿发展影响最大的因素。在一定的物质条件具备后,教师的观念和行为是影响幼儿园环境质量的决定因素。
10. D【解析】A项中对儿童的批评会伤害儿童,而不是对儿童抵抗挫折能力的培养。B项中采取威胁和恐吓的教育方式是错误的,对幼儿来说,良好的心理环境的创设

不能使用威胁和恐吓。C项中教师的做法不符合教师的职业道德，幼儿教师必须对所有的孩子一视同仁，必须关注每一个孩子，这样才能促进儿童积极情绪的发展，才能创设良好的心理环境。D项中教师的言语充满了鼓励性，有利于幼儿园心理环境的创设。

11. D【解析】幼儿园的楼梯也要进行环境创设，只是创设要遵循安全原则，避免复杂的图案设计，可以画上几何图形，写上阿拉伯数字等，不能因为害怕幼儿受伤而放弃教育的机会。

12. C【解析】环境与教育目标的一致性原则是指环境的创设要体现环境的教育性，即环境设计的目标要符合幼儿全面发展的需要，与幼儿园教育目标相一致。

13. A【解析】活动室是在园幼儿主要的活动、学习空间，其布置对可塑性强的幼儿有很大的影响。因此，活动室墙饰的高度首先要适合幼儿的身高。

14. A【解析】好的空间设计应该适应儿童的身形和能力，以便于他们自由运动，并在没有成人帮助的情况下自主实现活动目标。在教室里放置一些与幼儿高度相适宜的图书架、能够看懂的信息栏等，属于创设助长能力的环境。

15. C【解析】经济性原则是指创设幼儿园环境应考虑不同地区、不同条件园所的实际情况，做到因地制宜、勤俭办园。

16. A【解析】幼儿园文化对于幼儿园整体环境具有十分重要的影响作用，它影响着幼儿园的精神风貌，对全园的成人和幼儿都有潜移默化的作用。除此之外，幼儿园文化还在一定程度上决定了教育的价值取向、教育的内容和方法等。

17. B【解析】幼儿参与性原则是指环境的创设过程是幼儿与教师共同合作、共同参与的过程。

18. B【解析】表演游戏区是兼有游戏性与表演性，又以游戏性为主的活动区域。题干中描述的活动区域是表演游戏区。

19. D【解析】活动区材料投放时应注意的问题：(1)按目标投放材料；(2)按主题投放材料；(3)投放不同层次的材料；(4)分期分批投放材料；(5)有些材料需随时投放。并不是说材料的数量越多越好。

20. C【解析】益智区的游戏主要是桌面上的小型游戏，可以锻炼儿童的手部小肌肉，促进儿童思考问题。基本器材为：小型积木、拼图、飞行棋、六子棋、象棋、围棋、跳棋、七巧板、魔方、乐高玩具、大富翁游戏。

21. C【解析】幼儿园投放的优秀活动材料的特征包括：(1)应该是能够引起幼儿反应的材料；(2)应该在提供时考虑到儿童的年龄，对于各种年龄阶段的儿童，提供不同的操作材料；(3)应该能够引起儿童参与和学习行为；(4)应该包括一些现实生活中触手可及的物品；(5)能够促进儿童某项技能的学习。

22. C【解析】放大镜、天平、水箱等属于科学探究性材料，应投放在科学区。

23. D【解析】题干中，李老师不强迫幼儿画画，允许幼儿做黏土，体现了李老师对幼儿的尊重，发挥了幼儿的主动性。

24. A【解析】发展适宜性原则是指幼儿园环境创设要符合幼儿的年龄特征及身心健康发展的需要，促进每个幼儿全面、和谐地发展。

25. D【解析】在填充式创设中，最初墙面上只有一些原始的记录或是一些简单的框架，随着活动的不断深入，逐步将幼儿的作品、学习成果布置到墙面上，对大片空白的墙面进行填充。

26. D【解析】在活动区中投放的材料应该是能够引发幼儿动手动脑主动探索的材料，这样可以留给幼儿更多的操作和创作的空间，引起幼儿动手动脑的兴趣。那些能留给幼儿更多操作空间和创作空间的"半成品"最具有探究性。

27. B【解析】在园区的安全性上，应注意：幼儿园户外设备应固定在地上，以免翻倒；室外的插座及电线设备应设置在幼儿够不到的地方；楼梯的两边应设幼儿扶手，楼梯踏步不宜过高，以幼儿的跨度为准；在幼儿安全疏散和经常出入的通道上，不应设有台阶等。幼儿园小班不宜用过小的玩具，防止幼儿吞咽。

28. B【解析】幼儿园心理环境创设的要求包括：(1)创设优美、整洁的幼儿园物理环境；(2)以园长为中心，创设幼儿园成人之间和谐的精神环境；(3)建立安全、温暖、互相信任的师幼关系；(4)培养幼儿群体，建立良好的幼儿与幼儿交往关系。

29. C【解析】通风的形式有自然通风和人工通风两种，托幼机构多采用自然通风的形式。

30. D【解析】幼儿参与性原则是指环境的创设过程是幼儿与教师共同合作、共同参与的过程。

31. D【解析】规则引导法是指用规则引导幼儿行为，使其与集体活动的方向和要求保持一致或确保幼儿自身安全并不危及他人的一种管理方法。规则引导法是对班级幼儿最直接和最常用的管理方法。

二、多项选择题

1. CD【解析】幼儿园环境按其性质可以分为物质环境和精神环境。

2. BC【解析】幼儿参与性原则是指环境的创设过程是幼儿与教师共同合作、共同参与的过程。经济性原则是指创设幼儿园环境应考虑不同地区、不同条件园所的实际情况，做到因地制宜、勤俭办园。幼儿教师带领幼儿一块布置活动室环境体现了幼儿参与性原则，利用废弃物品制作各种玩具体现了经济性原则。

3. ABD【解析】教师在幼儿园环境创设中的作用是：准备环境、控制环境、调整环境。

4. ABC【解析】幼儿生活用房包括活动室、寝室、乳儿室、配乳室、喂奶室、卫生间(包括厕所、盥洗、洗浴)、衣帽储藏室、音乐活动室等。幼儿园的保健室、隔离室和消毒室属于服务用房。

5. ABD【解析】教师应该根据幼儿人数与活动室面积来决定活动区的数量和规模。一般来说,幼儿园要设置4～6个活动区,每个活动区的最佳容量是5～7人。活动室的结构也会影响到活动区的数量和规模。

6. ABD【解析】幼儿园的物质环境是指幼儿园内影响幼儿身心发展的物化形态的教育条件,如园舍建筑、设施设备、活动场地、教学器材、活动材料、环境布置、空间布局及绿化等有形的东西,是促进幼儿身心全面发展的最基本保障。

7. ABC【解析】环境的创设过程应该是一个积极的教育过程。环境创设过程本身的教育意义主要体现在:培养幼儿的主体精神,发展幼儿的主体意识;培养幼儿的责任感。幼儿参与环境的创设,能切实地体验到自己做的事对集体的影响,从而培养幼儿的合作精神。

三、判断题

1. ×【解析】幼儿园环境的特点包括:环境的教育性和环境的可控性。

2. ×【解析】从一般年龄特征来看,小班、中班、大班幼儿在身心发展特点上的差异是非常明显的,其身心发展所需要的环境也不尽相同。因此,教师要根据幼儿不同的年龄特征为其提供适宜的发展环境,而不是幼儿需要什么,教师就提供什么。

3. ×【解析】创设环境的主体应该是幼儿。

4. ×【解析】环境必须随着幼儿的兴趣、需要、能力的变化以及教育目标、客观条件的变化而不断变化。因此,教师必须保持高度的敏感,随时审视环境,经常调整环境,使环境处于适宜幼儿发展的最佳状态。

5. √【解析】创设环境时就不能偏重智力发展,而忽视幼儿社会性、情感、意志等方面的发展。

6. ×【解析】无论幼儿园的经济条件好坏,创设环境时都必须考虑经济性原则。

7. √【解析】从一般年龄特征来看,小班、中班、大班幼儿在身心发展特点上的差异是非常明显的,其身心发展所需要的环境也不尽相同。因此,教师要根据幼儿不同的年龄特征为其提供适宜的发展环境。

8. √【解析】户外体育活动和游戏对增强儿童体质,培养儿童坚强、勇敢、自信的性格有重要作用。

9. √【解析】整洁、优美的环境不仅有利于养成幼儿良好的生活习惯,而且也是美感教育的重要途径。但整洁、优美的环境布置并不一定需要花很多钱,也并非一定要陈设高级的玩具和物品。

10. ×【解析】各年龄班活动室的色彩不宜强求一致,如小班儿童游戏活动的时间较长,活动室的色彩应活泼一些。

四、名词解释

1. 活动区

活动区就是利用活动室、睡眠室、走廊、门厅及室外场地,提供、投放相应的设施和材料,为儿童创设的分区活动的场所。

2. 物质环境的创设

物质环境的创设主要指幼儿园空间的设计和利用、儿童使用的设备、活动区活动材料的数量种类及其选择与搭配等方面的创设。

3. 环境与教育目标的一致性原则

环境与教育目标的一致性原则是指环境的创设要体现环境的教育性。即环境设计的目标要符合幼儿全面发展的需要,与幼儿园教育目标相一致。

4. 开放性原则

开放性原则是指创设幼儿园环境时应把大、小环境有机结合,形成开放的幼儿教育系统。

5. 幼儿园的物质环境

幼儿园的物质环境是指幼儿园内影响幼儿身心发展的物化形态的教育条件,如园舍建筑、设施设备、活动场地、教学器材、活动材料、环境布置、空间布局及绿化等有形的东西,是促进幼儿身心全面发展的最基本保障。

6. 幼儿参与性原则

幼儿参与性原则是指环境的创设过程是幼儿与教师共同合作、共同参与的过程。

五、简答题(答案要点)

1. 教室墙面环境展示的形式主要有哪几种分类?

(1)平面创设、半立体创设和立体创设;

(2)观赏性创设和操作性创设;

(3)填充式创设和满幅式创设;

(4)记录式创设和展览式创设;

(5)幼儿作品创设和教师作品创设。

2. 简述幼儿园室外活动场地分哪四个区域。

(1)固定器具区,用于放置大中型体育活动器械;

(2)水泥地,供儿童骑车、推车或玩拖拉玩具;

(3)草地,供儿童奔跑、跳跃,开展游戏,周围可种植灌木树丛以起隔离作用;

(4)泥土地,可供儿童种植植物、饲养小动物。

3. 简述幼儿园环境创设的一般原则。

(1)安全性原则;

(2)环境与教育目标的一致性原则;

(3)发展适宜性原则;

(4)幼儿参与性原则;

(5)开放性原则;

(6)经济性原则;

(7)启发性;

(8)动态性。

六、论述题(答案要点)

1. 试述创设活动区的具体要求。

(1)多样而丰富的内容。为适应儿童个别差异,要根据儿童的兴趣和身心发展水平或配合教育任务,设置多种活动区,并要经常更换活动区的内容。

(2)要易于观察或记录。无论活动区布置在室内任何角落,都必须方便教师的观察或记录。

(3)合乎安全原则。设备、材料的放置应合乎儿童的身高,并坚固耐用。

(4)类似的活动安排在一起,注意动静交替。如将安静的图书区、自然区放在一起,以免相互干扰。

(5)活动时所需材料应置于附近。各种设备、材料应尽量放在儿童伸手可及之处,刺激并便于儿童充分利用其开展活动。切忌束之高阁,限制儿童利用。活动区材料投放时应注意的问题:按目标投放材料;按主题投放材料;投放不同层次的材料;分期分批投放材料;有些材料需随时投放。

(6)有足够的自由活动空间。单纯追求活动区的多而全,造成每一区的活动空间和整个室内空间的过于拥挤、狭小,反而影响儿童活动的开展。如果空间有限,可根据儿童兴趣和教育的需要轮流安排活动区,不必同时设置所有的活动区。

(7)注意活动区间的相对封闭与分割。活动区之间形成间隔,使每个区域独成一体,有利于儿童在区域内的活动,特别是对于一些独立操作性较强的活动区。但应注意的是,封闭的程度要以儿童之间互不干扰活动、教师置身于活动区外又能观察到儿童的活动为原则。

(8)注意光线的明暗。对于需要光线的活动区,如图书区、观察区,要将其安排在光线充足、照明好的位置上,使儿童在活动的过程中,不仅知识、技能上能得到发展,而且在健康上也得到保障。

2. 试述影响幼儿园环境质量的因素。

(1)物质因素。物质环境是幼儿园环境的重要组成部分,与幼儿园教育的关系十分密切,并对幼儿园环境质量产生重要影响。教师应结合幼儿园的各级教育目标,科学合理地选择材料与安排空间,满足幼儿活动的需要。

(2)精神因素。在影响幼儿园环境质量的各种精神因素中,人的要素和幼儿园文化的作用是十分巨大的。①人的要素。在人的要素中,幼儿教师是幼儿园中对幼儿发展影响最大的因素。在一定的物质条件具备后,教师的观念和行为是影响幼儿园环境质量的决定因素。②幼儿园文化。相对于人与物等可见的因素而言,幼儿园文化比较抽象,但对幼儿园环境质量的影响却是巨大的。幼儿园文化对于幼儿园整体环境具有十分重要的影响作用,它影响着幼儿园的精神风貌,对全园的成人和幼儿都有潜移默化的作用。除此之外,幼儿园文化还在一定程度上决定了教育的价值取向、教育的内容和方法等。

3. 试述幼儿园环境的特点。

(1)环境的教育性。在幼儿园教育中,环境创设不仅是美化的需要,更是教育者实现教育意图的重要中介,教育者把教育意图隐含在环境中,让环境去说话,让环境去引发幼儿应有的行为。因此,幼儿园的环境具有教育功能,是为实现教育目标服务的。

(2)环境的可控性。幼儿园内部环境与外界环境相比具有可控性,即幼儿园内部环境的构成处于教育者的控制之下。具体表现在两个方面:一方面社会上的精神、文化产品,各种幼儿用品等在进入幼儿园时,必须经过精心地筛选甄别,取其精华,去其糟粕,以有利于幼儿发展为选择标准。另一方面,教师根据教育的要求及幼儿的特点,有效地调控环境中的各种要素,维护环境的动态平衡,使之始终保持在最适合幼儿发展的状态。

七、案例分析题(答案要点)

1. (1)强调儿童的参与性;满足儿童的身心需要。

(2)幼儿园户外场地的设计,即水泥地、花草地和泥土地;场地的设计一定要方便,能让儿童充分地活动开,要有利于儿童开展各种游戏和体育活动;在场地面积允许的情况下,应尽可能增加户外场地的面积,使学前儿童能充分地享受户外环境;在设置幼儿园课程时,应该考虑尽可能利用户外条件的资源,如果场地面积比较狭小,则不能仅仅为了美化的作用而设置一些不必要的设施,而限制了儿童的活动范围。

2. (1)存在的主要问题是:

①区域设置过多过满,容易影响项目选择并引发纠纷。案例中每个班都至少设置了7~8个区域,内容过多,会影响幼儿的选择。

②部分活动区域内容材料更换不及时,影响了孩子的活动积极性。案例中语言区的图片已经积了一层灰,智力区的拼图无人问津,这些材料对该班的幼儿没有起到实质性的作用,却没有及时被换掉,对幼儿的活动有一定的影响。

③部分区域提供的活动材料过难,影响了孩子的活动兴趣。

(2)建议:

①将班上的区域进行整合,数量控制在6个左右;

②及时根据幼儿活动进度和教育内容需要更换调整语言区的图片;

③智力活动区内提供的拼图要符合本班大部分孩子的认知程度,避免因过难而影响幼儿操作的成就感。

3. (1)该教师的环境创设理念在主观上能考虑幼儿年龄特征,但是在实际操作中却是从自己工作的便利角度来考虑,没有突出幼儿作为使用者和创设者的主体需要,环境创设的针对性、教育性都不够。

(2)建议:

①活动区域设置要考虑幼儿的主体需要,引导幼儿参与墙饰的布置,是否具有艺术性并不重要;

②在区域中要提供足够便于幼儿自选的活动内容和材料,便于其与同伴互动;

③环境创设要考虑与教育活动的衔接与整合。

4. 违背原则:

(1)“引进的高级草坪只能看不能踩,常种常秃”违背了环境与教育目标的一致性原则;

(2)“全体教师牺牲了休息时间对这些野草进行‘挖地三尺’的清剿”违背了幼儿参与性原则；

(3)“费用昂贵”违背了经济性原则。

改进建议：

(1)可以让幼儿和教师一起种上绿油油的青草，让幼儿参与环境的创设；

(2)不需要引进高级草坪，用普通的草代替，可以定时给予修剪，既节俭又美观。

知识9 幼儿园与家庭、社区及小学的衔接

一、单项选择题

1. A【解析】幼儿园应当通过多种教育活动，特别是加强与家长、小学的合作，来让幼儿逐步了解小学，喜欢小学，渴望上小学，最后愉快、自信地跨进小学。

2. D【解析】家长开放日指幼儿园定期或不定期地向家长开放，届时邀请家长来园观摩和参观幼儿园的活动。

3. A【解析】幼小衔接教育的实质是主体的适应性问题，幼小衔接的目的是帮助儿童做好入学准备。

4. A【解析】家庭、幼儿园、社区是幼儿发展的三大环境和可利用资源。

5. C【解析】与家长进行有效沟通包括：(1)换位思考，尊重家长；(2)客观评价，取得信任；(3)讲究方法，沟通艺术；(4)软化矛盾，冷静处理。

6. C【解析】对幼儿园来讲，在时间上要把幼小衔接工作贯穿于幼儿园教育的各个阶段而不仅仅是大班后期。因此C项正确。

7. A【解析】由于幼儿园是集体教育，师幼比为1:15或者1:20。

8. D【解析】对大班幼儿进行的有针对性的准备工作之一是培养大班幼儿向往小学学习的感情，激发幼儿良好的入学动机和学习态度。

9. C【解析】学前阶段与小学阶段的不同教育特点主要表现为：办学性质、教学内容、教学方法、主导活动方面、作息制度及生活管理、师幼关系、环境设备的选择与布置、社会及成人对幼儿的要求和期望。

10. D【解析】社区文化对幼儿园教育具有重要的意义，它无形地影响着幼儿园的教育，优秀的社区文化更是幼儿园教育的宝贵资源。题目中有的幼儿园将社区的历史、风俗、革命传统等作为乡土教材来利用，丰富了教育内容，发挥了社区文化对幼儿园教育的意义。

11. B【解析】家长委员会是家长和幼儿园之间的桥梁，促进家园的合作。

12. A【解析】间接合作指家长和教师通过间接的交流方式了解幼儿的状况，它可以分为两种形式：(1)个别方式的家园合作，运用最多、较受家长欢迎的是接送孩子时的“个别交流和谈话”“家园联系手册”和“电话交流”等。另一种是幼儿园较少使用的家访。(2)集体方式的家园合作，如“家园板报”“家长园地”和“家长座谈会”等。

13. D【解析】为了儿童的健康成长，为了家庭生活的幸福和睦，家庭生活的某些方面儿童是不宜参与、不必知道的，这就是适当回避，不要认为一切公开的家庭是最民主的。因此，答案选D项。

14. A【解析】家长对孩子的教育和影响作用却是通过家长集体的努力实现的。要想顺利地进行素质教育，来自家庭的所有成员的要求就必须协调统一，具有一致性和一贯性，这是保证家庭教育成功的重要条件。

15. A【解析】幼儿园大班可以更集中、更有针对性地对幼儿进行一些专门性的入学准备活动，以激发幼儿渴望上学、向往小学生活的愿望和做一名小学生的自豪情感，并通过体验式的活动让幼儿获得直接的、积极的情感体验。为此，幼儿园可以开展以下的教育活动：(1)引导幼儿设想自己的未来，培养上学意识；(2)通过游戏，使幼儿熟悉小学生的生活，因势利导加强学习意识的培养；(3)组织幼儿参观小学，直接尝试小学生的学习活动；(4)参加小学生的有意活动，激发幼儿对小学学习生活的向往；(5)组织幼儿毕业告别会，开展毕业离园教育。

16. A【解析】入学前教幼儿拼音、识字、做算术是小学化的表现，是不正确的。

17. A【解析】儿童受教育的第一个场所是家庭。

18. C【解析】家长是教师最好的合作者，是教师了解幼儿的最好信息源。

19. C【解析】电话联系最快捷、最能及时与家长沟通儿童在园所的情况，迅速处理一些应急事件。

20. C【解析】家庭访问是家园联系常用的一种重要方式。家庭访问的目的在于深入了解幼儿在家中的真实情况，家长对幼儿教育的认识、态度和方法，家庭及其周围环境对幼儿身心发展的影响，针对个别幼儿的具体表现，与家长共同商讨教育幼儿的措施，以及介绍幼儿在幼儿园的成绩、进步与存在的问题，争取家长与幼儿园的密切合作。

21. A【解析】幼儿园实施幼小衔接工作指导思想包括：长期性而非突击性；整体性而非单项性；培养入学的适应性而非小学化；家、园、校的一致性而非孤立化的原则。

22. C【解析】幼儿园与家长沟通的个别方式包括家庭访问，个别谈话，家园联系册或联系卡，书信、电话、网络等，接送孩子时的随机交流。

23. A【解析】教师可带领儿童到社区内的文化机构，如图书馆、美术馆、展览馆等场所去参观，使之初步感知民族文化、艺术、历史、体育等方面的知识。

24. B【解析】幼儿的独立性、生活自理能力对入学后的适应影响很大。很多幼儿因为不能自己管理好自己的学习用具和生活用品、不能自己按情况穿脱衣服、不能记住喝水或害怕独自上厕所等，从而影响身体健康和学习，使其对小学生活感到适应困难。题干所述表明小明在幼儿园教育阶段缺乏独立性培养。

二、多项选择题

1. ABCD【解析】家园合作的形式:(1)幼儿园与家长互动沟通的方式:①集体方式:家长会,家长学校,家长开放日,家长接待日和专家咨询,家园联系栏,小报小刊和学习材料提供;②个别方式:家庭访问,个别谈话(随机交流),家园联系册或联系卡,书信、电话、网络等,接送孩子时的随机交流。(2)引导和组织家长参与幼儿园的教育:①与孩子一起参与班级的活动:亲子活动、家长代表参与活动;②支持与参与幼儿园创设环境的各项活动;③参与教师的教学。
2. ABD【解析】重视培养创新精神是学前教育面临的社会发展需求之一。
3. AB【解析】影响幼儿入园不适应的因素:(1)个体原因:①过去的生活经验。②幼儿的个性特点。(2)外部原因:①环境变化因素。②家庭因素。③教师的因素。
4. ABD【解析】家庭教育的优势有:(1)广泛的群众性;(2)强烈的感染性;(3)特殊的权威性;(4)鲜明的针对性;(5)天然的连续性;(6)固有的继承性;(7)内容的丰富性;(8)方法的灵活性;(9)家庭教育的及时性。
5. ABCD【解析】培养幼儿对小学生活的适应性包括:(1)培养幼儿的主动性;(2)培养幼儿的独立性;(3)发展人际交往能力;(4)培养幼儿的规则意识和任务意识;(5)发展动作,增强体质。
6. ABC【解析】幼儿对小学生活的态度、看法、情绪状态等,对其入学后的适应性影响很大。因此,幼儿阶段应注意培养幼儿愿意上学、对小学的生活怀着兴趣和向往、为做一名小学生感到自豪的积极态度,并让幼儿有机会获得对小学生活的积极情感体验。
7. ABD【解析】幼儿入学后的适应性问题主要表现为:(1)身体方面的睡眠不足、身体疲劳、食欲不振、体重下降等现象;(2)心理方面的精神负担重、心理压力大、情绪低落、自信心不足、学习兴趣降低等现象;(3)社会性方面的人际交往不良、人际关系紧张等现象,有的学生甚至还出现怕学、厌学的情绪。
8. ABC【解析】为了解决幼儿园与小学衔接中的问题,使儿童更快更好地适应小学生活,我国的幼教工作者曾做过多种努力,也取得了一定的成绩,但还存在以下三种问题:(1)小学化;(2)表面化;(3)片面化。
9. ABD【解析】幼小衔接工作的策略包括培养幼儿对小学生活的热爱和向往、培养幼儿对小学生活的适应性(培养幼儿的主动性;培养幼儿的独立性;发展人际交往能力;培养幼儿的规则意识和任务意识;发展动作,增强体质)、帮助幼儿做好入学前的学习准备、加强幼儿园教师业务能力培养、建立和健全幼儿园与小学的联系。
10. ABC【解析】幼儿教育离不开家庭的原因有:(1)家庭是幼儿成长最自然的生态环境;(2)家庭是人的第一所学校;(3)家长是幼儿园重要的教育力量。
11. ABC【解析】家长作为重要的教育力量表现在:(1)家长的参与极有利于幼儿的发展;(2)家长是教师最好的合作者,是教师了解幼儿的最好信息源;(3)家长参与幼儿在园的活动能够大大提高幼儿活动的兴趣和积极性;(4)家长与教师的配合使教育计划的可行性、幼儿园课程的适宜性、教育的连续性和有效性等都能更好地得到保证;(5)家长本身是幼儿园宝贵的教育资源。

三、判断题

1. √【解析】社区学前教育是指以学前儿童及其家庭为对象开展的各种形式的优生、优育、优教活动,目的在于尽可能使社区内所有学前儿童获得良好的教育与发展。
2. ×【解析】家长与教师应该相互配合,共同教育孩子,促进孩子的全面和谐发展。
3. ×【解析】幼小衔接期是指由幼儿园大班进入到小学一年级,此时期恰好是结束幼儿园生活,开始接受正规小学教育的初期,也是幼儿心理发展的一个转折期。
4. √【解析】书信多用于向留守儿童的家长汇报孩子的成长情况,这种做法不仅能密切家园联系,往往也能促使家长虽然不在孩子身边,但仍然关注着孩子的发展,起到配合教育的作用。
5. √【解析】家园联系栏应设置在家长接送孩子的必经之处,内容经常更新,方便家长与教师的沟通交流。
6. √【解析】许多幼小衔接的研究结果证明,提高教师的素质是幼小衔接工作取得成功的保证。
7. √【解析】家长应该从以下几个方面去尊重儿童:(1)重视儿童,尊重儿童的独立人格:倾听儿童的意见;帮助儿童学会独立。(2)满足儿童生理的和精神的需要:游戏的需要;求知的需要;交往的需要。(3)耐心对待,不粗暴、不歧视。(4)尊重儿童自然成长规律,循序渐进地诱导。
8. ×【解析】幼儿园与小学阶段教育的区别不仅仅是小学开始分科教学,还包括办学性质、教学内容、教学方法等方面的不同。
9. ×【解析】对幼儿园来讲,在时间上要把幼小衔接工作贯穿于幼儿园教育的各个阶段而不仅仅是大班后期。
10. √【解析】学前教育机构是社区建设的支持者、为社区提供教育和文化服务。

四、填空题

1. 家长与幼儿
2. 专家咨询
3. 父母

五、名词解释

1. 家长接待日

家长接待日是幼儿园安排一个固定的时间,由主管领导接待家长的来访,解答家长对园所及班级保育教育、管理等方面工作的疑问,听取家长的意见和建议,或设意见箱收集家长的意见,从而更好地改进和完善园所工作,拉近家园之间的距离。

2. 社区学前教育

社区学前教育是指以学前儿童及其家庭为对象开展的

各种形式的优生、优育、优教活动,目的在于尽可能使社区内所有学前儿童获得良好的教育与发展。

3. 家园合作

家园合作是指幼儿园和家庭(含社区)都把自己当作促进儿童发展的主体,双方积极主动地相互了解、相互配合、相互支持,通过幼儿园和家庭的双向互动,共同促进儿童的身心发展。

4. 家长开放日

家长开放日指幼儿园定期或不定期地向家长开放,届时邀请家长来园观摩和参观幼儿园的活动。

5. 分离焦虑

分离焦虑是孩子与其之依恋对象分离时产生的一种消极的情绪体验。

六、简答题(答案要点)

1. 简述幼小衔接工作中的矛盾。

(1)小学和幼儿园之间对衔接工作不重视,缺少沟通;

(2)把幼小衔接看作是单纯的物质准备和知识准备;

(3)小学教师偏重教学技能、教学内容的研究;

(4)家庭和学校的相互理解配合不够。

2. 列举家园沟通的几种方式。

(1)集体方式:家长会;家长学校;家长开放日;家长接待日和专家咨询;家园联系栏;小报小刊和学习材料提供。

(2)个别方式:家庭访问;个别谈话;家园联系册或联系卡;书信、电话、网络等;接送孩子时的随机交流。

七、论述题(答案要点)

试述幼小衔接的意义。

(1)做好幼儿园与小学的衔接工作,是学前儿童身心健康发展的需要。尽管幼儿园和小学是两个不同性质、不同教育任务和不同教育要求的独立教育机构,但儿童身心发展的内在规律决定了教育应从连续性、整体性出发,从生理、心理等各方面做好充分准备,实现从一个教育阶段到另一个教育阶段的自然、顺利过渡。

(2)做好幼儿园与小学的衔接工作,是儿童入学适应不良现状的实践要求。幼儿园阶段和小学阶段在主导活动、生活环境、规章制度、师生关系和社会要求等方面均存在较大差异。这些差异带来了儿童入学后出现的诸多身体、精神、社会适应等方面的不良反应和不适应状态。这些现实决定了学前儿童从幼儿园进入小学并开始新的生活之前应该接受一定的调整和准备工作,建立一系列过渡性的行为方式,以满足新的教育阶段的新要求。

(3)做好幼儿园与小学的衔接工作,是幼儿园教育内容的重要组成部分。做好幼儿园与小学的衔接工作,是幼儿园阶段的一项基本教育任务,是教育内容的重要组成部分而不是额外增加的工作。

(4)做好幼儿园和小学的衔接工作,符合世界幼儿园教育的发展潮流。幼儿园与小学的衔接问题,是世界性的问题。继续加强幼小衔接工作的研究和实践,可以进一步推动这一世界性问题的解决与发展,同时也是对世界学前教育工作的一大贡献。

八、案例分析题(答案要点)

1. (1)评析:“过于保护”的家庭教育模式,造成孩子缺乏自信。在家里,父母对孩子过于保护;孩子的日常生活事务都由家长包办代理,而且活动中还受到父母的诸多限制,不允许“玩”这,不准“做”那,怕有危险、出意外。因此养成了晨晨过度依赖及胆小怕事的个性。

(2)措施:①给予信任,帮其战胜胆怯心理。针对晨晨畏惧、怯懦的特点,教师应该采取树立榜样和耐心帮助相结合的方法,促使晨晨克服胆怯心理,以勇敢、无畏的精神去锻炼自己。②家园配合,共施良策,促其转变。主动与家长联络交流,共同研究探索一套科学的、适应晨晨特点的教育方案。如让晨晨动手做自己能做的事;关注和支持晨晨有益的兴趣和爱好,并为之提供方便,培养他的主动性和参与意识;多以积极肯定的态度来帮助晨晨树立自强、自立、自信的信念。

2. (1)这位家长的话不正确。割裂了幼儿园与家庭的合作关系。

(2)家园合作是指幼儿园和家庭(含社区)都把自己当作促进儿童发展的主体,双方积极主动地相互了解、相互配合、相互支持,通过幼儿园和家庭的双向互动,共同促进儿童的身心发展。在家园合作中,幼儿园应该处于主导地位。幼儿园与家庭合作有益于学前儿童全面发展,有利于家长教育素质的增强。

3. 本案例体现出的是不同的家庭教育方式和家长的态度。家庭教育方式不同和家长态度不同,会产生不同的教育效果。

(1)父亲A的教育方式是先进的。他肯定并欣赏工人阶级的劳动,培养孩子热爱劳动、热爱工人的情感。他的态度是积极的、健康向上的,因此他的做法是值得赞赏的。

(2)父亲B的教育方式是不可取的。他没有正确的教育方法和策略,在引导幼儿时,没有从幼儿的角度出发,忽略了幼儿个人的兴趣、个性。他的这种态度和教育方式必会阻碍幼儿的发展。家长要采取正确的、适合幼儿的家庭教育方式,通过学习、实践,了解自己的孩子,提高自身的素质,更新教育理念。

4. (1)上述家园合作方式是亲子活动法。亲子活动是一种有助于增强教师与家长、家长与幼儿情感交流的集体活动形式,它是幼儿园与家庭共育的重要渠道。

(2)活动体现了两个原则:①促进儿童全面发展的原则;②充分利用儿童、家庭、社会的教育资源原则。案例中,老师邀请家长一起参加远足活动,一起玩游戏、欣赏风景。最后在家长的协助下幼儿完成自己的远足见闻,体现了充分利用各种教育资源的原则。

5. (1)请进来的方式,即幼儿园根据自身教育的需要利用社区资源。①请社区里的人员为孩子开展活动;②利用

社区的物、景和设施教育孩子；③利用社区开展的活动和日常发生的事情教育幼儿。

(2)走出去的方式，即幼儿园与社区携手，共同为社区提供便民教育和服务。①建立儿童活动机构；②开展流动幼儿教育服务；③建立家庭教育辅导站，开展指导家庭教育的活动；④与社区联手，优化社区环境的活动。

6. 案例中存在的问题：

(1)过分满足孩子的任何要求。如案例中老一辈过分宠爱，对孩子的要求不用开口就满足，使得该幼儿从小缺乏语言训练。

(2)老人缺乏必要的教育幼儿的知识。案例中的长辈仅限于孩子吃好、穿好，少了些互相交流。

(3)幼儿缺少与陌生人交流的经验。家长反映孩子在家也很少说话，碰到生人就更不用说了。

本案例中老人对孩子仅限于吃好、穿好，少了些互相交流。创设良好的家庭环境不仅仅要在物质上满足要求，也要满足精神需求，比如，让孩子多动手操作，促进探索能力的发展，家长要有意识地培养孩子的人际交往能力，多和同伴交往，有需要要让孩子说出来，锻炼孩子的语言表达能力。父母对孩子缺乏关心和教育，老一辈过分宠爱孩子，对孩子的要求不用开口就满足，使得孩子语言交流出现障碍。

7. 案例中两位老师的做法是不完全正确的。

(1)幼儿园实施幼小衔接工作的指导思想是长期性而非突击性。新学期开学时，教师们就开始准备幼小衔接工作，是值得肯定的。

(2)幼小衔接工作具有整体性而非单项性。幼小衔接是全面素质教育的重要组成部分，应当从幼儿德、智、体、美各方面全面进行，不应仅仅偏重某一方面。在幼小衔接中，偏重"智"的倾向比较严重。案例中的教师让幼儿认汉字、学拼音、做算术题。而对于德、智、体、美各方面的全面准备重视不够。要搞好幼小衔接工作，必须促进幼儿的德、智、体、美的全面发展，在全面发展教育过程中培养他们入学所必需的各种基本素质。

(3)培养入学的适应性而非小学化。在幼小衔接工作中的另一误区就是小学化倾向严重。案例中的教师认为，要与小学搞好衔接工作就要提前用小学的教育方式对待幼儿，让幼儿园像小学。幼小衔接工作的重点应当放在培养幼儿的入学适应性上。教师要针对过渡期幼儿的特点及实际情况，着重培养幼儿适应新环境的各种素质，帮助幼儿顺利完成幼小过渡，而不是把小学的一套简单地下放到幼儿园。

(4)家、园、校的一致性而非孤立化的原则。案例中教师在幼儿离园后还要让幼儿预习、复习功课或做作业。虽然体现了家园合作，但这些方法是不可取的。

8. (1)这一现象是幼儿的分离焦虑，产生的原因：①幼儿缺乏安全感；②幼儿生活自理能力差和对幼儿园作息制度不习惯导致的不适应；③不良的亲子依恋关系对幼儿分离焦虑的影响。

(2)解决策略：

①减少幼儿的依赖性。家长要对分离焦虑有正确的认识，应当学会控制自己的情绪，并且尽量设法使孩子感到分离不那么突然。

②缩小家园生活的差异性。家长可以通过一些措施缩小家园生活的差异，帮助幼儿适应幼儿园集体生活的种种要求，主动配合幼儿园；培养幼儿良好的生活习惯。

③用爱心和技巧教育幼儿。要耐心倾听幼儿说话，以便真正了解他们在幼儿园的活动情况和真实感受；主动加强家园联系，掌握幼儿在幼儿园的表现。家长可以用生活中的具体事例对孩子晓之以理、动之以情，保证较好的效果。

9. (1)这是幼儿教育小学化的现象。它的危害主要表现在以下几个方面：

①扼杀了幼儿的天性；②不利于幼儿身体的正常发育，危害了幼儿的身体健康；③不利于幼儿健全人格的形成，危害了幼儿的心理健康；④不利于幼儿智力的全面发展；⑤忽视幼儿非智力因素的培养；⑥拔苗助长，对幼儿入小学后的学习造成负面影响。

(2)避免幼儿教育小学化的措施：①改变家长及社会的观念。②教育行政部门加强对幼儿园和小学的管理。教育行政部门应对幼儿园加强管理，加强质量评估以及惩罚力度，幼儿园必须按照规定开展教学，这样才能从根源上杜绝"小学化"的倾向。同时教育行政部门要严规范小学招生和起始年级教学，严禁小学以各种名义进行选拔性入学考试，一年级严格实行"零起点"教学，教学进度不得提前，解除家长"怕跟不上"的担心。③继续加大对贫困地区的学前教育投入，优化办园条件，促进教育公平，提高贫困地区的学前教育质量。

(3)园长，对于您说的"园所里的孩子能力都特别强，不仅认识拼音、会写拼音，还会20以内的加减法"，我认为这不该成为我们幼儿园发展的方向。幼儿园应遵循幼儿身心发展的规律，面向全体幼儿，关注个别差异，坚持以游戏为基本活动，保教结合，寓教于乐，促进幼儿健康成长。这才是幼儿园对幼儿发展的方向，而不是在学前阶段让幼儿学习小学阶段的知识。我们应当充分认识到游戏是幼儿园的基本活动。通过游戏来发展幼儿的各种能力，为幼儿一生的发展奠定良好的基础。

10. (1)现代儿童观认为，儿童具有巨大的发展潜能。案例中，明明妈妈和露露妈妈应根据幼儿的实际水平，尽可能的发展幼儿的能力。

(2)幼儿园不得提前教授小学教育内容，不得开展任何违背幼儿身心发展规律的活动。幼儿园应当将游戏作为对幼儿进行全面发展教育的重要形式。幼儿的学习是以直接经验为基础，在游戏和日常生活中进行的。要珍视游戏和生活的独特价值，创设丰富的教育环境，合理安排一日生活，最大限度地支持和满足幼儿通过直接感知、实际操作和亲身体验获取经验的需要，严禁

"拔苗助长"式的超前教育和强化训练。教育活动的过程应注重支持幼儿的主动探索、操作实践、合作交流和表达表现,不应片面追求活动结果。教育活动内容应当根据教育目标、幼儿的实际水平和兴趣确定,以循序渐进为原则,有计划地选择和组织。案例中,根据露露妈妈的所说,露露所受教育违背了露露的身心发展特点,应根据实际来促进幼儿的发展。

11. (1)家园合作。教师应鼓励和引导家长直接或间接地参与幼儿园教育,同心协力培养幼儿,帮助家长树立正确的教育观念和教育方法,优化家庭教育的物质环境和精神环境。幼儿园和家长形成教育合力,共同促进幼儿全面和谐发展。这样有利于在一定程度上,避免困惑1出现的"星期一"现象。

(2)培养幼儿良好生活习惯可以采用以下方法:①榜样示范法。教师可以充分利用幼儿好模仿的心理特点,通过树立榜样,为幼儿示范良好的行为习惯,学会正确地搬放椅子和坐椅子。②渗透教育法。培养幼儿形成良好的生活习惯,不能一蹴而就,教师要有足够的耐心引导幼儿在一日生活各环节中,逐渐形成良好的生活习惯。③游戏练习法。游戏练习法是让幼儿在生动有趣的活动中接受教育,快乐地学习,这样既符合幼儿的心理,又能取得良好的效果。④家园共育法。幼儿园每一项活动的开展都离不开家庭,幼儿良好习惯的养成仅仅靠幼儿园是远远不够的,还需要得到家长的支持与配合。教师应与家长多沟通,并定期召开家长会,向家长宣传良好习惯养成的重要性,帮助家长建立正确的教养观念,要求家长密切配合幼儿园,达成共识,使幼儿在幼儿园形成的行为习惯在家里得以延续和巩固。

12. (1)该幼儿超前教育违背了发展适宜性原则、以游戏为基本活动的原则、教育的活动性和直观性原则以及一日活动整体性原则。

(2)教师应从以下方面做好幼小衔接工作:

①培养幼儿对小学生活的热爱和向往;②培养幼儿对小学生活的适应性:培养幼儿的主动性;培养独立性;发展人际交往能力;培养幼儿的规则意识和任务意识;发展动作,增强体质;③帮助幼儿做好入学前的学习准备:培养良好的学习习惯;培养良好的非智力品质;发展思维能力和基础能力;适当调整课程结构和内容;④加强幼儿园教师业务能力培养;⑤建立和健全幼儿园与小学的联系。

整合提升

一、单项选择题

1. D【解析】学前教育作为价值客体必须满足社会和幼儿个体两者的需求,由此产生了学前教育的社会价值和个体价值(本体价值)。

2. B【解析】学前教育的目标,在不同的经济发展阶段中,经历了如下变化:(1)工业社会初期——主要为工作的母亲照管儿童;(2)工业社会——不限于看护儿童,促进儿童身心发展;(3)现代社会初期——以发展儿童智力为中心;(4)现代社会(20世纪80年代以后)——促进儿童身体的、情绪的、智能的和社会性的全面发展。

3. B【解析】参与性观察能使观察者在不破坏研究对象原有的群体结构和活动氛围的条件下贴近地进行直接观察,有利于获得真实可信的资料。

4. C【解析】小熊老师在生活区为小班幼儿投入了不同洞眼的扣子、珠子,粗细不同的各类绳线,及妈妈们的画像、头饰等体现了材料投放的丰富性,小熊老师提供的半成品材料能够引发幼儿动手动脑主动探索,体现了材料投放的探索性。幼儿给自己的妈妈制作漂亮的项链、手链等节日礼物,体现了材料投放的情感性。

5. C【解析】操作法是指儿童按照一定的要求和程序通过自身的实践活动进行学习的方法。

6. A【解析】陶行知先生猛烈地批判旧中国幼儿教育的弊端,坚决主张改革外国化的、费钱的、富贵的幼稚园,建立适合中国国情的、省钱的、平民的幼稚园。

7. B【解析】玩具选择要有规划、要选活动性的、低结构的、结实耐用的,玩具选择不仅要符合幼儿年龄特点,还要注意安全卫生,并考虑经济实惠。一般形象化玩具随年龄的增加而递减,而低结构的材料随年龄的增长而递增。

8. C【解析】活动目标是某次教育活动需要达成的目标。

9. D【解析】活动内容的整合是以目标的整合为前提,主要表现是使同一个领域的不同方面的内容或不同领域的内容之间产生有机的联系。内容的整合最终应落实到具体的教育活动之中。

10. B【解析】幼儿教育之父福禄贝尔认为"父母是孩子的第一任老师",家庭对孩子的影响是全面的、深刻的,也是无可取代的。

11. A【解析】发挥一日活动整体教育功能的原则是指幼儿园应充分认识和利用一日生活中各种活动的教育价值,通过合理组织、科学安排,让一日活动发挥一致的、连贯的、整体的教育功能,寓教育于一日活动之中。题干描述的现象违背了发挥一日活动整体教育功能的原则。

12. C【解析】张老师开展的有关国庆的主题活动,有利于培养幼儿的爱国之情,属于德育活动。

13. D【解析】活动是幼儿发展的基础和源泉。活动对学前儿童的发展有着重要的价值,不论是在婴儿期,还是在幼儿期均如此。幼儿实践活动大致分为两类,一是操作实际物体的活动;二是人际交往活动。

14. A【解析】教师更多的应以游戏伙伴的身份进入儿童的活动,成为活动的支持者,这样才能保证孩子在一日生活中顺利地按照自己的意愿去发展。

15. C【解析】教师是儿童与社会沟通的中介者。

16. A【解析】当儿童的思维或想象由于年龄所限比较单一狭窄时,教师可以通过发散式的提问,引导儿童转变问

题思考的方向,在新旧经验建立联系的基础上进行概念的再建构。

17. B【解析】作为教育者的幼儿教师应履行以下职责:(1)班级物质环境和文化环境的创设者;(2)幼儿的观察者和研究者;(3)幼儿的榜样和示范者;(4)幼儿学习的引导者。

18. D【解析】儿童的个性发展,有些特征与共性一致,有些特征在发展速度上会超前或滞后于共性;此外每个儿童都有鲜明的个性差异,同龄儿童中,也没有完全一样的儿童,对儿童个性的尊重和自由的发展,是创造性的前提。

19. A【解析】支持性与主动性相结合的原则要求教师在组织幼儿一日生活活动时,不能只是一味地提要求,而不给予适当的支持和帮助,也不能一味地包办代替,不给幼儿自己练习和学习的机会。题干描述的幼儿园生活活动的指导体现了主动性原则。

20. B【解析】主题活动打破了学科领域之间的界限,将各个方面的学习有机地联系起来,这样儿童所获得的经验是完整的,属于知识的横向联系。

21. B【解析】直观法是一种让幼儿直接感知认识对象的方法。演示、示范、运用范例属于直观法,直观法符合学前儿童思维特点,是儿童教育教学中常用的方法。题干中老师让幼儿示范玩一遍游戏,在这个环节中,教师使用了直观法。

22. D【解析】主题活动的计划不能是死板的,教师要细致考虑到与主题相关的各种可能性,在活动中要及时捕捉儿童活动的信息,并及时做出反应,调整计划,所以主题活动的方案是富有弹性的。题干中的描述未体现此特点。

23. C【解析】小明和小英各玩各的,所用玩具一样,但各自的游戏内容没有联系,也没有互动行为,属于平行游戏。

24. C【解析】"能合作选取丰富多样的材料,围绕主题进行较复杂的建构"是大班结构游戏的特点。

25. D【解析】感觉机能性游戏又称为练习性游戏或机械性游戏。它是儿童发展中最早出现的一种游戏形式,其动因来自感觉器官所获得的快感,由简单的重复运动所组成。

26. B【解析】幼儿中期是儿童象征游戏的高峰期,儿童游戏内容逐渐扩展,同时游戏的水平也提高了。游戏情节丰富、内容多样化,游戏兴趣明显增加。

27. B【解析】格罗斯的"生活预备说"把游戏看作是幼儿对未来生活的无意识的准备,是一种本能的练习活动。

28. D【解析】舞台管理者是指教师不参与游戏,但积极地帮助幼儿为游戏做准备,并随时为正在进行的游戏提供帮助,如回应幼儿关于材料的要求,协助幼儿布置环境,提出适当的建议以延伸幼儿的游戏等。

29. B【解析】适于进行表演游戏的文学作品,应具有如下特征:(1)思想内容健康活泼。(2)明显的表演性:要有一定情境,适合小班表演的作品最好只有一个场面;明显的动作性,在小中班宜选择简单的、有重复动作的作品。(3)起伏的情节,情节主线要简单明确,节奏要快;较多的对话易于用动作来表演。

30. A【解析】幼儿游戏有利于促进幼儿情感的发展。"游戏治疗"理论和实践表明,游戏是幼儿发泄自己不良情感的一种重要形式,通过游戏使幼儿的情绪变得平静、缓和,有利于抑制、降低消极情绪的负面作用。

31. D【解析】智力游戏的组织与指导原则:(1)选择和编制合适的智力游戏;(2)帮助幼儿构建规则意识;(3)培养幼儿的游戏策略意识,而不是教给幼儿游戏的策略。

32. C【解析】依据社会性特点将游戏分为非游戏行为、旁观游戏、独自游戏、平行游戏、联合游戏和合作游戏。依据幼儿认知特点将游戏分为感觉机能游戏、象征性游戏、结构性游戏和规则性游戏。

33. B【解析】感觉机能性游戏又称为练习性游戏或机械性游戏。它是儿童发展中最早出现的一种游戏形式,其动因来自感觉器官所获得的快感,由简单的重复运动所组成。

34. B【解析】定点观察法是观察者固定在游戏中的某一区域定点进行观察,适合于了解某主题或区域幼儿的游戏情况,了解学前儿童的现有经验以及他们的兴趣点、学前儿童之间交往、游戏情节的发展等动态信息,并且让教师较为系统地了解某一事件发生的前因后果,避免指导的盲目性。定点观察法一般多在游戏过程中使用。

35. B【解析】从年龄特征来看,小班、中班、大班儿童在身心发展特点上的差异是非常明显的,其身心发展所需要的环境也不尽相同。因此,教师要根据儿童不同的年龄特征为其提供适宜的发展环境。这体现的是发展适宜性原则。

36. B【解析】教师控制环境的作用是指教师能利用环境来激发和保持幼儿活动的积极性,能帮助幼儿利用环境的条件来发展自己。指导幼儿解决纷争、困难或情绪问题,是教师控制环境的环节之一。

37. C【解析】幼儿游戏活动区的布置,正确的是可在积木区提供一些人偶、小动物、交通工具模型等辅助材料。

38. A【解析】幼儿园环境的创设应该具有多元指向,它应当指向幼儿的行为、幼儿的认知、幼儿的社会化、幼儿的健康、园所环境的视觉效果以及园所文化的展现。

39. D【解析】经济性原则是指创设幼儿园环境应考虑不同地区、不同条件园所的实际情况,做到因地制宜、勤俭办园。

40. C【解析】沙、水作为无结构材料,可塑性大,富于变化,又可配合各种玩具开展游戏,可满足儿童想象力、创造力和成就感并丰富儿童的感觉经验。

41. B【解析】层次性是指教师在选择、投放操作材料前,能

够预先思考。将所要投放的材料，逐一与幼儿通过操作该材料可能达到的目标之间，按由浅入深、从易到难的要求，分解成若干个与幼儿认知发展相吻合的操作层次，使材料"细化"。既要体现对幼儿群体也要体现对幼儿个体的关照。难度不同的材料才能满足不同发展水平幼儿的需要，使每个幼儿在其原有水平上获得发展。题干的描述体现了材料投放的层次性。

42. C【解析】在填充式创设中，最初墙面上只有一些原始的记录或是一些简单的框架，随着活动的不断深入，逐步将幼儿的作品、学习成果布置到墙面上，对大片空白的墙面进行填充。

43. C【解析】由于儿童个体差异，他们对事物会有不同认识，操作也会处于不同层面。因此，有些活动内容材料既要体现对儿童群体也要体现对儿童个体的关照，要有层次性。(1)相同内容，不同年龄，材料层次不同；(2)相同年龄，同一活动内容材料层次不同。但是，并不是所有活动内容的材料投放都能显示出层次性的，相同材料会有不同操作方法与水平、操作过程与结果的出现。题干的描述体现了材料投放的层次性原则。

44. C【解析】题干的表述说明幼儿的独立性、生活自理能力对入学后的适应影响很大。在培养幼儿对小学生活的适应性方面，应注意培养幼儿的独立性。

45. A【解析】幼儿入学后学习成为必须要完成的任务，但由于幼儿园时期幼儿所需完成的任务不多，他们一时难以确立这样的任务意识，题干中反应的问题说明了这一点。所以，为避免这种问题，幼儿园应当注意培养幼儿的规则意识和任务意识，特别是在大班阶段，做好幼小衔接工作。

46. C【解析】家长学校或家庭教育知识讲座是向家长系统介绍家庭教育知识的一种形式。家长学校经常开设系列讲座，充实家长的保教知识。

47. A【解析】幼儿园教育活动中包含着教师的"教"和幼儿的"学"这两类活动。教师在教，幼儿在学，两种活动不可分割地交织在一起。因此教师与幼儿的关系是最重要的人际关系。

48. B【解析】题干中，杜威的说法体现了他以"儿童中心论"的教育原则。

49. A【解析】思考的合作者是指当教师面对幼儿的疑问一时难以点拨时，则可以以合作伙伴的身份出现，共同探讨，共同成长。题干的表述体现了教师是思考的合作者。

50. C【解析】民间智力游戏（益智游戏）指以锻炼儿童的脑、眼、手，并在游戏中发展智力、获得逻辑力和敏捷力为目的的一种趣味游戏。

51. B【解析】柏拉图是西方历史上最早提出优生及公共的学前教育思想的教育家。他主张婚配和育儿都要由国家负责。

52. B【解析】18世纪末至19世纪初，由于大机器生产的产生和发展，冲击了一家一户的生产方式，大量小农和手工业者破产、失业，大批妇女为了生活，走出家庭，寻找工作。资产阶级为了获取廉价的劳动力雇佣了大批女工和童工，残酷剥削他们，每天劳动的时间长达十六个小时，致使幼儿无人照顾，流落街头，智力低下，死亡率极高，造成严重的社会问题。因此，在资本主义发展较早的国家，由于社会的需要，一些慈善家、工业家开始创办了幼儿公共教育，从而开创了幼儿社会教育的历史。

53. C【解析】题干中玩完沙子后将材料放回原处，并能主动洗手，这体现了培养幼儿的能力和习惯的活动目标。

54. C【解析】学前教育促进儿童的发展主要是通过活动来进行的。学前儿童通过参与各种活动使其得到各方面的发展。因此，在活动的设计、组织、实施过程中，教师要为儿童提供丰富的材料和充分的活动空间、时间，开展各种类型的活动，以及进行人际交往的机会，为儿童积极主动活动提供可能。

55. D【解析】为了使幼儿能够更快乐、更轻松地学习和游戏，教师必须准备一个与教育相适宜的环境，这是教师的职责所在。教师的做法体现了幼儿园应为幼儿创设一个有准备的环境。

56. B【解析】教师带领幼儿参观医院，其目的是丰富幼儿对建构物实体的感性经验。

57. C【解析】根据幼儿身心发展特点，"对幼儿纪律的遵守严格要求"不利于尽快建立和谐师幼关系。

58. A【解析】规则引导法是对班级幼儿最直接和最常用的管理方法。

59. D【解析】开放性原则是指创设幼儿园环境时应把大、小环境有机结合，形成开放的幼儿教育系统。幼儿园主要是与家庭、社区合作，互相取长补短，同心协力，在一个开放的系统中，去培养适合新时代要求的幼儿。

60. A【解析】幼小衔接期是指由幼儿园大班进入到小学一年级，此时期恰好是结束幼儿园生活，开始接受正规小学教育的初期，也是幼儿心理发展的一个转折期。

61. C【解析】教师在指导幼儿的区域活动时，应加强区域间的配合、渗透，加强横向联系。不同区域虽然是相对独立的，但它们之间可以相互联系起来，这可以增强活动的趣味性，使儿童保持活动的兴趣。

二、多项选择题

1. AB【解析】(1)学前教育的性质包括：基础性、公益性、先导性。(2)学前教育的特点如下：非义务性、保教结合性（保教并重）、启蒙性、直接经验性。

2. ABCD【解析】行动研究法具有以下几个方面的特点：(1)行动研究法有很强的实践性；(2)行动研究法有很强的开放性；(3)行动研究法有很强的灵活性；(4)行动研究伴随持续地对研究计划的修正。

3. AB【解析】社会要求和幼儿身心发展的规律是制定幼儿园教育目标的主要依据。

4. ABC【解析】知识、技能是智力发展的基础,智力发展又是获得知识与技能必备的条件。知识的贫乏与浅薄不利于智力的发展,而智力的高低决定着掌握知识的深度以及运用知识的灵活程度。在智育过程中,教师必须认清知识和智力的关系,应将知识的获得与智力的发展高度统一起来。

5. ABD【解析】幼儿教师应具备的主要人格特征包括:(1)正确的动机;(2)成熟的自我意识;(3)良好的性格。

6. ABCD【解析】幼儿教师的教育机智主要表现在:因势利导,随机应变,对症下药,掌握教育分寸。

7. ACD【解析】选择开发主题的依据主要包括:(1)儿童的兴趣、需要及其教育价值;(2)有可整合的教育内容和资源;(3)学前教育目标。

8. ABC【解析】幼儿对游戏的假想表现在:(1)对游戏角色的假想(以人代人);(2)对游戏材料的假想(以物代物);(3)对游戏情景的假想(情景转换)。

9. ACD【解析】幼儿进入小学后的适应性问题主要表现为:身体方面的睡眠不足、身体疲劳、食欲不振、体重下降等现象;心理方面的精神负担重、心理压力大、情绪低落、自信心不足、学习兴趣降低等现象;社会性方面的人际交往不良、人际关系紧张等现象,有的学生甚至还出现怕学、厌学的情绪。

10. ACD【解析】在介入之前,教师一定要仔细观察,选择适宜的时机再介入。教师介入游戏的时机有:(1)当幼儿游戏出现困难时介入;(2)当必要的游戏秩序受到威胁时介入;(3)当幼儿对游戏失去兴趣或准备放弃时介入;(4)在游戏内容发展或技能方面发生困难时介入。

11. ABCD【解析】家庭教育的差别构成有:家长素质、家庭结构、父母教养方式、父母期望和教育观念、家庭条件。

12. ABCD【解析】玩具和游戏材料的选择和提供应符合:(1)玩具应具有教育性;(2)玩具应符合幼儿的发展水平;(3)玩具应符合艺术、卫生和安全的要求;(4)玩具应经济适用;(5)玩具的可操作性。

13. AD【解析】蕊蕊当新娘、丁丁做新郎体现了以人代人,丁丁用棍子假装在旁边骑马体现了以物代物。

14. ABCD【解析】游戏的特点包括:(1)游戏是快乐的;(2)游戏是自愿、自主的;(3)游戏是充满幻想的;(4)游戏与生活密不可分;(5)游戏是有“序”的。

15. ABCD【解析】幼儿园的教育教学计划应该包含以下几个方面的内容:教师按课程要求有计划、有目的地设计和组织的教学活动,幼儿在园一日生活的安排与组织,幼儿自选活动(活动区)的提供与指导,幼儿园教育环境的创设与利用,家长工作和社区联系等。

三、判断题

1. √【解析】学前教育的性质受社会政治的影响,并为政治所决定。

2. ×【解析】1904年,由张之洞、张百熙、容庆合订的《奏定学堂章程》即癸卯学制,其中就包括蒙养院制度。癸卯学制第一次用国家学制的形式把学前教育机构的名称定下来,把社会学前教育机构的地位固定下来,使蒙养院成为我国最早的学前教育机构。

3. √【解析】学前教育规律是学前教育现象的本质概括,而学前教育理论则是对学前教育规律的具体阐发。

4. ×【解析】学前教育学的研究对象包括:学前教育现象、学前教育规律、学前教育理论。

5. ×【解析】第一个专门对学前教育提出了深刻认识并有系统论述的是夸美纽斯。

6. ×【解析】陈鹤琴创建了我国第一所公立幼稚师范学校——江西省实验幼稚师范学校,实验研究师范教育,为我国幼儿教育师资培训事业做出了不可磨灭的贡献。

7. √【解析】学前教育的目标必然是教育目的在学前阶段的具体体现,它制约着学前教育任务的确定和内容的选择。

8. √【解析】语言游戏指儿童时期运用语音、语调、词语、字形而开展的游戏,如合着语音、节奏的变化而展开的拍手游戏、绕口令、接龙等。在课后及环节过渡中,教师可以引导幼儿做语言趣味游戏、拍手游戏等不需要使用材料的游戏。

9. ×【解析】保教合一的原则,也称保教结合或保教并重,指对幼儿保育和教育要给予同等的重视,并使两者相互配合。

10. ×【解析】专门组织的体育活动是增强幼儿体质的有效途径,但并不是唯一的途径。因为幼儿园体育的某些目标,仅靠体育锻炼是不能完成的,还必须结合日常生活中的培养和训练。因此要实现体育的目标,必须通过多种途径,重视日常生活中的体育。

11. ×【解析】保育和教育工作相互联系、相互渗透。幼儿园保育和教育不可分割的关系是由幼教工作的特殊性和幼儿身心发展的特点决定的。虽然保育和教育有各自的主要职能,但并不是完全分离的。教育中包含了保育的成分,保育中也渗透着教育的内容。

12. √【解析】在教育上,教师应避免从成人的角度去看待幼儿,而应该充分利用幼儿自身的特点和发展规律去教育他们,避免幼儿教育的成人化。

13. ×【解析】游戏具有假想成分,是在假想的情景中反映社会生活,是虚构和现实统一的活动(虚构性和社会性)。游戏的假想性是指儿童的游戏是想象与现实的结合,是儿童在假想的情景中对生活经验的创造性反映。

14. √【解析】幼儿园要充分利用社区资源,可以带领幼儿到社区散步、玩耍,感受社区文化,认识和关心周围的人,参加社会实践等。

15. √【解析】教师应在活动中把握好自己干预游戏的“度”,考虑到不同类型游戏的特点,施以不同的指导。

16. ×【解析】对于幼儿游戏的结构组成,可以从游戏的可观察的外部行为表现和幼儿游戏的内部心理体验,以及游戏发生的情景即外部条件因素几方面进行分析。

17. √【解析】幼儿晚期阶段的儿童处于象征游戏的高水平阶段,儿童已摆脱了实物直观相似性的束缚,语言描述和动作表象起主导作用,可以用语言、动作替代实物进行游戏。此阶段儿童会自行策划游戏,讨论游戏主题、构思情节、分配角色、创设环境,积极主动地进行游戏。

18. ×【解析】经常调整环境,使它保持适合幼儿发展的最佳状态,是教师的重要任务。

19. ×【解析】场地中各项设备间的距离不能太近,以防幼儿拥挤、穿梭,发生意外。

20. ×【解析】幼小衔接的意义在于能够使儿童更好地适应小学生活,形成良好的学习态度和习惯。

21. ×【解析】由于小学的教学内容背离幼儿的年龄特点,幼儿不能或不甚理解,因此,学习中只能较多地使用机械记忆和死记硬背的方法,体会不到学习的乐趣。这不但不利于幼儿思维能力的发展,而且极大地挫伤了幼儿对学习的兴趣,使他们未进学校就已经害怕学习,讨厌学习。这不仅影响幼儿上小学,甚至可能给今后的发展埋下危机。

22. √【解析】我国学前教育是社会主义教育事业的组成部分,是基础教育的重要组成部分,是学校教育和终身教育的奠基阶段。

23. ×【解析】幼儿园保教工作是幼儿园各项管理工作的中心部分。

24. ×【解析】在组织幼儿游戏活动时,教师的职责是制订和执行教育计划,完成教育任务,保护幼儿的安全。

四、填空题

1. 南京燕子矶幼稚园
2. 陈鹤琴
3. 裴斯泰洛齐
4. 整合性原则
5. 教育活动
6. 自主性
7. 发现法
8. 间隙活动
9. 创造良好的条件
10. 生成课程
11. 联合游戏
12. 发展适宜性

五、名词解释

1. 观察法

观察法是研究者运用感官或借助一定的仪器设备对处于自然状态中的客观事物进行有目的、有计划的考察和探究,从而获取科学事实、探索科学规律的一种科学研究方法。

2. 道德情感

道德情感,即人的道德需要是否得到满足所引起的一种内心体验。

3. 教学效能感

教学效能感是指教师对自己影响幼儿学习活动和学习结果能力的一种主观判断。

4. 结构性游戏

结构性游戏又称建构游戏或造型游戏,是指儿童运用积木、积塑、金属材料、泥、沙等各种材料进行建构或构造,从而创造性地反映现实生活的游戏。

5. 幼儿园的精神环境

幼儿园的精神环境主要是指幼儿交往、活动所需要的软质环境,即幼儿生活于其中的幼儿园的心理氛围。

6. 经济性原则

经济性原则是指创设幼儿园环境应考虑不同地区、不同条件园所的实际情况,做到因地制宜、勤俭办园。

7. 幼小衔接期

幼小衔接期是指由幼儿园大班进入到小学一年级,此时期恰好是结束幼儿园生活,开始接受正规小学教育的初期,也是幼儿心理发展的一个转折期。

8. 幼儿园全面发展教育

幼儿园全面发展教育是指以幼儿身心发展的现实与可能为前提,以促进幼儿在体、智、德、美诸方面全面和谐发展为宗旨,并以适合幼儿身心发展特点的方式、方法、手段加以实施的,着眼于培养幼儿基本素质的教育。

9. 幼儿园师幼互动

幼儿园师幼互动是指发生在幼儿园的教师与幼儿之间的相互作用、相互影响的行为和过程的综合。

10. 广义的幼儿园环境

广义的幼儿园环境是指幼儿园教育赖以进行的一切条件的总和,它包括幼儿园内部的小环境,又包括园外的家庭、社会、自然、文化等大环境。

六、简答题(答案要点)

1. 简述世界学前教育机构发展的特点。

(1)学前教育机构规模的扩大化;

(2)学前教育机构的多样化;

(3)师资质量和教育质量的提高,这是学前教育机构发展的重要标志;

(4)学前教育的手段不断现代化。

2. 简述行动研究在学前教育研究中的作用。

(1)行动研究能促进幼儿教师的专业发展;

(2)行动研究克服了教育理论与教育实践相脱节的弊端;

(3)行动研究可以给师范生提供大量的实际工作案例;

(4)行动研究有利于提高幼儿园行政管理的效能。

3. 简述陶行知的教育贡献和观点。

(1)农村幼儿教育事业的开拓者;

(2)重视幼儿教育;

(3)生活是教育的中心；
(4)教、学、做合一的教育方法；
(5)解放幼儿的创造力。

4. 为什么说幼儿园在学前儿童的发展中起主导作用?
(1)幼儿园教育具有目的性，规定着学前儿童发展的方向；
(2)幼儿园教育具有系统性，对学前儿童产生全面、系统和深刻的影响；
(3)幼儿园教育具有选择性，为学前儿童发展营造良好的环境；
(4)幼儿园教育具有专门性，为学前儿童发展提供科学的引导；
(5)幼儿园教育的可控性，能够协调影响学前儿童发展的各种因素。

5. 简述学前教育的一般原则。
(1)尊重儿童的人格尊严和合法权益的原则；
(2)发展适宜性原则；
(3)目标性原则；
(4)主体性原则；
(5)科学性、思想性原则；
(6)充分发掘教育资源，坚持开放办学的原则；
(7)整合性原则。

6. 学前儿童的教育是如何体现直观形象性原则的?
(1)教师要根据儿童不同年龄的身心发展水平，运用各种形式的直观教学手段，从具体的、有情节的事物向无情节的事物过渡，从实物类型的直观向图片、模型、语言直观等过渡。
(2)教师通过演示、示范、运用范例等直观教学手段，变抽象为形象，化枯燥为生动的同时，还可以辅以形象生动的、声情并茂的教学语言，帮助儿童理解教学内容。
(3)通过具体可见或可操作的活动，使儿童比较容易直观形象地理解所学的内容，更快地获得各种知识经验。

7. 简述解决幼儿入园不适应的策略。
(1)为幼儿创设充满爱与温暖的环境。(2)在幼儿入园初，教师每天要利用多种方式有针对性地与家长沟通。(3)合理安排幼儿入园之初的活动，使幼儿真正感受到幼儿园生活的快乐，真正喜欢幼儿园。

8. 简述家园合作的意义。
(1)有利于学前教育整体功能的发挥，提高教育的整体效率；
(2)有利于儿童身心的全面和谐发展，形成健全的人格；
(3)有利于教育影响的一致性，为儿童营造最佳发展环境；
(4)有利于更好地利用家庭资源为学前教育注入新鲜血液；
(5)有利于促进家长、教师和幼儿的共同发展。

9. 简述运用观察法时要注意的问题。
(1)根据教学目标，专门组织的观察活动要做好观察前的准备工作，包括：确定观察目的，选择观察对象，拟订观察计划，创设观察环境条件。
(2)组织学前儿童观察活动前，教师或成人要激发儿童观察兴趣，提出明确具体的观察要求让儿童运用各种感官进行观察，获取经验。
(3)在儿童观察过程中，教师应多提启发性、开放性提问，以适当的手势引导孩子观察事物的主要特征、变化和细节。
(4)在观察结束时，教师应组织进行总结性谈话，使孩子的经验和印象得到整理和巩固，并形成概念。
(5)运用观察法，重点在于教会儿童观察事物的方法。

10. 简述游戏促进幼儿创造力的发展的主要表现。
(1)游戏为幼儿提供了宽松的心理氛围；
(2)游戏催发了幼儿的探究行为；
(3)游戏激发了幼儿的发散性思维；
(4)游戏提高了幼儿的创造性水平。

11. 简述小班角色游戏的特点。
(1)幼儿处于独自游戏、平行游戏的高峰期，主要与游戏材料发生联系，与伙伴之间的交往少；
(2)角色意识不强，对操作游戏材料或模仿成人动作较感兴趣；
(3)游戏主题单一、情节简单。

12. 对于幼儿教师的语言素养都有哪些要求?
(1)教师用语应符合儿童的年龄特点和认知水平，因此，教师表述要简单明了，从容不迫，使儿童容易听懂；(2)教师应讲究语言艺术，由于学前儿童的思维具有直觉行动性和具体形象性，因此教师的口语应该生动形象，引人入胜，并伴有动态语言；(3)教师始终要用积极的语言与儿童谈话，告诉儿童应当做什么，而不是指出他不应当做什么；(4)说话的态度温和，使儿童有一种安全感，并乐意听从；(5)语气坚定，使儿童感到教师充满自信；(6)尽量用愉快的声调并走到儿童身边说话，而不是老远地大声嚷嚷，因为这样做，会使儿童感到恐惧。

13. 陶行知的生活教育理论源自对杜威思想的吸收和改造，请简述两位教育家的主要观点。
(1)陶行知的教育观点：重视幼儿教育；生活是教育的中心；教学做合一的教育方法；解放幼儿的创造力。
(2)杜威的教育观点：①杜威的儿童观：重视儿童的本能。儿童具有自我生长的能力。儿童与成人在心理上存在着很大的差异。②杜威的进步主义教育思想："教育即生长""教育即生活""教育即经验的不断改造"。③杜威的教育原则："儿童中心论""从做中学"。

七、论述题(答案要点)

1. 试述幼儿园方面的幼小衔接工作策略。
(1)培养幼儿对小学生活的热爱和向往。幼儿对小学生活的态度、看法、情绪状态等，对其入学后的适应性影响很大。因此，幼儿阶段应注意培养幼儿愿意上学、对小

学的生活怀着兴趣和向往、为做一名小学生感到自豪的积极态度，并让幼儿有机会获得对小学生活的积极情感体验。为此，幼儿园应当通过多种教育活动，特别是加强与家长、小学的合作，来让幼儿逐步了解小学，喜欢小学，渴望上小学，最后愉快、自信地跨进小学。

(2)培养幼儿对小学生活的适应性。幼儿入学后，是否适应小学的新环境、适应新的人际关系，对其身心健康影响很大。培养幼儿的社会适应性，特别是主动性、独立性、人际交往能力等，不仅关系着幼儿入学后的生活质量，也关系着他们在小学的学习质量，是幼小衔接的重要内容。①培养幼儿的主动性；②培养独立性；③发展人际交往能力；④培养幼儿的规则意识和任务意识；⑤发展动作，增强体质。

(3)帮助幼儿做好入学前的学习准备。①培养良好的学习习惯；②培养良好的非智力品质；③发展思维能力和基础能力；④适当调整课程结构和内容。

(4)加强幼儿园教师业务能力培养。①幼儿园的教育工作者，要了解幼小衔接阶段幼儿的心理变化规律，采取因势利导的策略激发学习兴趣，及时发现幼儿表现出的不利于适应小学学习生活的习惯和行为，尽早给予矫正。②幼儿园教师要准确把握小学初始阶段的教学方法和内容，在对幼儿拼音、识字、算数等基础知识的教学方面，做到引导正确、规范。

(5)建立和健全幼儿园与小学的联系。幼儿园教师应定期参观小学一年级的教学活动，主动参与一年级教师的教研活动，并向小学一年级教师介绍幼儿园的教育方法，展示幼儿的学习水平，在教育工作上做到衔接；幼儿园教师还应带领幼儿参观小学，使幼儿了解小学生的一般情况，让幼儿参加小学生的某些活动，同小学生联欢，举办作品交流展览，以引起幼儿入学的兴趣，激发他们求学和效法小学生的愿望。

2. 试述陈鹤琴的教育思想。

(1)反对半殖民地半封建的幼儿教育，提倡适合国情的、中国化的幼儿教育。他批评当时的幼儿园不是抄袭日本就是模仿欧美，生搬外国的教材、教法，全然不顾中国国情。

(2)反对死教育，提倡活教育。陈鹤琴先生反对埋没人性的、读死书的死教育。在抗战时代，他抱着实验新教育的使命，创建了活教育。他的活教育体系，对中国幼儿教育的各方面产生了重大而深远的影响。

(3)幼儿园课程理论。①课程的中心。陈鹤琴先生反对幼儿园课程脱离实际，主张根据幼儿的环境——自然的环境、社会的环境作幼稚园课程系统的中心，让幼儿能充分地与实物和人接触，获得直接经验。②课程的结构。陈鹤琴先生认为“应当把幼稚园的课程打成一片，成为有系统的组织”。虽然他把课程内容划分为：健康活动、社会活动、科学活动、艺术活动、文学活动等五项，但这五种活动是一个整体，如人的手指与手掌，手指只是手掌的一部分，其骨肉相连，血脉相通，因此被称为“五指活动”。③课程的实施。强调以幼儿经验、身心发展特点和社会发展需要作为选择教材的标准；反对实行分科教学，提倡综合的单元教学，以社会自然为中心的“整个教学法”；主张游戏式的教学。

(4)重视幼儿园与家庭的合作。陈鹤琴先生十分重视家庭对幼儿的影响，积极主张幼儿园与家庭合作起来教育幼儿。

3. 试述杜威的教育原则。

(1)“儿童中心论”。在儿童与教师的关系方面，杜威批评了传统教育的做法。他认为教育应该把重心放在儿童的身上，以儿童为中心，即尊重儿童真正的面貌来熟悉儿童，尊重自我指导学习，尊重作为学习的刺激和中心活动。由此出发，杜威认为，学校生活组织应该是以儿童为中心，一切需要的措施都应该是为促进儿童的生长。在杜威看来，教育以儿童为中心是儿童的本能和需要协调一致的。

(2)“从做中学”。杜威认为儿童在出生后对每一件事都是要学习的，如看、听、做等，但是他们只有对真实的活动本身产生了兴趣，才会对活动中产生的一切进行观察；然后发现问题，寻求解决问题的方法；最后解决问题，从而提高他们思维能力。这一基本原则贯穿了杜威的整个教学领域的各个方面。特点是在教学过程、教学方法、课程和教学组织方面都是以这一原则为基础的。

4. 联系幼儿园教育实际，谈谈做好一名幼儿教师应具备哪些职业素养？

(1)幼儿教师的职业道德：①对待事业，要爱岗敬业；②对待幼儿，要接纳热爱；③对待家长，要尊重合作；④对待同事，要团结协作；⑤对待自己，要以身作则。

(2)幼儿教师的儿童观和教育观：①儿童权利观和民主平等的师生观；②儿童特质观和适宜教育观；③幼儿主体观和幼儿教育方法观。

(3)幼儿教师的专业知识和技能：①幼儿教师的知识结构；②幼儿教师的能力结构。

(4)良好的心理素质：①幼儿教师的教育信念：教学效能感；对幼儿发展的归因倾向是指教师对幼儿发展的原因上所持的态度；对幼儿监控的态度；对待心理压力的态度。②幼儿教师的情感特征：对幼儿真诚热爱，这是幼儿教师情感生活的核心；对学前教育事业的热爱；道德感、理智感、审美感。③幼儿教师的教育机智。④幼儿教师的个性。幼儿教师应具备的主要人格特征包括：正确的动机；成熟的自我意识；良好的性格。

(5)健康的身体素养。保教幼儿的工作极其繁重复杂，幼儿教师一天到晚与孩子生活在一起，要全面保教孩子，因此，必须具有较好的身体素质。幼儿教师应体貌端正、身体灵活、精力旺盛，且没有任何传染性疾病。

(考生可结合实际加以阐述，言之有理即可)

5. 试述建立良好的师幼关系的策略。

(1)关爱幼儿。关爱幼儿是对幼儿教师的基本要求,也只有在关爱幼儿的基础上才有可能与幼儿建立良好的关系。教师对幼儿的关爱,可以消除幼儿对教师的顾虑,敢于亲近教师、信赖教师,建立安全感。幼儿需要关爱,尤其是那些缺乏安全感的孩子,更需要得到关爱。关爱给幼儿带来自信、安全、信任感,同时也形成了幼儿对教师的信赖关系。因此,教师对幼儿的关爱不是体现在一时一事之中,而是体现在教师与幼儿互动的整个过程之中。

(2)与幼儿经常性的平等交谈。教师应在日常生活中对幼儿感兴趣的事物、话题与幼儿平等、亲切地交谈,这种形式的互动有利于良好师幼关系的形成。此外,教师面对幼儿要坦白诚实。

(3)参与幼儿的活动。在幼儿园的教育活动中,有许多是幼儿自主的活动,如游戏活动、活动区活动以及幼儿的个别活动等,教师应该积极地参与到幼儿自主的活动中去。这要求做到:①以普通的活动参与者心理参与;②积极主动地与幼儿交往;③对幼儿和幼儿的活动真正关注并感兴趣。

(4)与幼儿建立个人关系。教师与个别幼儿的关系,尤其是与班级里特殊的幼儿的关系,常常会影响着教师与其他幼儿的关系,教师应该设法与个别幼儿建立良好的个人关系,并以个人关系影响与其他幼儿的关系。

(5)积极回应幼儿的社会性行为。教师应该对幼儿的行为做出适当的反应,尤其是一些社会性行为,如具有合作、谦让、互助、负责、正直、友好、勇敢等特征的行为,教师应对幼儿的社会性行为做出反应,给予积极的关注和回应。对幼儿的行为做出积极的回应,不仅是对幼儿行为本身的一种评价,同时也是为了加强师幼互动,强化师幼关系。这要求做到:①理解与宽容地对待幼儿的错误;②帮助幼儿形成良好的同伴关系;③帮助幼儿摆脱不良行为习惯。

此外,教师对幼儿应一视同仁,因人施教;教师应做到以身作则,为人师表。

6. 试述大班角色游戏的特点及指导要点。

(1)大班角色游戏的特点:①随着幼儿对社会生活认知的不断积累,游戏经验丰富,主题新颖,内容丰富,游戏所反映的人际关系较为复杂;②处于合作游戏阶段,喜欢与伙伴共同游戏;③能按照自己的愿望主动选择游戏主题,并有计划地开展游戏;④在游戏中独立解决问题的能力增强。

(2)指导要点:①与幼儿一起准备游戏环境,侧重语言引导,培养幼儿的自主性;②认真观察游戏,给幼儿提供必要的条件和机会以及适当的引导;③允许并鼓励幼儿在游戏中进行创造,培养幼儿的创造性;④通过多种形式开展游戏讲评,让幼儿在分享中取长补短、开拓思路,发挥游戏的教育作用。

7. 试述幼儿园精神环境的创设方法。

(1)教师要热爱儿童、尊重儿童、了解儿童,与儿童建立民主、平等、和谐的关系。①教师要热爱儿童,对每个儿童关心、体贴,使儿童感到教师是爱护他们的,是可信任的,从而产生安全感;②教师要在了解每个儿童发展水平、特点、兴趣的基础上,因材施教;③教师要树立正确的儿童观。

(2)教师之间要真诚相待,友好合作,为儿童做好榜样。保教人员自身的形象是幼儿园精神环境的重要组成部分。因此,保教人员的言行举止要文明、大方,以自己的言行去感染儿童。同时教师之间要互相尊重,真诚相待,友好合作,建立一个团结和睦的集体,做儿童的楷模。

(3)教育儿童要友爱、互助。儿童与儿童之间的伙伴关系是影响其心理发展的一个重要的社会因素。特别是目前幼儿园中大部分孩子为独生子女,良好的伙伴关系不仅促进其社会性的发展,也可弥补家庭教育的不足。为此,教师要加强儿童的情感教育和集体教育,建立互助、友爱、和谐的伙伴关系,使幼儿生活在一个轻松、愉快的群体环境中,在集体中得到全面的发展。

(4)重视幼儿园文化建设,帮助构建良好的儿童精神环境。教师要共同抓好物质环境和精神环境的建设,把物质环境和精神环境有机地结合起来,才能最大限度地发挥幼儿园环境的作用,使幼儿园真正成为儿童的乐园。

八、案例分析题(答案要点)

1. (1)在本案例中,教师恰当地应用了保教结合的原则、生活化和一日活动整体性的原则与直观性的原则。

(2)案例中教师利用幼儿日常行为的教学来启发幼儿,让幼儿掌握了一项基本的生活技能。幼儿教师不仅是幼儿的教育者,而且是生活上的看护者,要求教师在日常教学之余,还应该对幼儿的日常生活进行教育,做到保教结合。案例中教师很好地利用了教授幼儿洗手的机会,不仅贯彻了教学原则,还教会幼儿洗手的方法,做到了一举两得。

(3)教师还运用了生活化和一日活动整体性的原则来调动幼儿的学习积极性。案例中幼儿教师通过合理组织、科学安排,使其成为一个有机的整体,让幼儿在自然的生活中身心健康地发展。案例中的教师充分认识到洗手活动的教育价值,通过合理组织、科学安排,让一日活动发挥一致的、连贯的、整体的教育功能,寓教育于一日活动之中。

(4)案例中的教师的做法还体现了直观性原则。由于学前儿童思维的具体形象性和第一信号系统占优势的特点,使得他们只有在获得丰富的感性经验的基础上,才能理解事物。学前儿童主要是通过各种感官来认识周围世界的,是通过直接感知认识周围事物,形成表象并发展为初级的概念。案例中"我让孩子们相互看看、摸摸自己和别人的手,比比谁的手干净""画了一些洗手的小图示"都是直观性原则的体现。

2. (1)①违背了幼儿园教育原则中尊重和保护幼儿的原则。案例中指导老师指着一个爱流鼻涕的小男孩说这孩子是我们班“最脏、最恶心的,让人看了处处都会不舒服”,违背了幼儿园教育原则中尊重和保护幼儿的原则。教师要尊重和保护幼儿的人格特点,幼儿作为一个真正意义上的人,他的人格是独立的、不可侵犯的。教师要树立科学的儿童观,平等对待每一位幼儿,为其创造良好的心理环境;要相信、信任幼儿,培养幼儿的自信心;同时要避免一些不尊重幼儿人格的言行,如大声呵斥、用力拉拽、用手指、点、戳、讥笑幼儿等。

②违背了幼儿园教育原则中保教结合的原则。案例中有一天早餐后,那个爱流鼻涕的小男孩可能活动得过猛,将刚喝的牛奶吐了出来,指导老师看见了一直在责怪他:“你看你恶心不恶心,看见你都倒胃口。”幼儿园教师应告诉孩子刚吃完饭是不能剧烈活动的,出现情况应安慰孩子,并帮助孩子进行清洁。

③幼儿教师没有平等地对待每一位幼儿。平时该老师对一位漂亮的小姑娘关爱有加,而对那位流鼻涕的小男孩则是批评斥责。

(2)①热爱幼儿、尊重幼儿。尊重幼儿、热爱幼儿是幼儿教师职业道德的核心,是评价幼儿教师职业道德水准的重要指标。

②幼儿教师应树立正确的儿童观和教育观。幼儿教师的儿童观和教育观影响着幼儿教师如何理解幼儿教育目的、教育内容,如何对待儿童,如何进行教育实践。

③平等对待每一位幼儿。作为教师,应看到每位幼儿都是优缺点并存的,对待他们应该因材施教,公正公平。

3. (1)游戏是儿童自主自愿的活动(自由性)。案例中在游戏活动时间,幼儿是出于自己的兴趣和愿望,自发自愿地选择了娃娃家、理发店和建构区并自主地进行游戏,而不是在外在的强制要求下进行游戏,他们可以自由表达自己的内心,显露自己的潜力。

(2)儿童重视的是游戏的过程,而非游戏的结果,无强制性的外在目的。儿童参加游戏就是为了享受游戏的过程,而非追求游戏的结果。一旦儿童的游戏活动被设定为达到某个目标,就会给儿童带来无形的压力,儿童就难以享受无拘无束的游戏过程了。案例中幼儿通过在游戏中扮演理发师,在游戏过程中体验了帮“顾客”剪头发的快乐。

(3)游戏是充满想象和创造的活动(想象性)。儿童在游戏过程中能够充分发挥其想象力,创造不同的玩法,还可以依靠想象不断变换物体的功能,不断变换人物的角色,不断变换游戏的情节,如案例中担任理发师的小朋友穿上理发师的服装,帮“顾客”围上毛巾等必备物品,用玩具剪刀对“顾客”的头发进行操作,这充分体现了幼儿游戏中的想象和创造。

(4)游戏具有假想成分,是在假想的情景中反映社会生活,是虚构和现实相统一的活动(虚构性和社会性)。游戏的假想性是指儿童的游戏是想象与现实的结合,是儿童在假想的情境中对生活经验的创造性反映。例如,案例中幼儿游戏的主题内容(理发店)、角色情节(理发师、“顾客”)以及行为方式(“理发师”给“顾客”剪头发)等都具有社会性,是对现实世界“理发店”的反映,是儿童渴望和参与成人的社会生活的反映。

(5)游戏是能给儿童带来积极情感体验的活动(愉悦性)。在游戏中,儿童能控制所处的环境,表现自己的能力和实现自己的愿望,因而能够使儿童获得愉悦感、胜任感和满足感。例如,案例中幼儿在没有强制目标的游戏环境中,自主选择游戏区域及游戏活动内容,在“剪头发”的过程中传来阵阵笑声和交谈声,这是幼儿在游戏过程中获得轻松、愉快、积极情绪情感体验的表现。

(6)游戏是具体的活动。每个游戏都有具体的内容、情节、角色、动作、实际的玩具和游戏材料,游戏角色之间还有对话,所有这一切,会不断引起儿童的表象活动。在这些表象的引导之下,儿童的游戏变得兴趣盎然,其乐无穷。案例中幼儿在假想的理发店中给“顾客”剪头发,正是此特点的反映。

4. (1)作为幼儿教师要为幼儿创设适宜的游戏环境,满足幼儿的物质需要。案例中郭老师布置的理发店缺少电吹风,幼儿只会给顾客剪头发,没有关心幼儿游戏意愿。

(2)案例中郭老师没有关注幼儿理发店中的情况,最后把理发店撤掉了,作为一个优秀的幼儿教师要会适当的介入幼儿游戏中,运用启发性问题或者提出合理化建议,郭老师应当在幼儿游戏的过程中及时的满足幼儿的需要,让幼儿对理发店产生继续玩下去的兴趣。

5. 幼儿园环境创设的原则是教师在创设幼儿园环境时应遵循的基本要求。这些原则贯穿于环境创设的各项工作之中,对环境创设的每一步都具有指导作用。在环境创设的过程中,只有认真贯彻这些原则,才能更好地发挥环境的教育价值。

案例中的做法,违背了经济性原则、儿童参与性原则和发展适宜性原则。

(1)经济性原则是指创设幼儿园环境应考虑不同的地区、不同园所的实际情况,做到因地制宜、勤俭办园。贯彻经济性原则具体要做到少花钱,多办事,“幼儿园在创设物质环境过程中,购买大量高价的成品玩具,追求高档,教师花费大量心血精心布置五彩缤纷的墙饰,甚至还买来一些名画进行装饰……”明显违背了这一原则。

(2)幼儿参与性原则是指环境的创设过程是幼儿与教师共同合作、共同参与的过程。环境的创设过程应该是一个积极的教育过程。环境创设本身的教育意义主要体现在:培养幼儿的主体精神,发展幼儿的主体意识;培养幼儿的责任感。幼儿参与环境的创设,能切实地体验到自己做的事对集体的影响,从而培养幼儿的合作精神。“面对这些高档的材料,教师时刻提醒幼儿注意爱护,甚至很多时候不让幼儿操作这些材料,只是有人来参观时,才拿出来让幼儿操作。”这就违背了幼儿参与性原则。

(3)发展适宜性原则是指幼儿园环境创设要符合儿童的

年龄特征及身心健康发展的需要,促进每个儿童全面、和谐地发展。从一般年龄特征来看,小班、中班、大班儿童在身心发展特点上的差异性是非常明显的,其身心发展所需要的环境也不尽相同。因此,教师要根据儿童不同的年龄特征为其提供适宜的发展环境。"这种高档的环境一旦布置好之后,整个学期,甚至整个学年基本不会变动。此外,有的幼儿园小、中、大班环境布置得非常雷同,当人置身其中时,如果不看班级标识牌,根本无法判断是小班、中班,还是大班。"就违背了这一原则。

6.(1)家园合作主要包括三方面的内容:

①鼓励和引导家长直接或间接地参与幼儿园教育,同心协力培养幼儿。

②幼儿园帮助家长树立正确的教育观念和教育方法。案例中,妈妈对楠楠的溺爱,爸爸的粗暴,造成了楠楠我行我素的习惯,在幼儿园里和小朋友争抢玩具等,幼儿园应帮助家长树立正确的教育观念和教育方法,共同培养幼儿。

③优化家庭教育的物质环境和精神环境。在家里楠楠的爸爸、妈妈要注意为楠楠营造良好的家庭教育环境。

(2)家园合作的主要方法:①集体方式包括家长会、家长学校、家长开放日、家长接待日和专家咨询、家园联系栏、小报小刊和学习材料提供;②个别方式包括家庭访问、个别谈话、家园联系册或联系卡、书信、电话、网络、接送孩子时的随机交流等。

7.(1)有计划地加强与附近小学的联系制度。①定期沟通:了解彼此教育改革工作进程。②联系本社区的小学共同研究大班与一年级之间各项要求的差距,制定出大班搞好衔接工作的具体方案,向小学教师主动介绍儿童身心发展水平、年龄特征和教学特点、将入学儿童的发展情况等。③调查以往毕业的儿童在小学的表现,找出衔接不当的问题,研究改进措施。④邀请小学一年级优秀教师与优秀的本园往届毕业生来园座谈。

(2)积极开展对大班家长的宣传教育。为此幼儿园园长与大班教师共同负责动员家长做好以下几项工作:心理准备;能力准备;学习准备(生活习惯与学习习惯);物质准备;还有身体的准备等,以此来培养幼儿对小学生活的适应性。

(3)对大班幼儿开展专门的入学准备工作。①采取多种形式培养幼儿对小学生活的向往之情,激发良好的入学动机与愿望(培养入学意识);②合理改变作息制度和环境布置,缩小与小学之间的差异;③培养幼儿良好的学习品质,提高幼儿的学习能力;④加强幼儿独立生活和劳动习惯的培养。

(4)案例中的晨晨在学期过了一半时对小学的新鲜感减少,觉得上小学没意思,不能像幼儿园那样自由,不能经常画画,还要做作业,中午不能午睡。出现这些问题的很大的原因是因为教师和父母没有做好幼儿入小学的准备工作,使幼儿不能很好的在短时间内适应小学的生活。

8.(1)幼儿园开展的"照相馆"游戏属于角色游戏。教师组织幼儿开展游戏活动时应注意以下几点:

①作为幼儿教师要激发与引导幼儿。案例中老师准备了照相馆角色游戏的材料,但是却呈现出混乱的场面,老师为了找出问题带领幼儿参观社区的照相馆,以积累儿童的生活经验。

②参观后,老师让幼儿讨论照相馆中缺什么或者有哪些放的不对的地方,进行调整,为幼儿创设了一个适宜的游戏环境。

(2)①社区环境的教育意义:社区的自然环境和人文环境在幼儿的成长,特别是幼儿精神成长中有着特殊的意义。幼儿园教育扩展到社区的大背景下进行,充分利用社区环境中富有教育意义的自然和人文景观、革命历史文物、遗迹等,不仅扩大了教育的空间,也使教育内容不断丰富和深化。

②社区资源的教育意义:社区作为一个生产功能、生活功能、文化功能兼备的社会小区,能为幼儿园教育提供必要的人力、物力、财力、教育场所等多方面的支持。

③社区文化的教育意义:社区文化无形地影响着幼儿园的教育,优秀的社区文化更是幼儿园教育的宝贵资源。一般来说,文化和文明程度较高的社区,幼儿园的园风相对较好,教育质量也相对较高。

9.(1)生活化首先就是指教育生活化,也就是说要将富有教育意义的生活内容纳入课程领域。案例中的教师开展了关于饮水的一系列活动,体现了教育同生活的联系。在教育活动中要将学前儿童在各种情境中的经验加以整合,不论是日常生活中学习积累的,还是在非日常生活中应该了解和认识的,都纳入到课程组织结构中加以统合。

(2)生活化还有一种含义就是指生活教育化,也就是将学前儿童日常生活中已获得的原有经验,加以系统化、条理化,在生活中适时引导,促进学前儿童发展。案例中教师发现大部分幼儿需要不断提醒才会饮水,于是教师就展开了一系列关于饮水的活动,及时抓住了机会对儿童实施教育,效果也是很好的。

(3)幼儿园应充分认识和利用一日生活中各种活动的教育价值,通过合理组织、科学安排,让一日活动发挥一致的、连贯的、整体的教育功能,寓教育于一日活动之中。案例中教师将饮水的活动作为一个整体,贯穿幼儿活动的各个方面,如情境表演、游戏活动等,使幼儿在统一的活动中明白饮水的重要性。

10.如果我是该老师我的做法如下:教师有针对性的指导将缩短教师与家长的距离,使家长在活动中获得正确的育儿观念和育儿方法,并将观念和方法融入到与孩子相处的每一刻,从而最终实现孩子健康和谐的发展。

指导方式有如下几种:

(1)直接指导。开展亲子活动时,教师介绍一些教育观念及方法,或者直接告诉家长该怎样协助孩子完成游

戏。开展亲子活动时，我会告诉家长怎样参与亲子活动，而不仅仅是拍照片。

(2)个别指导。在父母指导孩子游戏的过程中，教师采用个别指导方法协助父母怎样做。对于"有些家长则陪在幼儿旁边，看到幼儿操作有困难，要么直接上阵，亲自解决。"这种情况要告诉家长要放手让孩子亲自操作，亲自体验。

(3)评价性指导。在每次活动的结束部分，教师可以将活动观察到的父母指导孩子的一些好的例子介绍给大家，然后分析其中一些科学的观念及想法，以此带给大家一些启发。鼓励做得好的家长，对于不妥的行为指出来，与家长一起解决。

(4)点拨式指导。在父母指导孩子活动有一点小困难时，教师应帮助父母提供解决问题的方法，并告诉他为什么要这样做，使家长在以后碰到此类问题时有可借鉴的经验。

(5)归结性指导。在活动结束时，教师要将本次活动的目的和家长应如何指导孩子的方法加以小结并加以归纳，帮助家长巩固练习。亲子教育是在一种真实情景下的示范式的参与指导，是实践活动与指导活动的融合。

专题三　学前心理学

基础训练

知识1 学前儿童的心理发展

一、单项选择题

1. D【解析】转折期是指在儿童心理发展的两个阶段之间，有时会出现心理发展在短期内急剧变化的情况。这一时期的儿童容易产生强烈的情绪表现，常常出现对成人的反抗行为和不符合社会行为准则的表现，也可能出现儿童和成人关系的恶化。题干中的童童正处于幼儿心理发展的转折期。
2. B【解析】敏感期是指个体比其他时候更容易获得新行为模式的发展阶段，换句话说，敏感期就是儿童学习某种知识和行为比较容易，儿童心理某个方面发展最为迅速的时期，又叫最佳期。
3. D【解析】关键期是指由生物学因素决定的、个体做好最充分准备来获得新的行为模式的发展时期，换句话说，它是儿童在某个时期最容易学习某种知识技能或形成某种心理特征，但过了这个时期，发展的障碍就难以弥补。
4. A【解析】最近发展区是指一种儿童无法依靠自己来完成，但可在成人和更有技能的儿童帮助下来完成的任务范围，也就是儿童能够独立表现出来的心理发展水平，和儿童在成人指导下能够表现出来的心理发展水平之间的差距。
5. A【解析】行走的敏感期。这是在幼儿的发展中最容易观察到的一个敏感期。
6. B【解析】从儿童的认识水平看"童言无忌"是符合儿童年龄特征的表现。
7. C【解析】广义的学前期包括婴儿期(出生～1岁)、先学前期(1～3岁)、学前期(狭义，又称幼儿期3～6岁)。
8. D【解析】斯腾在《早期儿童心理学》一书中提到："心理的发展并非单纯由于受外界影响，而是内在本性和外在条件辐合的结果。""两种因素同为发展的不可缺少的成分，虽然其所占比重可因事而异。"即会合论。
9. A【解析】最近发展区存在于儿童心理发展的每时每刻。
10. A【解析】从简单到复杂是指学前儿童最初的心理活动，只是非常简单的反射活动，以后越来越复杂化。这种发展趋势又表现在两个方面：(1)从不齐全到齐全。学前儿童的各种心理过程在出生的时候并非已经齐全，而是在发展过程中先后形成的。(2)从笼统到分化。学前儿童的情绪的增加说明了其心理活动从简单到复杂的趋势。
11. C【解析】发展是指个体成长过程中生理和心理两方面有规律的量变和质变的过程。
12. C【解析】观察法是通过有目的、有计划地考察幼儿在日常生活、游戏、学习和劳动过程中的表现，包括其言语、表情和行为，并根据观察结果分析幼儿心理发展的规律和特征的方法。观察法是研究幼儿最基本的方法。
13. C【解析】学龄中期又称少年期，年龄范围在11至15岁。
14. B【解析】美国心理学家吴伟士认为，儿童心理的发展等于遗传和环境的乘积。这种观点属于二因素论。
15. B【解析】5～6个月的孩子开始认生，也就是说，他对交往的人有所选择。
16. B【解析】幼儿晚期(5～6岁)的心理特点包括：(1)好学、好问；(2)抽象概括能力开始发展；(3)个性初具雏形；(4)开始掌握认知方法。
17. B【解析】关键期是指儿童在某个时期最容易学习某种知识技能或形成某种心理特征，但过了这个时期，发展障碍就难以弥补。难以弥补并不是无法弥补，选项B说法过于绝对。
18. C【解析】最近发展区是维果斯基对儿童心理学的一个突出贡献。它是一种介于儿童看得见的现实能力与并不是显而易见的潜在能力之间的潜能范围。
19. B【解析】重复连锁动作是儿童手的动作的发展表现之一。婴儿晚期，喜欢拿着物体做重复的动作。如果让他在小床上玩，他会把小玩具扔到地上，然后要成人来捡，你捡起来，交给他，他又扔下。他喜欢的是这种动作。
20. B【解析】遗传素质是人的身心发展的前提，为个体的身心发展提供了可能性。
21. B【解析】一般来说，儿童心理发展的年龄特征具有相

对的稳定性。题干描述的现象说明儿童心理年龄阶段特征是稳定性。

22. D【解析】关键期是指由生物学因素决定的、个体做好最充分准备来获得新的行为模式的发展时期，换句话说，它是儿童在某个时期最容易学习某种知识技能或形成某种心理特征，但过了这个时期，发展的障碍就难以弥补。

23. D【解析】发展是指个体成长过程中生理和心理两方面有规律的量变和质变的过程。

24. A【解析】作品分析法是通过分析幼儿的作品（如手工、图画等）去了解幼儿心理的方法。

25. B【解析】观察法是通过有目的、有计划地考察幼儿在日常生活、游戏、学习和劳动过程中的表现，包括其言语、表情和行为，并根据观察结果分析幼儿心理发展的规律和特征的方法。

26. B【解析】由于遗传及先天、后天环境的千差万别，儿童生理成熟的时间、速度等方面都存在个别差异。这些差异影响并制约着儿童心理发展的个别差异。例如，女孩的语言发展比男孩早，是和女孩的相应部分生理成熟较早有关。

27. A【解析】变化迅速是学前儿童心理发展明显的特点，也是学前儿童心理发展的一般规律之一。

28. A【解析】日记法或传记法是一种长期的全面的观察。

29. A【解析】儿童心理发展的年龄特征是指在一定的社会和教育条件下，幼儿在每个不同的年龄阶段中表现出来的一般的、本质的、典型的特征。

30. A【解析】宏观的社会环境和教育从根本上制约着儿童心理发展的水平和方向。这里所说的"宏观的社会环境"，主要是指儿童生活于其中的社会大环境、生产力发展水平、生产关系、社会风气等根本社会生活条件。

二、多项选择题

1. ABCD【解析】幼儿中期（4～5岁）的心理特点：(1)更加活泼好动、爱玩、会玩；(2)思维具体形象；(3)开始接受任务；(4)开始自己组织游戏。

2. ABCD【解析】客观因素主要指儿童心理发展必不可少的外在条件，主要是生物因素和社会因素，遗传因素和生理成熟是影响儿童心理发展的生物因素。教育和家庭也是客观因素。

3. ABCD【解析】科学心理学创立以来，关于遗传和环境问题的争论大体经历了三个时期：(1)第一个时期——谁起决定作用（遗传决定论和环境决定论）；(2)第二个时期——各起多少作用（二因素论）；(3)第三个时期——如何起作用（相互作用论）。

4. ABC【解析】幼儿初期3～4岁心理的特点有：最初步的生活自理，生活目标扩大；行为具有强烈的情绪性；爱模仿；思维仍带有直觉行动性。6、7岁以后，儿童的思维开始进入逻辑思维阶段。

5. ABCD【解析】影响儿童心理发展的因素可概括为客观因素和主观因素两大方面。客观因素主要指儿童心理发展必不可少的外在条件，主要是生物因素和社会因素，遗传因素和生理成熟是影响儿童心理发展的生物因素。环境和教育是影响儿童心理发展的社会因素。其中家庭环境，一般指家庭的物质生活条件，家庭人口和社会关系、家长职业和文化水平以及家庭教育。主观因素则指儿童心理本身的特点。主客观因素又总是处于相互作用中。

三、判断题

1. √【解析】维果斯基认为，教育教学的作用就在于创造"最近发展区"，推动或加速儿童内部的发展过程，为儿童的心理发展创造条件。教育应该超前于发展，教育者不仅要了解儿童的现状，还要判断儿童发展的动态和趋势，让孩子"跳一跳，够得着"，帮助儿童勇敢地迎接挑战，激发思考力、创造力和意志力，体验成功的快乐。

2. ×【解析】儿童心理年龄特征是指儿童心理在一定年龄阶段中的那些一般的、典型的、本质的特征，是从许多个别儿童的心理特征中概括出来的。它只能代表这一年龄阶段儿童心理发展的一般趋势和典型的特点，而不能代表这一年龄阶段中每一个儿童所有的心理特点。

3. √【解析】无条件反射是建立条件反射的基础。儿童的各种心理活动，即用以应答外界环境刺激的条件反射，是在无条件反射的基础上建立的。

4. √【解析】独立性的出现是开始产生自我意识的明显表现，是儿童心理发展上非常重要的一步，也是人生头2～3年心理发展成就的集中表现。

四、填空题

1. 客观现实
2. 从出生到
3. 实验室实验法
4. 作品分析法
5. 怀抱反射
6. 青春期
7. 高尔顿
8. 环境

五、简答题（答案要点）

1. 简述3～4岁儿童心理发展的主要特征。

(1)最初步的生活自理，生活目标扩大；

(2)行为具有强烈的情绪性；

(3)爱模仿；

(4)思维仍带有直觉行动性。

2. 简述儿童心理发展的年龄特征包含的含义。

(1)儿童心理发展的阶段，往往以年龄为标志；

(2)儿童心理年龄特征是在一定的社会和教育条件下形成起来的；

(3)儿童心理年龄特征是指儿童心理在一定年龄阶段中的那些一般的、典型的、本质的特征，是从许多个别儿童的心理特征中概括出来的。

3. 简述学前儿童心理发展进程的基本特点。
(1)发展的高速度;
(2)发展具有方向性和顺序性;
(3)发展既有连续性又有阶段性;
(4)发展具有不均衡性;
(5)发展具有整体性。

六、论述题(答案要点)

1. 学前儿童心理发展的不均衡性和整体性表现在哪些方面?
(1)发展具有不均衡性。①不同阶段发展的不均衡。人一生的发展不是等速的,在不同时期变化的速度也是不一样的。②不同方面发展的不均衡。学前儿童心理活动各个方面的发展是不均衡的。③不同学前儿童心理发展的不均衡。不同的学前儿童,虽然年龄相同,其心理发展的速度却往往有差异。
(2)发展具有整体性。学前儿童心理发展的各个方面,虽然在速度上是不均衡的,发展有先有后,但是,从横向的方面来看,同一时间段中,发展的各个方面并不是孤立地进行的。各认识过程的发展之间,认识过程与情感意志过程的发展之间,认识过程的发展和个性形成与发展之间,都有着不可分的联系。
2. 为什么说"儿童心理发展是遗传和环境相互作用的产物"?
(1)环境影响遗传物质因素的变化和生理成熟。在种系发展中,遗传的东西并不是一成不变的。人类本身就是在许多世代遗传和变异的辩证统一过程中进化而成的。生理成熟主要是按照遗传的程序进行,但是环境对生理成熟也有相当有力的影响。
(2)遗传素质及其后的生理发展制约着环境对儿童心理的影响。环境可以对遗传因素起一定的影响作用,但是环境不能从根本上改变遗传因素及儿童的生理成熟进程。反过来,遗传的特征对儿童接受环境的影响起制约作用。最常见的是儿童的性别、最初的气质特征、某些特殊才能的发展等。
(3)对影响儿童心理发展的客观因素应作具体、综合的分析。在儿童心理发展的不同方面,遗传和环境起作用的情况有所不同。例如,对双生子的研究说明,在体格发育上,遗传因素的影响大大超过环境因素。在一些肌肉力量和对体育运动的适应能力上,则是环境因素常常大于遗传因素。
3. 试述儿童心理发展年龄特征的稳定性和可变性的关系。
(1)稳定性。一般来说,儿童心理发展的年龄特征具有相对的稳定性。①儿童脑的结构和机能的发展有一个大致稳定的顺序和阶段;②人类知识经验本身是有一定顺序性的,儿童掌握人类知识经验也必须遵循这一顺序,都有一个从低级到高级,从简单到复杂,从外表到本质的过程,都需要经历相应的时间;③儿童从掌握知识经验到心理机能发生变化,也要经过一个大体相同的从量变到质变的过程。
(2)可变性。不同的社会和教育条件会使儿童心理发展的特征有所差异,这就构成了儿童心理年龄特征的可变性。
(3)稳定性与可变性的辩证统一。儿童心理发展的年龄阶段既有稳定性,又有可变性,它们的关系是辩证统一的。

七、案例分析题(答案要点)

1. (1)4~5岁儿童的心理发展发生了较大的飞跃,而5~6岁则是新的特点继续巩固和发展的时期。这一时期儿童的心理活动概括性和有意性表现更为明显,都很好奇,但5岁以后儿童的好奇心有所不同。他们不再满足于了解表面现象,而要追根问底,其活跃性主要不是停留在身体的活动上,而是表现在智力活动的积极性上。同时,他们有强烈的求知欲和认识兴趣。
(2)该年龄阶段的儿童经常提出各种各样的问题,喜欢学习,愿意上课,学到一些新的知识或技巧以后就会感到满足,而且喜欢对别人讲。案例中的明明兴趣广泛,明明的妈妈对孩子的提问总是很认真地对待,很好地培养了明明好奇、好问的性格特点。
(3)正确的教育措施如下:针对该阶段儿童好问好学的特点,家长和教师要为幼儿多提供能产生问题的情境和条件,并对幼儿的问题高度关注,尽可能做出科学的解答,以满足他们的好奇心,为今后发展打下良好基础。讨厌孩子提问或对孩子提问加以指责,则会对孩子的心理发展特别是智力发展产生极为不利的影响。
2. (1)幼儿性格的年龄特点:①活泼好动;②好奇好问;③喜欢交往;④独立性不断发展;⑤易受暗示,模仿性强;⑥坚持性随年龄增长不断提高;⑦易冲动,自制力差,同时自制力不断发展。
(2)案例中强强的行为表现了其独立性的不断发展。独立性反映一个人在行动中的自主程度。3岁前儿童的心理活动几乎完全是直接依赖于外界环境的影响,随着外界环境的改变而变化,没有自己的目的性和独立性。3岁左右,幼儿独立性的发展进入一个新的阶段。他们不再满足于按照成人的直接命令来行动,而开始渴望像成人一样独立行动。这个阶段的幼儿常常想到什么就做什么,不考虑后果,也不知道危险,表现出不听话、执拗、顶撞,经常说"我自己来""我偏要……"这一类的话。3~5岁的儿童几乎普遍存在这种倾向。幼儿独立性发展还表现为行为的模仿性。例如,案例中强强对妈妈提出要独自在洗衣机中洗自己的袜子,并且要模仿大人把手伸到洗衣机里去操作,在妈妈反对的情况下偏要自己去弄,最后,发现洗衣机没有转动起来,便大怒,哭闹着说:"我自己来,我要。"

知识2 学前儿童动作和语言的发展

一、单项选择题

1. B【解析】幼儿期主要是学习口头语言的时期,在书面语

言方面，只是处于准备时期。

2. B【解析】幼儿先掌握的是实词，然后是虚词。在实词中，幼儿掌握的顺序是名词—动词—形容词。

3. C【解析】儿童动作发展规律：(1)从整体到局部规律（由整体到分化）；(2)首尾规律（从上至下）；(3)近远规律（由近及远）；(4)大小规律（由粗到细，或者说由大到小）；(5)无有规律（从无意到有意）。

4. B【解析】一般认为3岁幼儿的词汇为800～1100个，4岁为1600～2000个，5岁为2200～3000个，6岁幼儿的词汇量可以达到3000～4000个。可见，3岁到4岁是幼儿词汇量快速发展的时期。

5. C【解析】游戏言语是一种在游戏、绘画活动中出现的言语。其特点是一边做动作，一边说话，用言语补充和丰富自己的行动。这种言语通常比较完整、详细，有丰富的情感和表现力。

6. C【解析】单词句阶段（1～1.5岁），儿童言语的发展主要反映在言语理解方面。同时，他们开始主动说出有一定意义的词。

7. C【解析】书面言语是人借助于文字而表达思想感情，传授知识经验，也就是写出的文字、看到的文字，它的形式主要有三种：写作、朗读、默读。

8. B【解析】幼儿时期的内部言语在发展过程中，常出现一种介乎外部言语和内部言语的过渡形式，即出声的自言自语。

9. B【解析】题干描述的从身躯的中央部位再到远离身躯中央的边缘部位的发展规律，即"近远规律"。

10. B【解析】儿童言语发展的基本规律是：先听懂，后会说。

11. C【解析】幼儿期主要是学习口头言语的时期，在书面言语方面，只是处于准备时期。此时期在为读写做准备中，最重要的是培养读写兴趣，而不要在入学前已使孩子对学习读写产生厌烦心理。

12. A【解析】从整体到局部规律（由整体到分化）是指儿童最初的动作是全身性的、笼统的、弥漫性的，以后动作逐渐分化、局部化、准确化和专门化。

13. D【解析】"电报句"的表意功能虽较单词句明确，但其表现形式是断续的、简略的，结构不完整，好像成人的电报式文件。

14. A【解析】随着年龄的增长，幼儿情境言语的比重不断下降，连贯言语的比重不断上升，逻辑言语与对话言语的比重也随着年龄的增长而上升。

15. A【解析】幼儿前期的孩子，大多是在成人的陪伴下进行活动的，他们的交际多采用对话形式。

16. D【解析】双词句（电报句）阶段（1.5～2岁）。1岁半以后，孩子说话的积极性高涨起来，在很短的时间内，会从不大说话变得很爱说话。说出的词大量增加，2岁时可达200多个。这一阶段幼儿言语的发展主要表现在开始说由双词或三词组合在一起的句子。这种句子的表意功能虽较单词句明确，但其表现形式是断续的、简略的，结构不完整的，好像成人的电报式文件，故也称为"电报句"或"电报式语音"。

17. A【解析】研究者认为，3岁的幼儿辅音错误较多，主要是因为其生理上发育不够成熟，不善于掌握发音部位与方法，故发辅音时分化不明显，常介于两个语音之间，如混淆zh和z、ch和c、sh和s等。故A项错误。

18. B【解析】儿童动作的发展先从头部和躯干的动作开始，然后发展双臂和腿部的动作，再后是手的精细动作。也就是靠近中央部分（头和躯干，即脊椎）动作先发展，然后才发展边缘部分（臂、手、腿）的动作。这种从身躯的中央部位再到远离身躯中央的边缘部位的发展规律，即"近远规律"。

19. D【解析】"造词现象"就是自己制造新词，如把"灰色"说成"小黑"，这个"小黑"就是儿童自己制造出来的。题干表述的语言现象称为造词现象。

20. A【解析】语音知觉发展在先，正确语音发展在后，理解语言发生发展在先，语言表达发生发展在后。

21. B【解析】儿童先掌握的是实词，然后是虚词。在实词中，儿童掌握的顺序是名词—动词—形容词。

22. B【解析】4岁以后，幼儿开始出现内部言语。

二、多项选择题

1. ABCD【解析】社会化言语涵盖了四个方面的内容：适应性告知；批评和嘲笑；命令、请求（祈使）和威胁；问题与回答。

2. ACD【解析】儿童动作发展分四个阶段，前三个阶段处于学前期。(1)反射动作阶段（0～4个月）；(2)最初动作阶段（4个月～2岁）；(3)基础动作阶段（2～7岁）；(4)专门化动作阶段（7～14岁）。

3. ACD【解析】由于言语活动的表现形式各有不同，可分为三类：(1)口头言语；(2)书面言语；(3)内部言语。

4. ACD【解析】自我中心言语的三个范畴：重复（无意义字词的重复）；独白；双人或集体的独白。

5. ABCD【解析】除了五指分工动作以外，半岁以后，手的动作的发展还表现在以下几个方面：双手配合；摆弄物体；重复连锁动作。

三、填空题

1. 首尾规律 近远规律

2. 社会 心理

3. 言语理解

4. 内部言语

四、名词解释

1. 无有规律

学前儿童的动作最初是从无意动作向有意动作发展，以后则是从以无意动作为主向以有意动作为主的方向发展，即服从"无有规律"。

2. 口头言语

口头言语是通过人的发音器官所发出的语言声音来表达思想和感情的言语。

3. 自我中心言语

自我中心言语是指儿童在讲话时不考虑自己在同谁讲话，也不在乎对方是否在听自己讲话，他或是自言自语，或是由于和一个偶然在身边的人共同活动感到愉快而说话。

4. 书面言语

书面言语是人们借助于文字而表达思想感情，传授知识经验。也就是写出的文字、看到的文字，它的形式主要有三种：写作、朗读、默读。

5. 连贯性言语

连贯性言语指句子完整、前后连贯，能反映完整而详细的思想内容，使听者从语言本身就能理解所讲述的意思的言语。

五、简答题（答案要点）

1. 在实践中如何提高幼儿的言语能力？

(1)有目的、有计划的幼儿园语言教育活动是发展幼儿言语能力的重要途径；

(2)创设良好的语言环境，提供幼儿交往的机会；

(3)把言语活动贯穿于幼儿的一日活动之中；

(4)教师良好的言语榜样；

(5)注重个别教育。

2. 简述幼儿掌握书面言语的准备条件。

(1)掌握口语词汇；

(2)掌握语音；

(3)掌握基本语法和口语表达力；

(4)幼儿图形知觉的发展。

六、案例分析题（答案要点）

1. (1)案例中的现象涉及在学前儿童言语发展中易出现的问题——方言的影响。学前儿童在言语发展中发音除受生理成熟的影响以外，更受环境和教育影响。方言，是学前儿童发音不准的又一因素。环境中的方言，对学前儿童发音影响极大。

(2)针对丽丽出现的问题，应对的矫治方法是，在日常教育活动中，要坚持以普通话教学。在幼儿园平时的教育活动中，教师要坚持说普通话，尽量做到吐字清晰、正确，潜移默化地去影响学前儿童的语言发展。鼓励丽丽多用普通话与小朋友和老师交流。在日常生活中，家庭也应配合教育，为学前儿童创设良好的语音环境，以促进其语音的良好发展，因此丽丽的爸爸需要注意多用普通话与人交流，减少方言对丽丽的影响。

2. (1)从交际的方式而言，口语可分为对话式和独白式两种。对话是在两个人之间互相交谈；独白则是一个人独自向听者讲述。幼儿2岁以后，开始逐步用语言来表达自己的需要和情感，用语言来调节自己的动作和行为，基本上能用语言与人交往，语言成了这一阶段幼儿社会交往和思维的工具。

(2)幼儿前期的孩子，大多是在成人的陪伴下进行活动的，他们的交际多采用对话形式。进入幼儿期，对话言语进一步发展。他们不但能回答问题，或提出问题和要求，还会在协调行动中进行商议性对话。

(3)3岁以后，幼儿总喜欢问“这是什么”或“为什么”之类的问题，他们从成人的答案中学到许多新词。在幼儿初期，幼儿只能主动讲述自己生活中的事情，且表达时常显得不流畅，叙述时有较多的无用词，如“这个这个”“后来么后来么”等来帮助缓解表达的困难。到幼儿末期，不但能系统叙述，而且能大胆自然地、生动有感情地描述事情。

知识3 学前儿童认知的发展

一、单项选择题

1. D【解析】语义记忆又称语词逻辑记忆，是个体对以各种有组织的知识为内容的记忆。语义记忆是以语词所概括的事物的关系以及事物本身的意义和性质为内容的记忆。例如，概念、定理、公式和规则等。

2. A【解析】经验性想象是幼儿凭借个人生活经验和个人经历开展想象活动。“小姐姐坐在河边，天热，她想洗澡她还想洗脸，因为脸上淌汗。”这种想象是经验性想象。

3. D【解析】幼儿的观察一般是笼统的，看得不细致是幼儿观察的特点和突出问题。例如，6岁左右的孩子往往在认识“n”和“m”、“工”和“土”、“日”和“月”等相似符号时出现混淆。

4. B【解析】注意的分配是指在同一时间内，把注意分配到两种或几种不同的对象或活动上。幼儿边听音乐边做动作体现了注意的分配。

5. A【解析】学前儿童记忆发展的特点：(1)无意记忆占优势，有意记忆逐渐发展；(2)记忆的理解和组织程度逐渐提高；(3)形象记忆占优势，语词记忆逐渐发展；(4)记忆的意识性和记忆方法逐渐发展。

6. B【解析】幼儿对事物理解能力的发展趋势之一是从对个别事物的理解，发展到理解事物之间的关系。

7. B【解析】幼儿只从表面理解事物，因而不理解词的转义，也难以理解“反话”。

8. D【解析】幼儿初期，儿童不仅有生物性的时间知觉，还有了与具体事物和事件相联系的时间知觉。幼儿的时间知觉，主要是依靠生活中接触到的周围现象的变化，他们逐渐学习了借助于某种生活经验（生活作息制度、有规律的生活事件等）和环境信息反映时间。如题干内容说明幼儿以作息制度作为时间知觉的依靠。

9. D【解析】幼儿的形状知觉发展得很快。有实验证明，5岁幼儿能正确辨别各种基本的几何图形，儿童最容易辨别的图形是圆形，幼儿叫出图形名称比辨认图形要晚。

10. C【解析】皮亚杰认为，儿童的发展要经历四个阶段：感知运动阶段（0～2岁）、前运算阶段（2～7岁）、具体运算阶段（7～11岁）和形式运算阶段（11岁以后）。

11. C【解析】再造想象是根据语言文字的描述或图形、图解、符号等非语言文字的描绘，在头脑中形成相应的新形象的过程。题干中，幼儿在听《卖火柴的小女孩》时，头脑中会浮现出小女孩生动的形象，属于再造想象。

12. B【解析】具体形象思维是幼儿思维的典型方式。

13. D【解析】在同一时间内，把注意分配到两种或几种不同的对象与活动上，这就是注意的分配。题干中，老师在课堂上的表现就是注意的分配。

14. D【解析】不可逆性，一方面表现在学前儿童此期理解的各种关系基本上是单向的、不可返回的。比如，同一个有姐姐的3岁女孩小荷："小荷，你有姐姐吗？"小荷答："有。""你的姐姐叫什么名字？"小荷答："小莲。""小莲有妹妹吗？"小荷答："没有。"不可逆性的另一个表现是，儿童暂未形成守恒观念。

15. C【解析】在幼儿记忆的发展过程中，还存在着一种被称为偶发记忆的现象。这种现象是指当要求幼儿记住某样东西时，他往往记住的是和这件东西一道出现的其他东西。题干中的描述就是偶发记忆现象。

16. B【解析】幼儿时期，常将想象的东西和现实进行混淆，表现在三个方面。其中之一表现为在参加游戏或欣赏文艺作品时，往往身临其境，与角色产生同样的情绪反应。如题干中的幼儿的表现。

17. B【解析】注意的集中性是指心理活动在指向某一事物的同时，就会对这个事物全神贯注，把精神都集中到这一事物上，使人的活动得以进行下去并使活动得以完成。

18. B【解析】题干中，婷婷把没有的玩具说成有，是想象与现实的混淆现象，多出现于小班。婷婷的自控能力不强，对故事不感兴趣，和其他小朋友讲话，体现了她强烈的情绪性，这是小班幼儿典型的心理特点。可推测出婷婷是小班幼儿。

19. A【解析】著名的瑞士心理学家皮亚杰所设计的"三座山实验"是自我中心思维的一个最典型的例证。

20. A【解析】注意的稳定性是指注意力在同一活动范围内所维持的时间长短。注意的稳定性对幼儿活动的完成具有重要意义。

21. C【解析】想象是对头脑中已有的表象进行加工改造，建立新形象的过程。题干描述的正是想象的表现。

22. A【解析】无意想象没有预设目的，由外界直接刺激引起，占据儿童想象的主要地位。

23. C【解析】幼儿的形象记忆是依靠表象进行的，其中起主要作用的是视觉表象。

24. C【解析】幼儿记忆发展的特点包括：(1)无意记忆占优势，有意记忆逐渐发展；(2)记忆的理解和组织程度逐渐提高；(3)形象记忆占优势，语词记忆逐渐发展。因此C项错误。

25. B【解析】在良好的教育环境下，3岁幼儿能够集中注意3～5分钟，4岁幼儿注意可持续10分钟左右，5～6岁的幼儿注意能保持20分钟左右。

26. D【解析】注意的分散是与注意的稳定相反的一种状态，是指幼儿的注意离开了当前应该指向的对象，而被一些与活动无关的刺激物所吸引的现象，俗语叫作分心。题干描述的现象引起了幼儿注意的分散。

27. A【解析】再认是指识记过的事物重新出现时，感到熟悉，确知是以前感知过或经历过的。

28. D【解析】拟人性是指学前儿童往往把动物或一些物体当人来对待。他们赋予小动物或玩具以自己的行动经验和思想感情与它们说话，把它们当作好朋友。

29. B【解析】注意的指向性是指人在清醒的每一瞬间，心理活动都指向某个对象，而离开其他对象。

30. C【解析】幼儿想象的一个突出特点是喜欢夸张，他们常常把事物的某个部分或某种特征加以夸大和强调。

31. D【解析】学前儿童掌握概念通常表现在掌握概念的内涵不精确、外延不恰当上，也就是说，儿童有时会说一些词，但不代表他能理解其中的真正含义。题干中幼儿分不清楚蜻蜓和蚊子，说明其对蚊子的概念不明确。

32. B【解析】3岁前儿童的注意基本上属于无意注意，3～6岁儿童注意的特点是无意注意占优势地位，有意注意逐渐发展。

33. B【解析】在同一时间内，把注意分配到两种或几种不同的对象与活动上，这就是注意的分配。幼儿注意的稳定性受外界因素的影响较大，其注意的分配能力比较差。题干描述的现象是因为幼儿注意的分配能力差。

34. B【解析】幼儿理解的发展趋势之一是：从对事物做简单、表面的理解，发展到理解事物较复杂、较深刻的含义。对幼儿，尤其是小班幼儿千万不要说反话，要坚持正面的教育。幼儿对语言中的转义、喻义和反义现象也比较难理解。

35. A【解析】深度知觉是距离知觉的一种。为了了解婴幼儿深度知觉的发展状况，吉布森和沃克设计了"视崖"实验。

36. A【解析】感觉是人脑对直接作用于感觉器官的客观事物的个别属性的反映。知觉是人脑对直接作用于感受器官的客观事物的整体反映。题干的描述运用的是感觉和知觉。

37. C【解析】题干描述的想象表达了幼儿的愿望。

38. C【解析】如果同样的刺激反复出现，对它注意的时间就会逐渐减少甚至完全消失。随着刺激物出现频率的增加而对它的注意时间逐渐减少甚至消失的现象，心理学家称之为"习惯化"。

39. A【解析】在同一时间内，把注意分配到两种或几种不同的对象与活动上，这就是注意的分配。如幼儿一边唱歌，一边跳舞；同学们一边记笔记，一边听老师讲课等都是注意的分配。

40. A【解析】注意的稳定性是指注意力在同一活动范围内所持续的时间长短。

41. A【解析】5岁幼儿开始能以自身为中心辨别左右方位，6岁幼儿虽然能完全正确地辨别上下前后四个方位，但以左右方位的相对性来辨别左右仍然感到困难。7岁才开始能够辨别以别人为基准的左右方位，以及两个物体之间的左右方位。因此，教师在音乐、体育等教学活动中要用“镜面示范”，即从幼儿的角度来做示范动作。

42. B【解析】在良好的教育条件下，随着年龄的增长，幼儿注意分配的能力逐渐提高。5～6岁幼儿就能参加较复杂的集体游戏和活动，并能和其他小朋友协调一致，说明注意的分配能力强。

43. B【解析】有意识记的发展，是幼儿记忆发展中最重要的质的飞跃，2～3岁儿童出现有意记忆的萌芽，但是有意记忆在学前末期才真正发展起来。

44. D【解析】光线照明较差、户外活动和身体锻炼较少、坐姿不良等都会造成视力减退。

45. C【解析】回忆是指识记过的事物并没有再次出现，由于其他事物的影响而使这些事物在头脑里呈现出来的过程。

46. C【解析】胎儿及新生儿的记忆，从其恢复形式看都属于“再认”。

47. B【解析】无意识记的效果优于有意记忆。

48. A【解析】幼儿的时间知觉，主要是依靠生活中接触到的周围现象的变化，他们逐渐学习了借助于某种生活经验（生活作息制度、有规律的生活事件等）和环境信息反映时间。

49. C【解析】幼儿方位知觉的发展趋势是：3岁辨别上下方位，4岁开始辨别前后方位，5岁开始能以自身为中心辨别左右方位。

50. D【解析】梦是无意想象的极端形式，是完全无目的被动的想象。

51. A【解析】遗忘有各种情况：(1)能再认不能回忆，叫不完全遗忘；(2)不能再认也不能回忆，叫完全遗忘；(3)一时不能再认或回忆，叫临时性遗忘；(4)永远不能再认或回忆，叫永久性遗忘。

52. B【解析】感觉的对比分先后对比（或继时对比）和同时对比两种，先后对比是同一分析器所产生的前一感觉和后一感觉之间的相互作用，例如，吃过甜食以后再吃苹果，会感到苹果发酸，尝过苦味之后再喝纯净水，会感到纯净水带有甜味。

53. A【解析】在良好的教育环境下，3岁幼儿能够集中注意3～5分钟左右，4岁幼儿注意可持续10分钟左右，5～6岁幼儿注意能保持20分钟左右。

54. A【解析】再认是指识记过的事物重新出现时，感到熟悉，确知是以前感知过或经历过的。题干描述的现象是再认。

55. C【解析】距离知觉是辨别物体远近的知觉。幼儿可以分清他们所熟悉的物体或场所的远近，对于比较广阔的空间距离，他们还不能正确认识。幼儿常常不懂得近物大，远物小，近物清楚，远物模糊等感知距离的视觉信号。

56. A【解析】幼儿常将想象的东西和现实进行混淆，表现在三个方面：(1)把渴望得到的东西说成已经得到。(2)把希望发生的事情当成已发生的事情来描述。(3)在参加游戏或欣赏文艺作品时，往往身临其境，与角色产生同样的情绪反应。题干中幼儿的表现是想象与现实混淆。

57. C【解析】一时不能再认或回忆，叫临时性遗忘，题干反映的是临时性遗忘。

58. D【解析】幼儿时期，常将想象的东西和现实进行混淆，表现在三个方面：(1)把渴望得到的东西说成已经得到；(2)把希望发生的事情当成已发生的事情来描述；(3)在参加游戏或欣赏文艺作品时，往往身临其境，与角色产生同样的情绪反应。

59. A【解析】分析与综合是思维的基本过程，它贯穿于整个思维过程之中，其他过程都是由分析与综合派生出来的具体活动。

60. A【解析】形象记忆是以感知过的事物的具体形象为内容的记忆。

61. B【解析】愿望性想象就是在想象中表露出个人的愿望。题干描述的是小女孩的愿望性想象。

62. C【解析】情绪记忆是对体验过的情绪情感的记忆。儿童喜爱什么、依恋什么、厌恶什么都是情绪记忆的表现。

63. B【解析】再造想象的类型包括：经验性想象、情境性想象、愿望性想象、拟人化想象。

64. B【解析】幼儿想象容易受自身情绪的影响，也容易受别人情绪的影响。

65. C【解析】思维具有两个基本特点：间接性和概括性。

66. A【解析】中班（4～5岁）以后，幼儿的想象已具有一定的有意性和目的性。

67. C【解析】直观形象记忆法就是应用形象代替语言、文字以提高记忆效果的方法。因为学前儿童的语言理解力和概念抽象能力较差，所以，在识记中特别是数字的识记中，搭配一些直观的形象是非常必要的。题干中咪咪采用的记忆方法是直观形象记忆法。

68. A【解析】再造想象是根据语言文字的描述或图形、图解、符号等非语言文字的描绘，在头脑中形成相应的新形象的过程。

69. A【解析】形象记忆是以感知过的事物的具体形象为内容的记忆。情绪记忆是对体验过的情绪情感的记忆。

70. D【解析】幼儿初期，儿童不仅有生物性的时间知觉，还有了与具体事物和事件相联系的时间知觉。幼儿的时间知觉，主要是依靠生活中接触到的周围现象的变化，

他们逐渐学习了借助于某种生活经验(生活作息制度、有规律的生活事件等)和环境信息反映时间。如他们有时也会用一些带有相对性的时间概念,如"昨天""明天",但往往用错。

71. A【解析】幼儿初期,儿童不仅有生物性的时间知觉,还有了与具体事物和事件相联系的时间知觉。

72. B【解析】在同一时间内,把注意分配到两种或几种不同的对象与活动上,这就是注意的分配。例如,幼儿一边唱歌,一边跳舞;同学们一边记笔记,一边听老师讲课等都是注意的分配。

73. C【解析】注意的广度也叫注意的范围,它是指一个人在同一时间内能够清楚地察觉和把握对象的数量。

74. D【解析】在很大程度上,幼儿记忆的效果取决于客观对象的显著特征和外界刺激的强度。比如,一个调皮好动的孩子,在观看长刺的仙人球时,你告诉他不要去碰,他或许转身就忘记你的告诫,但如果他不小心被仙人球扎痛了手指,你再去叮嘱他,他一定能牢牢记住你的话。

75. A【解析】感觉是人脑对直接作用于感觉器官的客观事物的个别属性的反映。

76. B【解析】德国心理学家艾宾浩斯最早对遗忘现象做了比较系统的实验研究。实验表明,在学习材料记熟后,间隔20分钟重新学习,可节省诵读时间58.2%左右。

77. A【解析】具体形象思维是指儿童依靠事物在头脑中的具体形象进行的思维,即依靠具体事物的表象以及对具体形象的联想而进行的思维。

78. B【解析】幼儿注意的稳定性比较差,但随着幼儿年龄的增长,其注意的稳定性逐渐提高。幼儿在不同的年龄阶段,其注意的稳定性是有明显差异的。

79. A【解析】形象记忆是以感知过的事物的具体形象为内容的记忆。

80. B【解析】机械识记是指对所记材料的意义和逻辑关系不理解,采用简单、机械重复的方法进行识记。

81. D【解析】幼儿的形状知觉发展得很快。通常3岁的幼儿能区别一些几何图形。如圆形、正方形、三角形等。有研究发现,4岁至4岁半是辨认几何图形正确率增长最快的时期。又有实验证明,5岁幼儿能正确辨别各种基本的几何图形,幼儿最容易辨别的图形是圆形,幼儿叫出图形名称比辨认图形要晚。

82. D【解析】愉快记忆法就是让学前儿童怀着愉快的心情识记。(1)在识记前,教师要尽量表扬他们,指出他们以前的优秀表现;(2)在学前儿童整个识记过程中,教师应始终表现出关心他们并充分相信他们的能力,并且不时给予表扬、鼓励、赞美等,这样他们才会信心百倍、勇气十足,力争完成好识记任务;(3)当学前儿童完成识记后,无论他们完成的情况如何,只要他们尽力去做了,教师和家长就要给予适当的表扬,这样会增强他们记忆的信心,给他们留下愉快的记忆。

83. A【解析】无意想象是指没有预定目的和意图,在一定的刺激影响下,不由自主地进行的想象。题干的表述属于无意想象。

84. A【解析】同一分析器的各种感觉会因彼此相互作用而使感受性发生变化,这种现象叫作感觉的对比。感觉的对比分为先后对比(继时对比)和同时对比两种。先后对比是同一分析器所产生的前一感觉和后一感觉之间的相互作用。

85. B【解析】时间知觉是一个比较复杂的认识过程,只有抽象逻辑思维有了一定的发展才能逐步掌握。由于时间关系比较抽象,不如空间知觉那样有具体形象作为支柱,所以学前儿童时间知觉发展水平还比较低,时间理解概念上既不准确也不稳定,7岁前不会使用时间标尺。因此,那些不了解儿童成长规律的家长去训斥一个3~5岁的孩子没有时间观念,无疑是在挫伤孩子的自信心。

86. B【解析】由于想象的主题没有预定目的,主题不稳定,因此,幼儿想象的内容是零散的,所想象的形象之间不存在有机的联系。

87. A【解析】幼儿晚期(5~6岁)抽象逻辑思维开始萌芽。

88. C【解析】学前儿童比较的发展趋势是先学会找物体的不同处,后学会找物体的相同处,最后学会找物体的相似处。

二、多项选择题

1. ACD【解析】幼儿想象的特点是以无意想象为主,有意想象开始发展;再造想象为主,创造想象开始发展;想象有时和现实混淆;幼儿的想象常常依赖于成人的言语描述。

2. ABC【解析】记忆包括识记、保持、再认或回忆三个基本环节。再认或回忆是在不同情况下恢复经验的过程。

3. ABCD【解析】幼儿注意的品质包括注意的稳定性、注意的转移、注意的广度、注意的分配。

4. BD【解析】空间知觉包括形状知觉、大小知觉、方位知觉和距离知觉,是用多种感官进行的复合知觉。距离知觉是辨别物体远近的知觉。通常3岁的幼儿能区别一些几何图形。

5. ABCD【解析】色盲可分为全色盲、全色弱、红绿色盲和红绿色弱四种。

6. ABCD【解析】幼儿表象思维的特点:(1)象征性;(2)经验性;(3)拟人性;(4)表面性;(5)刻板性。

三、判断题

1. √【解析】学前儿童对物体进行比较,有以下特点和发展趋势:(1)逐渐学会找出事物的相应部分;(2)先学会找物体的不同处,后学会找物体的相同处,最后学会找物体的相似处。

2. ×【解析】幼儿辨认几何图形由易到难的顺序:圆形—正方形—半圆形—长方形—三角形—五边形—梯形—菱形。所以,对幼儿来说,最容易辨别的图形是圆形。

3. √【解析】6岁以后,儿童才开始逐渐摆脱具体感知和情境性的束缚,能够依物体的功用及其内在的联系进行分类。

4. ×【解析】感觉是对事物的个别属性的反映，而知觉却是对事物的整体反映。

5. ×【解析】前运算阶段（2～7岁）的儿童认知特点是以"自我中心"去认识和感知世界的。

6. √【解析】幼儿的记忆和其他心理过程一样，是随着年龄的增长而逐渐发展的。幼儿记忆的基本特点是无意记忆占优势，有意记忆逐渐发展。无意记忆的效果优于有意记忆。

7. √【解析】3岁前儿童的注意基本上属于无意注意，3～6岁幼儿注意的特点是无意注意占优势地位，有意注意逐渐发展。

8. √【解析】幼儿认识空间方位，体现出由近及远逐步扩展的趋势，即先只限于判断自身范围的位置，再是确定与自身靠近的空间物体的方位定向，最后才能确定与自身较远的空间方位定向。

9. ×【解析】幼儿注意的范围比较小，但随着年龄的增长，注意的范围在逐渐扩大。

10. ×【解析】注意的转移是指根据任务，主动、及时地从一个对象或一种活动转移到另一个对象或另一种活动中去。

11. ×【解析】3～6、7岁儿童的思维，以具体形象思维为主。具体形象思维是学前儿童思维的典型方式。6、7岁以后，儿童的思维开始进入逻辑思维阶段。

12. ×【解析】创作孙悟空具有很大的独创性，是创造想象。

13. √【解析】从儿童这几种记忆发生发展的顺序来看，最早出现的是运动记忆（出生后2周左右），然后是情绪记忆（6个月左右），再后是形象记忆（6～12个月左右），最晚出现的是语词记忆（1岁左右）。

14. √【解析】幼儿初期常常不能按事物本身的客观逻辑进行判断和推理，而是按照"游戏的逻辑"或"生活的逻辑"进行。这种判断没有一般性原则，不符合客观规律，而是从自己对生活的态度出发，属于"前逻辑思维"。

15. ×【解析】有意注意是指有预定目的，需要一定意志努力的注意。题干的描述属于无意注意。

四、填空题

1. 有意注意
2. 7±2
3. 20
4. 艾宾浩斯
5. 自我中心性
6. 机械记忆
7. 先快后慢
8. 动作记忆 情绪记忆 语词记忆

五、名词解释

1. 感觉

感觉是人脑对直接作用于感觉器官的客观事物的个别属性的反映。

2. 注意的分配

注意的分配是指在同一时间内，把注意分配到两种或几种不同的对象与活动上。

3. 提取策略

个体在回忆过程中，将贮存于长期记忆中的特定信息回收到意识水平上的方法和手段称为提取策略。

4. 保持

保持是巩固已获得知识经验的过程。

5. 无意注意

无意注意就是事先没有预定目的，也不需要意志努力的注意。

6. 具体形象思维

具体形象思维是指儿童依靠事物在头脑中的具体形象进行的思维，即依靠具体事物的表象以及对具体形象的联想而进行的思维。

7. 注意的集中性

注意的集中性是指心理活动在指向某一事物的同时，就会对这个事物全神贯注，把精神都集中到这一事物上，使人的活动得以进行下去并使活动得以完成。

8. 幼儿健忘

幼儿健忘是指3岁前儿童的记忆一般不能永久保持。

9. 视敏度

视敏度即视觉敏锐度，是指人分辨细小物体或远距离物体细微部分的能力，也就是人通常所称的视力。

10. 无意想象

无意想象是指没有预定目的和意图，在一定的刺激影响下，不由自主地进行的想象。

11. 情绪记忆

情绪记忆是对体验过的情绪情感的记忆。

12. 明适应

从暗处来到亮光处，最初感到一片耀眼的光亮，不能看清物体，只有稍待片刻才能恢复视觉，这称为明适应。

13. 记忆广度

记忆广度是指在单位时间内能够记忆的材料的数量。

14. 工作记忆

工作记忆是指在短时记忆过程中，把新输入的信息和记忆中原有的知识经验联系起来的记忆。

15. 语词记忆

语义记忆（语词记忆）又称语词逻辑记忆，是个体对以各种有组织的知识为内容的记忆。

16. 遗忘

遗忘是对识记过的材料不能再认和再现，或者是错误的再认和再现。

17. 记忆保持时间

记忆保持时间是指从识记材料开始到能对材料再认或回忆之间的间隔时间，也称为记忆的潜伏期。

18. 机械记忆

机械记忆指对所记材料的意义和逻辑关系不理解，采用简单、机械重复的方法进行记忆。

19. 意义记忆

意义记忆是指根据对所记材料的内容、意义及其逻辑关系的理解进行的记忆,也称为理解记忆或逻辑记忆。

20. 形状知觉

形状知觉是对物体形状的知觉。它依靠运动觉和视觉的协同活动。

21. 视觉复述策略

儿童在记忆过程中使用的一个最为简单的策略,就是将自己的注意力有选择地集中在所要记住的事物上,如不断地注视目标刺激,以加强记忆,这可以视为一种"视觉复述"。

22. 创造想象

创造想象是指根据一定的目的和任务,不依赖现存的描述而独立创造出新形象的过程。

六、简答题(答案要点)

1. 简述儿童记忆发展的趋势。

(1)记忆保持时间的延长;

(2)记忆容量的增加;

(3)记忆内容的变化;

(4)记忆的意识性与记忆策略的形成。

2. 简述学前儿童分类的类型。

(1)不能分类;(2)依感知特点分类;(3)依生活情景分类;(4)依功用分类;(5)依概念分类。

3. 在组织幼儿活动时,引导幼儿注意选择活动的目标,应该考虑哪些规律?

(1)幼儿注意的选择性在很大程度上是由幼儿的兴趣和情绪引起的;

(2)幼儿注意的选择性与幼儿的理解水平和幼儿的经验有密切关系;

(3)幼儿注意的选择性受强化方式的影响,常见的强化方式有鼓励、表扬和批评、惩罚。

4. 简述观察力发展的表现。

(1)目的性增强;(2)持续性延长;(3)细致性增加;(4)概括性提高;(5)观察方法的形成。

5. 简述幼儿想象夸张性的表现。

(1)夸大事物某个部分或某种特征。(2)混淆假想与现实。幼儿时期,常将想象的东西和现实进行混淆,表现在三个方面:①把渴望得到的东西说成已经得到。②把希望发生的事情当成已发生的事情来描述。③在参加游戏或欣赏文艺作品时,往往身临其境,与角色产生同样的情绪反应。

6. 简述幼儿颜色视觉的发展特点。

(1)幼儿初期(3~4岁),已能初步辨认红、橙、黄、绿、蓝等基本色,但在辨认紫色等混合色和蓝与天蓝等近似色时,往往较困难,也难以说出颜色的正确名称。

(2)幼儿中期(4~5岁),大多数能认识基本色,近似色,并能说出基本色的名称。

(3)幼儿晚期(5~6岁),不仅能认识颜色,而且在画图时,能运用各种颜色调出需要用的颜色,并能正确地说出黑、白、红、蓝、绿、黄、棕、灰、粉红、紫等颜色的名称。

幼儿期对颜色辨别力的发展,主要依靠生活经验和教育。研究表明,6岁前的中国幼儿基本上都喜欢亮度大的红、橙、黄色,性别差异不明显。7岁前的儿童对颜色的爱好基本上不受物体固定颜色的影响,7~8岁是转折期。

7. 简述学前儿童常见的记忆策略。

(1)视觉复述策略;

(2)定位策略;

(3)复述策略;

(4)组织性策略;

(5)提取策略。

七、论述题(答案要点)

1. 为什么幼儿形象记忆和语词记忆的效果随年龄的增长而逐渐接近?

(1)各种研究显示,形象记忆和语词记忆的差距日益缩小。两种记忆效果之所以逐渐缩小,是因为随着年龄的增长,形象和语词都不是单独在儿童头脑中起作用,而是有越来越密切的联系。一方面,幼儿对熟悉的物体能够叫出名称,那么物体的形象和相应的词就紧密联系在一起;另一方面,幼儿熟悉的词,也必然建立在具体形象的基础上,词和物体的形象是不可分割的。

(2)形象记忆和语词记忆的区别只是相对的。在形象记忆中,物体或图形起主要作用,语词在其中也起着标志和组织记忆形象的作用。在语词记忆中,主要记忆内容是语言材料,但是记忆过程要求语词所代表的事物的形象做支柱。随着儿童语言的发展,形象和语词的相互联系越来越密切,两种记忆的差别也相对缩小。

2. 试述注意对幼儿的活动和心理发展的意义。

(1)注意对幼儿活动的意义:①游戏是幼儿的主要活动形式,注意是幼儿游戏活动开展的保证;②注意是幼儿学习活动的保证。幼儿集中注意时,学习效果就好,容易记住新知识,能力提高也快。

(2)注意对幼儿心理发展的意义:①注意能使幼儿从环境中接受大量的信息,调整自己的行为;②注意对幼儿认识过程的发展有重要意义,凡是幼儿注意到的事物,幼儿对该事物的感知就最清晰、也最容易记住;③注意对幼儿坚持性发展具有重要的影响作用。

3. 试述幼儿有意注意产生的条件。

(1)幼儿的有意注意依赖于丰富多彩活动的开展。幼儿的有意注意是在活动中发展起来的。在活动中,幼儿通过参与、体验活动的趣味性,努力把自己的注意力集中于活动中,使自己的活动有目的,并在老师的提醒下完成活动。

(2)幼儿对活动目的、活动任务的理解程度。幼儿如果明白老师、成人让他做的事,而且知道具体的任务是什么,他就会按要求完成任务,这一过程中幼儿是需要有意注意的。

(3)幼儿对活动的兴趣与良好的活动方式。幼儿如果对

所进行的游戏或活动感兴趣，那么，幼儿就会自觉地使自己投入活动，并且主动参与活动。

(4)言语指导和言语提示。成人对幼儿注意的组织常是通过言语指示来实现的。通过言语指示可以提醒幼儿必须完成的动作，注意哪些情况。此外，幼儿自我言语指示，也有助于幼儿有意注意的发展。

(5)幼儿的性格与意志特点。性格中细心、坚持性强、不爱认输的幼儿，一般易于使自己的注意服从于当前的活动和任务。因此，教师要注意到幼儿的这种个别差异，在活动中有目的地发展幼儿的注意力。

八、案例分析题(答案要点)

1. (1)有意注意是指有预定目的，需要一定意志努力的注意。有意注意是我们自觉控制的注意，它服从于我们生活、学习的需要与任务。案例中，教师组织语言教育活动，大家聚精会神地听老师讲故事，这就是有意注意的表现。

(2)无意注意就是事先没有预定目的，也不需要意志努力的注意。案例中，听到喧闹声，孩子们的注意被吸引了，及老师突然不说话了，都引起了孩子们的无意注意。

2. (1)案例中，说明了幼儿的想象缺乏目的性。

(2)原因：①想象受感知形象的直接影响。幼儿的想象表象往往是由感知的形象联想到某种表象而构成，不过，幼儿构成新形象时所需时间比以前短些。在绘画过程中，想象主题的多变化和感知形象的影响直接有关。幼儿往往随所画出的形象让想象主题任意变化。幼儿常常受直接感知的外界环境的变化而改变想象主题。案例中，幼儿画了小人，画螃蟹；画了汽车，又画海军，说明了幼儿绘画的主题易变化，没有目的性。②不追求想象成果。幼儿在想象活动中不追求达到目的，不试图做出预定成品，以想象过程为满足，幼儿不要求想象的形象符合实际，只要求满足自己的情绪需要。案例中，幼儿看见小勺拿来喂娃娃吃饭，看见小汽车就要玩开汽车等，表现出了幼儿想象没有预设的目的，往往以想象过程为满足。

3. (1)这位老师在上课中遇到这样的问题，主要原因是没有考虑到幼儿注意稳定性的特点。具体包括以下几点：①单调的活动不利于维持幼儿注意的稳定性。在小班儿童的课上，尽管老师为自己的示范表演做了精心准备，但是儿童却只是观看，脱离了自身的实际活动，所以很难维持其注意的稳定性。②活动的难度与注意的稳定性也有密切关系。让中班儿童画太阳，这种活动的难度远远低于这个年龄段儿童的心理发展水平。所以也很难维持他们的注意。③虽然老师总体的时间安排符合幼儿的年龄特征，但根据实验研究，在良好的教育环境下3岁幼儿只能集中注意3～5分钟，4岁幼儿只能集中注意10分钟，所以案例中的老师很难使这些小班、中班幼儿长时间保持注意。

(2)对上述情况，这位老师可以从以下几个方面入手：①老师应适当减少单纯的演示活动的时间，并且要在此同时安排一些儿童自身参与的活动。例如，在演示过程中请儿童进行模仿，提问并请儿童回答等。②避免让幼儿从事难度过低的活动，活动难度应稍高于儿童原有的水平。例如，在要求孩子们画太阳之前，通过谈话，想象一些在灿烂阳光下的生活场景等，然后再通过画画加以表现。

4. (1)小凯妈妈的说法是不正确的。

(2)幼儿想象的特点：

①无意想象为主，有意想象开始发展；

②再造想象为主，创造想象开始发展；

③想象有时和现实混淆。

(3)幼儿时期，常将想象的东西和现实进行混淆，表现在三个方面：

①把渴望得到的东西说成已经得到的；

②把希望发生的事情当成已发生的事情来描述；

③在参加游戏或欣赏文艺作品时，往往身临其境，与角色产生同样的情绪反应。

以上案例是小凯混淆想象和现实的情况，常被成人误认为孩子在说谎。事实上是幼儿期的想象特点所致。

5. (1)案例中体现了幼儿思维发展的具体形象性的特点。具体性是指幼儿思维的内容是很具体的。幼儿思考问题总是借助于具体事物或具体事物的表象，对具体的语言容易理解，对抽象的语言则不易理解。形象性是指依靠事物的形象来思维。事物可以在眼前也可以不在眼前，但头脑中必须有事物的表象。

(2)根据幼儿思维具体形象性的特点进行教育，需要教师多采用直观、形象的方法，尽量避免抽象、空洞的说教。例如，教师讲到"大象用鼻子把狼卷起来"时，用手做出"卷"的动作，可以有助于幼儿更好地理解"卷"的意思。教师在讲到"大象把狼扔到河里去"时，又用手做出扔的样子。该教师采用具体形象的方法，并且让幼儿跟着学习也做出相应的动作，这样会使幼儿更好地理解教学内容，掌握教学知识。由于幼儿思维具有具体形象的特点，不善于分析事物的内在含义，不能理解语言的寓意、转义，因此，在对幼儿进行教育时，教师一定要坚持正面引导的原则，切忌讲反话，或嘲笑、讽刺幼儿。

6. (1)明明父母的态度和行为是不对的。

(2)幼儿初期的思维还带有较大的直观行动性，他们的思维离不开直接感知和行动，行动的目的性、计划性很差。明明正处于幼儿初期，他的行为正好符合这一特征，因而是正常的。明明父母不了解幼儿初期思维的这一特点，提出了过高的要求，明明是很难达到的。

(3)对明明父母的教育建议：①依据心理发展规律，正确理解幼儿初期思维发展的特征；②创设情境，丰富玩具和提供实际操作机会；③循序渐进地提出行动目的性和计划性要求；④抓住合理时机进行思维能力的培养。

7. (1)在整个学前期，幼儿的无意记忆占优势，影响幼儿无

意记忆的因素有:客观事物的性质,客观事物与幼儿主体的关系,幼儿认知活动的主要对象或活动所追求的事物,幼儿认知活动中感官参加的数量以及活动的动机等。

(2)幼儿对听到的某个童谣,看到的某个电视广告记忆效果较好是因为他对童谣和广告的记忆是一种无意记忆,电视画面具有具体、生动形象的特点,给予幼儿视觉、听觉等多种感官刺激。童谣、广告简明的语言,符合儿童的兴趣和需要,很容易成为儿童无意记忆的对象,而教师要求记忆的任务属于有意记忆。

8. (1)学前儿童的理解主要是直接理解,幼儿期逐渐出现间接理解。学前儿童对事物的理解有以下发展趋势:①从对个别事物的理解,发展到理解事物之间的关系;②从主要依靠具体形象来理解,发展到依靠语言说明来理解;③从对事物做简单、表面的理解,发展到理解事物较复杂、深刻的含义;④从理解与情感密切联系,发展到比较客观的理解;⑤从不理解事物的相对关系,发展到逐渐能理解事物的相对关系。

(2)通过案例可以看出:①幼儿在听完老师所说的问题后,立即哭了起来。他对小白兔被大灰狼叼走了感到非常难过,这体现了幼儿的理解与情感的密切联系。也就是说幼儿对事物的理解带有强烈的感情色彩,而不是从客观问题出发。②从案例中可以看出,幼儿对这个问题的理解更多的停留在表面,而并没有把这个问题转化成一个比较抽象的数学运算过程。

9. (1)案例中的菲菲处于直观行动思维阶段。

(2)①思维是在实际行动中进行的,思维离不开儿童自己的动作。案例中菲菲的行为都体现了思维离不开自己的动作。②思维活动主要依靠动作进行,语言只是行动的总结。幼儿初期,语言在这里只是总结自己的动作,动作不是受语言支配而是受视觉形象支配。案例中菲菲在纸上涂着涂着觉得像苹果,于是说自己画的是大苹果,又涂着涂着,说是海波浪等都体现了该特点。③直观行动思维的典型方式是尝试错误,其活动过程依靠具体动作展开,而且有许多无效的多余动作。在行动之前,儿童主观上并没有预定目的和行动计划,也不可能预见自己行动的后果。案例中的菲菲涂着涂着觉得像苹果,才说自己画的是大苹果,又涂着涂着,说是海波浪,过了一会儿,菲菲突然想起了妈妈织的毛衣,又把海波浪说成是毛线了,又涂着涂着,最后她把整个画面都涂没了,都充分体现了菲菲处于直观行动思维阶段。

10. (1)幼儿注意发展的特点是无意注意占优势,有意注意初步形成,但处于较低水平。

(2)①幼儿无意注意占优势。容易引起幼儿无意注意的因素主要有刺激物的物理特性,儿童容易被那些颜色鲜艳、声音动听、造型奇异、变化显著的刺激物吸引,所以幼儿容易看到天上飞的小鸟、水里游的金鱼等。另外,那些符合幼儿自身的兴趣和需要的刺激物也更容易引起幼儿的无意注意。教师在带领幼儿观察的过程中尽量避开一些无关的刺激,以免引起幼儿的无意注意。

②幼儿有意注意初步形成,处于较低水平。有意注意是有预定目的,需要幼儿意志努力的注意,这一时期幼儿有意注意的发展水平还比较低,因此在户外观察果树时,小朋友们说不出果树的特征、形状等。教师应该引导幼儿观察果树的某一特征,引起幼儿的有意注意。

11. (1)在固定不变的背景上,活动的刺激物容易被知觉为对象。婴幼儿爱看活动的东西,与此规律有关。材料中陈老师出示的大白鹅的红色脚掌是抽拉式的,容易被幼儿知觉。

(2)刺激物本身各部分的组合(相邻性原则)。在视觉刺激中,凡是距离上接近或形态上相似的各部分容易组成知觉的对象。材料中陈老师出示了一幅挂图,挂图中有一只仰着脖子的大白鹅,红色的脚掌划着清澈的湖水(红色的脚掌是抽拉式的)。陈老师突出需要观察的对象,周围没有附加类似的线条或图形。

(3)教师的言语与直观材料相结合。材料中陈老师先富有表情、绘声绘色地朗读,接着结合挂图,一边讲解古诗一边演示能移动的抽拉式的红色脚掌。

知识4 学前儿童情绪的发展

一、单项选择题

1. D【解析】最初表现出来的情绪反应具有两个突出特点:(1)与生理需要是否得到满足直接相关;(2)是儿童与生俱来的遗传本能,具有先天性。
2. A【解析】应激是在出乎意料的紧迫情况下引起的急速而高度紧张的情绪状态。
3. D【解析】发泄法是指教师为儿童提供一定的条件或创设一定的情境,让儿童通过自身的动作或活动,去发泄体内积聚的生理或心理能量以达到生理或心理平衡的方法。
4. D【解析】幼儿的高级情感包括道德感、理智感、美感。
5. D【解析】情绪和情感是人向他人表达、传递自身需要及状态(如愉快、愤怒等)的信号。这种信号功能主要通过情绪情感的外显形式——表情及言语来实现。
6. C【解析】婴幼儿的情绪发展形成主要依靠的是情绪气氛的熏陶。
7. D【解析】婴幼儿的情绪不稳定,与其情绪的情境性有关。婴幼儿的情绪常常被外界情境支配,情绪往往随着某种情境的出现而产生,又随着情境的变化而消失。
8. D【解析】移情是指从他人的角度来考虑问题。不论是社会生活环境的影响,还是儿童具体生活环境的影响,最终都要通过儿童的移情起作用。新生儿的哭泣不是移情的表现。
9. A【解析】冷处理法是孩子情绪十分激动时,可以采取暂时置之不理的办法,孩子自己会慢慢地停止哭喊。
10. D【解析】心境是一种微弱的、持续时间较长的、带有弥

散性的心理状态。心境一经产生就不只表现在某一特定对象上,而是在相当长的一段时间内,使人的整个心理活动都染上某种情绪色彩,影响人的整个行为表现,成为情绪生活的背景。

11. D【解析】当孩子遇到挫折、受到委屈、心里有气的时候,要让他发泄出来,以减轻心理上的压力。

12. D【解析】婴幼儿喜欢成人的接触、抚爱的动因主要是为满足其希望与成人接触和交往的社会性需要。

13. A【解析】中班幼儿的告状行为就是幼儿对别人行为方面的评价,它是基于一定的道德标准而产生的。

14. C【解析】幼儿的情绪具有不稳定性的特点,容易受到外界刺激的影响,容易被他人的情绪感染。所以,教师要把哭着找妈妈的孩子和其他孩子暂时隔离开来,以免影响其他孩子的情绪。

15. A【解析】题干中老师和幼儿家长的话,都是对幼儿的正面鼓励和肯定。

16. D【解析】幼儿情绪的易受感染与暗示有关。如新入园的幼儿哭着要妈妈,会引起已经适应幼儿园生活的其他孩子也跟着哭;有一个孩子笑,其他幼儿也会莫名其妙地跟着笑,如果老师问"你为什么笑",幼儿往往说"不知道",或者指别人说"他也笑",这些现象在小班较为明显。

17. B【解析】道德感是因自己或别人的言行是否符合社会道德标准而引起的情绪体验。中班孩子不但关心自己的行为是否符合道德标准,而且开始关心别人的行为,并由此产生相应的情感。如中班幼儿的告状行为就是幼儿对别人行为方面的评价,它是基于一定的道德标准而产生的。

18. C【解析】对一般儿童来说,5岁左右,理智感已明显地发展起来,突出表现在幼儿很喜欢提问题,并由于提问和得到满意的回答而感到愉快。6岁幼儿喜爱进行各种智力游戏或所谓"动脑筋"活动,如下棋,猜谜语等,这些活动能满足他们的求知欲和好奇心,促进理智感的发展。

二、判断题

1. √【解析】情感的感染作用是指在一定的条件下,一个人的情感可以影响别人,使之产生同样的情感。此种以情动情的现象,称为情感的感染作用。

2. √【解析】婴幼儿期的情绪是非常不稳定的,容易变化,表现为两种对立的情绪在短时间内互相转换。

3. ×【解析】道德感是因自己或别人的言行举止是否符合社会道德标准而引起的情绪体验。而理智感是在认知客观事物的过程中所产生的情感体验,它与人的求知欲、认识兴趣、解决问题的需要等满足与否相联系。

4. ×【解析】情感是后继的、高级的态度体验,由对事物复杂意义的理解引起,较多的带有稳定性和持久性,与社会需要是否满足相联系。

5. √【解析】略。

6. √【解析】每一种情绪都有其外部表现——表情。表情是人与人之间进行信息交流的重要工具之一,在婴幼儿与人的交往中,占有特殊的重要的地位。

三、名词解释

1. 行为反思法

行为反思法是让孩子想一想自己的情绪表现是否合适。

2. 激情

激情是一种爆发式、猛烈而短暂的情绪状态,例如,狂喜、暴怒、恐惧、绝望等都是激情的表现。

四、简答题(答案要点)

1. 简述学前儿童情绪发展的一般趋势。

(1)情绪的社会化;

(2)情绪的丰富和深刻化;

(3)情绪的自我调节化。

2. 父母和教师要保持幼儿健康的情绪,应该注意哪几方面问题?

(1)使幼儿经常处于愉快的情绪状态;

(2)不要给孩子造成过重的压力;

(3)让幼儿充分活动,与小伙伴交往;

(4)允许幼儿适当的宣泄;

(5)让幼儿学会认识自己和他人。

3. 简述情绪情感在学前儿童心理发展中的作用。

(1)情绪的动机作用;(2)情绪对认知发展的作用;(3)情绪是人际交往的重要手段;(4)情绪对儿童性格形成的作用;(5)情绪影响身心健康。

4. 简述情绪自我调节化的表现。

(1)情绪的冲动性逐渐减少;(2)情绪的稳定性逐渐提高;(3)情绪从外显到内隐。

五、案例分析题(答案要点)

1. (1)东东的行为表现说明幼儿情绪具有不稳定性的特点。婴幼儿的情绪是非常不稳定的,容易变化,表现为两种对立的情绪在短时间内互相转换。案例中,东东妈妈送他离开时总是又哭又闹,妈妈走后,很快能和小朋友玩耍,再次看见妈妈又开始哭泣,这突出表现了幼儿情绪的不稳定性。

(2)东东妈妈的担心完全没必要。东东妈妈把东东送入幼儿园应立刻离开,别表现出不舍的样子,为幼儿做出情绪自控的示范,采取积极的教育态度,运用正面肯定和鼓励,帮助幼儿学会控制自己的情绪。因为幼儿的情绪具有不稳定性,东东妈妈离开后,看不到妈妈的身影,在老师的安抚下,东东不但立刻停止哭闹,还会高兴地同别的小朋友玩起来。

2. (1)莉莉妈妈所采用的是转移注意法。在莉莉看到新玩具又哭又闹时,妈妈说带她到别的地方看看,就赶紧带她离开了原地,然后给她讲故事、做游戏、一起唱歌,转移了莉莉的注意力。

(2)①冷处理法。例如,孩子情绪十分激动时,可以采取

暂时置之不理的办法,孩子自己会慢慢地停止哭喊。当孩子处于激动状态时,成人切忌激动起来。例如,对孩子大声喊叫"你再哭！我打你"或"你哭什么？不准哭,赶快闭上嘴"之类的。这样做会使孩子情绪更加激动,无异于火上浇油。

②消退法。对孩子的消极情绪可以采用消退法。例如,有个孩子总不愿意把水果分给爸爸妈妈吃,父母要吃他手中的水果,他总要哭闹。后来父母商量好,采用消退法,对他的哭闹不予理睬。第一天吃水果时,父母把一个水果分成几块,孩子拿着水果哭了很久,看着父母不理会他。只好把手中的水果吃了。第二天哭的时间缩短了。以后哭闹时间逐渐减少,最后看着父母把他手中的水果拿去分成几块给大家吃也不哭了。

知识5 学前儿童社会性的发展

一、单项选择题

1. D【解析】亲社会行为的发展是儿童道德发展的核心问题。
2. B【解析】归属与爱以及尊重是儿童的基本需要,儿童通过与同伴的交往,表达交流情感,得到同伴接受,产生安全感和归属感,并成为儿童的一种情感依赖,对学前儿童具有重要的情感支持作用。良好的同伴关系是学前儿童积极情感的重要后盾。
3. D【解析】学前儿童攻击性行为产生的最直接原因主要是挫折。
4. A【解析】角色扮演是一种使人暂时置身于他人的社会位置,并按这一位置所要求的方式和态度行事,以增进对他人社会角色及自身原有角色的理解,从而更有效地履行自己角色的心理学技术。
5. A【解析】心理学家谢弗认为,依恋形成的标志需要符合以下三条原则:(1)代表性;(2)稳定性;(3)普遍性。
6. B【解析】专制型家庭中培养的孩子或是变得顺从、缺乏生气,创造性受到压抑,无主动性、情绪不安,甚至带有神经质,不喜欢与同伴交往,忧虑、退缩、怀疑;或是变得自我中心和胆大妄为,在家长面前和背后言行不一。
7. C【解析】亲社会行为又称为积极的社会行为,指一个人帮助或打算帮助他人,做有益于他人的事的行为和倾向。幼儿的亲社会行为主要有:同情、关心、分享、合作、谦让、帮助、抚慰、援助、捐献等。
8. B【解析】攻击性强的幼儿在规定时间内没有攻击行为,则可结合具体情况适当给予奖励。这是阳性强化法。
9. C【解析】鲍尔比把依恋的发展分为四阶段:(1)无分化阶段(0~3个月)。婴儿开始探索周围环境,尤其是人,表现为倾听、追视、吸吮。(2)低分化阶段(3~6个月)。婴儿继续探索环境,开始识别熟悉的人(如父母)与不熟悉的人的差别,也能区别一个熟悉的人与另一个熟悉的人。(3)依恋形成阶段(6个月至2.5岁)。从这时候起,孩子对母亲的存在尤其关注,特别愿意与母亲在一起,与母亲在一起就很高兴,而当母亲离开时则非常不安,表现出一种分离焦虑。不过,这时候的孩子已经明白成人不在视野范围内后还会继续出现,所以他们以母亲为安全保障,在新环境中探寻、冒险,然后又回来寻求保护。(4)修正目标的合作阶段(2.5岁以后)。随着认知水平和语言能力的提高,儿童的自我中心减少,能从母亲的角度看待问题。
10. C【解析】题干描述的是矛盾型儿童的同伴关系特点。
11. B【解析】被忽视型幼儿体质弱、力气小、能力较差;积极行为与消极行为均较少,性格内向、慢性、好静、不太活泼、胆小、不爱说话、不爱交往,在交往中缺乏积极主动性,且不善交往;孤独感较重,对没有同伴与自己玩感到比较难过与不安。
12. C【解析】同伴关系是指儿童与其他孩子之间的关系,是年龄相同或相近的儿童之间的一种共同活动并相互协作的关系。具有平等、互惠的特点。
13. A【解析】研究证明,2岁左右,儿童的亲社会行为即已萌芽。
14. B【解析】进入3岁后,儿童选择同性别伙伴的倾向日益明显。
15. A【解析】独生子女的自私行为表现为:孩子只考虑自己,不顾别人,有好吃的、好玩的只想一个人独占;不懂得体谅父母,也不懂得与其他人分享。
16. C【解析】性别角色是作为一个有特定性别的人在社会中适当行为的总和,是社会性的主要方面。
17. D【解析】惩罚能抑制非攻击型幼儿的攻击性,却不能抑制攻击型幼儿的攻击性,反而会加重他们的攻击性行为。因此,以惩罚作为抑制幼儿攻击性行为的方法往往给幼儿树立了攻击性行为的榜样。
18. C【解析】2岁左右是幼儿性别行为初步产生的时期,具体体现在幼儿的活动兴趣、同伴选择和社会性发展三个方面。
19. A【解析】亲子关系通常分成三种:民主型、专制型和放任型。不同的亲子关系类型对幼儿的影响是不同的。研究证明,民主型的亲子关系最有益于幼儿个性的良好发展。
20. C【解析】在儿童的亲社会行为中,合作行为最为常见,其次为分享行为和助人行为,安慰行为和公德行为较少发生。
21. B【解析】安全型依恋类儿童在陌生情境中,把母亲作为"安全基地",去探究周围环境。母亲在场时,主动去探究;母亲离开时,产生分离焦虑,探究活动明显减少。忧伤时容易被陌生人安慰,但母亲的安慰更有效。
22. C【解析】焦虑—抗拒型依恋的儿童在陌生情境中,难以主动地探究周围环境,而且探究活动很少,表现出明显的陌生焦虑。母亲离开时儿童相当忧伤,但重逢时又难以被安慰。

二、判断题

1. ×【解析】家庭是儿童形成亲社会行为的主要影响因素。

2. ×【解析】放开"二胎"政策有利于改善人口比例失调的现状,促进男女比例协调发展。独生子女群体的任性、霸道、自私等社会性问题的解决需要家庭、社会、学校各方面长期的共同努力。

3. √【解析】移情可以使儿童摆脱自我中心,产生利他思想,从而导致亲社会行为。因此,移情法是针对儿童思维的自我中心性特点设计的。

4. √【解析】重视社会性教育这一主题,已经成为现代教育观念转变的一个主要标志。

5. ×【解析】反抗型依恋的儿童容易出现内隐的行为问题,如情绪抑郁、胆小、退缩、缺乏好奇心和探索欲望等。

三、填空题

1. 反社会行为
2. 民主型
3. 亲社会行为

四、名词解释

1. 性别角色

性别角色是被社会认可的男性和女性在社会上的一种地位,也是社会对男性和女性在行为方式和态度上期望的总称。

2. 性别认同

性别认同是指对自己和他人的性别的正确认识。

3. 受欢迎型儿童

受欢迎型儿童,喜欢与人交往,主动积极并表现较好,被大多数同伴所接纳、喜欢;他们在同伴中的交往地位高,影响力大。

4. 敌意性攻击

敌意性攻击是以人为指向目标,其目的在于打击、伤害他人,如嘲笑、讽刺、殴打等。

5. 角色扮演法

角色扮演是一种使人暂时置身于他人的社会位置,并按这一位置所要求的方式和态度行事,以增进对他人社会角色及自身原有角色的理解,从而更有效地履行自己角色的心理学技术。

6. 同伴关系

同伴关系是指儿童与其他孩子之间的关系,是年龄相同或相近的儿童之间的一种共同活动并相互协作的关系。

7. 社会性行为

社会性行为指人们在交往活动中对他人或某一事件表现出的态度、言语和行为反应。

五、简答题(答案要点)

1. 简述儿童分享行为的发展特点。

(1)儿童的"均分"观念占主导地位;

(2)儿童的分享水平受分享物品数量的影响;

(3)当物品在人手一份之外有多余的时候,儿童倾向于将多余的那份分给需要的儿童,非需要的儿童则不被重视;

(4)当分享对象不同时,儿童的分享反应也不同;

(5)儿童更注重于食物,对这些东西,儿童的均分反应高,而慷慨反应少,而对玩具,儿童慷慨反应稍多。

2. 简述影响依恋的因素。

(1)教养方式;(2)儿童的气质特点;(3)家庭的因素。

3. 简述学前儿童同伴关系的功能。

(1)同伴关系给予安全感和归属感;

(2)同伴交往有利于儿童学习社交技能和策略,促进其社会性行为向友好、积极的方向发展;

(3)同伴交往有利于促进学前儿童认知能力的发展;

(4)同伴交往有助于儿童自我意识和人格的发展;

(5)同伴交往可以帮助儿童去自我中心。

4. 简述幼儿期攻击行为的特点。

(1)幼儿攻击性行为频繁,主要表现为为了玩具和其他物品而争吵、打架,行为更多是直接争夺或破坏玩具和物品;

(2)幼儿更多依靠身体上的攻击,而不是言语的攻击;

(3)从工具性攻击向敌意性攻击转化;

(4)幼儿的攻击性行为有着明显的性别差异,幼儿园男孩比女孩更多地怂恿和卷入攻击性事件。

六、论述题(答案要点)

1. 试述依恋发展的阶段。

(1)无分化阶段(0~3个月)(无差别社会反应的阶段)。婴儿开始探索周围环境,尤其是人,表现为倾听、追视、吸吮。婴儿对人的探索只能借助哭泣、微笑和咿呀语等。一旦成人给予回应,或是留在孩子身边,或是抱起孩子轻轻摇晃,都能使之高兴、兴奋,并且感到愉快、满足。这个时期婴儿对人反应的最大特点是不加区分,没有差别,婴儿对所有人的反应几乎都是一样的,同时,所有的人对婴儿的影响也是一样的。因为此时的儿童还未能实现对人际关系客体的分化,他们并不介意被陌生人抱起。

(2)低分化阶段(3~6个月)(有差别社会反应的阶段)。婴儿继续探索环境,开始识别熟悉的人(如父母)与不熟悉的人的差别,也能区别一个熟悉的人与另一个熟悉的人。如婴儿用不同的微笑和发声区别不同的人。对熟悉的人表现为更敏感。他们在母亲面前表现出更多的微笑、咿呀学语、依偎、接近,而在其他熟悉的人面前这些反应就要相对少些,若是面对陌生人这些反应则更少。但此时的儿童除了能从人群中找出母亲,仍旧不会介意和父母分开。

(3)依恋形成阶段(6个月至2.5岁)(特殊情感联结阶段)。从这时候起,孩子对母亲的存在尤其关注,特别愿意与母亲在一起,而当母亲离开时则非常不安,表现出一种分离焦虑。同时,当陌生人出现时,孩子则会显得谨慎、恐惧甚至哭泣、大喊大叫,表现出怯生、无所适从。不过,这时候的孩子已经明白成人不在视野范围内后还会继续出现,所以他们以母亲为安全保障,在新环境中探寻、冒险,然后又回来寻求保护。

(4)修正目标的合作阶段(2.5岁以后)。随着认知水平和语言能力的提高,儿童的自我中心减少,能从母亲的角度看待问题。亲子之间形成了更为复杂的关系,具有"目标一矫正"的"伙伴关系"性质。儿童能认识并理解母亲的情感、需要、愿望,知道她爱自己,不会抛弃自己,他们已经理解父母离去的原因,也知道他们什么时候回来,这样分离焦虑便降低了。这时的儿童会同父母协商,向成人提出要求,亲子之间的合作性加强,而不是跟在他们后面或拉住他们。

2. 试述亲子关系类型对儿童发展的影响。

(1)民主型亲子关系的表现及对幼儿发展的影响。在民主型亲子关系中,父母对孩子是慈祥的、诚恳的,善于与孩子交流,支持孩子的正当要求,尊重孩子的需要,积极支持子女的爱好、兴趣;同时对孩子有一定的控制,常对孩子提出明确而又合理的要求,将控制、引导性的训练与积极鼓励儿童的自主性和独立性相结合。在这样的家庭中,父母与子女的关系融洽,孩子的独立性、主动性、自我控制、探索性等方面发展较好。

(2)专制型亲子关系的表现及对幼儿发展的影响。在专制型亲子关系中,父母给孩子的温暖、慈祥、同情较少,对孩子的干预和禁止过多,对子女的态度简单粗暴,甚至不通情理,不尊重孩子的需要,对孩子的合理要求不予满足,不支持子女的爱好兴趣,更不允许孩子对父母的决定和规定有不同的表示。这类家庭中培养的孩子,或是变得驯服、缺乏生气,创造性受到压抑,无主动性,情绪不安,甚至带有神经质,不喜欢与同伴交往,忧虑,退缩,怀疑;或是变得自我中心和胆大妄为,在家长面前和背后言行不一。

(3)放任型亲子关系的表现及对幼儿的危害。在放任型亲子关系中,父母对孩子的态度一般关怀过度,百依百顺,宠爱娇惯;或是消极的,不关心,不信任,缺乏交谈,忽视他们的要求;或只看到他们的错误和缺点,对子女否定过多,或任其自然发展。这类家庭培养的孩子,往往形成好吃懒做、生活不能自理、胆小怯懦、蛮横胡闹、自私自利、没有礼貌、清高孤傲、自命不凡、害怕困难、意志薄弱、缺乏独立性等许多不良品质;但也可能使孩子发展自主、独立、创造性强等性格特点。

3. 试述帮助幼儿建立良好同伴关系的策略。

(1)教会儿童合作,增强儿童的自信感。对于那些因为有攻击性行为而遭到同伴拒绝的儿童,教师需要教他们如何用积极的方式解决冲突,而对于那些害羞和孤僻的儿童,可以引导他们与更小的儿童提前活动,从而增强其交往的信心,提高他们的社会交往能力。

(2)教会儿童游戏,提高儿童的参与度。①提供游戏的主题和一些需要的材料;②用多种方式鼓励儿童参与到游戏中去;③主动参与儿童的游戏,并担任一个角色;④针对目标,略作示范。

(3)教会儿童接纳,融洽儿童的同伴关系。①要使他们了解受欢迎幼儿的性格特点及自身存在的问题,帮助他们学习如何与他人友好相处。②教师要引导其他幼儿发现这些幼儿的长处,及时鼓励和表扬,提高这些幼儿在同伴心目中的地位,通过有效的教育活动达到促进幼儿的交往。③要使得同伴之间的互相接纳成为儿童的一种日常的交往行为,教师应当关注对儿童交往策略的指导,通过各种途径,运用多种形式,让儿童学会诸如表示友好(微笑、拥抱、问好等)、服从、交换、轮流、模仿、借、收回、声明、道歉、提问、赞赏、安慰、建议、说理、协商、申辩等,并且在实际的过程中去操练这些策略,形成愉悦的、融洽的交往氛围,培育良好的同伴关系。

(4)教会儿童表达,培养儿童的积极情感。教师在幼儿园的一日活动中应当注意引导幼儿,例如,说话礼貌,对同伴表示同意和赞赏,微笑、拥抱、轮流做事(玩)、共享一些东西,以及互相帮助等。对于这些行为,教师不但要教给儿童,更重要的是教师自己要亲身示范,以示榜样,对幼儿有效交往行为的培养始终是十分必要的。

七、案例分析题(答案要点)

1. (1)父母的惩罚。惩罚对于非攻击型的儿童能抑制攻击性,但对于攻击型的儿童则不能抑制攻击性,反而会加重攻击性行为。因此,以惩罚作为抑制孩子攻击性行为的方法往往并不奏效,因为,父母的惩罚本身就又给孩子树立了攻击性行为的榜样。所以,父母在处理幼儿的攻击性行为时,要慎用惩罚手段。

(2)大众传播媒介(榜样)。大众传播媒介里的攻击性榜样会增加儿童以后的攻击性行为,儿童会从这些电视、电影暴力节目中观察学习到各种具体的攻击性行为。儿童不仅能从暴力节目中学习到攻击性行为,更为重要的是,电视、电影人物的经历会使许多孩子将武力视为解决人际冲突的有效手段,并在现实生活中实际依靠攻击性行为来解决与他人的矛盾。因此,要有意识引导孩子看电视。

(3)强化。在孩子出现攻击性行为时,父母或教师不加制止或听之任之,就等于强化了孩子的侵犯行为。同伴之间也能学会攻击性行为,如果一个孩子成功地引用了攻击策略来控制同伴,可以加强和增加他以后的攻击性。因此,要注意恰当处理幼儿的攻击性行为,切不可听之任之,强化幼儿的攻击行为。

(4)挫折。攻击性行为产生的直接原因主要是挫折。挫折是人在活动过程中遇到障碍或干扰,使自己的目的不能实现,需要不能满足时的情绪状态。研究认为,一个受挫折的孩子很可能比一个心满意足的孩子更具攻击性。对孩子来说,家长或教师的不公正是挫折产生的主要原因之一。因此,教师和家长在处理问题时,要保持公正的态度和方式。

2. 这是一种明显的依恋行为的表现,倩倩将小毯子看成是获取心理安全的替代物。依恋对行为的影响:对社会性、情感、认知发展都有重要的影响,需要认真对待。作

为家长要关注孩子平时的行为表现,给予更多的关爱,包括身体上的触抚和语言、目光上的交流等,使孩子有更多的安全感。案例中,倩倩晚上睡觉、上幼儿园都要有小毯子,对小毯子的依恋是缺乏安全感的一种表现。

3.(1)①喜欢与人交往,主动积极并表现较好,被大多数同伴所接纳、喜欢;他们在同伴中的交往地位高,影响力大。案例中明明衣着整齐、乐于助人、有同情心、对人友好、有礼貌、善于与人分享合作、喜欢交往,反映了明明属于受欢迎型儿童。②交往活跃,但常做出不友好的、攻击性的举动(强行加入、争夺玩具、大声喊叫等),为大多数同伴所不喜欢或常被拒绝。案例中强强穿戴邋遢、脾气暴躁、对人很有敌意,还喜欢打人、骂人,经常欺负小朋友,反映了强强属于被拒绝型儿童。

(2)案例中影响他们的因素主要是早期的亲子交往的经验和父母的鼓励。由明明的行为表现可以看出,明明的父母对孩子的教育是属于民主型的亲子关系,父母与子女关系融洽,孩子的独立性、主动性、自我控制、信心、探索性等方面发展较好。强强的行为表现说明父母对他的照顾很少,属于放任型的教育方式,这类家庭培养的孩子,往往形成好吃懒做,生活不能自理,胆小怯懦、蛮横胡闹、自私自利等品质。

4.(1)童童和东东的行为是幼儿嫉妒情感的具体表现。幼儿的嫉妒情感一方面表明幼儿自我意识的开始发展。如案例中,童童看到妈妈抱别的小朋友就会使劲儿地哭闹。另一方面表明幼儿的自我控制能力不够强。如案例中的东东,已经有强烈的自尊感,希望能得到老师的表扬,看到老师表扬其他的小朋友时,会绊倒他让其当众出丑从而来缓释自己心中的不平。

(2)建议和措施:

①了解幼儿心理变化的起因,倾听幼儿内心的真实感受。案例中,妈妈要注意童童观察了解因抱别的小朋友而哭泣的原因,然后采取实际措施,改变童童哭闹的状况。

②培养幼儿的移情能力,帮助幼儿正确分析与他人产生差距的原因。案例中,老师应该全面分析造成东东产生嫉妒的原因,以及寻求缩短差距的方法,从而帮助幼儿建立良好的同伴关系。

5.(1)从案例中可以看出徐老师的教育行为是恰当的。案例中徐老师抱着沐子,耐心倾听沐子诉说自己的情绪,直到情绪逐渐平稳,体现了徐老师控制幼儿情绪的方法。

(2)帮助儿童建立良好同伴关系的策略包括:①教会儿童合作,增强儿童的自信感。案例中徐老师应该教沐子和同伴交往,学会和同伴相处。②教会儿童游戏,提高儿童的参与度。案例中徐老师应该让沐子参与到阳阳的游戏中,学会处理同伴关系之间的问题。③教会儿童接纳,融洽儿童的同伴关系。案例中徐老师应该教阳阳接纳沐子,而不是把沐子排斥在外,影响了同伴关系的发展。④教会儿童表达,培养儿童的积极情感。案例中徐老师应该教会阳阳和沐子沟通交流,培养他们积极的情感。

6.(1)案例中阳阳所形成的依恋类型是焦虑—回避型依恋。焦虑—回避型依恋的幼儿,母亲离开时,儿童不表现出明显的分离焦虑;母亲返回时,也不主动寻求接触;材料中阳阳孤僻、不爱说话、父母回来看望表现出冷漠正是焦虑—回避型依恋的体现。

(2)①对阳阳的社会行为产生影响,社会性交往水平降低,阳阳逐渐不爱说话,不爱和其他小朋友玩;

②对阳阳的情绪产生影响,导致阳阳情绪不稳定;

③对阳阳的个性产生影响,使阳阳性情变得越来越孤僻,活动的积极性大大降低,坚持性也变差。

(3)①稳定的照看者是儿童依恋形成的必要条件。通常,这个人是母亲。母亲在婴儿依恋的形成过程中扮演着重要的角色。阳阳需要有稳定的照看者,父母应该尽量避免与阳阳的长期分离,即使分离,也需要注意给予阳阳关心,如多打电话、多视频聊天等,保持与阳阳情感上的沟通。

②照看的质量(包括照看的态度和环境)。爷爷奶奶逐渐修复关系,给阳阳提供充满爱的成长环境,尽量不在阳阳面前争吵,多给予阳阳一些情感上的支持与关注。

③阳阳的父母与阳阳之间要保持经常的身体接触,对阳阳发出的信号要及时做出反应。

④家庭因素。正常家庭,尤其是婚姻美满、成人之间充满温馨、较少有家庭摩擦,会使儿童依恋的安全感增强。

知识6 学前儿童个性的发展

一、单项选择题

1. D【解析】抑郁质的人以敏锐、稳重、体验深刻、外表温柔、怯懦、孤独、行动缓慢为特征。扬扬内心腼腆,不善于交际,行为孤僻且感受性高,说明其气质类型是抑郁质。
2. A【解析】胆汁质以精力旺盛、表里如一、刚强、易感情用事为特征,整个心理活动笼罩着迅速而突发的色彩。
3. C【解析】基本的信任感对基本的不信任感(0~1岁)阶段的发展任务是发展对周围世界,尤其是对社会环境的基本态度,培养信任感。自主感对羞耻感(1~3岁)阶段的发展任务是培养自主性。主动感对内疚感(3~6岁)阶段的发展任务是培养主动性。勤奋感对自卑感(6~11岁)阶段的发展任务是培养勤奋感。
4. C【解析】自我意识是人对自己身心状态及对自己客观世界的关系的意识。题干描述的是自我意识的发展。
5. D【解析】抑郁质的人以敏锐、稳重、体验深刻、外表温柔、怯懦、孤独、行动缓慢为特征。题干中,该教育方式是针对抑郁质气质类型。
6. A【解析】个性的独特性是指人与人之间没有完全相同的,人的个性千差万别。在现实生活中,我们无法找到两个完全一样的人。

7. C【解析】托马斯和切斯认为，所研究的三种气质类型只涵盖了65%的研究对象，另有35%的婴儿不能简单地划归到任何一种气质类型中去。
8. A【解析】4岁的儿童可以进行自我评价，但主要是个别方面或局部的自我评价。例如，问幼儿为什么说自己是好孩子时，他会说“我不骂人”“我帮助老师收玩具”。
9. D【解析】个性是一个人比较稳定的、具有一定倾向性的各种心理特点或品质的独特组合，相貌出众则不属于这一类。
10. C【解析】个性是指一个人比较稳定的、具有一定倾向性的各种心理特点或品质的独特组合。题干的描述是个性特征良好的表现。
11. B【解析】从个体行为的一个方面往往可以看出他的个性，这就是个性整体性的具体表现。
12. B【解析】儿童在2~3岁的时候，掌握代名词“我”，是儿童自我意识萌芽的最重要标志。
13. B【解析】对于幼儿来说，个性发展的主要内容就是个性特征开始形成。
14. B【解析】自我意识的真正出现是和儿童言语的发展相联系的。
15. A【解析】儿童的性格是在先天气质类型的基础上，在儿童和父母相互作用中逐渐形成的。儿童性格的最初表现是在婴儿期，3岁左右，儿童间出现了最初的性格方面的差异，主要体现在合群性、独立性、自制力、活动性、坚持性、好奇心及情绪等方面。
16. D【解析】在困难情况下表现出来的特征是退缩。这是性格的意志特征。
17. B【解析】人的各种个性心理特征中，气质是最早出现的，也是变化最缓慢的。
18. D【解析】幼儿初期对自己或别人的评价带有依从性，往往都是成人评价的简单复述。
19. D【解析】易冲动，自制力差是幼儿性格的一个非常突出的特点。
20. A【解析】个性倾向性包括需要、动机、兴趣、理想、信念、世界观等，表明人对周围环境的态度，是个性心理结构中最活跃的成分。
21. A【解析】0~1.5岁幼儿处于基本的信任感对基本的不信任感阶段。本阶段的发展任务是发展对周围世界，尤其是对社会环境的基本态度，培养信任感。
22. C【解析】黏液质以稳重，但灵活性不足；踏实，但有些死板；沉着冷静，但缺乏生气为特征。
23. B【解析】幼儿初期对自己或别人的评价带有依从性，往往都是成人评价的简单复述。例如，要幼儿评价他是好孩子时，他会说：“妈妈说我是好孩子。”“老师说我乖。”这种自我评价还不是真正的自我评价，只能算作“前自我评价”。
24. B【解析】孩子出生以后逐渐发展并表现各种能力，其中，操作能力最早表现，并逐步发展。操作能力是在抓握反射的基础上逐渐发展起来的。
25. C【解析】对于黏液质的孩子，要培养积极探索精神及踏实、认真的优点，防止墨守成规、谨小慎微。

二、判断题

1. √【解析】幼儿自我控制能力的发展和其品质的发展水平密切相关。3~4岁的幼儿坚持性和自制力都很差，到了5~6岁，幼儿才有一定的坚持性和自制力。
2. ×【解析】大约2岁左右，孩子出现自我意识的萌芽，其突出的表现在独立行动的愿望很强烈。独立性的出现是开始产生自我意识的明显表现，是儿童心理发展上非常重要的一步，也是人生头2~3年心理发展成就的集中表现。
3. ×【解析】个性的调节系统以自我意识为核心。
4. ×【解析】个性具有稳定性。个人偶然的行为不能代表他真正的个性，只有比较稳定的、在行为中经常表现出来的心理倾向和心理特征才能代表一个人的个性。题干描述的是个性的稳定性。
5. √【解析】美国心理学家加德纳于1983年提出多元智力理论。他认为人类的心理能力中，至少应包括8种不同的智力。
6. ×【解析】人的各种个性心理特征中，气质是最早出现的，也是变化最缓慢的。
7. ×【解析】从对个别方面的评价发展到对多方面的评价是幼儿自我评价的特点之一。
8. ×【解析】个性是指一个人比较稳定的、具有一定倾向性的各种心理特点或品质的独特组合。心理学所说的个性，又称人格，其概念与日常生活中所说的个性和人格的含义不同。
9. ×【解析】自主感对羞怯感的阶段是1~3岁。
10. √【解析】气质类型不决定一个人成就的高低，但能影响工作的效率。

三、填空题

1. 自我意识
2. 整体性
3. 行为方式
4. 自我评价

四、名词解释

1. 创造能力

创造能力指产生新思想，发现和创造新事物的能力。

2. 个性的独特性

个性的独特性是指人与人之间没有完全相同的个性，人的个性千差万别。

3. 交往—交流智力

交往—交流智力主要是指与人相处和交往的能力，表现为觉察、体验他人情绪、情感和意图，并据此做出适宜反应的能力。

4. 能力

能力是指人们成功地完成某种活动所必需的个性心理特征。

5. 气质“掩蔽现象”

所谓气质“掩蔽现象”就是指一个人气质类型没有改变，但是形成了一种新的行为模式，表现出一种不同于原来类型的气质外貌。

五、简答题(答案要点)

1. 简述学前儿童自我评价发展的特点。

(1)从依从性的评价发展到对自己独立性的评价；

(2)从对个别方面的评价发展到对多方面的评价；

(3)先有对自己外部行为的评价，逐渐出现对内心品质的评价；

(4)从主观情绪性的评价到初步客观的评价；

(5)从只有评价没有依据发展到有论据的评价。

2. 简述学前儿童气质发展的特点。

(1)学前儿童的气质具有相对稳定性；

(2)学前儿童的气质类型有一定变化；

(3)气质无所谓好坏但它影响父母的教养方式；

(4)具有个体差异。

3. 简述幼儿性格的年龄特点。

(1)活泼好动；(2)好奇好问；(3)喜欢交往；(4)独立性不断发展；(5)易受暗示，模仿性强；(6)坚持性随年龄增长不断提高；(7)易冲动，自制力差，同时自制力不断发展。

4. 简述埃里克森的人格发展阶段理论。

(1)基本的信任感对基本的不信任感(0~1岁)；

(2)自主感对羞耻感(1~3岁)；

(3)主动感对内疚感(3~6岁)；

(4)勤奋感对自卑感(6~11岁)；

(5)自我同一性对角色混乱(12~18岁)。

其他三个阶段分别为：亲密感对孤独感(成年早期)、繁殖感对停滞感(成年中期)、自我整合对绝望感(成年晚期)。

5. 简述性格的意志特征的组成。

(1)对行为目的的明确程度(冲动性、独立性、纪律性等)；

(2)对行为的自觉控制水平(主动性、自制力等)；

(3)在长期工作中表现出来的特征(恒心、坚韧性、顽固性等)；

(4)在紧急或困难情况下表现出来的特征(勇敢、果断、镇定、顽强等)。

六、案例分析题(答案要点)

1. (1)她是偏抑郁质的孩子。

(2)对于发展中的学前儿童来说，作为家长和教师，应当在了解、尊重儿童气质差异的前提下实施教育，才能有的放矢，取得实效。抑郁质的儿童以敏锐、稳重、体验深刻、外表温柔、怯懦、孤独、行动缓慢为特征。因此，对抑郁质的儿童，则应注意发扬他的长处，及时给予肯定，鼓励他的自信心等。

2. (1)影响同伴交往的因素：早期亲子交往的经验；幼儿自身的特征；活动材料和活动性质；父母的鼓励；教师的影响。案例中，影响琳琳同伴交往的主要因素是琳琳自身的问题，个性内向，各方面能力都很弱。

(2)同伴关系的功能：同伴关系给予安全感和归属感；同伴交往有利于儿童学习社交技能和策略，促进其社会性行为向积极、友好的方向发展；同伴交往有利于促进学前儿童认知能力的发展；同伴交往有助于儿童自我意识和人格的发展；同伴交往可以帮助儿童去自我中心。因此，同伴关系有利于儿童社会性的发展。

(3)教师应帮助儿童建立良好同伴关系，主要策略有：教会儿童合作，增强儿童的自信感；教会儿童游戏，提高儿童的参与度；教会儿童接纳，融洽儿童的同伴关系；教会儿童表达，培养儿童的积极情感。

3. (1)案例中的教师表现出较高的职业道德素养和合理运用教学策略和师幼互动策略的能力。具体而言，教师能够热爱幼儿，尊重幼儿，并以平时的态度对待幼儿的个体差异。在活动过程中在言行上对幼儿进行鼓励，并耐心对待幼儿的回答。

(2)案例中的辉辉是一个性格腼腆、害羞，但敢于尝试，突破自我局限的幼儿，从气质类型上看，属于抑郁类型。

(3)针对辉辉的气质特征和性格特点，教师应采用如下几种策略：①注重言语上的鼓励、表扬；②创设多样化，有趣的环境和氛围，激发辉辉表达的欲望；③教会辉辉具体的言语表达的策略和方法。

4. (1)本案例中亮亮是一个活泼的孩子，体现了他活泼好动的特点；亮亮不断地问遥控飞机是怎么飞起来的体现了他好奇好问的特点；亮亮偷偷用剪刀撬开了遥控飞机体现了易冲动，自制力差的特点。

(2)幼儿期的幼儿，具有活泼好动，好奇好问，好模仿，易冲动，自制力差等特点。作为幼儿教师要根据幼儿的年龄特点进行教育，抓住幼儿好奇好问、好模仿的特点实施教育。要保护幼儿的好奇心，对幼儿提出的问题教师要给予及时的回答。案例中教师对幼儿提出的问题只是做了表面的、浅显的、敷衍的回答，未能满足幼儿的好奇心和求知欲望，以致亮亮在冲动之下自己偷偷用剪刀撬开了遥控飞机。因此，教师要在保护幼儿好奇心的前提下，开展一些有关遥控飞机为什么会飞的教育探索活动，以满足幼儿的好奇心和求知欲。同时，教师要给幼儿提供动手操作的机会，充分调动幼儿的积极能动性，让他们自己去探索、研究、发现和解决问题。

5. 从本案例中可以看出东东的自我意识发展的基本特点，具体表现在如下几个方面：(1)自我认识的发展。东东在经过劝服后，明白了道理，这说明东东能够根据教师的劝说来反思自己的行为。(2)自我评价的发展。东东没有得到小红花，则不肯回家。后来每天都要问老师：“我今天表现好吗?”当老师说他有进步，给他一朵小红花时，东东高兴极了，表明他还没有独立的自我评价，主要依赖于成人对他的评价。(3)自我控制的发展。东东从第二天起，自觉控制自己的行为，表明他不但能够根据成人的指示调节自己的行动，而且能够主动控制自己的行为。

整合提升

一、单项选择题

1. A【解析】最近发展区是儿童心理发展潜能的主要标志，也是儿童可以接受教育程度的重要标志。
2. D【解析】题干的描述体现的是危机期的内涵。
3. A【解析】儿童心理发展的年龄特征具有相对的稳定性。表现在：(1)儿童脑的结构和机能的发展有一个大致稳定的顺序和阶段。(2)人类知识经验本身是有一定顺序性的，儿童掌握人类知识经验也必须遵循这一顺序，都有一个从低级到高级，从简单到复杂，从外表到本质的过程，都需要经历相应的时间。(3)儿童从掌握知识经验到心理机能发生变化，也要经过一个大体相同的从量变到质变的过程。题干描述的现象说明了儿童心理发展年龄特征的稳定性特点。
4. B【解析】手眼协调动作，是指眼睛的视线和手的动作能够配合，手的运动和眼球的运动协调一致，也就是能够抓住所看见的东西。
5. A【解析】明明的行为体现了小班儿童独立性差，爱模仿别人的特点。
6. A【解析】4岁以下儿童基本上不能分类；5~6岁是儿童处于由不会分类向开始发展初步分类能力的过渡时期；6岁以后，儿童开始逐渐摆脱具体感知和情境性的束缚，能够依物体的功用及其内在的联系进行分类，说明他们的概括水平开始发展到一个新的阶段。
7. C【解析】儿童动作的发展，先从粗大动作开始，而后才学会比较精细的动作。例如，婴儿先是用整只手臂和手一起去够物体，以后才会用手指去拿东西。
8. A【解析】人们通常将幼儿能说出第一批真正被理解的词(1岁左右)作为言语发生的标志，并以此为界，将言语活动的发生发展过程划分为言语准备期和言语发展期两大阶段。
9. C【解析】该阶段的孩子不仅用一个词代表多种物体，而且用一个词代表一个句子，因此该阶段称为“单词句”时期。如题干中，她说“拿”，妈妈就知道她是要拿玩具。
10. D【解析】自我中心是指儿童把注意力集中在自己的动作和观点上的现象。在言语方面表现为讲话时不考虑自己在同谁讲话，也不在乎对方是否在听自己讲话，他或是自言自语，或是由于和一个偶然在身边的人共同活动感到愉快而说话。
11. B【解析】根据研究，儿童对图画的观察逐渐概括化，可以分为四个阶段。在认识“空间关系”阶段。儿童只能直接感知到各事物之间的外表的、空间位置的联系，不能看到其中的内部联系。
12. C【解析】无意注意就是事先没有预定目的，也不需要意志努力的注意。注意的分散是与注意的稳定相反的一种状态，是指幼儿的注意离开了当前应该指向的对象，而被一些与活动无关的刺激物所吸引的现象，俗语叫作分心。学生被鞭炮声吸引属于注意的分散。
13. D【解析】幼儿注意的稳定性有如下几个特点：(1)幼儿注意的稳定性比较差。在良好的教育环境下，3岁幼儿能够集中注意3~5分钟，4岁幼儿注意可持续10分钟左右，5~6岁的幼儿注意能保持20分钟左右。(2)活动中影响幼儿注意稳定性的因素：①注意的对象新颖、生动，形象鲜明；②活动的游戏化；③注意与幼儿操作活动的结合；④幼儿的身体状况。(3)幼儿注意的稳定性存在明显的年龄差异。因此，D项正确。
14. A【解析】内部言语是一种自问自答或不出声的言语活动。内部言语是在外部言语的基础上产生的。人们在说话过程中，内部言语向外部言语转化——外化。外部言语也向内部言语转化——内化，这种转化在3岁左右儿童中即可见到。言语对儿童心理活动和行为的调节功能，使儿童有了心理的自我调节功能。
15. A【解析】学前儿童的思维常根据自己的生活经验来进行。
16. A【解析】个性是一个统一的整体结构，是由各个密切联系的成分构成的多层次、多水平的统一体。在这个整体中各个成分相互影响、相互依存，使每个人行为的各方面都体现出统一的特征，这就是个性的整体性含义。题干中的描述涛涛在日常生活中的表现是统一的，因此体现了整体性。
17. D【解析】幼儿下定义的七种类型可以分为四种水平：(1)完全不会说。(2)不会下定义。(3)依据具体特征下定义。儿童从物体的功用，动物的习性，或物体的某种较重要的具体特征来下定义，说明了儿童思维的具体性。(4)接近下定义水平(初步概念水平)。因此，幼儿认为“灯可以照明”“鱼在水里游”是从灯的功能、鱼的习性来下定义的，属于根据具体特征下定义。
18. C【解析】学前儿童是从他自己的具体生活经验去思维的，而不是按大人的逻辑推理进行思维。
19. B【解析】知觉是人脑对直接作用于感受器官的客观事物的整体反映。任何客观的事物，其个别属性都不是孤立存在的，而是由多种属性有机结合起来构成一个整体。如我们面前有一枝花，我们并非孤立地反映它的红色、香味、多刺的枝干……而是通过脑的分析与综合活动，从整体上同时反映出它是一朵玫瑰花，这就是知觉。因此题干描述的心理现象是知觉。
20. C【解析】遗传是最重要的先天因素。
21. B【解析】处于直觉思维阶段(4~7岁)的儿童主要是通过对事物的直接感受和直觉来思考。尚没有“守恒”的概念，也就是不知道即使形状改变，物体的量是不会改变的。
22. C【解析】题干的描述体现了视觉复述策略的运用。
23. B【解析】题干的描述体现了幼儿混淆假想与现实，即体现了想象的夸张性。

24. A【解析】游戏的特点是不要求创造任何成果，只满足于游戏活动的过程，这也是幼儿想象活动的特点。例如，听故事，大班儿童对听过的故事不感兴趣，而小班则不然，他们对"小兔乖乖""拔萝卜"等故事百听不厌。到了大班，幼儿不仅仅满足想象的过程，开始追求想象的结果。

25. D【解析】婴儿期的孩子情绪完全表露在外，丝毫不加控制和掩饰。幼儿晚期，幼儿调节自己情绪表现的能力已有一定的发展。题干描述的矛盾的情况，说明幼儿从不会调节自己的情绪表现，到开始产生调节自己的情绪表现的意识，但由于自我控制的能力差，还不能完全控制自己的情绪表现。

26. A【解析】儿童最初出现的情绪是与生理需要相联系的，随着年龄的增长，儿童情绪逐渐与社会性需要相联系。社会化成为儿童情绪发展的一个主要趋势。

27. A【解析】儿童情绪的冲动性常常表现在他用过激的动作和行为表现自己的情绪。题干描述的就是这种情况。

28. D【解析】题干描述的是心境的内涵。

29. B【解析】大众传播媒介(榜样)里的攻击性榜样会增加幼儿以后的攻击性行为，幼儿会从这些电视、电影暴力节目中观察学习到各种具体的攻击性行为。

30. A【解析】个性的产生和发展与自我意识的产生和发展密切相关，自我意识水平越高，个性就越成熟和稳定，可以说，自我意识的成熟标志着儿童个性的成熟。

31. B【解析】随着年龄的增长，儿童记忆意识性开始逐渐萌芽、发展。有意记忆的出现意味着记忆意识性的萌芽，而元记忆的发展则意味着记忆意识性发展到了一个新的阶段。

32. A【解析】回避型表现为母亲在不在场都无所谓。

33. C【解析】遗传是一种生物现象，提供发展人类心理的最基本的自然物质前提。题干中的同卵双胞胎虽然生活在不同的环境中，但是智商测试分数很接近，说明遗传对智商的影响较大。

34. B【解析】个性心理特征是指一个人身上经常地、稳定地表现出来的心理特点，是人的多种心理特点的一种独特结合。个性心理特征主要包括能力、气质和性格。

35. D【解析】幼儿3~5岁是视力提高最快的阶段，6岁幼儿的视力接近成人水平。

36. C【解析】普莱尔是德国生理学家和实验心理学家。他对他的孩子从出生起直到三岁，每天做有系统的观察，有时也进行实验，他把这些记录整理出来，写成了一部有名的著作《儿童心理》，于1882年出版第一版，为科学的儿童心理学奠定了最初的基石。

37. B【解析】小班幼儿的工具性攻击行为多于敌意性攻击行为，而大班幼儿的敌意性攻击则显著多于工具性攻击。

38. C【解析】题干的描述说明幼儿的思维是根据自己的生活经验来进行的。

39. A【解析】父母为学龄前儿童建立同伴关系的作用包括：(1)为孩子彼此间的接触提供便利的条件；(2)通过提供建议和指导影响孩子的社会交往；(3)父母自身的不同风格对儿童社会化的影响。

40. C【解析】具体运算阶段(7~11周岁)儿童的认知结构已发生了重组和改善，思维具有一定的弹性，思维可以逆转。儿童已经认知了长度、体积、重量和面积等的守恒，能凭借具体事物或从具体事物中获得的表象进行逻辑思维和群集运算。也就是说，儿童以逻辑思维为主，然后，获得了守恒概念，自我中心程度下降。

41. A【解析】从记忆的内容看，记忆可以分为运动记忆、情绪记忆、形象记忆和语词记忆。从记忆保持的时间来看，记忆可分为瞬时记忆、短时记忆、长时记忆。

42. C【解析】新生儿出生后就能听到声音，但听觉阈限在最好的情况下也比成人高10~20分贝，最差时要比成人高40~50分贝。随着年龄的增加，婴儿的听觉阈限逐步下降。

43. B【解析】幼儿时期，常将想象的东西和现实进行混淆，在参加游戏或欣赏文艺作品时，往往身临其境，与角色产生同样的情绪反应。

44. A【解析】学前儿童往往把动物或一些物体当人来对待。他们赋予小动物或玩具以自己的行动经验和思想感情和它们说话，把它们当作好朋友。萌萌的言行说明幼儿的认识活动具有拟人性的特征。

45. D【解析】儿童对语言的理解在很大程度上与他们自身的生活经验有关。对内容熟悉的句子，儿童的理解正确率高，反之，成绩则较低。

46. C【解析】再造想象是根据语言文字的描述或图形、图解、符号等非语言文字的描绘，在头脑中形成相应的新形象的过程。题干描述的心理现象是再造想象。

47. B【解析】情绪记忆是对体验过的情绪情感的记忆。儿童喜爱什么、依恋什么、厌恶什么都是情绪记忆的表现。

二、多项选择题

1. ABC【解析】先学前儿童心理发展的主要特点：(1)语言的形成；(2)思维的萌芽；(3)自我意识的萌芽。

2. ACD【解析】前运算阶段(2~7岁)的儿童认知特点是以"自我中心"去认识和感知世界的。所谓"自我中心"，即儿童只会从自己的立场与观点去认识事物，而不能从客观的、他人的立场和观点去认识事物。如幼儿知道自己有个哥哥或姐姐，但是不知道他的哥哥或姐姐是否有弟弟。这一时期的另一个特点是思维的不可逆性，儿童观察事物时往往只能注意表面的、显著的特征，倾向于注意事物的静止状态。思维活动表现的关系单一，不能进行可逆运算。

3. ABC【解析】幼儿无意想象的特点：想象的目的性不明确；想象的主题易受外界的干扰而变化，内容零散，无系统；想象过程受兴趣和情绪的影响；以想象的过程为满足。

4. ABC【解析】影响幼儿攻击性行为的因素：(1)父母的惩罚；(2)大众传播媒介(榜样)；(3)强化；(4)挫折。

5. BCD【解析】幼儿社会性发展的主要内容有：亲子关系(依恋)、同伴关系、性别角色、亲社会行为和攻击性行为。

6. CD【解析】工具性攻击行为指儿童为了获得某个物品所做出的抢夺、推搡等动作，这类攻击本身指向于一个主要的目标或某一物品的获取。儿童更多依靠身体上的攻击，而不是言语的攻击。

7. ABCD【解析】对幼儿攻击性行为的纠正策略有：(1)减少环境中易产生攻击性行为的刺激；(2)培养幼儿丰富的情感；(3)给予榜样示范；(4)对幼儿的攻击性行为进行"冷处理"；(5)教给幼儿解决问题的方法。

8. ABD【解析】培养幼儿的自我意识应从以下几方面入手：(1)对幼儿进行正确恰当的评价。(2)明确行为要求。(3)增加交往机会。(4)在专项活动中进行教育。

9. ABC【解析】随着年龄的增长，幼儿对情绪过程的自我调节越来越强。这种发展趋势主要表现在三个方面：情绪的冲动性逐渐减少；情绪的稳定性逐渐提高；情绪从外显到内隐。

10. ABCD【解析】幼儿同伴交往的发展特点包括：练习社交技能、强化交往行为、积极投入游戏、人际交往出现"性别分离"现象。

11. ABCD【解析】个性开始形成的主要标志包括：心理活动整体性的形成、心理活动稳定性的增长、心理活动独特性的发展、心理活动积极能动性的发展。

三、判断题

1. ×【解析】幼儿情绪不好，多是因为需要没有得到满足，成人要让幼儿懂得，哪些需要是合理的，哪些需要是不能给予满足的。

2. √【解析】在组织幼儿进行活动时，最好把幼儿的智力活动与幼儿的实际操作活动结合起来，这样有助于维持幼儿的有意注意。

3. √【解析】出生后第一年，知觉的概括，在婴儿认识事物的活动中起主要作用。比如婴儿分辨亲人和陌生人，依靠的是对不同人脸的初步的概括性反映，这是知觉水平的概括。

4. ×【解析】题干描述的是幼儿的拟人化想象。

5. √【解析】原始的、基本的情绪是进化来的，是不学就会的，天生的，儿童先天就有情绪反应。儿童最初出现的情绪是与生理需要相联系的，随着年龄的增长，儿童情绪逐渐与社会性需要相联系。

6. ×【解析】幼儿辨别几何图形由易到难的顺序是：圆形→正方形→半圆形→长方形→三角形→八边形→五边形→梯形→菱形。

7. √【解析】触觉是肤觉和运动觉的联合，是幼儿认识世界的重要手段。

8. √【解析】气质本身没有好坏之分，每一种气质既有优点，又有缺点。

9. ×【解析】一般能力以抽象概括(思维)能力为核心。

10. √【解析】儿童智力结构是随着年龄的增长而变化发展的，其发展趋势是越来越复杂化、复合化和抽象化。不同的智力因素有各自迅速发展的年龄段。这就提醒我们，要根据不同年龄儿童心理的特点，在不同的阶段，对儿童智力培养的内容有所侧重。总的来说，幼儿期应该特别重视儿童观察力、注意力及创造力的培养。

11. ×【解析】2～3岁幼儿的词汇增长非常迅速，几乎每天都能掌握新词，而且他们学习新词的积极性非常高。儿童先掌握的是实词，然后是虚词。在实词中，儿童掌握的顺序是名词—动词—形容词。

12. √【解析】幼儿的表象思维具有象征性、经验性、拟人性、表面性和刻板性等特点。(备注：高等教育出版社，史献平主编，第79页)

13. √【解析】儿童最初的思维是以直观行动思维为主。直观行动思维是指以直观的、行动的方式进行的思维。幼儿掰手指属于直观行动思维。

14. √【解析】幼儿性格的年龄特点有：(1)活泼好动；(2)好奇好问；(3)喜欢交往；(4)独立性不断发展；(5)易受暗示，模仿性强；(6)坚持性随年龄增长不断提高；(7)易冲动，自制力差，同时自制力不断发展。

15. ×【解析】无条件反射是先天的，即所谓无意识的本能行为，如婴儿生下来就会吃奶，就有唾液分泌，这是食物反射。条件反射又称信号反射，是后天经过学习才能得到的反射，即所谓有意识学习得来的知识、技能、经验等。东东看到杨梅流口水，属于条件反射。

16. ×【解析】3岁前儿童的言语主要是情境性言语，3～4岁儿童的言语仍带有情境性，4～5岁儿童说话是断断续续的，6～7岁儿童已能完整地、连贯地说话，开始从叙述外部联系发展到叙述内部联系。随着年龄的增长，儿童情境言语比重逐渐下降，连贯性言语的比重逐渐上升。

四、填空题

1. 易冲动性　不稳定性　外露性
2. 语言发展
3. 自我中心言语
4. 具体形象思维
5. 胆汁质
6. 不稳定性
7. 镜面示范
8. 短时

五、名词解释

1. 大小规律

大小规律是指动作可以分为粗大动作和精细动作。儿童动作的发展，先从粗大动作开始，而后才学会比较精细的动作。

2. 情境性言语

情境性言语是指幼儿在独自叙述时不连贯、不完整并伴有各种手势、表情，听者需结合当时的情境，审察手势表情，边听边猜才能懂得意义的言语。

3. 特殊能力

特殊能力指某项专门活动所必需的能力，又称专门能力，它只在特殊领域内发挥作用，是完成有关活动不可缺少的能力。

4. 记忆恢复(回涨)现象

记忆恢复(回涨)现象是指在一定条件下，学习后过几天测得的保持量比学习后立即测得的保持量要高。

5. 注意的转移

注意的转移是指根据任务，主动、及时地从一个对象或一种活动转移到另一对象或另一活动中去。

6. 适应现象

感觉是由于分析器工作的结果而产生的感受性，会因刺激持续时间的长短而降低或提高，这种现象叫作适应现象。

7. 抽象逻辑思维

抽象逻辑思维反映事物的本质特征，是指运用概念、根据事物的逻辑关系来进行的思维。

8. 偶发记忆

在幼儿记忆的发展过程中，还存在着一种被称为偶发记忆的现象。这种现象是指当要求幼儿记住某样东西时，他往往记住的是和这件东西一道出现的其他东西。

9. 直观行动思维

直观行动思维是指以直观的、行动的方式进行的思维。

10. 社会性发展

社会性发展(有时也称幼儿的社会化)是指幼儿从一个生物个体到逐渐掌握社会的道德行为规范与社会行为技能，成长为一个社会人并逐渐步入社会的过程。

11. 性别稳定性

性别稳定性是指对自己的性别不随其年龄、情境等的变化而改变这一特征的认识。

12. 性别恒常性

性别恒常性是指对人的性别不因为其外表(如衣着打扮等)和活动的变化而改变的认识。

13. 黏液质

黏液质是以稳重，但灵活性不足，踏实，但有些死板，沉着冷静，但缺乏生气为特征。

六、简答题(答案要点)

1. 简述儿童动作发展的规律。

(1)从整体到局部规律(由整体到分化)；(2)首尾规律(从上至下)；(3)近远规律(由近及远)；(4)大小规律(由粗到细，或者说由大到小)；(5)无有规律(从无意到有意)。

2. 简述幼儿注意分散的原因及防止措施。

(1)幼儿注意分散的原因：①连续进行的单调活动；②缺乏严格的作息制度；③无关刺激的干扰；④注意转移的能力差；⑤不能很好地进行两种注意的转换。

(2)防止幼儿注意分散的措施：①防止无关刺激的干扰；②制定合理的作息制度；③养成良好的注意习惯；④适当控制幼儿的玩具和图书的数量；⑤使幼儿明确活动的目的和要求；⑥灵活地交互运用无意注意和有意注意；⑦提高教学质量；⑧对幼儿进行有意注意的训练。

3. 简述幼儿方位知觉的发展趋势。

(1)3岁辨别上下方位；(2)4岁开始辨别前后方位；(3)5岁开始能以自身为中心辨别左右方位；(4)6岁幼儿虽然能完全正确地辨别上下前后四个方位，但以左右方位的相对性来辨别左右仍然感到困难；(5)7岁才开始能够辨别以别人为基准的左右方位，以及两个物体之间的左右方位。

4. 简述幼儿情绪发展的特点。

(1)情绪的易冲动性；(2)情绪的不稳定性；(3)情绪的外露性。

5. 简述学前儿童社会性发展的意义。

(1)社会性发展是幼儿健全发展的重要组成部分，促进学前儿童社会性发展已经成为现代教育最重要的目标；(2)幼儿期是学前儿童社会性发展的重要时期，学前儿童社会性发展是幼儿未来发展的重要基础。

6. 简述个性的基本特征。

(1)个性的独特性；(2)个性的整体性；(3)个性的稳定性；(4)个性的社会性；(5)个性的积极能动性。

7. 幼儿园中，男孩倾向于一起玩追逐游戏，女孩倾向于一起玩穿珠子的安静游戏，请简述幼儿性别角色形成的影响因素。

(1)生物因素对幼儿性别行为有一定的影响；(2)父母的行为对幼儿性别角色和行为起着引导、被模仿和强化的作用；(3)大众媒体的强化；(4)教学环境；(5)模仿与扮演游戏。

七、论述题(答案要点)

1. 试述学前儿童心理发展的基本趋势。

(1)从简单到复杂。学前儿童最初的心理活动，只是非常简单的反射活动，以后越来越复杂化。这种发展趋势又表现在两个方面：从不齐全到齐全；从笼统到分化。

(2)从具体到抽象。学前儿童的心理活动最初是非常具体的，以后越来越抽象和概括化。从思维的发展来看，学前儿童的思维最初是直觉行动的，然后出现具体形象思维，最后发展起来的是抽象逻辑思维。从情绪发展过程看，最初引起情绪活动的，都是具体形象性的事物，以

后才是越来越抽象的事物。

(3)从被动到主动。学前儿童心理活动最初是被动的,心理活动的主动性后来才发展起来,并逐渐提高,直到成人所具有的极大的主观能动性。学前儿童心理发展的这种趋势主要表现在两个方面:从无意向有意发展;从主要受生理制约发展到自己主动调节。

(4)从零乱到成体系。学前儿童的心理活动最初是零散杂乱的,心理活动之间缺乏有机的联系。随着学前儿童年龄的增长,他们的心理活动逐渐组织起来,有了系统性,形成了整体,并且有了稳定的倾向,出现每个人特有的个性。

2. 为什么意义记忆比机械记忆效果好?

(1)意义记忆是通过对材料的理解进行的。理解使记忆的材料和过去头脑中已有的知识经验联系起来,把新材料纳入已有的知识经验系统中。

(2)机械记忆只能把事物作为单个、孤立的小单位来记忆,意义记忆使记忆材料互相联系,从而把孤立的小单位联系起来,形成较大的单位或系统。

(3)幼儿的机械记忆和意义记忆都在不断发展。在整个幼儿期,无论是机械记忆还是意义记忆,其效果都随着年龄的增长而有所提高。与此同时,年龄较小的幼儿意义记忆的效果比机械记忆要高得多,而随着年龄增长,两种记忆效果的差距逐渐缩小,意义记忆的优越性似乎降低了。

3. 试述幼儿情绪的培养策略。

(1)营造良好的情绪环境。婴幼儿情绪发展主要依靠周围情绪气氛的熏陶。因此,在幼儿园教育中应注意保持和谐的气氛,并且与幼儿之间建立良好的师生情。

(2)成人情绪自控的示范。为人之师,也要学会控制自己的情绪。优秀教师能够做到把自己的一切忧伤留在教室之外,情绪饱满地走进课堂,这样才能使幼儿保持良好的情绪状态。教师应自觉地控制自己的情绪,主动关心幼儿,发现其优点,给予耐心帮助。

(3)采取积极的教育态度:正面肯定和鼓励;耐心倾听幼儿说话;正确运用暗示和强化。

(4)帮助孩子控制情绪。幼儿不会控制自己的情绪。成人可以用各种方法帮助他们控制情绪:转移注意法、冷处理法、消退法。

(5)教会孩子调节自己的情绪表现:行为反思法、想象法、自我说服法。

(6)在活动中帮助幼儿克服不良情绪。①成人要善于发现与辨别孩子的情绪;②从幼儿的情绪表现来分析幼儿的内心情感世界;③注意幼儿的个别差异,对不同的孩子采取不同的方法;④注意孩子积极情感的引导,让积极情感成为幼儿情感的主旋律,减少消极情感的产生。

4. 试述学前儿童气质的培养及教育适宜性。

(1)要了解学前儿童的气质特征。教师或父母可以运用行为评定法,通过对学前儿童在游戏、学习、劳动等活动中的情感表现、行为态度等进行反复细致的观察,来了解其气质特点。

(2)不要轻易对学前儿童的气质类型下结论。教师必须经过长期的反复观察,各种行为特点,再审慎地确定学前儿童的气质接近或属于哪种类型,以免引起教育上的失误。

(3)要善于理解不同气质类型儿童的不足之处。成人要善于利用每一气质类型的积极方面,给儿童提供充分表现的机会。同时,对于儿童气质中所表现出来的不尽如人意之处,也要表现出充分的理解,并考虑采取更策略的方法来对待。

(4)针对学前儿童气质的特点,采取适宜的教育措施。教师进行教育和教学工作时,要针对学前儿童的气质特点,采取相应的教育措施。对于胆汁质的孩子,要培养勇于进取、豪放的品质,防止任性、粗暴;对于多血质的孩子,要培养热情开朗的性格及稳定的兴趣,防止粗枝大叶、虎头蛇尾;对于黏液质的孩子,要培养积极探索精神及踏实、认真的优点,防止墨守成规、谨小慎微;对于抑郁质的孩子,要培养机智、敏锐和自信心,防止疑虑、孤独。

5. 试述多元智能理论的基本观点。

(1)每位个体同时拥有相对独立的八种智力。加德纳认为,每位个体身上都同时拥有八种相对独立的智力,但大部分的人都只能在2到3种智能方面上表现出较为优越的智力。

(2)每位个体的智力都呈现出独特的表现方式。根据加德纳的多元智能理论,作为个体,我们每个人身上的八种智力,在现实生活中都不是绝对孤立、毫不相干的,而是错综复杂地、有机地以不同方式、不同程度组合在一起。

(3)智力发展的核心是提高个体解决实际问题的能力。在加德纳看来,语言能力和抽象逻辑思维能力并不能成为衡量智力水平高低的标准,而应该以解决现实生活中实际问题的能力,或生产及创造出社会需要产品的能力作为衡量的标准。

(4)环境与教育会影响和制约个体智力的发展方向和程度。尽管每位个体身上同时拥有八种智力,但个体智力的发展却受到社会环境、自然环境和教育条件的极大影响和制约。由此使得每位个体智力发展的方向和程度,因环境和教育条件的差异而表现出明显的区别。

(5)重视从多维度看待个体的智力问题。根据加德纳的多元智力理论,因为每个人的智力都有独特的表现方式,每一种智力又有多种表现方式,因此,我们很难找到一个适用于任何人的统一的评价标准来评价一个人的聪明与否、成功与否。我们也不能说八种智力中哪种重要、哪种不重要,我们只能说八种智力个体的智力结构中都占有重要的位置,只不过由于组合方式的不同而使它们在每位个体身上呈现出独特的表现形式。我们应

该改变单一以语言能力和数理—逻辑能力为核心评价个体智力水平的传统观念，多维度地看待个体的智力发展问题。

八、案例分析题（答案要点）

1.（1）自我意识。

（2）①自我意识是对自己存在的察觉，即自己认识自己的一切，包括认识自己的生理状况（如身高、体重、形态等）、心理特征（如兴趣爱好、能力、性格、气质等）以及自己与他人的关系（如自己与周围人们相处的关系、自己在集体中的位置与作用等）。认识到自己是一个独立的个体。案例中的幼儿知道自己的姓名、年龄等，说明了其自我意识的发展。

②性别角色，刻板的认识自己的性别角色。案例中的小女孩从自己的外表扎了小辫子来判定自己是女孩子。

③自我评价特点：从依从性评价发展到自己独立评价；从个别方面的评价发展到多方面评价；从外部评价向对内心品质的评价过渡。案例中小女孩对自己的评价借助的是一些外部的行为，如会做值日，会擦桌子，会分碗筷，会讲故事等。

④自我控制：从主要受他人控制发展到自我控制，自我控制是主体对自身心理与行为的主动的掌握。案例中的小女孩因为老师和妈妈说吃了胡萝卜对眼睛好，她就吃了胡萝卜，说明了小女孩已经能自我控制。

2.（1）莉莉的行为表明她正处在思维发展的前运算阶段。这一阶段的主要特征，根据皮亚杰的研究成果，表现为：思维具有不守恒性、具体形象性、刻板性和泛灵性；以自我为中心，只能从一个角度思考问题。不守恒性表现为两排相同数量的扣子，更改了排列方法，孩子会认为数量也发生了更改；具体形象性表现为孩子知道2个苹果加3个苹果是5个苹果，但不知道2+3=5，思维需要具体事物给予支持；刻板性表现为孩子知道2+3=5，但不知道3+2等于几；泛灵性表现在孩子认为娃娃、椅子都和自己一样是有生命、有思维的；以自我为中心只能从一个角度思考问题，表现在孩子认为月亮是跟着她在运动的。

（2）这种思维特征对幼儿园教师的保教活动的启示为：①要通过各种活动丰富幼儿的表象，在教学活动中应重视幼儿在各种活动中所积累起来的感性经验，使幼儿能在头脑中形成清晰的印象。②幼儿园开展的活动要坚持直观性原则，在为幼儿提供活动时要尽可能具体、形象、直观化，重视教具的形象性、生动性。

3.（1）知道自己的性别，并初步掌握性别角色知识（2～3岁）。儿童的性别概念包括两个方面：一是对自己性别的认识；二是对他人性别的认识。

（2）自我中心地认识性别角色（3～4岁）。这个阶段的儿童已经能明确分辨出自己的性别，并对性别角色的知识逐渐增多，如男孩和女孩在穿衣服和游戏、玩具方面的不同等。

（3）刻板地认识性别角色（5～7岁）。这个阶段的儿童不仅对男孩和女孩在行为方面的区别认识得越来越清楚，同时开始认识到一些与性别有关的心理因素，如男孩要胆大、勇敢等。

某省建设厅出台的《普通幼儿园建设标准》规定：幼儿园中班和大班的男、女厕位宜合理分隔，是有一定根据的，中班、大班的幼儿处于自我中心地认识性别角色阶段，他们已经能够明确分辨出自己的性别，对性别角色的认识越来越多，并逐步开始进入刻板的认识性别角色阶段，对男孩、女孩在行为方面的区别认识越来越清楚，同时开始认识一些与性别有关的知识。因此，让中班和大班的小朋友分开入厕是合理的，这样有利于幼儿性别角色的认知和性别行为的发展，同时有利于幼儿心理的健康发展。

4.（1）幼儿期，儿童对世界的认识处于感性认识阶段，幼儿是借助于颜色、形状、声音和动作来认识世界的。利用感知觉规律组织教学，可以提高教学效果。例如，在固定不变的背景上，活动的刺激物容易被幼儿知觉为对象。根据这个规律，教师应当尽量多地利用活动模仿、活动玩具（本例中教师利用了活动玩具“猫”和“鱼”）、幻灯片、录像等，使幼儿获得清晰的知觉。

（2）根据感知觉规律理论：刺激物本身的结构常常是分出对象的重要条件；在听觉上，刺激物各部分在时间上组合，即“时距”的接近也是我们分出知觉对象的重要条件。所以，正如本案例中教师所做的那样，讲故事的语言绘声绘色。如果教师讲故事时平铺直叙，很少变化，毫无停顿之处，幼儿听起来就不容易抓住重点。

（3）根据感觉的对比规律，微弱的声音可以提高视觉感受性，所以，这位教师在讲课的同时，伴以相关轻音乐的做法是适当的，这可使幼儿看得更清楚。

（4）这位教师实际做到了言语和直观材料的结合。根据感知觉规律理论，教具的作用可以使幼儿视觉的效果大大提高，从而使幼儿更好地理解学习材料。

5.（1）4～5岁幼儿分类能力的发展特点：一些心理研究表明，5岁左右的幼儿，其分类活动主要是依据物体直接可感知的特性或幼儿自己的生活经验。这个阶段的幼儿已经能够根据物体的某个特征进行分类活动，如果他们自己摸索到分类的标准，他们就会依照这个标准把物品分完。这个年龄段幼儿的主要分类能力发展特点表现为：①提高了按物体的某一特征分类的能力。他们除了能很好地完成3～4岁幼儿的各种分类要求以外，还可以按物体的简单用途和数量特征进行分类。②在比较直观的条件下，这个阶段的幼儿能对类（集）和子类（子集）做比较，也能很初步地理解总类与子类之间的包含关系。但这一理解仅是初步的和不稳定的。幼儿随着年龄的增长，理解类包含的能力也在逐步提高。但总的说来，这个阶段的幼儿理解总类与子类的关系还处于初期阶段。

案例中中班幼儿的分类能按物体的外部特征和生活情境简单地进行分类，还不会按照总类与子类之间的包含关系来进行分类。案例中幼儿认为狗、人、鸟是常常在一起出现的，而船不是，这是幼儿利用生活情境来进行分类的；还有的幼儿认为狗、人、鸟都有头、脚和身体，而船没有，这是利用物体的外部特征来进行分类的。

(2)①创造机会讨论分类的结果。无论幼儿的分类活动简单与否，活动的重点是让幼儿感知、体验分类活动的过程，逐步建立类的概念。通过对分类结果的讨论，可以加深幼儿对类概念的理解，也有助于幼儿明确自己在活动中的理解与体验，可以让他们讨论一下是如何做分类活动的。通过对分类活动的讨论，可鼓励幼儿发现物体的相同点与不同点。

②加强分类活动的游戏性。可在活动区域提供大量的可以让幼儿进行分类活动的玩具与材料。

③利用日常生活对幼儿进行分类教育。在一日生活常规中，幼儿活动的各种物品取放都应有一定的归类要求，但归类的标准可与幼儿讨论、协商而定，如提出“这些玩具，咱们按什么来分开放就容易取放、使用呢?”让幼儿自己商定，并讨论出最佳方案。理由可由幼儿自己陈述。此外，幼儿可以对分类的物品制作标签，这样可以提高幼儿对类的认识，也可以提高幼儿的分类水平。

④引导幼儿感知并区分“整体”与“部分”。幼儿感知“整体”与“部分”就是幼儿理解“类”和“子类”的关系，同时有助于对类包含概念的理解。具体方法可以如下：让幼儿发现并观察同一大类物品中的各种物品的特征。在日常生活中，注意引导幼儿对“整体”与“部分”的感知体验。

教师在指导幼儿进行分类的活动时，要注意引导幼儿理解类与子类的关系，并说出这样分类的原因，给幼儿创造机会讨论分类的结果。案例中的教师在幼儿分类之后，引导幼儿说出这样分类的原因，这种做法是可取的。还要注意引导幼儿感知并区分“整体”与“部分”。案例中老师选取了四张图片，让幼儿来进行分类活动，理解他们是“类”和“子类”的关系。

6. (1)根据动机和目的不同，社会性行为可以分为亲社会行为和反社会行为两大类。亲社会行为又称为积极的社会行为，指一个人帮助或打算帮助他人，做有益于他人的事的行为和倾向。幼儿的亲社会行为主要有：同情、关心、分享、合作、谦让、帮助、抚慰、援助、捐献等。案例中对他人的照顾、不麻烦别人让座位、不打扰别人等都体现了幼儿的亲社会行为。

(2)合理的建议：①社会生活环境。社会宏观环境的影响要通过儿童具体的生活环境来起作用，因为儿童是生活在具体的家庭和同伴环境中的。②儿童日常的生活环境。一是家庭的影响；二是同伴的作用。案例中三个孩子和家长的表现体现了家庭环境在亲社会行为形成中的作用。③移情。移情是导致亲社会行为最根本、最内在的因素。对儿童来说，由于其认识的局限，特别是容易自我中心地考虑问题，因此，帮助儿童从他人角度去考虑问题，是发展儿童亲社会行为的主要途径。案例中三个家长的做法，培养了三个孩子的移情能力，学会幼儿从他人角度去考虑问题。

7. (1)孩子的行为举止说明：孩子正处于心理的高速发展时期，也是心理发展的敏感期。例如，提出“星星为什么还眨眼睛”“月亮为什么不睡觉”，说明思维的发展，出现了最初的概括和推理；想象的发生，把对周围世界的认识进行了延伸、扩展。“不听话”说明孩子最初的独立性的出现；“故意用手捡米粒放进嘴里”说明孩子动作技能的发展，对新的动作产生了兴趣。会说“妈妈辛苦了”，说明儿童已开始使用抽象的词语，但还经常需要和具体活动联系在一起。

(2)①注意保护孩子的探究精神，但要和安全教育结合起来。例如，走凹凸不平的路，既要防止摔伤，又不要打击孩子的积极认知兴趣。②孩子“反抗期”的执拗，要注意教育，不要养成任性的性格，同时又不能耻笑、威胁孩子。③对待孩子的独立性，要注意教育，防止养成执拗性的同时，也要防止形成懒惰、依赖、无独立愿望的不良性格。

8. (1)小虎的气质类型属于胆汁质。因为胆汁质的特点是：精力旺盛、表里如一、刚强、易感情用事。属于这一类型的人热情、直爽、精力旺盛、脾气急躁，心境变化剧烈，易动感情，具有外倾性。小虎精力旺盛，做事急躁、马虎，不如意便大发脾气，随意动手打人，都是胆汁质类型的主要特征。

(2)针对胆汁质的小虎，作为一名教师，应该采用因材施教的方法，培养其勇于进取、豪放的品质，防止任性、粗暴，切忌不可过于急躁，应该有耐心和爱心地对待小虎。要经常培养小虎气质特点中优秀的一面，如鼓励小虎勇于进取、豪放的品质，如果小虎出现暴力、没有耐心的情况，要及时予以引导，防止任性、粗暴。案例中小虎发脾气后也非常后悔，教师应该抓住这一点进行谆谆教导，平时给小虎更多关注，与家长及时沟通，保证家园教育的一致性。在园教育时，注意培养小虎的创造力、坚韧性、决断力、行动力和表现力等多种优良的品质特征。

9. 幼儿思维的发展特点：

(1)思维以具体形象性为主，需要借助生动形象的直观经验。

(2)思维的抽象逻辑性开始萌芽。幼儿初期，儿童更多地运用直觉行动思维；幼儿中期以后，幼儿的思维以具体形象思维为主，但开始出现抽象逻辑思维的萌芽，对于经验范围内，而且熟悉的事物，幼儿才能够进行简单的逻辑思维。

(3)言语在幼儿思维发展中的作用日益增强，幼儿逐渐利用言语来进行逻辑思维。案例中，教师在教学中首先使用幼儿熟悉的图片案例，让他们形成兔子数量的形象

概念,然后借助形象的数量概念引入加法的教学环节,从而让孩子们一步步形成关于数量加法的抽象逻辑思维能力。因此,该教师的教学过程是合理的。

10. (1)案例中幼儿的表现说明幼儿具有初步的独立性和自我意识。这一阶段幼儿开始在行动上和语言上等有了自己的主意和立场,知道自己的需求。
(2)①成人不应责骂批评或不耐烦,而应尊重幼儿,分析幼儿行为和语言,多多给予幼儿自己选择的机会。
②若是教育不当,则不利于幼儿的发展,可能使幼儿形成没有主见或者固执的个性。

11. (1)问题:幼儿园小班(3岁)处于第一反抗期,从材料中可以看出壮壮具有攻击性行为、撒谎行为以及拒绝上幼儿园等问题。攻击性行为是一种以伤害他人或他物为目的的行为。攻击性行为的发展状况既影响儿童人格和品德发展,同时也是个体社会化成败的一个重要指标。材料中壮壮经常骂奶奶,打小朋友和老师体现了攻击性行为。壮壮为了不上幼儿园,骗奶奶说肚子疼,说明壮壮爱撒谎和拒绝上幼儿园。
(2)矫正:①对待攻击性行为,应该改变亲子、师幼之间以及同伴之间的关系。壮壮的父母应该多与壮壮沟通,培养亲子关系,引导壮壮与其他幼儿友好相处。
②对待说谎行为,正确引导和对待,成人要以身作则。家长及教师应该正确看待壮壮的行为,给予重视,及时矫正。不要过于严厉,营造诚实表达的气氛;及时表扬诚实行为,教育孩子勇于正视、承认错误;借助文学作品,克服说谎的心理。
③对于壮壮拒绝上幼儿园的问题,针对不同情况,应该有不同的应对方案。材料中针对壮壮在幼儿园的情况,家长要尽量寻找原因,对症处理。如果是在幼儿园遇到困难,可以帮助孩子寻找克服困难的方法,鼓励孩子有勇气、坚强面对。如果孩子确实是身体不舒服,可以暂时在家休息,也可以送去幼儿园跟老师说明情况,以便老师必要时给予照顾安排。总的来说,多鼓励孩子与伙伴交往,多与老师沟通,寻找孩子的闪光点,帮助孩子在幼儿园感到自信、快乐,融入集体生活。
④树立正确的教养方式。家长要以身作则,合理管束;接纳孩子,适当期望;感受关爱,适度挫折;平等沟通,循循善诱。

12. (1)当别人的东西比他们的好或者别人表现的比自己强都会激发他们的嫉妒心理。孩子的嫉妒具有明显的外露性、攻击性和破坏性。案例一中雯雯由于嫉妒,产生了告状行为。
幼儿嫉妒与大人嫉妒的不同之处,主要是幼儿不能有效地控制自己的情感。就如小蕊看到别人的画产生嫉妒心理一样,通过撕掉从而达到心理的平衡。于是,就产生了"我没有,你也不能有"的想法。想以此来引起老师的注意,得到老师的表扬。
(2)①要防止幼儿嫉妒心理的产生,父母除了要指导孩子正确地认识和评价别人以外,更重要的是尽量避免易使孩子产生嫉妒心理的环境刺激。
②要设法使嫉妒的消极作用向积极方面转化。
③要帮助孩子进行伤害性情感的调节,确保孩子精神健康,保持愉悦舒畅的心态,促进孩子完美健全人格的形成和发展。
④要正确评价孩子。
⑤引导孩子树立正确的竞争意识,有嫉妒心理的孩子一般都有争强好胜的性格。
⑥倾听孩子的心理感受。

13. (1)3~6、7岁儿童的思维,以具体形象思维为主,所谓具体形象思维是指儿童依靠事物在头脑中的具体形象进行的思维,即依靠具体事物的表象以及对具体形象的联想而进行的思维。思维的具体形象性是在直观行动性的基础上形成和发展起来的。具体形象思维是学前儿童思维的典型方式。案例中翟女士的女儿五岁半,还处于具体形象思维阶段,给孩子报奥数班的行为违背了幼儿的思维发展特点。
(2)6、7岁以后,儿童的思维开始进入逻辑思维阶段。抽象逻辑思维反映事物的本质特征,是指运用概念、根据事物的逻辑关系来进行的思维。它是靠语言进行的思维,是人类所特有的思维。幼儿阶段只有抽象逻辑思维的萌芽。案例中"贾女士说,跟女儿同班的一个孩子对三位数加减法已经很熟练了,而自己的女儿两位数加减法还比较困难",6、7岁以后儿童才开始进入逻辑思维阶段,让儿童过早的学习二位数和三位数的加减法,不利于幼儿的思维发展。

专题四 幼儿教育心理学

基础训练

知识1 幼儿学习理论

一、单项选择题

1. B【解析】不必亲身经历,只凭观察所见即产生学习的现象,称为替代学习或替代强化。班杜拉指出,个体的学习是通过观察他人的行为及其结果,以及随后受到的强化而习得的。
2. D【解析】人本主义心理学兴起于20世纪五六十年代,代表人物有马斯洛、罗杰斯等。该学派猛烈冲击着在美国很有势力的精神分析学派和行为主义学派,形成了心理学中的"第三势力"。
3. D【解析】根据学习的结果,心理学家加涅将学习分为五类:言语信息、智慧技能、认知策略、态度和动作技能。其中态度指影响个人对人、事、物采取行动的内部状态。小刚对陌生人的选择倾向发生了改变,所以是态度学习。
4. A【解析】学习是个体在特定情境下由于练习或反复经验而产生的行为或行为潜能的相对持久的变化。但并

非所有的行为变化都是由学习产生的，如生理成熟、疲劳、药物等因素亦可引起行为的变化，而A项就属于生理成熟的表现。

5. D【解析】按照学习的形式和性质，奥苏贝尔将学习分为：接受学习和发现学习、机械学习和有意义学习。其中，接受学习和发现学习是按照学习的形式，即所得经验用何种形式得来划分的。

7. A【解析】信号学习是指学习者对某种信号刺激做出一般性和弥散性的反应。

8. B【解析】对榜样的观察学习，是班杜拉提出的社会学习理论。

9. D【解析】刺激分化指的是通过选择性强化和消退使有机体学会对条件刺激和与条件刺激相类似的刺激做出不同的反应。分化是对事物的差异的反应，分化能使我们对不同的情境做出不同的恰当反应，从而避免盲目行动。

10. B【解析】建构主义学习理论的知识观认为：(1)知识不是对外在世界的真实摹写，而是人们对客观世界的一种解释或假设，因此，它必然随着人们认识活动的深入而不断得到升华和改写；(2)知识不是通过感觉或交流被个体被动地接受，而是由认知主体主动建构生成的；(3)在建构过程中，为了适应不断扩展的经验，个体的图式会不断进化，所有的知识都是在这种个体与经验世界的对话中建构起来的。

11. A【解析】所谓学习策略，就是学习者为了提高学习的效果和效率，有目的、有意识地制定的有关学习过程的复杂方案。

12. C【解析】斯金纳认为人类的学习是在做出某种行为后，受到环境或教育的某种强化而形成的。

13. A【解析】准备律指学习者在学习开始的预备定势。学习者有准备而又给以活动就感到满意，有准备而不活动就感到烦恼，学习者无准备而强制以活动也感到烦恼。良好的准备状态是学习顺利进行的基础。

14. A【解析】刺激泛化指人和动物一旦学会对某一特定的条件刺激做出反应以后，其他与该条件刺激相类似的刺激也能诱发其条件反应。题干的描述体现了刺激泛化。

15. A【解析】如果一个动作跟随以情境中一个满意的变化，那么，在类似的情境中这个动作重复的可能性将增加；反之，如果跟随的是一个不满意的变化，那么，这个行为重复的可能性将减少。题目描述的是效果律。

16. C【解析】自我实现的需要是最高层次的需要，是在上述几种需要得到满足后产生的。

17. B【解析】题干的描述体现的是布鲁纳的教育观点。

18. B【解析】言语联结学习是指形成一系列的言语单位的联结，即言语连锁化。

19. A【解析】正强化是通过呈现想要的愉快刺激来增强反应频率。教师对学生大喊大叫是关注了学生，对于学生来说是愉快刺激，所以学生为了继续得到老师的关注，才会频频表现出违反纪律的行为。这属于正强化。

20. D【解析】桑代克认为动物的学习是由于在反复尝试错误过程中，形成了稳定的刺激—反应联结。

21. D【解析】根据替代强化原理，当儿童发觉"坏人"通常不能得到好的下场时，为了避免这种不良后果，自己也会远离破坏性行为。

22. C【解析】随机通达教学以认知灵活性理论为基础，它最早由斯皮罗提出。

23. C【解析】皮亚杰提出了认知发展理论，也可称为认知建构理论。

24. D【解析】人本主义倡导学生中心的教学观和有意义的自由学习观。

25. C【解析】认知地图是托尔曼的观点。

26. D【解析】奥苏贝尔对幼儿的概念学习进行了大量研究，其对教育心理学的重要贡献是提出了"后括学习"。在分析"后括学习"的基础上，他提出了"意义学习"，即发生意义联系的学习。

27. C【解析】变化比例强化指每两次强化之间间隔的反应次数是变化不定的，如老虎机、钓鱼、买彩票等。

28. B【解析】尊重的需要包括受人尊重与自我尊重两方面，如信心、名誉和声望等。

29. B【解析】班杜拉的社会学习理论认为强化可以分为直接强化、替代强化和自我强化，其中替代强化是通过榜样进行强化来增强或提高学习者某种特定行为出现的概率。

二、多项选择题

1. ACD【解析】桑代克认为，学习要遵循三条重要的原则：准备律、练习律、效果律。

2. AD【解析】斯金纳把人和动物的行为分为两类：应答性行为和操作性行为。

3. ABD【解析】信息加工心理学的学习理论提出幼儿有三种长时记忆：情景记忆、语义记忆和程序记忆。

4. BC【解析】A项是行为主义学习理论，D项是人本主义的学习理论。

三、填空题

1. 惩罚
2. 生理需要 爱与归属的需要
3. 有意义学习
4. 随机通达教学
5. 强化物
6. 小步递进学习原则
7. 连续强化
8. 华生

四、名词解释

1. 信号学习

信号学习是指学习者对某种信号刺激做出一般性和弥散性的反应。

2. 学习

学习是个体在特定情境下由于练习或反复经验而产生的行为或行为潜能的相对持久的变化。

3. 连锁学习

连锁学习是指学习联合两个或两个以上的刺激——反应动作,以形成一系列刺激——反应动作联结。

4. 正强化

正强化是通过呈现想要的愉快刺激来增强反应频率。

5. 惩罚

惩罚是指能够减弱行为或者降低反应频率的刺激或事件。

6. 程序教学

程序教学是指将学习材料重新组织成短小的框架内容,由易到难安排好幼儿学习的进程。

五、简答题(答案要点)

1. 简述关于学习的划分类型。

(1)从学习主体来说,学习可分为动物学习、人类学习和机器学习;(2)按学习时的意识水平,美国心理学家阿瑟·雷伯将学习分为内隐学习和外显学习;(3)按学习内容,我国学者一般把学习分为知识的学习、技能的学习和行为规范的学习。

2. 简述罗杰斯的个人中心学习理论。

(1)人类生来就有学习的潜能;(2)在安全氛围中的学习效果最好;(3)涉及学习者个体因素(包括情感与理智)的学习最持久、深刻;(4)意义学习大多数是做中学;(5)幼儿的意义学习包括四个要素。

3. 简述幼儿程序教学应遵循的原则。

(1)小步递进原则;(2)积极反应原则;(3)及时强化原则;(4)自定步调原则。

4. 教师在讲解式教学中要注意哪些问题?

(1)师生之间应有大量的互动;(2)大量运用例证;(3)运用演绎方法;(4)逐步深化。

5. 简述建构主义学习理论的知识观。

(1)知识不是对外在世界的真实摹写,而是人们对客观世界的一种解释或假设,因此,它必然随着人们认识活动的深入而不断得到升华和改写;(2)知识不是通过感觉或交流被个体被动地接受,而是由认知主体主动建构生成的;(3)在建构过程中,为了适应不断扩展的经验,个体的图式会不断进化,所有的知识都是在这种个体与经验世界的对话中建构起来的。

6. 简述班杜拉的社会学习理论。

(1)观察是学习的一个主要来源;(2)观察榜样行为的结果可能产生不同的学习效应;(3)观察学习是规则和创造性行为的主要来源。

7. 简述行为主义的教学方法。

(1)程序教学;

(2)计算机辅助教学;

(3)代币强化。

8. 简述学习的内涵。

(1)学习实质上是一种适应活动;(2)学习是人和动物共有的普遍现象;(3)学习是由反复经验引起的;(4)学习是有机体后天习得经验的过程;(5)学习的过程可以是有意的,也可以是无意的;(6)学习引起的是相对持久的行为或行为潜能的变化。但值得注意的是,并非所有的行为变化都是由学习产生的,如生理成熟、疲劳、药物等因素亦可引起行为的变化。

六、论述题(答案要点)

1. 试述维果斯基的支架式教学。

(1)围绕教师和幼儿在教和学过程中的作用,建构主义者提出了支架式教学。(2)这种教学思想来源于维果斯基的“最近发展区”理论。建构主义者正是从维果斯基的思想出发,借用建筑行业中使用的“脚手架”作为上述概念框架的形象化比喻。(3)支架式教学首先肯定学习是一个主动的过程,幼儿原有的经验和发展水平是学习的基础。同时,为了确保学习的有效性,教师必须不断提出挑战性的任务和提供必要的支持,帮助幼儿不断从借助支持到摆脱支持,逐渐达到独立完成任务的水平。

2. 试述建构主义抛锚式教学的主要内涵。

(1)幼儿的学习应与现实情境相类似,以解决幼儿在现实生活中遇到的问题为目标,学习要选择真实性任务,不能将学习内容抽象化,脱离具体情境,而应呈现不同情境中的类似问题;(2)这种教学过程与幼儿解决现实问题的过程相类似,教师不是将事先准备好的内容教给幼儿,而是提出幼儿可能遇到的问题,支持幼儿自主探索,在特定情境中解决问题;(3)这种教学不采用独立的、脱离情境的测验方法,而是采用融合式测验法,在学习中解决具体问题的过程本身反映了幼儿的思维过程和学习的效果,或是进行与学习过程一致的情境化评估。

七、案例分析题(答案要点)

(1)操作性条件作用原理。斯金纳认为,有机体做出的行为与随后出现的条件刺激之间的关系对行为起着控制作用,它能影响以后该行为发生的概率。他把凡是能增强行为频率的刺激或事件称作强化物。他认为,学习需要两个必要条件:一是必须有反应;二是必须在一个反应出现之后立即给予强化。正强化是通过呈现想要的愉快刺激来增强反应频率,负强化是通过消除或中止厌恶、不愉快刺激来增强反应频率,反之,凡是能够减弱行为或者降低反应频率的刺激或事件叫作惩罚。斯金纳认为“教育就是塑造行为”,复杂的行为也可以通过塑造而获得。

(2)李老师一次作业干净印一个小红花,三次得到小红花就盖一个“一级棒”的大印章,这是通过正强化的作用,使学生改正不良行为,充分体现了斯金纳的儿童行为矫正理论。

知识2 幼儿学习心理

一、单项选择题

1. B【解析】一般认为，迁移是一种学习对另一种学习的影响。
2. D【解析】外部学习动机是指诱因来自于学习者外部的某种因素，即在学习活动以外由外部的诱因激发出来的学习动机。奖励属于外在动机。
3. D【解析】附属内驱力是指个体为了获得长者们（如家长、教师）的赞许或认可而表现出把工作、学习做好的一种需要。
4. B【解析】学习动机是指直接推动幼儿进行学习、维持学习，并使该学习活动趋向教师所设定目标的内在心理过程。"书中自有黄金屋"属于外部学习动机。
5. A【解析】按学生动机产生的诱因来源可以分为内部学习动机和外部学习动机。
6. D【解析】内部动机是指诱因来自于学习者本身的内在因素，即学生因对活动本身发生兴趣而产生的动机。
7. A【解析】认知内驱力是指要求了解、理解和掌握知识以及解决问题的需要。在有意义学习中，认知内驱力是最重要而且稳定的动机。这种动机指向学习任务本身（为了获得知识），满足这种动机的奖励（知识的实际获得）是由学习本身提供的，属于内部动机。
8. D【解析】具体迁移是指学习迁移发生时，学习者原有经验的组成要素及其结构没有变化，只是将一种学习中习得的经验要素重新组合并移用到另一种学习中。
9. B【解析】科学家的不懈探索主要是为了了解知识以及解决问题的需要，这种动机是指向学习任务本身，因此属于认知内驱力。
10. D【解析】根据学校情境中的学业成就动机的不同，奥苏贝尔等人把动机分为认知内驱力、自我提高内驱力和附属内驱力三个方面。
11. D【解析】内部学习动机是指诱因来自于学习者本身的内在因素，即学生因对活动本身发生兴趣而产生的动机。
12. B【解析】如果说好奇与兴趣是幼儿学习的内在动机的话，那么诱因则是幼儿学习的外在动机。诱因是指诱发个体行为的外在原因。
13. B【解析】根据学习情境由简单到复杂、学习水平由低到高的顺序，加涅把学习分为八类，建构了一个完整的学习层级结构。(1)信号学习。(2)刺激—反应学习。(3)连锁学习。(4)言语联结学习。(5)辨别学习。(6)概念学习。(7)规则或原理学习。(8)解决问题学习（高级规则的学习）。
14. D【解析】王丽每天独自听音乐源于自己的兴趣，属于内部动机。
15. B【解析】正确的归因观应该归因于内部可控因素，这样才能使学生发挥主观能动性；而归因于稳定、不可控、外部因素容易使学生产生无助感，从而慢慢放弃自己。
16. D【解析】按学习动机产生的诱因来源，可分为内部学习动机和外部学习动机。
17. A【解析】动机水平与行为效率呈倒U型曲线，一般来讲，中等程度的动机水平下行为效率最高。
18. B【解析】具体迁移也称特殊迁移，是指学习迁移发生时，学习者原有的经验组成要素及其结构没有变化，只是将一种学习中习得的经验要素重新组合并移用到另一种学习之中。
19. A【解析】对于幼儿来说，学习动机主要表现在好奇、兴趣以及诱因三个方面。其中，好奇是幼儿学习最主要的动机，它促使幼儿积极主动地参加学习活动，从而满足其内心对探索问题的需要，积极的情绪体验也伴随出现。
20. C【解析】题干的描述属于下位学习。
21. D【解析】D项属于把计算一位数加法的方法迁移到两位数加法的计算方法上。
22. A【解析】正迁移是指一种学习对另一种学习积极、正向的影响，包括一种学习使幼儿具备了进行另一种学习活动的良好准备状态，一种学习节约了另一种学习所需要的时间，或是已具备的知识经验使幼儿有效地解决面临的新问题。
23. A【解析】如果学习者将成功归因于自身内在的因素（能力、努力），会产生积极的自我价值感，进而更投入到未来的学习活动中去；如果学习者将失败归因于自身内在的因素，形成消极的自我意象，从而更避免参与成就性任务。
24. C【解析】在两岁时就学会了背"床前明月光，疑是地上霜……"这首唐诗。按加涅的学习结果分类，这里发生的学习就是动作技能的学习。因为两岁的儿童，不可能习得唐诗表达的意境，只是按照一定的顺序发出汉字的音来，这涉及口腔声带等肌肉的运动，所以它属于动作技能的学习。
25. D【解析】"温故而知新"体现的是先前学习对后继学习的促进作用，所以是顺向正迁移。
26. A【解析】迁移是一种学习对另一种学习的影响。
27. A【解析】美国心理学家韦纳对归因进行了系统的研究。他把人经历过事情的成败归结为六种原因，即能力、努力程度、工作难度、运气、身心状况、外界环境。运气属于不稳定、外在、不可控制因素。
28. D【解析】努力、能力和身心状况属于内控型因素。
29. B【解析】创造能力的核心是创造性思维。
30. C【解析】外部学习动机是指诱因来自于学习者外部的某种因素，即在学习活动以外由外部的诱因激发出来的学习动机。
31. A【解析】形式训练说是最早的关于迁移的理论。

32. C【解析】形式训练说是最早的关于迁移的理论,以官能心理学为基础。

33. C【解析】普遍型学习动机是指幼儿对各项学习活动均有较强的内在学习动力。

34. C【解析】根据迁移内容的不同,可分为一般迁移和具体迁移。

35. B【解析】高路迁移需要个体有意识地将某种情境中学到的抽象知识应用于另一种情境中的迁移。

36. B【解析】观察学习是幼儿通过观察、模仿榜样而习得某种行为的学习活动,但它不是简单、刻板地模仿榜样行为。

37. D【解析】实验证明,不同的情绪状态对婴幼儿的智力操作有不同的影响。愉快的强度与操作效果之间为倒U形关系。

38. D【解析】独创性,即产生新的、不同寻常思想的能力,表现为产生新奇、罕见、首创的观念和成就。题干描述的是独创性品质。

39. A【解析】适宜性教学源于美国的发展适宜性教学主张,它是美国幼儿教育协会在1987年的"符合孩子身心发展的专业幼教"声明中提出的。它认为,幼儿教学包括两方面的适宜:年龄适宜与个别差异适宜。

40. B【解析】按照班杜拉的理解,对于有机体行为的强化方式有三种:一是直接强化,即对学习者做出的行为反应当场予以正或负的刺激;二是替代强化,指学习者通过观察其他人实施这种行为后所得到的结果来决定自己的行为指向;三是自我强化,指儿童根据社会对他传递的行为判断标准,结合个人的理解对自己的行为表现进行正或负的强化。自我强化,参照的是自己的期望和目标。第一种直接强化的概念不是班杜拉直接提出来的。

二、多项选择题

1. ABCD【解析】正强化是通过呈现想要的愉快刺激来增强反应频率。班主任表扬小明属于正强化。在学习过程中,强化物有很多种类,如表扬、奖励、自我强化等。

2. AD【解析】(1)数字运算对字母运算的影响是积极的,因此是正迁移;(2)数字运算是下位的较低层次的,因此是自下而上的垂直迁移。

3. ABCD【解析】归因对学生学习的影响有:(1)对学生学习结果的情感体验的影响;(2)对学生后续学习的期望的影响;(3)对学生学习的努力程度的影响;(4)对学生自身的认识和评价的影响。

4. ABCD【解析】20世纪80年代后的迁移理论有:(1)图式理论;(2)共同要素理论;(3)元认知理论;(4)认知灵活性理论。

三、名词解释

1. 竖向迁移

竖向迁移是指不同内容、不同任务难度的两种学习之间的相互影响与迁移。

2. 正迁移

正迁移是一种学习对另一种学习积极、正向的影响,包括一种学习使幼儿具备了进行另一种学习活动的良好准备状态,一种学习节约了另一种学习所需要的时间,或是已具备的知识经验使幼儿有效地解决面临的新问题。

3. 创造性

创造性是指幼儿根据一定的目的或意愿,在已有知识经验的基础上,用新颖、独特的方法产生具有个人价值的产品的心理品质。

四、简答题(答案要点)

1. 简述幼儿创造性的表现。

(1)幼儿创造性的前提是了解和接触事物的心向;(2)幼儿创造性就是善于组织自己的材料;(3)幼儿的创造性突出表现在想象力上;(4)幼儿的创造性常常体现在游戏活动中。

2. 简述幼儿学习动机的主要特征。

(1)内在动机以好奇与兴趣为主;

(2)外在动机逐渐增长;

(3)形成较稳定的学习成败归因。

3. 简述培养幼儿学习动机的有效方法。

(1)设置问题情境,激发幼儿的认知兴趣与求知欲;

(2)重视幼儿学习活动中的游戏动机;

(3)为幼儿学习创设安全、开放、温馨的氛围;

(4)让幼儿体验学习的成功与快乐;

(5)运用适宜反馈激发幼儿的学习动机。

4. 如何促进幼儿学习迁移?

(1)关注情感因素对幼儿学习迁移的影响;(2)幼儿学习迁移离不开具体事物的支持;(3)丰富幼儿的日常生活,使其在学习中发生迁移;(4)提高幼儿的分析与概括能力。

5. 简述幼儿创造性的教育培养。

(1)创设情境,激发求知欲。求知欲作为一种动机在智力活动中的作用相当大,它是推动人进行活动以达到一定目的的内部动力。(2)营造宽松的活动环境。教育既有培养创造精神的力量,也有压抑创造精神的力量。(3)有意识支持并促进幼儿的创造性思维。①展开联想,培养发散思维的流畅性;②克服思维定势,培养发散思维的变通性;③肯定幼儿超常思维,培养发散思维的独特性。(4)培养幼儿的好奇心与想象力。好奇心与想象力是创造力的翅膀,富于好奇心与想象力正是幼儿天然的心理特征。(5)蒙台梭利的感知训练与幼儿的创造力。蒙台梭利教学法正是强调了幼儿感知觉的反复练习,这可以帮助幼儿获得大量知识经验,必须科学地认识反复练习与创造性的关系。

整合提升

一、单项选择题

1. D【解析】好奇是指幼儿去观察、探索、操作、询问新奇有趣的事物，从而获得对事物了解的一种原始性内在冲动。三四岁幼儿的好奇心特别强，他们用各种感知觉去闻、去咬，去拨弄、去凝视。
2. D【解析】附属内驱力是指个体为了获得长者们（如家长、教师）的赞许或认可而表现出把工作、学习做好的一种需要。在儿童早期，附属内驱力最为突出，他们努力获得学业成就，主要是为了实现家长的期待，并得到家长的赞许。到了儿童后期和少年期，附属内驱力的强度有所减弱，来自同伴、集体的赞许和认可逐渐替代了对长者的依附，在这期间，赢得同伴的赞许就成为一个强有力的动机因素。
3. A【解析】刺激泛化指人和动物一旦学会对某一特定的条件刺激做出反应以后，其他与该条件刺激相类似的刺激也能诱发其条件反应。题干中被咬的人不只是害怕咬他的狗，还害怕所有的狗，即刺激泛化。
4. A【解析】扇贝效应告诉我们，固定时间的奖励不能维持新的行为。题干描述的是扇贝效应。
5. B【解析】逆向的，即后继学习对先前学习的影响，称为逆向迁移。负迁移是指一种学习对另一种学习的消极影响，或是两种学习之间的相互干扰、阻碍，如汉语拼音的学习有可能干扰英语音标的学习。
6. B【解析】观察学习是幼儿通过观察、模仿榜样而习得某种行为的学习活动。题干所述与观察学习的概念相吻合。
7. C【解析】当幼儿做出反应，"早教机"的应答可以让幼儿知道其反应是否正确。它能对幼儿的学习反应给予"及时强化"或"及时确认"。
8. B【解析】负迁移是指一种学习对另一种学习的消极影响，或是两种学习之间的相互干扰、阻碍，如汉语拼音的学习有可能干扰英语音标的学习。
9. D【解析】负迁移是指一种学习对另一种学习的消极影响，或是两种学习之间的相互干扰、阻碍，如汉语拼音的学习有可能干扰英语音标的学习。会骑自行车的经验阻碍了骑三轮车是一种负迁移。
10. C【解析】内部学习动机是指诱因来自于学习者本身的内在因素，即学生因对活动本身发生兴趣而产生的动机。认知内驱力是指要求了解、理解和掌握知识以及解决问题的需要。题干描述的是内部动机和认知内驱力。
11. C【解析】行为主义的强化理论认为，学生的学习行为可以通过一定的奖励手段加以强化。
12. C【解析】对我国幼儿成败归因稳定性的研究发现，从他人总体评价、他人具体评价以及日常生活选择等三个维度对幼儿进行了内外控制点的访谈，两周后进行重测的结果证实，5～6岁是形成较稳定的学习成败归因的年龄，6岁幼儿已初步形成比较稳定的内外控倾向。
13. A【解析】定势就是指由先前影响所形成的往往不被意识到的心理准备状态，它将支配人以同样方式去对待同类后继活动。
14. B【解析】自我提高内驱力是指个体因自己的胜任或工作能力而赢得相应地位的需要。自我提高内驱力并非直接指向学习任务本身，而是把成就看作赢得地位与自尊心的根源，属于外部动机。附属内驱力是指个体为了获得长者们（如家长、教师）的赞许或认可而表现出把工作、学习做好的一种需要。它既不直接指向学习任务本身，也不把学业成就看作赢得地位的手段，而是为了从长者或同伴那里获得赞许和接纳。附属内驱力是一种间接的学习需要，属于外部动机。
15. C【解析】附属内驱力是指个体为了获得长者们的赞许或认可而表现出把工作、学习做好的一种需要。
16. C【解析】班杜拉的社会学习理论认为观察是幼儿学习的一个主要来源。观察学习是幼儿通过观察、模仿榜样而习得某种行为的学习活动，但它不是简单、刻板地模仿榜样行为。题干描述的是小涵通过观察和模仿习得的行为。
17. B【解析】在运用抛锚式教学过程中教师应遵循两个基本原则：一是学与教的活动应该围绕"锚"来进行，以激发幼儿主动探究与解决问题；二是课程组织材料应该允许幼儿互动与探索。例如，初学弹吉他的乐谱上都附有指法图，以帮助学习者灵活记忆各种指法。
18. D【解析】幼儿年龄越小，附属内驱力最为突出，特别是在儿童时期，他们学习以得到好成绩，主要是为了得到父母、教师的肯定和赞扬，而随着年龄的增大，附属内驱力在强度上逐渐减弱，开始转向认知内驱力和自我提高的内驱力，而且附属内驱力也不再来自父母、教师的赞扬，来自同伴的赞许才是一个强有力的动机因素。
19. C【解析】远景性动机是指向长远目标的动机。例如，幼儿为将来成为钢琴家而练琴。远景性动机一旦形成，往往不容易为情境中的偶然因素而改变，能在较长的时间内起作用，因而具有较高的稳定性和持久性。

二、多项选择题

1. BCD【解析】人类的学习即在社会实践中，以语言为中介，自觉地、积极主动地掌握社会和个体经验的过程。人类学习和动物学习的本质区别有：(1)人类的学习是一个积极、主动的建构过程。(2)人类的学习是掌握社会历史经验和个体经验的过程。动物的学习仅仅是掌握个体经验，而人类学习除了获得个体的行为经验外，还要掌握人类世代积累的社会历史经验和科学文化知识。所以A项错误。(3)人类的学习是在社会活动中，通过语言为中介来实现的。
2. ABD【解析】C项是奥苏贝尔提出的学习主张。
3. AC【解析】外部动机和内部动机要两者兼重，A项正确；

奖励只能作为一种手段,并不能长久地起到作用,B项错误。老师应当根据学生学习动机的差别鼓励学生的学习,符合因材施教的教学原则。C项正确。竞赛是激发学生学习积极性和争取优良成绩的种较为有效的手段。因为在竞赛中,学生的好胜动机和求胜需要会更加激烈,学习兴趣和克服困难的毅力会大大增强。所以多数人在竞赛情况下,学习和工作的效率会有很大提高。当然,竞赛也带来一些负面影响。因此D项错误。

4. AD【解析】根据成败归因理论,学生将成败归因于努力比归因于能力会产生更强烈的情绪体验。学生将成败归因于努力,有利于激发其学习动机。

5. ABD【解析】迁移是一种学习对另一种学习的影响。进一步说,迁移是在一种情境中获得的技能、知识和理解或形成的态度对在另一种情境中获得的技能、知识和理解或形成的态度产生的影响。它有时表现为对学习的积极影响,有时则表现为消极影响。C项描述的不是迁移的内涵。

6. ABC【解析】马斯洛认为,个体成长的内在力量是动机,而动机又由多种不同性质的需要所组成,各种需要之间有高低层次之分。主要包括:生理的需要;安全的需要;爱与归属的需要;尊重的需要;自我实现的需要。其中,生理的需要,安全的需要,爱与归属的需要属于基本需求。

三、填空题

1. 认知策略　动作技能　态度
2. 人本主义心理学

四、名词解释

1. 练习律

练习律指联结的强度决定于使用联结的频次,即S–R联结受到练习和使用的频次越多,联结得就越强;反之,就变得越弱。

2. 具体迁移

具体迁移是指学习迁移发生时,学习者原有经验的组成要素及其结构没有变化,只是将一种学习中习得的经验要素重新组合并移用到另一种学习中。

五、简答题(答案要点)

1. 简述学习迁移的分类。

(1)顺向迁移与逆向迁移;

(2)正迁移与负迁移;

(3)横向迁移和竖向迁移;

(4)低路迁移和高路迁移;

(5)一般迁移和具体迁移。

2. 简述布鲁纳发现学习的主要特点。

(1)强调幼儿的探索学习过程;

(2)强调直觉思维在发现学习中的价值;

(3)强调学习的内在动机。

3. 简述马斯洛的需要层次理论。

(1)生理的需要:指维持生存的需求,如饥饿、口渴、求食、睡眠等。(2)安全的需要:指获得安全感,避免威胁的需求。(3)爱与归属的需要:寻求温暖和友好的关系,包括被他人接纳、爱护、关注、欣赏、支持等。(4)尊重的需要:包括受人尊重与自我尊重两方面,如信心、名誉和声望等。(5)自我实现的需要:指精神层面提高人生境界的需求。

六、论述题(答案要点)

试述人本主义教学法在幼儿学习中的运用。

(1)教师效能感训练。教师效能感训练主要是促进教师的民主、平等意识,从而帮助教师成为人本主义的教学者,最终形成师生积极、融洽的交往氛围,促进幼儿成长。(2)吸引学业成功。人本主义学习理论提出成功的教学首先要保证幼儿获得学业成功。吸引学业成功就是要使幼儿认识到自己是“有责任心、有能力、有价值的人”。(3)价值澄清。价值澄清的途径是:幼儿在成人的帮助下,对一系列可供选择的方式进行考察,然后做出自由的价值选择、估价,并按照本人价值选择的方式行动。(4)非指导性教学。非指导性教学认为,幼儿不是被动、被迫、消极的接受学习者,不是被教师控制与操纵的客体,教师应该与幼儿形成平等的对话关系,不是作为权威者、评判者来要求幼儿必须接受其指导。教师的责任主要是以热情、友好、真诚的态度支持、鼓励和帮助幼儿自主思考与行动,而不能采用控制的方法。

七、案例分析题(答案要点)

(1)根据马斯洛的需要层次理论,归属与爱的需要,也称社交需要,是指每个人都有被他人或群体接纳、爱护、关注、鼓励及支持的需要。小李作为班集体的一员,希望被集体中的其他人和整个班集体接纳、爱护、关注和鼓励。而作为一个成绩一般的学生,他的归属与爱的需要得不到满足,所以他采用上课玩纸飞机的方式吸引大家注意。

(2)根据行为主义学习理论,老师所采取的方法是惩罚,这样不仅不会改变小李的不良行为,反而迎合了他渴望被老师和同学注意的需要。在本案例中,老师可以采用消退的方法来消除小李的不良行为。消退是一种无强化过程,其作用在于降低某种反应在将来发生的概率,以达到消除某种行为的目的。不去强化而去淡化,既可消除不正确行为,又不会带来诸如惩罚等导致的感情受挫的副作用。再比如,如果学生上课扮鬼脸是为了得到老师或同学的关注(强化),老师与同学可以不予理睬,不给予其希望得到的强化,那么此类行为就会逐渐减少。因此,消退是减少不良行为、消除坏习惯的有效方法。

(3)根据班杜拉的社会学习理论,个体可以通过观察他人的行为进行学习。老师最好的方法是在班级中树立榜样,让同学们都学习榜样的积极行为,从而抑制消极行为的出现。

专题五 幼儿教育法规与教师职业道德

基础训练

知识1 幼儿教育法规

一、单项选择题

1. A【解析】《幼儿园教育指导纲要(试行)》第三部分指出,“家庭是幼儿园重要的合作伙伴,应本着尊重、平等、合作的原则,争取家长的理解、支持和主动参与,并积极支持、帮助家长提高教育能力。”

2. B【解析】详见《3~6岁儿童学习与发展指南》健康领域动作发展目标1教育建议的内容。

3. B【解析】详见《3~6岁儿童学习与发展指南》社会领域社会适应部分的目标1。

4. B【解析】《幼儿园教师专业标准(试行)》幼儿为本理念指出,尊重幼儿权益,以幼儿为主体,充分调动和发挥幼儿的主动性;遵循幼儿身心发展特点和保教活动规律,提供适合的教育,保障幼儿快乐健康成长。

5. D【解析】《幼儿园教师专业标准(试行)》中专业能力维度环境的创设与利用部分指出,建立班级秩序与规则,营造良好的班级氛围,让幼儿感受到安全、舒适。

6. D【解析】《幼儿园教师专业标准(试行)》中专业能力维度沟通与合作部分指出,使用符合幼儿年龄特点的语言进行保教工作。

7. A【解析】《幼儿园工作规程》第十五条规定,幼儿园应当结合幼儿年龄特点和接受能力开展反家庭暴力教育,发现幼儿遭受或者疑似遭受家庭暴力的,应当依法及时向公安机关报案。

8. B【解析】《幼儿园教师专业标准(试行)》指出,有效运用评价结果,指导下一步教育活动的开展。

9. D【解析】《幼儿园工作规程》第十八条规定,在正常情况下,幼儿户外活动时间(包括户外体育活动时间)每天不得少于2小时,寄宿制幼儿园不得少于3小时;高寒、高温地区可酌情增减。

10. D【解析】详见《3~6岁儿童学习与发展指南》艺术领域感受与欣赏部分的目标1。

11. B【解析】《幼儿园工作规程》第五十四条的规定,家长委员会在幼儿园园长指导下工作。

12. C【解析】《幼儿园教育指导纲要(试行)》第三部分第八条规定,教师的态度和管理方式应有助于形成安全、温馨的心理环境,言行举止应成为幼儿学习的良好榜样。

13. A【解析】《幼儿园工作规程》第五十四条规定,家长委员会的主要任务是:对幼儿园重要决策和事关幼儿切身利益的事项提出意见和建议;发挥家长的专业和资源优势,支持幼儿园保育教育工作;帮助家长了解幼儿园工作计划和要求,协助幼儿园开展家庭教育指导和交流。

14. A【解析】《幼儿园教师专业标准(试行)》基本内容中的个人修养与行为部分指出,教师应富有爱心、责任心、耐心和细心。乐观向上、热情开朗,有亲和力。善于自我调节情绪,保持平和心态。勤于学习,不断进取。衣着整洁得体,语言规范健康,举止文明礼貌。

15. A【解析】详见《幼儿园教育指导纲要(试行)》第二部分社会领域目标内容。

16. C【解析】《幼儿园教育指导纲要(试行)》科学领域指导要点指出,幼儿的科学教育是科学启蒙教育,重在激发幼儿的认识兴趣和探究欲望。

17. A【解析】详见《幼儿园教育指导纲要(试行)》第二部分健康领域目标内容。

18. D【解析】《幼儿园教育指导纲要(试行)》第三部分第二条指出,幼儿园的教育活动,是教师以多种形式有目的、有计划地引导幼儿生动、活泼、主动活动的教育过程。

19. A【解析】《3~6岁儿童学习与发展指南》说明部分,幼儿的学习是以直接经验为基础,在游戏和日常生活中进行的。要珍视游戏和生活的独特价值,创设丰富的教育环境,合理安排一日生活,最大限度地支持和满足幼儿通过直接感知、实际操作和亲身体验获取经验的需要,严禁“拔苗助长”式的超前教育和强化训练。

20. A【解析】《幼儿园工作规程》第十三条规定,入园幼儿应当由监护人或者其委托的成年人接送。

21. B【解析】《幼儿园教育指导纲要(试行)》第三部分组织与实施第三条指出,教育活动的组织与实施过程是教师创造性地开展工作的过程。

22. A【解析】详见《幼儿园工作规程》第二条。

23. D【解析】《幼儿园教育指导纲要(试行)》第三部分组织与实施第九条指出,时间安排应有相对的稳定性与灵活性,既有利于形成秩序,又能满足幼儿的合理需要,照顾到个体差异。

24. A【解析】详见《3~6岁儿童学习与发展指南》“健康领域”中动作发展目标1的内容。

25. B【解析】详见《幼儿园工作规程》第十五条内容。

26. B【解析】详见《幼儿园工作规程》第十一条内容。

27. B【解析】《3~6岁儿童学习与发展指南》语言领域的阅读与书写准备中指出,3~4岁幼儿能主动要求成人讲故事、读图书;喜欢跟读韵律感强的儿歌、童谣;爱护图书,不乱撕、乱扔。

28. A【解析】详见《幼儿园教育指导纲要(试行)》第二部分中“科学”的内容。

29. C【解析】详见《3~6岁儿童学习与发展指南》中“健康领域”中“生活习惯和生活能力”的目标。

30. B【解析】详见《3~6岁儿童学习与发展指南》中“艺术领域”中“感受与欣赏”的目标。

31. D【解析】详见《3~6岁儿童学习与发展指南》中“科学领域”中“科学探究”的目标1。

32. B【解析】详见《3~6岁儿童学习与发展指南》中“科学

领域"中"数学认知"中的目标2。

33. B【解析】《3～6岁儿童学习发展与指南》说明部分第四条的内容指出，幼儿的发展是一个持续、渐进的过程，同时也表现出一定的阶段性特征。

34. C【解析】详见《3～6岁儿童学习与发展指南》"健康领域"中"生活习惯与生活能力"中"具有良好的生活与卫生习惯"的目标。

35. A【解析】详见《3～6岁儿童学习与发展指南》"健康领域"中"动作发展"中目标2。

36. D【解析】详见《3～6岁儿童学习与发展指南》"社会领域"中"社会适应"中目标3"具有初步的归属感"的内容。

37. B【解析】详见《3～6岁儿童学习与发展指南》"社会领域"中"人际交往"中目标2"能与同伴友好相处"的内容。

38. D【解析】详见《3～6岁儿童学习与发展指南》"艺术领域"中"感受与欣赏"中目标2"喜欢欣赏多种多样的艺术形式和作品"的内容。

39. A【解析】详见《3～6岁儿童学习与发展指南》"健康领域"中"生活习惯与生活能力"中目标1"具有良好的生活与卫生习惯"的教育建议内容。

40. B【解析】详见《3～6岁儿童学习与发展指南》"语言领域"中"倾听与表达"中的目标2"愿意讲话并能清楚地表达"的内容。

41. D【解析】详见《3～6岁儿童学习与发展指南》"健康领域"中"生活习惯与生活能力"中目标2"具有基本的生活自理能力"的内容。

42. C【解析】详见《幼儿园教育指导纲要(试行)》第二部分中"健康领域"的指导要点内容。

43. C【解析】详见《幼儿园工作规程》第八条的内容。

44. D【解析】《幼儿园教师专业标准(试行)》中指出，以幼儿为本就是要尊重幼儿权益，以幼儿为主体，充分调动和发挥幼儿的主动性；遵循幼儿身心发展特点和保教活动规律，提供适合的教育，保障幼儿快乐健康成长。

45. A【解析】《幼儿园教育指导纲要(试行)》第三部分第六条指出，教育活动内容的组织应充分考虑幼儿的学习特点和认识规律，各领域的内容要有机联系，相互渗透，注重综合性、趣味性、活动性，寓教育于生活、游戏之中。

46. C【解析】详见《幼儿园工作规程》第四条的内容。

47. B【解析】《3～6岁儿童学习与发展指南》的颁布时间是2012年。

48. A【解析】《幼儿园教育指导纲要(试行)》第三部分中第十条指出，教师应成为幼儿学习活动的支持者、合作者、引导者。

49. A【解析】详见《3～6岁儿童学习与发展指南》中"艺术领域"中"具有初步的艺术表现与创造能力"。

50. C【解析】详见《3～6岁儿童学习与发展指南》中"科学领域"中"感知形状与空间关系"的目标的内容。

51. C【解析】《幼儿园教师专业标准(试行)》基本内容指出，注重保教结合，培育幼儿良好的意志品质，帮助幼儿形成良好的行为习惯。

52. D【解析】详见《幼儿园教育指导纲要(试行)》第二部分中"艺术"的内容。

53. A【解析】详见《幼儿园工作规程》第一条的内容。

54. C【解析】《幼儿园教育指导纲要(试行)》明确指出，尊重幼儿在发展水平、能力、经验、学习方式等方面的个体差异，因人施教，努力使每一个幼儿都能获得满足和成功。

55. C【解析】根据《幼儿园工作规程》规定：幼儿园每班幼儿人数一般为：小班(3周岁至4周岁)25人，中班(4周岁至5周岁)30人，大班(5周岁至6周岁)35人，混合班30人。寄宿制幼儿园每班幼儿人数酌减。

56. B【解析】详见《幼儿园教育指导纲要(试行)》中"教育内容与要求"部分的内容。

57. D【解析】详见《幼儿园教师专业标准(试行)》的基本内容。

58. C【解析】详见《幼儿园工作规程》中第十八条内容。

59. B【解析】详见《幼儿园工作规程》第四十三条的内容。

60. B【解析】《幼儿园管理条例》第一条规定，为了加强幼儿园的管理，促进幼儿教育事业的发展，制定本条例。

61. A【解析】《幼儿园工作规程》第五条规定，幼儿园保育和教育的主要目标是：(一)促进幼儿身体正常发育和机能的协调发展，增强体质，促进心理健康，培养良好的生活习惯、卫生习惯和参加体育活动的兴趣。(二)发展幼儿智力，培养正确运用感官和运用语言交往的基本能力，增进对环境的认识，培养有益的兴趣和求知欲望，培养初步的动手探究能力。(三)萌发幼儿爱祖国、爱家乡、爱集体、爱劳动、爱科学的情感，培养诚实、自信、友爱、勇敢、勤学、好问、爱护公物、克服困难、讲礼貌、守纪律等良好的品德行为和习惯，以及活泼开朗的性格。(四)培养幼儿初步感受美和表现美的情趣和能力。

62. C【解析】《幼儿园教育指导纲要》中提到的五个领域，每个领域都可以提炼出一个关键的能力，艺术是创造能力。

63. D【解析】《幼儿园教师专业标准(试行)》的基本内容包括专业理念与师德、专业知识及专业能力三大维度的内容。

64. B【解析】《3～6岁儿童学习发展与指南》健康领域中指出，发育良好的身体、愉快的情绪、强健的体质、协调的动作、良好的生活习惯和基本生活能力是幼儿身心健康的重要标志，也是其他领域学习与发展的基础。

65. D【解析】《幼儿园教育指导纲要(试行)》第三部分第十条指出，善于发现幼儿感兴趣的事物、游戏和偶发事件中所隐含的教育价值，把握时机，积极引导。

66. C【解析】详见《幼儿园工作规程》第十条规定。
67. B【解析】《儿童权利公约》第三十一条明确规定：儿童有权享有休息和闲暇，从事与儿童年龄相宜的游戏和娱乐活动，以及自由参加文化生活艺术活动。
68. C【解析】详见《幼儿园教育指导纲要（试行）》中"指导要点"中健康领域第一条内容。
69. A【解析】详见《幼儿园工作规程》第十八条规定。
70. B【解析】《幼儿园管理条例》第六条规定，幼儿园的管理实行地方负责、分级管理和各有关部门分工负责的原则。国家教育委员会主管全国的幼儿园管理工作；地方各级人民政府的教育行政部门，主管本行政辖区内的幼儿园管理工作。
71. B【解析】详见《幼儿园工作规程》第三十九条规定。
72. C【解析】《幼儿园教育指导纲要（试行）》中社会领域的目标包括：(1)能主动地参与各项活动，有自信心；(2)乐意与人交往，学习互助、合作和分享，有同情心；(3)理解并遵守日常生活中基本的社会行为规则；(4)能努力做好力所能及的事，不怕困难，有初步的责任感；(5)爱父母长辈、老师和同伴，爱集体、爱家乡、爱祖国。
73. B【解析】详见《幼儿园教育指导纲要（试行）》第二部分中语言领域的内容与要求。
74. A【解析】详见《幼儿园教育指导纲要（试行）》第二部分中科学领域的指导要点。
75. C【解析】详见《幼儿园教育指导纲要（试行）》第三部分组织与实施中第二条的内容。
76. D【解析】详见《幼儿园教育指导纲要（试行）》第三部分组织与实施中第九条的内容。
77. A【解析】详见《幼儿园教育指导纲要（试行）》第二部分中科学领域的内容与要求。
78. C【解析】《幼儿园教师专业标准（试行）》的基本理念包括幼儿为本、师德为先、能力为重、终身学习。
79. D【解析】A、B、C项属于专业知识。D项属于专业能力。
80. B【解析】详见《3～6岁儿童学习与发展指南》健康领域"生活习惯与生活能力"中目标1的教育建议。

二、多项选择题

1. ABD【解析】《幼儿园工作规程》第三十六条指出，玩教具应当具有教育意义并符合安全、卫生要求。幼儿园应当因地制宜，就地取材，自制玩教具。
2. CD【解析】《幼儿园教育指导纲要（试行）》对每个领域进行阐述时，"指导要点"主要的功能有两方面：一是点明该领域的教和学的特点；二是点明该领域特别应当注意的普遍性的问题。
3. AD【解析】详见《3～6岁儿童学习与发展指南》艺术领域感受与欣赏目标的内容。
4. ABD【解析】详见《3～6岁儿童学习与发展指南》说明部分第四条。
5. ABCD【解析】详见《3～6岁儿童学习与发展指南》健康领域动作发展部分的目标1、目标2、目标3。
6. ABCD【解析】《3～6岁儿童学习与发展指南》健康领域指出，为有效促进幼儿身心健发展，成人应为幼儿提供合理均衡的营养，保证充足的睡眠和适宜的锻炼，满足幼儿生长发育的需要；创设温馨人际环境，让幼儿充分感受到亲情和关爱，形成积极稳定的情绪情感；帮助幼儿养成良好的生活与卫生习惯，提高自我保护能力，形成使其终身受益的生活能力和文明生活方式。
7. ABC【解析】详见《3～6岁儿童学习与发展指南》语言领域倾听与表达能力部分的目标。
8. AC【解析】详见《幼儿园工作规程》第四十条规定。
9. ABD【解析】《儿童权利公约》第十七条规定，缔约国确认大众传播媒介的重要作用，并应确保儿童能够从多种的国家和国际来源获得信息和资料，尤其是旨在促进其社会、精神和道德福祉和身心健康的信息和资料。为此目的，缔约国应：(1)鼓励大众传播媒介本着第二十九条的精神散播在社会和文化方面有益于儿童的信息和资料；(2)鼓励在编制、交流和散播来自不同文化、国家和国际来源的这类信息和资料方面进行国际合作；(3)鼓励儿童读物的著作和普及；(4)鼓励大众传播媒介特别注意属于少数群体或土著居民的儿童在语言方面的需要；(5)鼓励根据第十三条和第十八条的规定制定适当的准则，保护儿童不受可能损害其福祉的信息和资料之害。
10. AC【解析】详见《幼儿园教育指导纲要（试行）》第四部分第一条规定。
11. ABC【解析】《幼儿园工作规程》第三十九条规定，幼儿园教职工患传染病期间暂停在幼儿园的工作。有犯罪、吸毒记录和精神病史者不得在幼儿园工作。
12. ACD【解析】《3～6岁儿童学习与发展指南》指出，要最大限度地支持和满足幼儿通过直接感知、实际操作和亲身体验获取经验的需要，严禁"拔苗助长"式的超前教育和强化训练。
13. BD【解析】《3～6岁儿童学习与发展指南》提出，人际交往和社会适应是幼儿社会学习的主要内容，也是其社会性发展的基本途径。
14. ACD【解析】详见《3～6岁儿童学习与发展指南》健康领域中的身心状况目标1的教育建议。
15. ACD【解析】详见《幼儿园工作规程》第四十一条。
16. ABD【解析】详见《幼儿园管理条例》第十四条、第十五条、第十六条和第十八条。
17. AC【解析】详见《幼儿园教育指导纲要（试行）》第四部分第八条。

三、判断题

1. √【解析】详见《幼儿园教师专业标准（试行）》专业知识维度的"幼儿发展知识"部分。
2. √【解析】详见《3～6岁儿童学习与发展指南》科学领域数学认知部分目标2。
3. √【解析】《3～6岁儿童学习与发展指南》说明部分指

出,《指南》以为幼儿后继学习和终身发展奠定良好素质基础为目标。

4. √【解析】详见《3~6岁儿童学习与发展指南》语言领域。

5. ×【解析】《幼儿园教育指导纲要(试行)》指出,利用图书、绘画和其他多种方式,引发幼儿对书籍、阅读和书写的兴趣,培养前阅读和前书写技能。

6. √【解析】《3~6岁儿童学习与发展指南》指出:应在生活情境和阅读活动中引导幼儿自然而然地产生对文字的兴趣,用机械记忆和强化训练的方式让幼儿过早识字不符合其学习特点和接受能力。

7. √【解析】详见《幼儿园工作规程》第二十条的规定。

8. √【解析】《幼儿园教师专业标准(试行)》是国家对合格幼儿园教师专业素质的基本要求,是幼儿园教师开展保教活动的基本规范,是引领幼儿园教师专业发展的基本准则,是幼儿园教师培养、准入、培训、考核等工作的重要依据。

9. ×【解析】《3~6岁儿童学习与发展指南》以为幼儿后继学习和终身发展奠定良好素质基础为目标,以促进幼儿体、智、德、美各方面的协调发展为核心。

10. √【解析】详见《幼儿园教育指导纲要(试行)》第二部分科学领域的内容与要求。

11. √【解析】详见《3~6岁儿童学习与发展指南》说明部分第四条。

12. √【解析】详见《3~6岁儿童学习与发展指南》说明部分第四条。

13. ×【解析】详见《幼儿园工作规程》第二十一条内容。

14. √【解析】详见《幼儿园教育指导纲要(试行)》第四部分"教育评价"中第二条内容。

15. ×【解析】《3~6岁儿童学习与发展指南》中"教给幼儿简单的自救和求救的方法"中指出:幼儿园应定期进行火灾、地震等自然灾害的逃生演习。

16. √【解析】《幼儿园教育指导纲要(试行)》指出,承认和关注幼儿的个体差异,避免用划一的标准评价不同的幼儿,在幼儿面前慎用横向的比较。

17. ×【解析】《幼儿园教育指导纲要(试行)》指出,社会领域的教育具有潜移默化的特点。幼儿社会态度和社会情感的培养尤应渗透在多种活动和一日生活的各个环节之中,要创设一个能使幼儿感受到接纳、关爱和支持的良好环境,避免单一呆板的言语说教。

18. √【解析】详见《幼儿园工作规程》第四十一条内容。

19. √【解析】详见《幼儿园管理条例》第十八条规定。

20. √【解析】详见《幼儿园工作规程》第四十八条规定。

21. ×【解析】详见《幼儿园工作规程》第四十条规定。

22. √【解析】详见《幼儿园教育指导纲要(试行)》第三部分组织与实施第五条规定。

23. ×【解析】详见《幼儿园管理条例》第十一条规定。

四、填空题

1. 教育建议
2. 动静交替
3. 倾听与表达
4. 30
5. 心理　社会适应
6. 自由　宽松　教师　同伴
7. 计划免疫　疾病防控
8. 直接经验
9. 专业理念
10. 游戏
11. 探究　异同
12. 保护　主动
13. 社会　生活

五、简答题(答案要点)

1. 幼儿教师应如何科学、合理地安排和组织幼儿的一日生活。

(1)时间安排应有相对的稳定性与灵活性,既有利于形成秩序,又能满足幼儿的合理需要,照顾到个体差异;

(2)教师直接指导的活动和间接指导的活动相结合,保证幼儿每天有适当的自主选择和自由活动时间,教师直接指导的集体活动要能保证幼儿的积极参与,避免时间的隐性浪费;

(3)尽量减少不必要的集体行动和过渡环节,减少和消除消极等待现象;

(4)建立良好的常规,避免不必要的管理行为,逐步引导幼儿学习自我管理。

2. 简述4~5岁幼儿动作发展中力量和耐力发展的目标。

(1)能双手抓杠悬空吊起15秒左右;

(2)能单手将沙包向前投掷4米左右;

(3)能单脚连续向前跳5米左右;

(4)能快跑20米左右;

(5)能连续行走1.5公里左右(途中可适当停歇)。

3. 幼儿园健康教育的目标有哪些?

(1)身体健康,在集体生活中情绪安定、愉快;

(2)生活、卫生习惯良好,有基本的生活自理能力;

(3)知道必要的安全保健常识,学习保护自己;

(4)喜欢参加体育活动,动作协调、灵活。

4. 对幼儿发展状况进行评估的原则有哪些?

(1)明确评价的目的是了解幼儿的发展需要,以便提供更加适宜的帮助和指导;

(2)全面了解幼儿的发展状况,防止片面性,尤其要避免只重知识和技能,忽略情感、社会性和实际能力的倾向;

(3)在日常活动与教育教学过程中采用自然的方法进行,平时观察所获的具有典型意义的幼儿行为表现和所积累的各种作品等,是评价的重要依据;

(4)承认和关注幼儿的个体差异,避免用划一的标准评价不同的幼儿,在幼儿面前慎用横向的比较;

(5)以发展的眼光看待幼儿,既要了解现有水平,更要关注其发展的速度、特点和倾向等。

5. 简述《幼儿园教育指导纲要(试行)》中社会领域的目标。
(1)能主动地参与各项活动,有自信心;
(2)乐意与人交往,学习互助、合作和分享,有同情心;
(3)理解并遵守日常生活中基本的社会行为规则;
(4)能努力做好力所能及的事,不怕困难,有初步的责任感;
(5)爱父母长辈、老师和同伴,爱集体、爱家乡、爱祖国。
6. 简述《幼儿园教师专业标准(试行)》的基本理念。
(1)幼儿为本;(2)师德为先;(3)能力为重;(4)终身学习。
7. 幼儿园教师对本班工作全面负责,主要职责有哪些?
(1)观察了解幼儿,依据国家有关规定,结合本班幼儿的发展水平和兴趣需要,制订和执行教育工作计划,合理安排幼儿一日生活;
(2)创设良好的教育环境,合理组织教育内容,提供丰富的玩具和游戏材料,开展适宜的教育活动;
(3)严格执行幼儿园安全、卫生保健制度,指导并配合保育员管理本班幼儿生活,做好卫生保健工作;
(4)与家长保持经常联系,了解幼儿家庭的教育环境,商讨符合幼儿特点的教育措施,相互配合共同完成教育任务;
(5)参加业务学习和保育教育研究活动;
(6)定期总结评估保教工作实效,接受园长的指导和检查。
8. 教师应成为幼儿学习活动的支持者、合作者、引导者,具体需要怎么做?
(1)以关怀、接纳、尊重的态度与幼儿交往,耐心倾听,努力理解幼儿的想法与感受,支持、鼓励他们大胆探索与表达;
(2)善于发现幼儿感兴趣的事物、游戏和偶发事件中所隐含的教育价值,把握时机,积极引导;
(3)关注幼儿在活动中的表现和反应,敏感地察觉他们的需要,及时以适当的方式应答,形成合作探究式的师生互动;
(4)尊重幼儿在发展水平、能力、经验、学习方式等方面的个体差异,因人施教,努力使每一个幼儿都能获得满足和成功;
(5)关注幼儿的特殊需要,包括各种发展潜能和不同发展障碍,与家庭密切配合,共同促进幼儿健康成长。
9.《幼儿园教师专业标准(试行)》中幼儿教师的通识性知识包括哪些方面?
(1)具有一定的自然科学和人文社会科学知识;
(2)了解中国教育基本情况;
(3)具有相应的艺术欣赏与表现知识;
(4)具有一定的现代信息技术知识。
10. 简述《3~6岁儿童学习与发展指南》中科学领域的价值取向。
(1)探究既是幼儿科学学习的目标,也是科学学习的方法;(2)解决问题是幼儿数学认知的重点,也是幼儿数学学习的基本途径;(3)为幼儿的科学探究和数学认知活动建立有机的联系。
11. 简述《幼儿园教育指导纲要(试行)》中语言领域的目标。
(1)乐意与人交谈,讲话礼貌;(2)注意倾听对方讲话,能理解日常用语;(3)能清楚地说出自己想说的事;(4)喜欢听故事、看图书;(5)能听懂和会说普通话。
12. 简述幼儿园保育员的主要职责。
(1)负责本班房舍、设备、环境的清洁卫生和消毒工作;(2)在教师指导下,科学照料和管理幼儿生活,并配合本班教师组织教育活动;(3)在卫生保健人员和本班教师指导下,严格执行幼儿园安全、卫生保健制度;(4)妥善保管幼儿衣物和本班的设备、用具。
13. 简述《幼儿园教育指导纲要(试行)》中科学领域的指导要点。
(1)幼儿的科学教育是科学启蒙教育,重在激发幼儿的认识兴趣和探究欲望;(2)要尽量创造条件让幼儿实际参加探究活动,使他们感受科学探究的过程和方法,体验发现的乐趣;(3)科学教育应密切联系幼儿的实际生活进行,利用身边的事物与现象作为科学探索的对象。
14. 简述《儿童权利公约》提倡的四项原则。
(1)儿童最大利益原则;(2)尊重儿童权利与尊严原则;(3)无歧视原则;(4)尊重儿童观点的原则。
15. 简述《幼儿园教育指导纲要(试行)》中艺术领域的目标。
(1)能初步感受并喜爱环境、生活和艺术中的美;(2)喜欢参加艺术活动,并能大胆地表现自己的情感和体验;(3)能用自己喜欢的方式进行艺术表现活动。
16. 简述教育工作评价宜重点考察的方面。
(1)教育计划和教育活动的目标是否建立在了解本班幼儿现状的基础上;(2)教育的内容、方式、策略、环境条件是否能调动幼儿学习的积极性;(3)教育过程是否能为幼儿提供有益的学习经验,并符合其发展需要;(4)教育内容、要求能否兼顾群体需要和个体差异,使每个幼儿都能得到发展,都有成功感;(5)教师的指导是否有利于幼儿主动、有效地学习。

六、案例分析题(答案要点)

1. (1)《3~6岁儿童学习与发展指南》指出:幼儿科学学习的核心是激发探究兴趣,体验探究过程,发展初步的探究能力。①案例中亮亮在科学活动中,将粗细水管连接在一起,表现出积极的兴趣;②在操作过程中将水从细管倒入,让水从另一头流出时感到非常开心,最后成功将倒入粗水管的水也引流出后,自豪地向同伴分享,这都表现出亮亮在体验整个探究过程中,得到了成功的体验,积累了相关的经验;③在发现水从粗水管倒入无法流出时,亮亮反复观察尝试,最后发现问题并且解决了问题,发展了初步的探究能力。

(2)策略:教师要善于发现和保护幼儿的好奇心,充分利用自然和实际生活机会,引导幼儿通过观察、比较、操作、实验等方法,学会发现问题、分析问题和解决问题,帮助幼儿不断积累经验,并运用于新的学习活动,形成受益终身的学习方法和能力。

2. (1)案例中的现象是不合理的。

(2)①幼儿社会领域的学习与发展过程是其社会性不断完善并奠定健全人格基础的过程。家庭、幼儿园和社会应共同努力,为幼儿创设温暖、关爱、平等的家庭和集体生活氛围,建立良好的亲子关系、师生关系和同伴关系,让幼儿在积极健康的人际关系中获得安全感和信任感,发展自信和自尊,在良好的社会环境及文化的熏陶中学会遵守规则,形成基本的认同感和归属感。

②幼儿园的一些活动如幼儿园和班级里的重大事情和计划,请幼儿集体讨论决定;幼儿园应经常组织多种形式的集体活动,萌发幼儿的集体荣誉感等,这些都可以吸引和鼓励幼儿参加集体活动,萌发集体意识并使幼儿具有初步的归属感,增强学前儿童的社会适应能力。

3. (1)《幼儿园教育指导纲要(试行)》中指出:"教师应成为幼儿学习活动的支持者、合作者、引导者。""关注幼儿在活动中的表现和反应,敏感地察觉他们的需要,及时以适当的方式应答,形成合作探究式的师生互动。"

(2)若以平常所理解的教育者的职责来衡量,可以肯定:案例中的李老师是一位很负责任的老师,她之所以会把月月叫到自己身边、强迫她集中精力认真听讲,是因为在她看来,月月的表现只是一种简单的注意力不够集中、不能专心听讲的行为。

(3)作为教育者,为了帮助月月,必须在这个时候对月月加以干预。但是,如果李老师能够转换一下思路,去探究一下月月行为的理由,可能就会结合月月的其他表现,或者通过直接的询问了解到,此时在月月的内心之中或许体验着某种焦虑,了解到这一背景,不难推断,对于月月而言,教师在此时最应该提供的是情绪上的安慰,而不是纪律方面的约束。

(4)因为即使真的坐到了教师的眼皮底下,月月也不一定就像教师预想的那样认真听故事,相反,也许由于教师的干预,月月原本已经在体验着焦虑的内心又会被追加上羞愧、畏惧与委屈。如此说来,在师幼互动行为过程中,教师开始的本意是出于履行教育者职责的施动行为,很可能会由于教师自身的成人感而变成伤害幼儿情感的一个根源。

4. (1)该老师的这堂课已经违背了《3~6岁儿童学习与发展指南》中幼儿园教育要尊重幼儿的个体差异。老师对作画的统一要求就限制了孩子的创作欲望与机会,没有尊重幼儿的个体差异。案例中多多作为一个"特例"却没有得到老师的"特殊对待",这种做法说明教师也没有理解幼儿的学习方式和特点。该老师还硬性要求一个不愿意按照老师要求画画的孩子去画,会使孩子产生不愉快的情绪,进而可能使孩子产生对画画的反感。

(2)建议:①创造机会和条件,支持幼儿自发的艺术表现和创造;②营造安全的心理氛围,让幼儿敢于并乐于表达、表现;③尊重幼儿自发的表现和创造,并给予适当的指导。

5. (1)《幼儿园教育指导纲要(试行)》中指出:"幼儿园教育应尊重幼儿的人格和权利,尊重幼儿身心发展的规律和学习特点""全面了解幼儿的发展状况,防止片面性,尤其要避免只重知识和技能,忽略情感、社会性和实际能力的倾向"。

(2)三、四岁的幼儿心理还未成熟,基本上没有自我评价意识。教师一时的评价,往往会被幼儿当成对自己永远的评价。教师B对强强带有嘲讽意味的评价,给强强造成了一种不自信的心理暗示,让强强以为自己就是不如其他小朋友。下次再绘画时,自然就想到教师B的评价,认为自己真的不行,这种不自信一旦产生,对绘画的恐惧也就从此开始了。案例中教师的评价只重知识和技能,忽略情感、社会性和实际能力的倾向,是不合理的。

(3)在绘画活动中,幼儿难免会遇到困难。教师要做的是对幼儿进行点拨,而不是简单的批评,甚至是嘲讽。将强强画不出鱼头来的原因完全归因于"笨",是教师B一种不负责任的行为表现。若教师在指导不会画鱼头的幼儿时,编一个"画个月亮圆又圆,里面放颗紫葡萄"的顺口溜,很容易地就帮助幼儿学会了画鱼头。教师在绘画活动中要学会改变自己的指导方法,或许问题就迎刃而解了。

6. (1)①能初步感受并喜爱环境、生活和艺术中的美;②喜欢参加艺术活动,并能大胆地表现自己的情感和体验;③能用自己喜欢的方式进行艺术表现活动。

(2)①引导幼儿接触周围环境和生活中美好的人、事、物,丰富他们的感性经验和审美情趣,激发他们表现美、创造美的情趣。案例中林老师启发她们观察蝴蝶的色彩和形态,激发幼儿的兴趣。②在艺术活动中面向全体幼儿,要针对他们的不同特点和需要,让每个幼儿都得到美的熏陶和培养,对有艺术天赋的幼儿要注意发展他们的艺术潜能。案例中丽丽等一群孩子要表演"三只蝴蝶",林老师就提议她们自己做头饰装扮,还扮演其中的角色参与游戏,发展了幼儿的艺术潜能。③提供自由表现的机会,鼓励幼儿用不同艺术形式大胆地表达自己的情感、理解和想象,尊重每个幼儿的想法和创造,肯定和接纳他们独特的审美感受和表现方式,分享他们创造的快乐。④在支持、鼓励幼儿积极参加各种艺术活动并大胆表现的同时,帮助他们提高表现的技能和能力。案例中在语言活动中,林老师还讲了《三只蝴蝶》的故事,并和孩子们一起玩"花儿和蝴蝶"的音乐游戏。林老师在美工区提供画笔、颜料、彩泥、橡皮泥等材料,让孩子们自主表现蝴蝶。林老师鼓励幼儿用不同艺术形式来表

现蝴蝶，加深了他们的认识，提高了他们的表现技能。⑤指导幼儿利用身边的物品或废旧案例制作玩具、手工艺品等来美化自己的生活或开展其他活动。⑥为幼儿创设展示自己作品的条件，引导幼儿相互交流、相互欣赏、共同提高。案例中林老师引导孩子和家长一起收集蝴蝶的照片和标本并展示出来，还经常和孩子们一起欣赏、交流蝴蝶美在哪里，使孩子们相互交流，共同提高。

7.《幼儿园教育指导纲要（试行）》中指出幼儿园的科学教育是科学启蒙教育，重在激发幼儿的认知兴趣和探究欲望。要尽量创造条件让幼儿实际参加探究活动，使他们感受科学探究的过程和方法，体验发现的乐趣。案例中，“植物用什么喝水”引起了幼儿的极大兴趣，杜老师没有急于直接地告诉幼儿答案，而是为幼儿创造了一个动手操作的机会，让孩子们亲自种植植物并从中去观察、发现，最后得出结论。孩子的兴趣是一切活动的根源，杜老师没有直接告诉孩子们问题的答案，而是充分激发起孩子探索的兴趣，让他们主动地去观察、去发现，让孩子们从活动中得到最大程度的发展。

8.（1）入园之后，有的宝宝没多久就完全适应了，可有些宝宝，入园都好几个月了，还是孤独的样子，没有好朋友。其实让宝宝更快地适应幼儿园生活、感受到幼儿园带给他的快乐，一个很有效的方法就是指导幼儿学会与人交往。

（2）《幼儿园教育指导纲要（试行）》指出：“引导幼儿参加各种集体活动，体验与教师、同伴等共同生活的乐趣，帮助他们正确认识自己和他人，养成对他人、社会亲近、合作的态度，学习初步的人际交往技能。”案例中青青小朋友特别乖，可她总是一个人玩，不喜欢和小朋友们做游戏，也不喜欢说话，是因为她还不善于和小朋友们交往，没有体会到和小伙伴们一起游戏的快乐。青青学会和小朋友交往，才能体会到同伴交往的乐趣。让她学会如何与老师交往和沟通，才能形成更好的师幼互动。能够与小朋友、老师友好相处的宝宝就会更喜欢幼儿园了。

知识2 教师职业道德概述

一、单项选择题

1. A【解析】编选校本教材时，尚老师认真审查、修改，说明尚老师具有爱岗敬业的精神。
2. A【解析】教师职业道德影响的深远性是指教师的道德品质和行为将给学生留下深刻久远的印象，它不会因学生的毕业而随之结束，还将延续到毕业之后，有时甚至伴随学生的一生。
3. B【解析】道德与教师职业道德是共性与个性的关系，其中，道德是共性，教师职业道德是个性。
4. B【解析】《幼儿园教师违反职业道德行为处理办法》第三条规定，本办法所称处理包括处分和其他处理。处分包括警告、记过、降低岗位等级或撤职、开除。警告期限为6个月，记过期限为12个月，降低岗位等级或撤职期限为24个月。是中共党员的，同时给予党纪处分。
5. A【解析】教师职业道德是教师在从事教育劳动时所应遵循的行为规范和必备的品德的总和，是调节教师与他人、与社会等关系时所必须遵守的基本道德规范和行为准则，以及在此基础上所表现出来的道德观念、情操和品质。
6. C【解析】热爱幼儿是幼儿教师职业道德的核心，是评价幼儿教师职业道德水准的重要指标。
7. A【解析】这句话充分说明了教师的本职工作是教书育人。
8. C【解析】“不愤不启，不悱不发”是一种教学方法，与教师职业道德修养无关。
9. A【解析】所谓教师职业道德影响的广泛性，是指教师的思想道德不仅影响在校学生，而且会通过学生和家长进而影响整个社会。
10. B【解析】对教育过程的调节作用是教师职业道德最基本、最重要的作用。
11. A【解析】题干的描述体现了教师职业道德的示范性。
12. C【解析】尊重儿童的人格和正当权利，尊重儿童的兴趣、爱好，坚持以正面激励为主，使儿童敢想、敢说、敢于探索和创造；引导、鼓励和帮助儿童参加各种活动，随时肯定、表扬他们的积极性和良好表现。题干中老师的做法体现了正面激励。
13. D【解析】“为人师表”要求教师在职业活动中对自己要严格要求，要以自己的行为作为他人，特别是学生的楷模。
14. D【解析】为人师表要求教师衣着得体，该老师显然违背了这一要求。
15. A【解析】题干描述的是教师教书育人的职业道德。
16. D【解析】2008年修订的《中小学教师职业道德规范》具有以下特点：(1)坚持“以人为本”；(2)坚持继承与创新相结合；(3)坚持广泛性与先进性相结合；(4)倡导性要求与禁行性规定相结合；(5)他律与自律相结合。
17. D【解析】宋老师创编了很多帮助幼儿培养良好习惯的儿歌，这体现了宋老师教学的探索创新。
18. C【解析】高老师对待课堂上有可能引发争议的问题，事先运用试验、检验假设、请教学者等方式以求得到问题的正确解答。这是一种求真务实的精神。
19. A【解析】新《规范》中关于“爱岗敬业”方面所规定的具体职业行为要求有以下几点：对工作高度负责、认真备课上课、认真批改作业、认真辅导学生、不得敷衍塞责。题干中的描述体现了教师爱岗敬业的职业道德规范。
20. D【解析】为人师表是教师职业的内在要求。
21. C【解析】“传道”“授业”“解惑”是指传播道理、教授课业和解答疑惑。出自唐代韩愈《师说》。其实质是教书和育人。
22. D【解析】教书和育人是教师职业道德规范的重要内容，两者的关系是相辅相成、相互联系、相互促进的辩证统一关系。

23. B【解析】教师职业道德的特点:(1)教师职业道德的教育专门性(适用的针对性);(2)教师职业道德要求的双重性;(3)教师职业道德内容的全面性;(4)教师职业道德功能的多样性;(5)教师职业道德标准的严格性和境界的高层次性;(6)教师职业道德意识的自觉性;(7)教师职业道德行为的典范性和示范性;(8)教师职业道德影响的广泛性和深远性。

24. A【解析】教师不从学生那里谋取自己的利益,是"廉洁从教"的体现。

25. C【解析】教书育人要求教师遵循教育规律,实施素质教育,循循善诱,诲人不倦,因材施教,培养学生良好品行,激发学生创新精神,促进学生全面发展,不以分数作为评价学生的唯一标准。

26. B【解析】《中小学教师职业道德规范》(2008年修订)不是对教师的全部道德行为和教育教学工作的要求,不能取代学校的其他各项规章制度。

27. C【解析】热爱教育、热爱学校是指教师热爱岗位;尽职尽责、教书育人是兢兢业业为教育奉献精神的体现,是敬业。

28. B【解析】题干描述的是为人师表的内容。

29. C【解析】热爱学生是教师必备的职业道德素质。

30. C【解析】终身学习要求教师通过不断的自主学习、自我监控、实践反思、探究和研修,实现自我的更新与发展。题干中王老师的做法符合终身学习的教师职业道德要求。

31. B【解析】关爱学生的关键是做到对学生平等公正。平等,是师生之间的平等、生生之间的平等;公正,是将关爱给每一个学生,不论这些学生的发展状况如何、社会背景和家庭背景如何。题干中李老师的做法,不符合教师职业道德规范的要求。

32. A【解析】张老师"参加培训"是注重业务能力提高和专业素质提升的表现,"将自己的心得与同事分享",是富有团结协作精神的表现。故A项不正确。

33. A【解析】热爱学前教育事业是幼儿园教师的基本道德准则,也是幼儿园教师做好本职工作的前提条件。

34. D【解析】爱岗敬业要求教师忠诚于人民教育事业,志存高远,勤恳敬业,甘为人梯,乐于奉献。对工作高度负责,认真备课上课,认真批改作业,认真辅导学生。不得敷衍塞责。

35. B【解析】王老师在爱护公共卫生方面率先垂范,做学生的榜样,以自己的人格魅力教育影响学生,体现的职业道德是为人师表。

36. B【解析】《中小学教师职业道德规范》(2008年修订)中"为人师表"要求教师"衣着得体"。

37. A【解析】爱国守法是教师处理其与国家社会的关系时所应遵循的原则要求。教师与国家社会的关系是教师必须首先面对的关系,也是在职业行为上必须首先要协调的关系。在教师与国家社会的关系上,教师需要处理自己作为一个公民和自己作为社会职业者与国家社会的关系。

38. D【解析】关爱学生还要求教师对学生的安全、健康负责,对学生的权益负责。学生的安全,是他们的人身安全;学生的健康,是他们的身心健康;学生的权益,是法律赋予他们的权益。教师做法不利于幼儿的心理健康。

39. A【解析】"躬自厚而薄责于人"的意思是:多责备自己而少责备别人,即严于律己。

40. C【解析】行为的典范性是指教师的品德和行为对学生的思想品德的形成与行为具有榜样作用。教师职业道德的典范性是由教师劳动的示范性决定的。

41. D【解析】新《规范》中关于"关爱学生"方面所规定的具体职业行为要求有以下几点:(1)关心爱护全体学生,尊重学生人格,平等公正对待学生;(2)对学生严慈相济,做学生的良师益友;(3)保护学生安全,关心学生健康,维护学生权益;(4)不讽刺、挖苦、歧视学生,不体罚或变相体罚学生。

42. A【解析】林老师的行为明显有悖于为人师表的教师职业道德规范。为人师表要求教师要坚守高尚情操,知荣明耻,严于律己,以身作则。

43. C【解析】发挥师爱应遵循:尊重信任学生、面向全体学生、关注学生全面发展、热爱学生与严格要求学生相结合。同时,师爱具有育人的作用。

44. C【解析】从伦理学的角度看,教师要公正地对待学生,首先是要真正尊重和信赖学生。

45. B【解析】加强师德建设是解决当前幼儿园教师失德问题的有效办法。

46. A【解析】中小学《教师职业道德规范》(2008年)中关于"关爱学生"方面所规定的具体职业行为要求之一是关心爱护全体学生,尊重学生人格,平等公正对待学生。廖老师没有平等公正对待学生。

二、多项选择题

1. ABCD【解析】廉洁从教要求教师要坚守高尚情操,发扬奉献精神,自觉抵制社会不良风气影响。不利用职责之便谋取私利。

2. ABCD【解析】严谨治学要求教师要树立优良学风,刻苦钻研业务,不断学习新知识,探索教育教学规律,改进教育教学方法,提高教育、教学和科研水平。

3. ABCD【解析】2008年修订的《中小学教师职业道德规范》中关于"爱国守法"方面所规定的具体职业行为要求有以下几点:(1)全面贯彻国家教育方针;(2)自觉遵守教育法律法规,依法履行教师职责权利;(3)不得有违背党和国家方针政策的言行。

4. ABCD【解析】教师职业道德的作用包括调节作用、教育作用、导向作用、促进作用。

三、判断题

1. √【解析】教师职业道德是一般社会道德在教师职业中

的特殊体现，在教师素质中居于核心地位。

2. ×【解析】教师职业道德影响的深远性是指教师的道德品质和行为将给学生留下深刻久远的印象，它不会因学生的毕业而随之结束，还将延续到毕业之后，有时甚至伴随学生的一生。题干描述的是教师职业道德影响的广泛性。

3. ×【解析】教师的天职是教书育人，师德的灵魂是关爱学生。

四、填空题

1. 热爱学生
2. 爱国守法
3. 爱与责任
4. 教书育人
5. 终身学习

五、简答题(答案要点)

1. 简述新《中小学教师职业道德规范》中关于"终身学习"方面所规定的具体职业行为要求。

(1)崇尚科学精神，树立终身学习理念，拓宽知识视野，更新知识结构；

(2)潜心钻研业务，勇于探索创新，不断提高专业素养和教育教学水平。

2. 简述新《中小学教师职业道德规范》中关于"为人师表"方面所规定的具体职业行为要求。

(1)坚守高尚情操，知荣明耻；
(2)严于律己，以身作则；
(3)衣着得体，语言规范，举止文明；
(4)关心集体，团结协作，尊重同事，尊重家长；
(5)作风正派，廉洁奉公；
(6)自觉抵制有偿家教，不利用职务之便谋取私利。

3. 简述教师在处理与家长关系时应遵循的道德要求。

(1)主动与学生家长联系；
(2)认真听取家长的意见和建议；
(3)尊重学生家长的人格；
(4)教育学生尊重家长。

4. 简述新《中小学教师职业道德规范》中关于"爱岗敬业"方面所规定的具体职业行为要求。

(1)对工作高度负责；
(2)认真备课上课；
(3)认真批改作业；
(4)认真辅导学生；
(5)不得敷衍塞责。

5. 简述新《中小学教师职业道德规范》中关于"关爱学生"方面所规定的具体职业行为要求。

(1)关心爱护全体学生，尊重学生人格，平等公正对待学生；
(2)对学生严慈相济，做学生的良师益友；
(3)保护学生安全，关心学生健康，维护学生权益；
(4)不讽刺、挖苦、歧视学生，不体罚或变相体罚学生。

6. 简述教师职业道德的调节作用具体表现在哪几个方面？

(1)通过调节教师与教育事业的关系，促进教师爱岗敬业；(2)通过调节教师与学生的关系，形成尊师爱生的教育氛围；(3)通过调节教师与教师的关系，形成团结协作的教育凝聚力；(4)通过调节教师与学校其他成员及与社会其他成员的关系，形成教育合力。

7. 简述教师职业道德的促进作用具体表现在哪几个方面？

(1)有利于社会职业道德的发展和从业者道德素质的提高；

(2)有利于家庭美德的形成和整个社会文明程度的提高；

(3)有利于社会公德的发展和良好社会风气的形成。

8. 简述2008年修订的《中小学教师职业道德规范》具有的特点。

(1)坚持"以人为本"；(2)坚持继承与创新相结合；(3)坚持广泛性与先进性相结合；(4)倡导性要求与禁行性规定相结合；(5)他律与自律相结合。

9. 简述新《中小学教师职业道德规范》中关于"爱国守法"方面所规定的具体职业行为要求。

(1)全面贯彻国家教育方针；
(2)自觉遵守教育法律法规，依法履行教师职责权利；
(3)不得有违背党和国家方针政策的言行。

六、案例分析题(答案要点)

1. (1)李老师模范地践行了教师职业道德规范，是值得每一位老师学习的。(2)李老师不仅关注胆大的孩子，也关注胆小的孩子不断进步的做法践行了热爱学生这一教师职业道德规范。热爱学生要求教师要平等对待每一位学生，要始终信任每一位学生。(3)李老师经常与幼儿家长沟通，共同寻找适宜的培养方法，这种做法践行了尊重家长，团结协作这一教师职业道德规范。尊重家长，团结协作对于调动家长的教育潜能、形成教育共识、提高家长的素质、形成教育优势和形成教育的合力具有积极意义。

2. (1)案例中老师的做法体现了"关爱学生"这一原则。康康把牛奶洒了，老师过来没有责备他，而是帮助他一起把桌子擦干净。体现了老师对康康的关爱和尊重。

(2)案例中老师的做法体现了"为人师表"的原则，康康把牛奶洒了，老师帮助他一起擦桌子，当孩子们想要摘植物园的睡莲时老师及时阻止。这些都体现了教师为人师表、以身作则，为幼儿做良好的榜样示范。

(3)案例中老师的做法体现了"教书育人"的原则，老师为了满足孩子们探究睡莲的兴趣，许诺会买睡莲放在班里，该教师善于引导孩子，保护幼儿的探究兴趣。

3. (1)教师的做法违背了教师职业道德规范中的关爱学生。作为教师要关心爱护全体学生，尊重学生人格，平等公正对待学生。(2)不讽刺、挖苦、歧视学生，不体罚或变相体罚学生。而案例中的老师对孩子批评，不让其他孩子理睬他，造成了明明在其他孩子眼中是个调皮、惹

老师生气的坏孩子。(3)作为一名教师要做到教书育人，循循善诱，诲人不倦，因材施教，而不是一味地批评和惩罚。

4. (1)郭老师主要践行的教师职业道德规范有：爱岗敬业、关爱学生、教书育人、终身学习。

(2)①爱岗敬业：郭老师认真履行岗位职责，勤奋工作，敬业乐业，主动帮助外来务工子女问题，是对工作岗位职责的高度负责。

②关爱学生：郭老师每天照顾没有及时接走的幼儿，从无怨言，还经常买学习用品。

③教书育人：郭老师充满爱心，总是耐心，细心对待每个孩子，承担了教书育人的光荣职责。

④终身学习：郭老师工作特别认真，每次活动前都花大量时间精心准备，参加区、市各种比赛屡屡获奖，不断更新知识结构，促进个人教学水平的不断提高。

5. (1)该教师在对待家长方面的行为是不正确的。

(2)该教师违反了教师职业道德中"关爱学生、为人师表"的要求。

(3)在处理与家长的关系方面，教师应遵循的基本道德规范是：①在理想层面要热情相待，积极参与。即教师在与学生家长交往时，应该表现出一种对学生的纯洁的关爱之心，对家长的积极热情的沟通愿望。②在原则层面要平等相待。即要求教师应当把家长看成是平等交往的对象，尊重家长，不准因学生的原因，训斥、侮辱家长和其他相关人员。

6. 这位教师的行为践行了教师职业道德规范要求的教书育人，为人师表，爱岗敬业，关爱学生。从保教行为的角度看：

(1)面对媛媛出现的问题，教师以素质教育观念为出发点，爱岗敬业，遵循教育规律，坚持教书育人，尊重幼儿人格，帮助幼儿树立正确的人生观和价值观，坚守高尚情操。

(2)教师对待幼儿的态度一视同仁，不讽刺或挖苦幼儿，用积极的话语去引导幼儿，帮助幼儿树立信心。

(3)教师根据幼儿的具体特点和需要，以感情为基础，以爱为核心。"老师替你保密""老师小时候也尿过床"之类的语言给孩子以无比的鼓励，语气平和，态度和蔼，拉近了与幼儿的距离，增加亲和力，促使教育取得好的效果。

(4)教师在与幼儿的交往中，热爱幼儿，尊重幼儿的人格和情感；客观地对待和评价幼儿尿裤子的行为，关心幼儿的成长；没有体罚和变相体罚幼儿。

7. 林老师的做法违背了教师职业道德规范中教书育人，为人师表，关爱幼儿的要求。从保教行为的角度看：

(1)林老师的行为不符合教书育人，为人师表的规范。因为小易妈妈经常送礼物，朵朵漂亮，林老师就喜欢他们，林老师没有做到关爱每一个幼儿，公正公平地对待每一个幼儿，在具体的教育实践活动中没有做到教书育人，更没有树立正确的人生观和价值观，违反了教书育人，为人师表的职业道德。

(2)林老师的行为不符合关爱学生的规范。因为学生家境和相貌不同，林老师喜欢学生的标准也不同。"即使小易和小朋友打架，弄翻了小朋友的餐盘，老师也不会责备他。"但林老师会挖苦讽刺小白，给小白起绰号"鼻涕虫、爱哭鬼"，没有做到一视同仁，损害了幼儿的人格。

8. (1)道德行为：①这位教师没有践行教师思想行为规范。没有以素质教育理念为出发点，面对"我"提出的问题，该教师带着"嘲笑的口吻"给予否定，使"我对自己的判断产生了怀疑"。这位教师没有做到尊重学生人格，没有注重培养学生的创新思维和创新能力。

②这位教师没有践行教师言语行为规范。教师要放低姿态，语气平和、态度和蔼地回答学生的问题，而这位教师并没有与"我"交流，而是用"嘲笑的语气"否定了"我"的提问，这直接伤害了学生的自尊心，同时，也没有取得良好的教学效果。

③这位教师没有践行教师人际行为规范。教师对待学生要永远保持爱心和耐心，尊重学生、关心学生。而这位教师"不以为然"地否定了我的提问，"当时我还要再问，老师挥挥手让我坐下"。教师没有耐心对待学生的问题，与学生的关系仍然保持着师道尊严，没有平等地对待学生。

④这位教师没有践行教师教学行为规范。教师应熟练掌握所教课程的内容，认真备课，因材施教，鼓励学生积极思考，引发学生的求知欲。而这位教师的做法恰好相反，不仅没有引导学生思考，当学生提出问题时，还给予否定，打消学生的积极性，使"我不像以前那样'炸刺'了"。这位教师束缚、压抑学生思考和探讨问题的主动性，伤害了学生的自尊和人格，不利于学生健康成长。

(2)正确做法：对学生动脑思考、爱问问题在态度和行为上要给予肯定；以这一问题激活全班学生的思考和讨论，共同寻求合理的结论，鼓励学生积极思考，勇于发言，引发学生的求知欲，培养学生的创新思维，使学生在轻松的学习环境中健康成长。这样不仅有利于良好师生关系的建立和发展，还能更好地培养学生的主体性。

9. (1)要尊重家长。教师与幼儿家长要建立良好的关系，最重要的就是要尊重家长，教师把家长找来，对于幼儿存在的问题，要善于和家长一道实事求是地分析，共同研究方法。

(2)教师要善于与家长沟通。在与家长沟通时，教师要表示出对幼儿的真正关心，要避免情绪化，不要与家长争辩，要努力寻找共识，力争找到双方意见一致的解决方法。沟通不同于发号施令，要给家长足够的说话时间，认真聆听家长的解释，同时鼓励家长提问。如案例中教师请来了家长，委婉地向她说明了请她来的原因，家长非常感激教师及时发现了孩子的这个行为并与她沟通，决心和教师一起教育好孩子，又请求教师替她儿子保密，以保护孩子的心灵。这种做法是正确的，家长要和教师相互配合，相互合作，共同促进孩子向好的方向发展。

整合提升

一、单项选择题

1. C【解析】《幼儿园工作规程》第八条规定，幼儿园对烈士子女、家中无人照顾的残疾人子女、孤儿、家庭经济困难幼儿、具有接受普通教育能力的残疾儿童等入园，按照国家和地方的有关规定予以照顾。
2. B【解析】《幼儿园教育指导纲要（试行）》第二部分语言领域的目标之一是能清楚地说出自己想说的事。
3. D【解析】《幼儿园工作规程》第十九条规定，幼儿园应当建立幼儿健康检查制度和幼儿健康卡或档案。每年体检一次，每半年测身高、视力一次，每季度量体重一次；注意幼儿口腔卫生，保护幼儿视力。
4. D【解析】《幼儿园教师专业标准（试行）》基本内容部分反思与发展能力要求教师主动收集分析相关信息，不断进行反思，改进保教工作。针对保教工作中的现实需要与问题，进行探索和研究。制定专业发展规划，不断提高自身专业素质。
5. B【解析】《幼儿园教育指导纲要（试行）》总则第四条规定：幼儿园应为幼儿提供健康、丰富的生活和活动环境，满足他们多方面发展的需要，使他们在快乐的童年生活中获得有益于身心发展的经验。
6. B【解析】详见《3～6岁儿童学习与发展指南》"健康领域"中"动作发展"的目标2"具有一定的力量和耐力"的内容。
7. B【解析】详见《3～6岁儿童学习发展与指南》"科学领域"中"数学认知"中的目标1"初步感知生活中数学的有用和有趣"。
8. C【解析】详见《幼儿园教育指导纲要（试行）》第四部分中第四条的内容。
9. D【解析】详见《3～6岁儿童学习与发展指南》中"社会领域"中"社会适应"的目标3"具有初步的归属感"的教育建议。
10. B【解析】《幼儿园教育指导纲要（试行）》中指出，幼儿园的教育内容是全面的、启蒙性的，可以相对划分为健康、语言、社会、科学、艺术等五个领域，也可作其他不同的划分。各领域的内容相互渗透，从不同的角度促进幼儿情感、态度、能力、知识、技能等方面的发展。
11. D【解析】各领域提炼出的关键能力主要有：健康——自我保护能力；语言——表达能力；社会——人际交往能力；科学——思维能力；艺术——创造能力。
12. B【解析】《幼儿园管理条例》第十八条规定，幼儿园应当建立卫生保健制度，防止发生食物中毒和传染病的流行。
13. A【解析】《幼儿园教育指导纲要（试行）》指出，幼儿教育评价的目的是了解幼儿的发展需要，以便提供更加适宜的帮助和指导。
14. A【解析】幼儿园教师职业义务的作用包括：(1)有益于调节幼儿园教师教育教学活动中的人际关系，减少和协调工作中的矛盾和冲突；(2)有益于幼儿园教师在幼儿教育工作中自觉遵循教师职业道德要求，选择最优教育行为；(3)有益于幼儿园教师在教育教学工作中培养高尚的道德情操，提升道德品质。
15. B【解析】详见《3～6岁儿童学习与发展指南》"语言领域"中"倾听与表达"中目标1的内容。
16. C【解析】略。
17. C【解析】《中小学教师职业道德规范》"为人师表"要求教师要作风正派，廉洁奉公，不利用职务之便谋取私利。显然，题干中教师的行为违背了该项规定。
18. D【解析】幼儿园教师自身道德修养的高低直接关系着幼儿教育的质量。
19. B【解析】尊重家长要求教师主动与学生家长联系，认真听取意见和建议，取得支持与配合。积极宣传科学的教育思想和方法，不训斥、指责学生家长。王老师的语言违反了师德规范中"尊重家长"的要求。
20. A【解析】《中小学职业道德规范》(2008年修订)规定，教师要关心爱护全体学生，尊重学生人格，平等、公正对待学生。对学生严慈相济，做学生的良师益友。保护学生安全，维护学生合法权益，促进学生全面、主动、健康发展。不讽刺、挖苦、歧视学生，不体罚或变相体罚学生。
21. B【解析】段老师的职业修养有待改善，因为教师在教学中在各方面应起到表率垂范的作用，师德修养是内在品质和仪表修养的结合。段老师师德优秀，但是仪表修饰有待改善。
22. D【解析】题干的意思是自我品行端正了，即使不发布命令，老百姓也会去实行；若自身不端正，即使发布命令，老百姓也不会服从。隐含的道理是教师要以身作则，一言一行都会对学生产生巨大的影响。
23. B【解析】幼儿园教师要仪表端庄、着装整齐、梳妆打扮符合职业要求、谈吐文雅、举止文明、热情和蔼、为人师表。
24. C【解析】题干描述的是王老师与同事的团结互助，反应的是师师关系。
25. D【解析】《国务院关于当前发展学前教育的若干意见》中提出，把发展学前教育摆在更加重要的位置。学前教育是终身学习的开端，是国民教育体系的重要组成部分，是重要的社会公益事业。
26. B【解析】《国务院关于当前发展学前教育的若干意见》中提出，多种形式扩大学前教育资源。大力发展公办幼儿园，提供"广覆盖、保基本"的学前教育公共服务。鼓励社会力量以多种形式举办幼儿园。努力扩大农村学前教育资源。
27. C【解析】《幼儿园工作规程》第十三条指出，幼儿园的园舍应当符合国家和地方的建设标准，以及相关安全、卫生等方面的规范，定期检查维护，保障安全。幼儿园

不得设置在污染区和危险区，不得使用危房。幼儿园的设备设施、装修装饰材料、用品用具和玩教具材料等，应当符合国家相关的安全质量标准和环保要求。入园幼儿应当由监护人或者其委托的成年人接送。

28. A【解析】《3～6岁儿童学习与发展指南》健康教育领域，生活习惯与生活能力中目标1的教育建议：让幼儿保持有规律的生活，养成良好的作息习惯。如：早睡早起、每天午睡、按时进餐、吃好早餐等。

二、多项选择题

1. ABD【解析】幼儿教师的主要职责在《幼儿园工作规程》第四十一条已有明确规定：(1)观察了解幼儿，依据国家有关规定，结合本班幼儿的发展水平和兴趣需要，制订和执行教育工作计划，合理安排幼儿一日生活；(2)创设良好的教育环境，合理组织教育内容，提供丰富的玩具和游戏材料，开展适宜的教育活动；(3)严格执行幼儿园安全、卫生保健制度，指导并配合保育员管理本班幼儿生活，做好卫生保健工作；(4)与家长保持经常联系，了解幼儿家庭的教育环境，商讨符合幼儿特点的教育措施，相互配合共同完成教育任务；(5)参加业务学习和保育教育研究活动；(6)定期总结评估保教工作实效，接受园长的指导和检查。

2. AC【解析】《幼儿园管理条例》第二十八条提出，违反本条例，具有下列情形之一的单位或者个人，由教育行政部门对直接责任人员给予警告、罚款的行政处罚，或者由教育行政部门建议有关部门对责任人员给予行政处分：(一)体罚或变相体罚幼儿的；(二)使用有毒、有害物质制作教具、玩具的；(三)克扣、挪用幼儿园经费的；(四)侵占、破坏幼儿园园舍、设备的；(五)干扰幼儿园正常工作秩序的；(六)在幼儿园周围设置有危险、有污染或者影响幼儿园采光的建设和设施的。前款所列情形，情节严重，构成犯罪的，由司法机关依法追究刑事责任。

3. ABD【解析】本题考查语言领域教学活动环境创设。语言领域教学活动环境创设的整体要求：(1)创设使幼儿“敢说”的环境气氛；(2)提供使幼儿“想说、爱说”的活动材料；(3)提供促使幼儿“会说”的示范；(4)利用语言区角环境，使教学活动同步拥有丰富的语言环境。

4. ABC【解析】教师职业的基本要求是爱国守法。

5. ACD【解析】《3～6岁儿童学习与发展指南》比《幼儿园教育指导纲要(试行)》更具体地将“终身教育”思想体现到目标的阐述中去，引导关心幼儿发展的各方通过讨论这些目标的内涵及其对于幼儿当下生活和未来生活的意义，来反思自己当前的教育价值观。这就为改变学前教育目标模糊不清、各方不同价值观隐蔽地、相互抵触地影响幼儿发展的局面提供了可能。这就说明了《指南》不是《纲要》的简单补充。B项错误。

6. ABCD【解析】《3~6岁儿童学习与发展指南》健康领域目标包括：具有健康的体态；情绪安定愉快；具有一定的适应能力；具有一定的平衡能力，动作协调、灵敏；具有一定的力量和耐力；手的动作灵活协调；生活习惯与生活能力；具有基本的生活自理能力；具备基本的安全知识和自我保护能力。

7. ABD【解析】《幼儿园教师专业标准(试行)》的主要功能：(1)各级教育行政部门要将《专业标准》作为幼儿园教师队伍建设的基本依据。(2)开展幼儿园教师教育的院校要将《专业标准》作为幼儿园教师培养培训的主要依据。(3)幼儿园要将《专业标准》作为教师管理的重要依据。(4)幼儿园教师要将《专业标准》作为自身专业发展的基本依据。

三、判断题

1. ×【解析】详见《幼儿园教师专业标准(试行)》的基本内容中“幼儿保育和教育的态度与行为”的内容。

2. √【解析】《幼儿园工作规程》第十五条规定，幼儿园应当结合幼儿年龄特点和接受能力开展反家庭暴力教育，发现幼儿遭受或者疑似遭受家庭暴力的，应当依法及时向公安机关报案。

3. ×【解析】《3～6岁儿童学习与发展指南》中艺术领域的四个目标用了三个“喜欢”，这就告诉我们，幼儿园艺术教育重在艺术兴趣的培养，而各年龄所列的典型表现，正是我们用以观察幼儿是否具有艺术兴趣的一些表现特征。

4. √【解析】境界的高层次性是指社会和他人对教师职业道德要求总是在整个社会道德体系中处于较高水平和较高层次。教师职业道德的高层次是由教师教书育人的目的和任务决定的。

5. √【解析】良好的教师职业道德，对整个社会职业道德的发展、对家庭美德的形成、对社会公德的提高具有十分重要的促进作用。

6. ×【解析】《幼儿园工作规程》第四条规定，幼儿园适龄幼儿一般为3周岁至6周岁。幼儿园一般为三年制。

7. ×【解析】《幼儿园工作规程》第四十条规定，幼儿园园长应当符合本规程第三十九条规定，并应当具有《教师资格条例》规定的教师资格、具备大专以上学历、有三年以上幼儿园工作经历和一定的组织管理能力，并取得幼儿园园长岗位培训合格证书。

四、填空题

1. 个体差异
2. 委托交接制度
3. 爱岗敬业
4. 终身学习
5. 360
6. 心理健康

五、简答题(答案要点)

1. 简述《幼儿园工作规程》中要求幼儿园教育应当贯彻的原则和要求。

(1)德、智、体、美等方面的教育应当互相渗透，有机结合。

(2)遵循幼儿身心发展规律，符合幼儿年龄特点，注重个体差异，因人施教，引导幼儿个性健康发展。

(3)面向全体幼儿，热爱幼儿，坚持积极鼓励、启发引导的正面教育。

(4)综合组织健康、语言、社会、科学、艺术各领域的教育内容，渗透于幼儿一日生活的各项活动中，充分发挥各种教育手段的交互作用。

(5)以游戏为基本活动，寓教育于各项活动之中。

(6)创设与教育相适应的良好环境，为幼儿提供活动和表现能力的机会与条件。

2. 为什么不能把《3～6岁儿童学习与发展指南》作为一把“尺子”来衡量全班幼儿？

(1)幼儿的发展是一个持续、渐进的过程，同时也表现出一定的阶段性特征；

(2)每个幼儿在沿着相似进程发展的过程中，各自的发展速度和到达某一水平的时间不完全相同；

(3)要充分理解和尊重幼儿发展进程中的个别差异，支持和引导他们从原有水平向更高水平发展，按照自身的速度和方式到达《指南》所呈现的发展“阶梯”，切忌用一把“尺子”衡量所有幼儿。

3. 简述教育活动内容的选择原则。

(1)既适合幼儿的现有水平，又有一定的挑战性；(2)既符合幼儿的现实需要，又有利于其长远发展；(3)既贴近幼儿的生活来选择幼儿感兴趣的事物和问题，又有助于拓展幼儿的经验和视野。

4. 如何引导幼儿“喜欢听故事，看图书”？

(1)为幼儿提供良好的阅读环境和条件；(2)激发幼儿的阅读兴趣，培养阅读习惯；(3)引导幼儿体会标识、文字符号的用途。

5. 实施《3～6岁儿童学习与发展指南》应把握哪几个方面？

(1)关注幼儿学习与发展的整体性；(2)尊重幼儿发展的个体差异；(3)理解幼儿的学习方式和特点；(4)重视幼儿的学习品质。

6. 简述教师职业道德的特点。

(1)教师职业道德的教育专门性(适用的针对性)；

(2)教师职业道德要求的双重性；

(3)教师职业道德内容的全面性；

(4)教师职业道德功能的多样性；

(5)教师职业道德标准的严格性和境界的高层次性；

(6)教师职业道德意识的自觉性；

(7)教师职业道德行为的典范性和示范性；

(8)教师职业道德影响的广泛性和深远性。

7. 简述教师职业道德内容的全面性的表现。

(1)在教师劳动价值上，它向人们揭示了教师所从事的是造福人类的伟大事业，是社会物质文明、精神文明、制度文明发展不可缺少的；(2)在职业社会地位上，它肯定了教师职业的崇高性，把教师视为联系历史和未来的一个活的环节；(3)在教师职业职责上，它强调教书育人是根本，主张教书与育人的统一；(4)在教师职业态度上，它提倡爱岗敬业，以育人为乐；(5)在教师职业情感上，它要求教师具有崇高的精神境界和高尚的道德品质；(6)在教师职业形象上，它要求以身作则，为人师表；(7)在教师职业行为上，它要求尊重并信任学生，学而不厌，诲人不倦，关心集体，善于协作，要民主、平等、公正自律；(8)在教师职业情操上，它提倡严于律己，宽以待人，廉洁从教，不慕虚荣；(9)在教师职业业务上，提倡不断学习，刻苦钻研，不敷衍塞责；(10)在教师职业作风上，要求严谨治学，精益求精，尽心指导，循循善诱。总之，教师职业道德充分体现了教师这一行业所特有的职业全面性。

8. 教师职业道德的教育作用具体表现在哪几个方面？

(1)教师的道德品质对学生品德的形成具有示范作用；

(2)教师的道德品质对学生智力的发展、科学文化水平的提高有推动作用；

(3)教师的道德品质对培养学生审美情趣具有促进作用；

(4)教师的道德品质对学生良好心理素质的培养具有促进作用。

9. 简述新《中小学教师职业道德规范》中关于“教书育人”方面所规定的具体职业行为要求。

(1)遵循教育规律，实施素质教育；

(2)循循善诱，诲人不倦，因材施教；

(3)培养学生良好品行，激发学生创新精神，促进学生全面发展；

(4)不以分数作为评价学生的唯一标准。

10. 简述幼儿园教师职业道德建设的重要性。

(1)幼儿园教师职业道德建设是幼儿园教师职业特点的客观要求；(2)幼儿园教师职业道德建设是政府与社会对幼儿园教师行为的基本要求；(3)幼儿园教师职业道德建设是解决当前幼儿园教师师德问题的有效办法；(4)幼儿园教师职业道德建设是提升幼儿园教师个人职业素养的重要途径。

六、案例分析题(答案要点)

1.《幼儿园工作规程》指出：幼儿园应当根据幼儿的年龄特点指导游戏，鼓励和支持幼儿根据自身兴趣、需要和经验水平，自主选择游戏内容、游戏材料和伙伴，使幼儿在游戏过程中获得积极的情绪情感，促进幼儿能力和个性的全面发展。案例中东东在拍球过程中想到了拍球的新玩法，换单手拍球为左右手交替拍球，但是王老师只让练习单手拍球，冬冬在王老师走了之后不想再拍球了，觉得真没意思。王老师的做法没有尊重东东选择游戏的意愿，没有充分结合幼儿的兴趣，所以案例中王老师的做法是不对的。

2. (1)倾听与表达：认真听并能听懂常用语言；愿意讲话并能清楚地表达；具有文明的语言习惯。案例中当好朋友提出问题时，杰杰能认真倾听，非常乐意与他们一起讨

论,耐心解答。表现出他具有良好的倾听能力。杰杰生动、有趣的讲述,吸引了越来越多的小朋友,表现出他良好的表达习惯。

(2)策略:①为幼儿创设自由、宽松的语言交往环境,鼓励和支持幼儿与成人、同伴交流,让幼儿想说、敢说、喜欢说并能得到积极回应。

②为幼儿提供丰富、适宜的低幼读物,经常和幼儿一起看图书讲故事,丰富其语言表达能力,培养阅读兴趣和良好的阅读习惯,进一步拓展学习经验。

3.(1)《3~6岁儿童学习与发展指南》提出:数学认知的目标是初步感知生活中数学的有用和有趣;感知和理解数、量及数量关系;感知形状与空间关系。案例中幼儿不会比较高矮,不能理解量的相对性。

(2)①教幼儿目测比较物体。教幼儿区别物体的大小、长短、厚薄、粗细、高矮等特征时,让幼儿用视觉观察比较。物体的大小、长短、粗细、厚薄、宽窄等都具有不变性和相对性,所以幼儿感知这些特点,一般来说是比较困难,因此在教学中,应该先让幼儿进行实物比较。②教幼儿触摸比较物体。引导幼儿直接感知区别物体的特征。③教幼儿运用自然测量的方法比较物体。王老师可以引导平平和涂涂先站在同一个平面上比较,选出高的小朋友;再让选出的这位小朋友同样站在同一个平面上跟丁丁比较,再次选择出最高的小朋友。一步步引导幼儿能够理解每个人的"高"或"矮"不是固定的,具有相对性,跟不同高矮的人比较时,这个量可能会发生变化;或者可以拿绳子来测量每个小朋友的身高,再进行比较。

4.徐老师的保教行为符合教师职业道德的相关要求,值得肯定。

(1)徐老师的行为体现了关爱幼儿。关爱幼儿要求关心爱护全体幼儿,尊重幼儿人格,做幼儿的良师益友。徐老师面对晓天这种个体差异化十分明显的幼儿,并没有不管不问,而是深入了解该幼儿的情况,对其加以关心爱护,保护了幼儿的人格尊严。

(2)徐老师的行为体现了教书育人。教书育人要求遵循教育规律,实施素质教育。循循善诱、诲人不倦、因材施教。徐老师在了解幼儿情况的基础上,从开发智力、培养语言表达能力、提升理解能力与动手能力等多方面入手,符合因材施教的教育要求,也符合该幼儿的身心发展需要。

(3)徐老师的行为体现了为人师表。为人师表要求坚守高尚情操,团结协作、尊重同事、尊重家长。徐老师不仅自己想方设法对幼儿进行教育,还积极联系家长,了解幼儿情况,与家长交流教育经验与方法,从而形成教育合力,最终促使幼儿得到了健康发展。这种行为不仅为家长树立了良好的榜样,也有助于班级其他幼儿健康思想的形成与发展。

总之,徐老师的行为体现了崇高的教师职业道德规范,这种精神值得大力弘扬,需要每个老师学习。

5.(1)教师的教学行为体现了为人师表的教师职业道德素养。教师抱起椅子对幼儿进行示范,以身作则。

(2)教师的教学行为体现了教书育人的道德素养。教师在活动中注意培养幼儿爱护桌椅的良好行为习惯,注重塑造幼儿的健全人格。

(3)教师的教学行为体现了关爱学生的道德素养。教师看到有的幼儿抱起椅子,有的幼儿推着椅子,有的幼儿拖着椅子,活动室一片混乱时,没有责怪幼儿,而是采用以身示范的方式去引导幼儿。

6.(1)①专注地阅读图书。材料中,洋洋经常光顾阅读区,说明洋洋有阅读的习惯、喜欢读书等。

②对图书和生活情境中的文字符号感兴趣,知道文字表示一定的意义。材料中,洋洋让老师帮忙写下对妈妈说的话,体现了这一点。

③愿意用图画和符号表现事物或故事。材料中,洋洋说,我要做一本自己的书;在纸上画了些线条和圆圈等。都表现出了洋洋愿意用图画和符号表现事物或故事。

(2)①为幼儿提供良好的阅读环境和条件,激发幼儿的阅读兴趣,培养阅读习惯。材料中,李老师在阅读区投放了绘本、广告、文字拼图还有纸和笔等,为幼儿创设了良好的阅读环境和条件,有利于激发幼儿的阅读兴趣,培养阅读习惯。

②在阅读中发展幼儿的想象和创造能力。材料中,李老师走过去问需不需要帮他在上面写一些字,鼓励和激发洋洋自编故事,为洋洋的故事配上文字等,有利于发展洋洋的想象和创造能力。

③让幼儿在写写画画的过程中体验文字符号的功能,培养书写兴趣。材料中,李老师走过去问需不需要帮他在上面写一些字,意为让洋洋在这个过程中体验文字符号的功能,培养书写兴趣。

下篇　全真模拟试卷

教师招聘考试全真模拟试卷(一)

一、单项选择题

1.A【解析】由于幼儿大脑皮质的神经细胞很脆弱——易疲劳,加之易兴奋,抑制过程发育不完善,所以注意力很难持久,需要较长的睡眠时间进行休整。一般5~7岁的孩子每天需要睡11~12小时。

2.A【解析】直观行动思维是最低水平的思维。这种思维方式在2~3岁儿童身上表现最为突出。在3~4岁儿童身上也常有表现。这些儿童离开了实物就不能解决问题,离开了玩具就不会游戏。年龄更大的一些儿童,在遇到困难的问题时,也要依靠这种思维方式。

3.A【解析】奥苏贝尔对幼儿的概念学习进行了大量研究,其对教育心理学的重要贡献是提出了"后括学习"。在这种学习过程中,幼儿先学习一些处于下位关系的概

念，当熟悉了这些下位概念之后，就容易形成对上位概念的理解。

4. B【解析】题干的描述是幼儿园与社区的合作，幼儿园可以采用“请进来”的形式，把社区里不同职业的人士适当、适时的请到幼儿园来参与幼儿教育，与幼儿一起活动。

5. B【解析】记忆恢复或回涨现象是指在一定条件下，学习后过几天测得的保持量比学习后立即测得的保持量要高。

6. C【解析】详见《3～6岁儿童学习与发展指南》健康领域中“身心状况”目标2的内容。

7. C【解析】在神经系统中，脑的耗氧量最高，幼儿脑的耗氧量为全身耗氧量的50%左右，而成人则为20%，因此幼儿脑的血流量占心排血量的比例较成人大。

8. C【解析】学前儿童主要使用简单句，其发展趋势是简单句所占比例逐渐减少，复合句逐渐发展，但总的来说，简单句占据的比例比较大。

9. A【解析】精神分析理论的代表人物是弗洛伊德，他十分重视儿童的早期经验和亲子关系，关注对幼儿潜意识以及人格建构的分析，认为人际关系的质量对幼儿人格的建构具有很大的影响。

10. C【解析】幼儿心理时刻都在发生量的变化，随着量变的积累，到了一定程度就发生质变，出现一些带有本质性的重要差异。这些差异有显著的变化，使幼儿心理发展呈现出阶段性。

11. C【解析】1816年，英国空想社会主义者欧文在苏格兰纽兰纳克创办了一所幼儿学校，这是欧洲最早的幼儿教育机构。

12. D【解析】湖北巡抚端方于1903年在武昌创办湖北幼稚园，我国第一所学前儿童教育机构正式诞生。1904年，由张之洞、张百熙、容庆合订的《奏定学堂章程》即癸卯学制，其中就包括蒙养院制度。癸卯学制第一次用国家学制的形式把学前教育机构的名称定下来，把社会学前教育机构的地位固定下来，使蒙养院成为我国最早的学前教育机构。

13. C【解析】情感的感染作用是指在一定的条件下，一个人的情感可以影响别人，使之产生同样的情感。这种以情动情的现象，称为情感的感染作用。题干描述的现象反映了幼儿情绪具有感染的作用。

14. D【解析】3岁以后，儿童对物体的感知，渐渐和有关概念联系起来。比如，对颜色的知觉，已经不停留在对射入眼帘的光线波长的反映，而把它归入某种颜色的类别，并且能够学会叫出颜色的名称，比如，幼儿会说“像橘子那样的颜色”或说出“橙色”，对物体的形状也是如此。

15. B【解析】再造想象是根据语言文字的描述或图形、图解、符号等非语言文字的描绘，在头脑中形成相应的新形象的过程。

16. D【解析】儿童计数，起先不但要用眼看，而且要动手去数。以后，儿童可以逐渐减少用手点数的动作，主要凭视觉把握物体的数量，用眼看实物，嘴里默默地数。有时还用点头来帮助数数，似乎以头的动作代替手的动作。因此，D项属于用眼看实物，心里默默地数，属于数学能力发展的最高水平。

17. D【解析】家长开放日指幼儿园定期或不定期地向家长开放，届时邀请家长来园观摩和参观幼儿园的活动。

18. C【解析】题干描述的现象表明幼儿想象的主题不稳定。

19. A【解析】活动区的布局策略包括动静分区。动静分区是指建构区、表演区、音乐区等属于热闹的“动”区，而图书区、数学区等活动量较小，需要安静，这样两类区最好离得远些，以免相互干扰。

20. D【解析】从儿童的角度表述，指明儿童通过学习达到的发展。常用“感受……”“理解……”“喜欢……”“参与……”“能够……”等方式表述。

21. D【解析】思维是人脑对客观现实的间接的和概括的反映，是人认知的高级阶段。题干描述的现象是通过思维获得的。

22. C【解析】定位策略是指儿童对目标刺激“贴上”某种特定的标签以便于记忆。

23. D【解析】幼儿初期，儿童不仅有生物性的时间知觉，还有了与具体事物和事件相联系的时间知觉。幼儿中期，幼儿可以正确理解“昨天”“明天”，也能运用“早晨”和“晚上”等词，但是对较远的时间，如“前天”“后天”等，理解起来仍感困难。幼儿晚期，在前面的基础上，开始能辨别“前天”“大后天”等；并能学会看钟表等。

24. C【解析】儿童的心理活动最初是非常具体的，以后越来越抽象和概括化。从思维的发展来看，学前儿童的思维最初是直觉行动的，然后出现具体形象思维，最后发展起来的是抽象逻辑思维。

25. C【解析】独白言语是在幼儿期产生的。随着儿童活动的开展，他们的独立性大大增强，常常离开成人从事各种活动，从而获得自己的经验、体会、印象、意愿等。在与成人交际中，他们渴望把自己的各种体验、印象等告诉成人，这样就促成了儿童独白言语的发展。

26. B【解析】儿童言语发音的准备经历了以下三个阶段：第一阶段，简单发音（0～3个月）；第二阶段，连续音节（4～8个月）；第三阶段，模仿发音——学话萌芽（9～12个月）。

27. D【解析】4～5岁的幼儿想象的内容比4岁前丰富多了。但是这个年龄的幼儿，想象的形象仍然是零碎片段的，缺乏更好的组织和联系。幼儿有时在绘画前说出的绘画主题是几样东西的罗列，这些东西之间没有意义联系。

28. B【解析】幼儿先从对自己外部行为的评价，逐渐出现

对内心品质的评价。幼儿基本上是对自己的外部行为进行自我评价，而不能深入到对自己内心品质进行自我评价。例如，题干中所讲幼儿在回答自己是好孩子的理由时，一般都倾向于外部行为来回答。

29. A【解析】幼儿想象夸张的原因：(1)由于认知水平尚处于感性认识占优势的阶段，因此往往抓不住事物的本质。(2)情绪对想象过程有影响。(3)幼儿想象在认知中的地位。(4)想象表现能力的局限。

30. B【解析】道德感是因自己或别人的言行是否符合社会道德标准而引起的情绪体验。题干描述的是道德感的体验。

二、多项选择题

1. ABC【解析】幼儿园的班级人员构成包括教师、保育员以及幼儿。园长属于幼儿园的管理人员。
2. ABC【解析】略。
3. ACD【解析】动脉出血时，用手指、手掌或拳头压迫出血管的上端(近心端)，将血管压住，阻断血液流出。该法的优点是止血迅速，适用于出血量大、紧急情况时，但不适宜长时间使用。如果骨折为开放性骨折伴有出血，首先要进行止血处理。肢体骨折时使用薄木板将伤肢固定，若指、趾苍白，发凉，表示绷带捆得太紧，应放松绷带，重新固定。如果皮肉破损，断骨露在外面，不要把断骨强行还纳回去。可盖上干净纱布(伤口上不要涂紫药水等有颜色的药水)然后做简单固定，送伤者去医院。
4. AC【解析】略。
5. ABC【解析】时间知觉表现出以下特点和发展趋势：(1)时间知觉的精确性与年龄呈正相关，即年龄越大，精确性越高。7～8岁可能是时间知觉迅速发展的时期。(2)时间知觉的发展水平与儿童的生活经验呈正相关。生活制度和作息制度在儿童的时间知觉中起着极为重要的作用，幼儿常以作息制度作为时间定向的依据。(3)幼儿对时间单元的知觉和理解有一个“由中间向两端”“由近及远”的发展趋势。(4)理解和利用时间标尺(包括计时工具)的能力与其年龄呈正相关。有研究表明，大约到7岁，儿童才开始利用时间标尺估计时间。

三、填空题

1. 气质
2. 3岁
3. 自然　事物
4. 日常生活
5. 家庭
6. 行为操练法
7. 人力资源
8. 无意注意
9. 实验法
10. 直接依靠具体事物做支柱

四、简答题(答案要点)

1. 简述陶行知的“六大解放”包含的内容。

(1)解放幼儿的头脑，把他们的头脑从迷信、成见、曲解和幻想中解放出来；(2)解放幼儿的双手，给幼儿动手的机会；(3)解放幼儿的眼睛；(4)解放幼儿的嘴，给幼儿说话的自由，尤其是要允许他们发问；(5)解放幼儿的空间，让他们接触大自然、大社会；(6)解放幼儿的时间，给他们自己学习、活动的时间，但不要把儿童的全部的时间占去，让儿童有学习人生的机会。

2. 简述解决幼儿分离焦虑的方法。

(1)减少幼儿的依赖性；(2)缩小家园生活的差异性；(3)用爱心和技巧教育幼儿。

3. 简述幼儿记忆的理解和组织程度发展的特点。

(1)机械记忆用得多。

(2)意义记忆的效果优于机械记忆。

①意义记忆是通过对材料的理解进行的；

②机械记忆只能把事物作为单个、孤立的小单位来记忆，意义记忆使记忆材料互相联系，从而把孤立的小单位联系起来，形成较大的单位或系统；

③幼儿的机械记忆和意义记忆都在不断发展。

五、案例分析题(答案要点)

1. (1)本案例中涉及的法律关系主体有洋洋、姚老师、幼儿园。

(2)本案例是一起幼儿生命健康权受到侵害引起的法律纠纷。根据《学生伤害事故处理办法》第八条规定：学生伤害事故的责任，应当根据相关当事人的行为与损害后果之间的因果关系依法确定。因学校、学生或者其他相关当事人的过错造成的学生伤害事故，相关当事人应当根据其行为过错程度的比例及其与损害后果之间的因果关系承担相应的责任。当事人的行为是损害后果发生的主要原因，应当承担主要责任；当事人的行为是损害后果发生的非主要原因，承担相应的责任。案例中姚老师的行为是损害后果发生的主要原因，应当承担主要责任。

根据《学生伤害事故处理办法》第九条规定：学校的校舍、场地、其他公共设施，以及学校提供给学生使用的学具、教育教学和生活设施、设备不符合国家规定的标准，或者有明显不安全因素的造成的学生伤害事故，学校应当依法承担相应的责任。本案例中，因为幼儿园的滑梯有损坏，而造成洋洋颅脑中度损伤，是幼儿园内公共设施存在明显的不安全因素引起的，因此幼儿园应当依法承担相应的责任。

2. 柯老师遵循了爱岗敬业、关爱幼儿和教书育人的职业道德规范。

本案例中，从柯老师对芳芳的态度中得知，柯老师尊重和珍惜自己的选择，表现出对幼儿教育事业全身心地投入和不悔追求的信念、态度和决心。柯老师对芳芳的关爱渗透在一日生活的方方面面。例如，规定哪位小朋友和芳芳一起玩，就奖励小红花；询问芳芳奶奶会做什么好吃的；等等。对幼儿有爱心，爱是教书育人的桥梁。教师的爱是沟通幼儿心灵、启迪幼儿智慧的金钥匙。

教师招聘考试全真模拟试卷(二)

一、单项选择题

1. B【解析】条件反射的产生是儿童心理产生的标志。

2. C【解析】多动症在不同年龄阶段的表现不尽相同：(1)在婴儿期，主要表现为不安宁、易激怒、饮食情况差；(2)在先学前期和学前期，则主要表现为注意力集中时间短暂、有破坏行为、不能静坐、对动物残忍、有攻击行为和冲动行为、情绪易波动、遗尿等；(3)学龄儿童的多动症症状最为突出，表现为学习困难、上课不能安静听讲、小动作多、不能完成作业、容易激动、好与人争吵、注意力集中时间短暂等。

3. D【解析】相宜性表现在环境与材料的呈现方式是与幼儿的年龄特点和主题内容相吻合和一致的，而不只是为了追求新奇与丰富。

4. A【解析】矫治儿童的口吃时，首先要消除环境中的各种不良因素，避免周围人对儿童的嘲笑和模仿，要消除儿童对口吃的紧张心理，树立信心，鼓励主动练习，大胆地说话，自由地呼吸，放松与说话器官相关的肌肉。对于口吃较为严重的儿童，不要强迫他们说话，不要催促儿童重复地把话说清楚，可以指导儿童进行语言训练，用简单的对答方式一问一答，放慢语言速度，使儿童在说话时呼吸逐渐正常，使口吃现象减轻。

5. B【解析】在传染病流行期间，还可通过注射丙种球蛋白、胎盘球蛋白等，对儿童采用人工被动免疫，以增强儿童机体的抵抗力。

6. B【解析】生长发育是儿童特有的能量消耗，与生长发育速度成正比。

7. B【解析】格塞尔认为支配儿童心理发展的首要因素包括成熟与学习。格塞尔认为学习需要一定的成熟作为基础，某机能的生理结构未成熟之前，学习训练是不能进行的，只有在达到足以使某一行为模式出现的发育状态(成熟状态)时，训练才能奏效。"同卵双生子爬梯"实验论证了成熟论的观点。

8. D【解析】学前儿童掌握的各种概念中以实物概念为主。在实物概念中，又以掌握具体实物概念为主，即以掌握基本概念为主。"家具"是一种抽象的概念，幼儿难以掌握。

9. D【解析】幼儿对图画的观察逐渐概括化，可以分为四个阶段：认识个别对象阶段、认识空间关系阶段、认识因果关系阶段、认识对象总体阶段。

10. C【解析】幼儿社会学习的特点：(1)模仿；(2)同化；(3)强化；(4)体验。

11. B【解析】在思维发展过程中，动作和语言对思维活动的作用不断发生变化。变化的规律是：动作在其中的作用是由大到小，语言的作用则是由小到大。

12. B【解析】儿童的数概念的形成，经历口头数数—给物说数—按数取物—掌握数概念等四个阶段。

13. D【解析】本题考查教师的提问策略。总结式提问是教师引导幼儿对某些问题和现象进行了观察和了解后，为帮助幼儿进行概括，得出结论而采用的。如科学活动"认识家禽"中，幼儿认识了鸡、鸭、鹅后，教师抛出问题："你们知道它们有一个共同的名字叫什么吗?""它们有什么相同的地方?"

14. B【解析】在幼儿快乐的游戏中，幼儿教师是游戏材料的准备者、游戏情节献计者和游戏中矛盾的协调者。但教师做得更多的应该是扮演游戏中的角色，做幼儿游戏的伙伴。

15. D【解析】个性形成的基础不是人的内在需要，动机的基础才是人的内在需要。

16. C【解析】为人师表是教师职业的内在要求。

17. B【解析】关键期是指由生物学因素决定的、个体做好最充分准备来获得新的行为模式的发展时期，换句话说，它是儿童最容易学习某种知识技能或形成某种心理特征的时期，但过了这个时期，发展的障碍就难以弥补。从不会说话到掌握母语的全部会话大约要四年，这段时期是学习语言的关键期。

18. B【解析】环境决定论者认为幼儿心理的发展完全是外界影响的被动结果，强调环境教育的作用。

19. D【解析】有规则游戏是成人在儿童自发游戏的基础上，为一定的教育目的而编制的，大都由教师组织儿童进行，有时也可以由儿童组织进行。包括体育游戏、智力游戏、音乐游戏等。

20. D【解析】蒙台梭利主要的教育著作有《蒙台梭利法》和《童年的秘密》。《母育学校》是夸美纽斯的著作；《教育漫话》是洛克的著作；《爱弥儿》是卢梭的著作。

21. D【解析】新中国成立后，经国务院批准颁布的第一个幼儿教育法规是1990年起施行的《幼儿园管理条例》。

22. C【解析】福禄贝尔主张"父母是孩子的第一任教师"，强调教育幼儿的时候首先应该教育母亲。

23. A【解析】家长开放日指幼儿园定期或不定期地向家长开放，届时邀请家长来园观摩和参观幼儿园的活动，是目前我国幼儿园和家庭相互配合的形式中最常用的一种形式。

24. B【解析】儿童语音意识的形成主要表现在他们能够评价别人发音的特点和能意识并自觉地调节自己的发音。主要表现在：(1)对自己的和别人的发音感兴趣。(2)意识到自己发音的弱点。(3)努力练习新学到的语音或自己不能准确发出的声音，对自己的成绩表示高兴。(4)对别人的发音有评价态度。(5)有意地改变通常的发音。(6)为发音找根据。(7)意识到同音字有不同意义。(8)对发音的生理问题感兴趣。

25. B【解析】卢梭对儿童教育的贡献首先是"儿童的发现"。卢梭的另一个贡献就是强调教育应当尊重自然，反对揠苗助长。

26. A【解析】社区教育起源于丹麦，1844年丹麦教育学家

科维隆在乡村创建国民高等教育学校,是成人教育形式的社区教育。

27. A【解析】略。

28. B【解析】我国幼儿园教师资格认定没有对性别做出要求。

29. A【解析】贝贝口腔及脸颊部有红色疱疹,已经处于症状明显期,出现传染病症状。教师立即将贝贝带到隔离室的做法,体现了管理传染源(早发现患儿、早隔离患儿、对传染病的接触者进行检疫)。

30. B【解析】4个月左右,婴儿出现有差别的微笑。婴儿只对亲近的人笑,他们对熟悉的人脸比对不熟悉的人脸笑得更多。有差别微笑的出现,是婴儿最初的有选择的社会性微笑发生的标志。

31. B【解析】结构游戏的指导主要是指为游戏创造良好的条件:(1)引导幼儿认识建构材料,丰富幼儿相关经验;(2)教会幼儿构造的基本技能,培养他们的独立构造能力;(3)提供丰富的结构材料和进行结构游戏的场所;(4)培养幼儿良好的行为习惯。并不是要手把手地教。

32. C【解析】幼儿心理活动最初是被动的,心理活动的主动性后来才发展起来,并逐渐提高,直到成人所具有的极大的主观能动性。

33. A【解析】模仿性强是幼儿期的典型特征,小班幼儿表现尤为突出。

34. A【解析】题干描述的特征属于胆汁质的气质类型。

35. C【解析】爱岗敬业、教书育人和为人师表是师德的核心内容,关爱学生是最基本内容。

二、填空题

1. 合作行为和合作性游戏
2. 陶行知
3. 虚构
4. 交流和运用
5. 社会化　丰富和深刻化　自我调节化
6. 自我认识　自我体验　自我调节
7. 自我中心言语
8. 道德行为规范　社会行为技能
9. 感知训练
10. 卢梭　福禄贝尔　蒙台梭利

三、简答题(答案要点)

1. 简述幼儿教师应具备的能力结构。

(1)观察和了解儿童的能力;
(2)设计教育活动的能力;
(3)组织管理能力;
(4)对幼儿进行行为辅导的能力;
(5)沟通的能力;
(6)独立思维与创造的能力;
(7)适应新情境的能力;
(8)及时转变角色的能力
(9)反思能力。

2. 简述活动中影响幼儿注意稳定性的因素。

(1)注意的对象新颖、生动,形象鲜明;(2)活动的游戏化;(3)注意与幼儿操作活动的结合;(4)幼儿的身体状况。

3. 简述影响学前儿童心理发展的因素。

(1)客观因素:①遗传因素;②生理成熟因素;③社会因素。

(2)主观因素:①儿童心理本身内部的因素是儿童心理发展的内部原因;②儿童心理的内部矛盾是推动儿童心理发展的根本原因或动力。

4. 遵循发展适宜性原则包含哪几层含义?

(1)教育设计、组织、实施既符合儿童的现实需要,又有利于其长远发展。

(2)教育设计、组织、实施既适合儿童的现有水平,又有一定的挑战性;教育活动内容的安排与要求、活动过程的推进应循序渐进。

(3)教育必须促进儿童体、智、德、美诸方面全面发展。

(4)为每个儿童着想,关注个体差异。

5. 简述运用观察法时应注意的问题。

(1)观察前观察者要做好准备;(2)观察时尽量使幼儿保持自然状态;(3)观察记录要求详细、准确、客观,不仅要记录行为本身,还应记录行为的前因后果;(4)观察应排除偶然性,一般应在较长时间内系统地反复进行。

四、案例分析题(答案要点)

1. (1)小伟父母的做法是不对的,儿童观是成人如何看待和对待儿童的观点的总和。现代儿童观认为:①儿童是人,具有与成年人一样的人的一切基本权益,具有独立的人格;②儿童是一个不断发展的整体,应尊重并满足儿童各种发展的需要;③儿童的发展具有个体差异性;④儿童具有巨大的发展潜能,在适当的环境和教育的条件下,应最大限度地发展儿童的潜力;⑤儿童具有主观能动性;⑥男女平等,不同性别的儿童应享有均等的机会和相同的权益,受到平等的对待。本案例中小伟的父母逼着小伟参加各种兴趣班,没有尊重小伟的主观能动性;没有尊重小伟发展的个体差异性。

(2)建议:作为家长要根据幼儿身心发展的特点和规律对幼儿实施教育,不能一味地和其他小朋友比较。在幼儿期,主要培养幼儿德、智、体、美全面发展,促进其身心和谐发展。家长和幼儿教师主要培养幼儿的探索欲望和好奇心,发展幼儿的智力,促进思维能力的发展。同时尊重幼儿的兴趣和需要,让幼儿有个快乐的童年,而不是一味地进行知识灌输。

2. 案例中很多父母热衷于让幼儿玩大量的益智玩具,安排幼儿进行各种“开发智力”的活动,希望借此提高孩子的语言、认知等能力,这种方法是不正确的。

(1)多种教育形式相结合。学前教育活动的成功有赖于全班集体活动、小组活动和个人活动的相互结合,相互补充。集体活动是学前教育的一种重要形式,它有利于

培养儿童的集体观念和集体规范;小组活动和个人活动有利于培养儿童的主动性和独立性,三种形式的和谐统一,有助于教育任务的完成和儿童的全面发展。案例中很多父母热衷于让幼儿玩大量的益智玩具,安排幼儿进行各种"开发智力"的活动等,这种注重智力开发的做法,违背了全面发展的素质教育。家长要在日常生活中逐渐培养幼儿的素质,而不是只注重智力的培养而忽略其他方面的培养。(2)因儿童而施教。学前儿童的发展存在着个别差异,每个儿童在行为、兴趣、爱好、才能等方面都具有各自的特点,教师不能统一要求,实行一刀切,而要根据每个儿童的具体情况实施教育,扬长补短,发展儿童的兴趣爱好,促进儿童的个性更好地成长。儿童学习积极性不同,教师的教育策略应不同。案例中幼儿学习压力过重,幼儿的大脑会不堪重负。这样,孩子长大后容易对事物缺乏兴趣和好奇心,竞争力弱,不善于为人处世,这是家长和教师重智力培养的结果。

教师招聘考试全真模拟试卷(三)

一、单项选择题

1. C【解析】洛克从唯物主义的立场出发,提出了著名的"白板说"。
2. C【解析】孕期若缺碘,可致使甲状腺机能不足,婴儿出生后易患克汀病,又称呆小症,表现为智力低下、身材矮小、耳聋。
3. B【解析】弱视的治疗,年龄越小,治愈率越高,最佳治疗年龄在3~6岁,年龄大于7岁,治愈率明显下降。
4. C【解析】个性倾向性,包括需要、动机、兴趣、爱好、信念、理想、世界观等。个性心理特征,包括能力、气质、性格等。
5. D【解析】3~6个月的婴儿,除了提供那些带声响的摇铃、摇棒或者八音盒等听觉玩具之外,还要增加发展触觉的玩具,如提供能握住、取放的小玩具或用品,能投掷的小球、小盒等;塑料娃娃、不倒翁、拨浪鼓、花铃棒等也可选用,在婴儿的多次抚摸与抓握中,能逐渐形成视觉和运动觉的暂时联系,也就是手眼协调能力。从两三个月开始就给婴儿提供图画大的画书,以后慢慢地随其年龄增长而提供各种画书。
6. B【解析】前囟门在12~18个月时闭合,后囟门最晚在2~4个月闭合。囟门的闭合,反映了颅骨的骨化过程。
7. B【解析】旁观游戏是指幼儿2岁以后开始观看其他幼儿的游戏,他的兴趣集中在别人的游戏上,而没有参与到游戏中去。
8. B【解析】"上梁"可理解为长辈,那么这句话的意思是长辈做了坏事孩子会模仿着做,由此看出这句古话告诫家长育儿应遵循做好榜样的原则。
9. C【解析】猩红热潜伏期一般为2~4天,最短1天,最长7天。起病急,患儿寒战、发热,体温一般为38℃~39℃,重者可达40℃以上,全身不适,咽及扁桃体显著充血,也可见脓性渗出物,舌乳头红肿,有"杨梅舌"之称。
10. D【解析】学前阶段与小学阶段的不同教育特点和幼儿身心发展的阶段性与连续性规律是造成幼儿园与小学不衔接的原因。A、B、C三个选项均属于学前阶段与小学阶段的不同教育特点,故答案为D选项。
11. B【解析】儿童性别角色的认识经历了四个发展阶段,对于学前儿童而言,主要经历了前三个阶段的发展:知道自己的性别,并初步掌握性别角色知识(2~3岁);自我中心地认识性别角色(3~4岁);刻板地认识性别角色(5~7岁)。
12. C【解析】双词句的表意功能虽较单词句明确,但其表现形式是断续的、简略的,结构不完整,好像成人的电报式文件,故也称为"电报句"或"电报式语音"。
13. B【解析】这句话体现了教师崇高的职业道德。
14. A【解析】幼儿气管、支气管自净能力差,易患肺炎,这些病菌主要通过空气传播,保教人员要做好开窗通风工作。
15. A【解析】题干的描述体现了幼儿一日活动的自在性,幼儿日常生活一般都没有固定的活动内容。
16. A【解析】"慎独"标志着一个教师的职业道德已达到高度自觉的程度,在无人监督和无人知道的情况下也不背离道德。
17. C【解析】中班幼儿的思维可以说是典型的具体形象思维,他们较少依靠行动来思维,常常根据自己的具体生活经验来理解成人的语言。例如,他们常常认为"儿子"一词的意思就是"小孩"。当他们听说某个大人是儿子时,常常感到不可思议:"这么大,还是儿子?"
18. D【解析】"尊严而惮""耆艾而信""诵说而不陵不犯""知微而论"是说作为教师要有一定的品德,有丰富的阅历即经验,有一定的专业知识,有一定的能力。
19. B【解析】进入20世纪90年代以来,世界各国开始把儿童全面和谐发展作为学前教育的根本目标。
20. B【解析】身体控制指的是控制身体在空间的位置以达到稳定性和方向性的目的。影响儿童身体控制稳定性的因素有:支撑面大小、重心的高度、稳定角和摩擦力。
21. A【解析】意义记忆是指根据对所记材料的内容、意义及其逻辑关系的理解进行的记忆,也称为理解记忆或逻辑记忆。题干描述的是意义记忆。
22. D【解析】性格是人对现实的态度和行为方式中比较稳定的心理特征的总和。大家描述的是小东的性格。
23. C【解析】个体并不是简单地被动地接受先天条件和外部环境的作用,而是其内在因素(如遗传、机体成熟的机制)与外部环境相互作用的结果,是个体参与其中的能动实践的结果。人具有自我意识,发展到一定阶段的人,具有规划自己的未来和为未来的发展创造条件的能力。在内在与外部条件大致相似的条件下,个体主观能动性的发挥程度,对人的发展有着决定性的意义。

24. C【解析】前运算阶段分为两个小阶段:(1)前概念阶段或象征性阶段;(2)直觉思维阶段。前概念思维的特点之一表现在儿童认为个别成分并不是在整体中。儿童不能理解从一堆小钱中拿出来的小钱,是这一堆小钱中的一部分。题干中的小孩不能理解从一捆游戏棒中拿出来的一根小棒是这捆游戏棒的一部分,说明他认为个别成分并不是在整体中,其思维处于前运算阶段。

25. B【解析】详见《幼儿园教师专业标准(试行)》基本理念的内容。

26. A【解析】题干的表述符合杜威的教育原则中的"儿童中心论"。

27. C【解析】幼儿晚期(5~6岁)抽象逻辑思维开始萌芽。

28. B【解析】学前儿童的心理发展具有一定的方向性和先后顺序,既不能逾越,也不会逆向发展,按由低级到高级、由简单到复杂的固定顺序进行。

29. C【解析】"学前全纳教育"是一种让有残疾的儿童在限制最小的环境里和正常儿童一起生活、游戏和学习的教育模式。

30. D【解析】生活是幼儿获得直接经验最理想的场所、最便捷的方式。

二、判断题

1. √【解析】《中华人民共和国宪法》由国家最高权力机关(全国人民代表大会)制定,具有最高的法律地位和法律效力,是国家的根本大法,是其他一切法律法规制定的依据。

2. √【解析】详见《3~6岁儿童学习与发展指南》社会领域中"社会适应"目标1教育建议的内容。

3. ×【解析】思维是人脑对客观现实的间接的和概括的反映,是人认知的高级阶段。

4. √【解析】教师利用环境、玩教具对幼儿进行的指导也可以是直接指导,利用这些媒介直接告诉幼儿怎样活动。

5. √【解析】略。

6. ×【解析】助人行为是儿童期望参加社会互动的结果。助人行为随着年龄的变化表现出不同的发展趋势。

7. ×【解析】游戏言语的特点是比较完整、详细,有丰富的情感和表现力。儿童一边做各种游戏,一边说话,用言语补充和丰富自己的行动。题干描述的是游戏言语

8. √【解析】详见《3~6岁儿童学习与发展指南》科学领域中"数学认知"目标2教育建议的内容。

9. ×【解析】《3~6岁儿童学习与发展指南》社会领域指出,幼儿的社会性主要是在日常生活和游戏中通过观察和模仿潜移默化地发展起来的。

10. ×【解析】4~6岁是儿童图像视觉辨认、形状知觉形成的最佳期。

三、填空题

1. 个别活动
2. 尝试错误
3. 有意说谎　无意说谎
4. 注意的广度
5. 遵循幼教规律
6. 自然
7. 亲社会行为　反社会行为
8. 基础教育
9. 6~7
10. 马斯洛

四、简答题(答案要点)

1. 幼儿园规章制度是科学管理幼儿园的重要保证,规章制度的作用主要体现在哪几个方面?

(1)规章制度可以保证正常教养工作秩序,提高管理成效。

(2)规章制度具有制约规范作用。

(3)规章制度具有行为指向作用,有助于增强责任意识,建设良好园风。

2. 简述学前儿童能力发展的一般趋势。

(1)智力发展迅速;(2)特殊能力有所表现;(3)模仿能力发展较快;(4)创造能力发展缓慢;(5)认识能力发展,并出现有意性;(6)操作能力发展最早;(7)社交能力逐渐显现;(8)身体运动能力不断发展;(9)语言能力在儿童期发展迅速。

3. 简述幼儿园教学活动的方法。

(1)游戏法;(2)直观法;(3)观察法;(4)操作法;(5)发现法;(6)实践法;(7)口授法;(8)电教法。

五、论述题(答案要点)

(1)刺激比较强烈,对比鲜明,新异和变化多动的事物。①教师选择和制作的玩具、教具必须是颜色鲜明,对比性强,形象生动,新颖多变的;②要求教师说话清楚,符合幼儿特点,同时说话要抑扬顿挫;③恰当安排、布置教育环境,既要避免繁杂干扰,又要能适当引起幼儿的注意,利于幼儿正常活动的开展;④教育内容、方法要新颖,赋予各种容易引起幼儿注意的因素。

(2)与幼儿兴趣、需要和生活经验有关系的事物。①兴趣是引起幼儿无意注意的一个因素。有的孩子在街上看见汽车会特别注意,而且可以注意很长时间,但对自行车则不会注意。这是因为他对汽车特别感兴趣。②需要也是引起幼儿无意注意的一个重要条件。幼儿非常喜欢玩,喜欢活动,喜欢游戏,如果有小朋友在游戏,其他小朋友就会马上去注意并要求参加进去。③幼儿的生活经验也与幼儿的无意注意的产生有关。如幼儿听过的故事、动画音乐很容易引起幼儿的注意,还有幼儿自己经常玩的玩具或吃的东西特别容易引起幼儿的注意,这些都与他们的生活经验有关系。

六、案例分析题(答案要点)

1. (1)陈老师履行了教师教的职责。教的职责在于:①帮助学生检视和反思自我,明白了自己想要学习什么和获得什么,确立能够达成的目标;②帮助学生寻找、搜集和利用学习资源;③帮助学生设计恰当的学习活动和形成

有效的学习方式;④帮助学生发现他们所学东西的个人意义和社会价值;⑤帮助学生营造和维持学习过程中积极的心理氛围;⑥帮助学生对学习过程和结果进行评价,并促进评价的内在化;⑦帮助学生发现自己的潜能。陈老师让学生进行反思,自己找出自己的优点,并进行肯定、表扬,并加以鼓励。

(2)教的本质在于引导,引导的特点是含而不露,指而不明,开而不达,引而不发;引导的内容不仅包括方法和思维,同时也包括价值和做人。引导可以表现为一种启迪:当学生迷路的时候,教师不是轻易告诉方向,而是引导他怎样去辨明方向;引导可以表现为一种激励:当学生登山畏惧了的时候,教师不是拖着他走,而是唤起他内在的精神动力,鼓励他不断向上攀登。陈老师在让学生找出自己的优点后,鼓励他好好学习,才能实现自己的理想,对学生进行了适当的引导。

2. (1)幼小衔接中存在的问题:

①小学和幼儿园之间对衔接工作不重视,缺少沟通。如案例中,孩子入小学前就学了不少数学、语文、英语知识,教师根本没有办法按照小学一年级的课本讲课,“你讲什么他都会”但不讲不行。造成这种结果的原因是对儿童发展特征和不同的教育任务缺乏沟通交流,没有严格的联系制度。许多幼儿教师不知道小学一年级的具体教学要求,有的盲目拔高,有的不做准备。有些学前班、幼儿园不顾政策规定,不经教育行政批准,盲目引进拼音、识字教学。教学方法又与小学不一致,使儿童感到无所适从。

②把幼小衔接看作是单纯的物质准备和知识准备。如案例中,不少幼儿园主动适应家长和小学的需要,干脆把幼儿园的最后一年变成了学前班,不断地进行习题和知识训练,学习的是上小学后的知识。幼儿园这样的做法,会使孩子进入小学后自以为“这些我都知道”“这些我已经会了”,对学习失去了好奇心和新鲜感。家长急于求成,反而使儿童求知兴趣下降,学习动力不强,缺乏上进心。

③家庭和学校的相互理解配合不够。家长要鼓励孩子自立自强,训练其生活能力。教师要改变教育观念,改善同学间的关系,关心他们,减轻其心理压力,提高其自信心和成功感。

(2)解决策略:搞好幼小衔接工作需要幼儿园、小学和家庭的共同努力以帮助儿童顺利跨进学习、生活的新起点。

①有计划地加强与附近小学的联系制度。主要包括:定期沟通;联系本社区的小学共同研究大班与一年级之间各项要求的差距,制定大班搞好衔接工作的具体方案,向小学教师主动介绍儿童身心发展水平、年龄特征和教学特点、将入学儿童的发展情况等;调查以往毕业的儿童在小学的表现,找出衔接不当的问题,研究改进措施;邀请小学一年级优秀教师与优秀的本园往届毕业生来园座谈。

②积极开展对大班家长的宣传教育。幼儿园园长与大班教师共同负责动员家长做好准备工作。第一,心理准备:为适应新环境做准备,鼓励孩子大胆参与新集体,结交新朋友,既要有克服困难的勇气,又要相信多数同学一定会欢迎自己,自己也一定能和他们友好相处的。第二,能力准备:利用暑假训练孩子听闹钟早起早睡,保证睡足8~10小时,午睡半小时;独立安排应负责的学习与劳动任务,学会生活自理。第三,学习准备(生活习惯与学习习惯):家长要有意识地让孩子学会按课程表取书,学会有条理地整理书包和管理好学习用品,从小养成孩子放置东西整洁有序,爱惜书本和物品,看书、握笔姿势正确,在固定地点认真、专心地看书、绘画等学习习惯。第四,物质准备:孩子进入小学之前,需要准备好书包、铅笔、橡皮等学习用品和水杯、餐具等生活用品,这个过程对孩子具有很强的吸引力。此外,还有身体的准备。

③对大班幼儿开展专门的入学准备工作。第一,采取多种形式培养幼儿对小学生活的向往之情,激发良好的入学动机与愿望(培养入学意识);第二,合理改变作息制度和环境布置,缩小与小学之间的差异;第三,培养幼儿良好的学习品质,提高幼儿的学习能力;第四,加强幼儿独立生活和劳动习惯的培养。

3. (1)实施游戏化教学方法主要有两个途径:一是游戏活动教育化;二是教育活动游戏化。在游戏过程中,融入教育目的,使游戏活动教育化。教育活动游戏化,主要是在教育活动中充分利用儿童对游戏的本能偏爱、满足儿童爱玩的天性,以游戏的形式和方式开展相应的教育活动,它依靠玩具开展游戏化活动,依靠想象开展游戏化活动。例如,案例中在幼儿园的活动场地上,让幼儿自由地选取各种游戏材料,使用不同方法,配合不同的活动器材和游戏伙伴,创设不同的游戏情境,使幼儿玩得自在尽兴,教师指导也轻松自如,因此,达到了良好的教育教学效果。因此,为使孩子成长为一个完整的人,在教育活动中应该全面采用游戏化方法,这也是最为科学的教育方法。

(2)语言法是幼儿教师最常用和最普遍的教育教学方法,即教师以语言为主要工具对儿童进行说教指导、劝说等,以达到相应的教育目的。通常,语言法主要指故事法、讨论法。故事是儿童喜闻乐见的艺术形式之一,幼儿园教育教学中应运用故事这种手段向儿童进行教育,向儿童传授科学文化知识、历史知识、自然常识以及领袖、英雄、科学家的事迹或成长过程。讨论也是儿童自我教育的一种方法,自己教育自己,主动接受教育,而不是被动接受教育。

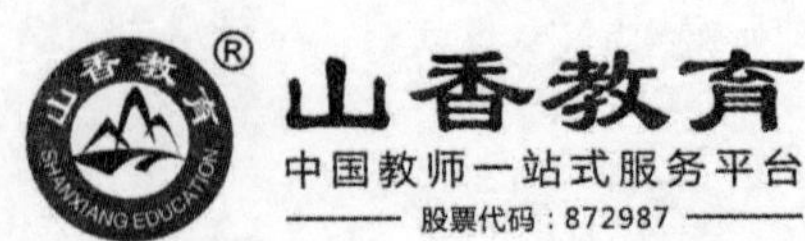

教师招聘考试
幼儿园高分题库精编
教育理论2300题

山香教师招聘考试命题研究中心　主编

扫码免费获得全国真题共30套！（带答案）

图书在版编目（CIP）数据

教师招聘考试教育理论高分题库精编．幼儿园 / 山香教师招聘考试命题研究中心主编．-- 北京 ：首都师范大学出版社，2013.9（2020.10重印）

ISBN 978-7-5656-1683-9

Ⅰ．①教… Ⅱ．①山… Ⅲ．①幼教人员－聘用－资格考试－习题集 Ⅳ．①G451.1-44

中国版本图书馆CIP数据核字(2013)第225099号

教师招聘考试
幼儿园高分题库精编·教育理论
山香教师招聘考试命题研究中心　主　编

策划编辑　张文强
责任编辑　曹亮亮　王慕飞　　　封面设计　山香教育
首都师范大学出版社出版发行
地　　址　北京市西三环北路105号
邮　　编　100048
电　　话　010-68418523（总编室）　010-68982468（发行部）
网　　址　http://cnupn.cnu.edu.cn
印　　刷　河南黎阳印务有限公司
经　　销　全国新华书店
版　　次　2012年9月第1版
印　　次　2020年10月第23次印刷
开　　本　787mm×1092mm　1/8
印　　张　23
字　　数　600千
定　　价　42.00元

前　言

一、教师招聘考试概述

教师招聘考试(教师入编考试),简称招教,是教育部门依据“凡进必考”的原则,公开招聘教师的选拔性考试,其目的是为教育行政部门录用教师提供参考。各地依据考生的考试成绩,结合面试情况,按已确定的招聘计划,从教师应有的职业素养、专业水平、教育技能等方面进行全面考核,择优录取。

二、教师招聘考试笔试内容分析

就目前的情况来看,教师招聘考试的笔试内容,依地区不同而有所差异,但主要有以下类型:

一种考查考生对教育理论基础知识和学科专业知识的掌握程度。也有些地区单考教育理论基础知识或学科专业知识。其中,教育理论基础知识包括教育学、心理学、教育心理学、教育政策法规、班级管理、教育教学技能、新课程改革理念等。学科专业知识主要涉及教材教法与本学科的专业基础知识。

一种比较注重对考生的公共基础知识与职业能力的考查。例如有的地区考公共基础知识与教育理论基础知识两科,有的地区考职业能力测试与教育基础知识两科。

就幼儿园教师招聘考试而言,考查方式也会因地区而异。主要有以下几种方式:

1. 只考幼儿园教育理论基础知识。

2. 考查幼儿园教育理论和学前教育学科专业知识两科。

3. 近年来很多地区的统考,学科专业知识考试越来越注重对学科教学论内容和教学能力的考查。这一点需要考生重视。

三、教师招聘考试备考策略

1. 梳理考点,建立记忆树

《幼儿园教育基础知识》《学前教育》两门科目,均可以从整体上建立知识架构,并可以分模块建立记忆树。用微模块的方式对考点进行系统梳理,以实现知识备考。

2. 剥离非重点,明确考点

备考过程中,考生最大的难题在于对知识的识记和运用。对于知识的识记,考生可以采用视听记相结合的方法,总结历年真题,研究考查的重点、难点。

3. 削减知识,提高考试命中率

对高频考点进行全方位多角度的实践练习,最终提高考试的考点复习命中率。

目　录

上篇　高分题库

下篇　全真模拟试卷

参考答案及解析单独成册

上篇　高分题库

专题一　学前卫生学

命题分析

1. **神经系统**。主要考查神经系统的发展特点、保育要点，在考试中常以单选和判断等形式进行考查。

2. **感觉器官**。主要考查生理性远视、弱视及各感觉器官的保育要点等，在考试中常以单选和简答等形式进行考查。

3. **运动系统**。主要考查骨骼的特点、运动系统的保育要点，在考试中常以单选、判断及填空等形式进行考查。

4. **循环系统、呼吸系统、消化系统**。主要考查血液循环的特点及保育要点、呼吸运动的特点、消化系统发展的特点及保育要点，在考试中常以单选等形式进行考查。

5. **幼儿生长发育**。主要考查幼儿生长发育的主要规律、影响因素、评价指标等，在考试中常以单选、多选、判断、名词解释及填空等形式进行考查。

基础训练

知识1　幼儿生长发育特点与卫生保健

一、单项选择题

1. 动静交替、劳逸结合地组织活动，符合了大脑皮质活动的(　　)

A. 优势原则　B. 镶嵌式原则　C. 动力定型规律　D. 抑制原则

2. 研究表明，6岁儿童脑的重量约为成人脑重的(　　)(常考)

A. 25%　B. 60%　C. 75%　D. 90%

3. 儿童睡眠时间，应以年龄和健康而异，年龄小，体质弱，睡眠时间需增加，3～4岁每天需要(　　)小时的睡眠。

A. 8～9　B. 9～10　C. 11～12　D. 12～13

4. 婴幼儿呼吸频次的特点是(　　)(常考)

A. 年龄越小，呼吸越快　B. 年龄越小，呼吸越慢

C. 时常忽快、忽慢　D. 时常停止呼吸

5. 幼儿到(　　)岁左右其生理性远视就可转变为正常视力。(常考)

A. 5　B. 3　C. 2　D. 7

6. 幼儿看书距离过近，时间长了容易产生(　　)

A. 视网膜疲劳　B. 晶状体疲劳

C. 角膜疲劳　D. 睫状肌疲劳

7. 婴儿萌出乳牙的时间一般是出生后(　　)

A. 4个月　B. 6～7个月　C. 12个月　D. 14个月

8. 幼儿脑的耗氧量为全身耗氧量的(　　)(易混)

A. 50%　B. 30%　C. 60%　D. 20%

9. 不同人种及个人之间眼睛颜色的差异是由于(　　)所含色素的不同决定的。

A. 虹膜　B. 巩膜　C. 脉络膜　D. 角膜

10. 不宜让幼儿拎提太重的东西是因为幼儿(　　)

A. 大肌肉群发育早，小肌肉群发育晚　B. 腕骨要到10岁左右才钙化完成

C. 骨头的韧性强，硬度小，易变形　D. 脊柱生理性弯曲尚未定型

11. 因儿童的遗传基因不同、成长环境不同、所受的家庭教育不同，所以儿童在发展上会呈现出不同的特点和优势。这体现了儿童的(　　)特点。

A. 整体性　B. 开放性　C. 稳定性　D. 个别差异性

12. 教会幼儿正确的刷牙方法，对于幼儿的牙齿健康极有帮助。下列刷牙方式中，操作不正确的是(　　)

A. 顺着牙齿生长的方向刷　B. 上牙从上往下刷，下牙从下往上刷

C. 所有的牙齿都用横刷方式　D. 每刷一个地方，需要往返5～10次

13. 让幼儿干什么他乐于接受，让他别干什么就难了。这符合幼儿大脑皮质活动特性的(　　)

A. 优势原则　B. 动力定型

C. 镶嵌式活动原则　D. 兴奋过程强于抑制过程

14. 治疗弱视的最佳时间是(　　)

A. 10岁前　B. 9岁前　C. 8岁前　D. 7岁前

15. 胎儿期的形态发育以及幼儿的动作发育遵循“头尾发展律”，即自上而下发展的规律。这体现了幼儿生长发育的(　　)特点。

A. 阶段性　B. 程序性　C. 不均衡性　D. 个别差异性

16. 幼儿园为幼儿做视力检查时，发现琪琪不能良好地分辨物体的远近、深浅等，且难以完成一些精细活动，初步判断琪琪患有(　　)，建议家长带琪琪去医院进一步检查。

A. 弱视　B. 近视　C. 斜视　D. 远视

17. 儿童身体形态、结构、生理机能的发展状况是体质范畴中的(　　)(易混)

A. 体格　B. 体能　C. 适应能力　D. 心理状况

18. 神经系统由(　　)和周围神经系统两部分组成。

A. 神经元　　B. 中枢神经系统

C. 脑神经　　D. 交感神经

19. 骨折后，对骨起愈合作用的是(　　)

A. 骨髓　　B. 骨膜　　C. 骨松质　　D. 骨密质

20. 人体最重要的内分泌器官，被称为“内分泌之王”的是(　　)

A. 甲状腺　　B. 胸腺　　C. 脑垂体　　D. 胰腺

二、多项选择题

1. 正确评价幼儿生长发育的指标是(　　)(常考)

A. 形态指标　　B. 生理功能指标

C. 心理指标　　D. 心跳发育指标

2. 骨骼的功能有(　　)

A. 构成人体支架　　B. 支持体重　　C. 保护内脏器官　　D. 造血

3. 肾脏发育最快的两个阶段是(　　)

A. 1岁　　B. 0～6岁　　C. 3岁　　D. 12～15岁

4. 幼儿心脏的特点是(　　)(易混)

A. 心脏相对重量大于成人　　B. 心脏排血量较少

C. 心率慢　　D. 心率快

5. 屈光不正可分为(　　)

A. 近视　　B. 远视　　C. 散光　　D. 老花眼

6. 在幼儿生长发育过程中，身体各部分的增长比例不同。正确的增长比例是(　　)

A. 躯干增长2倍　　B. 下肢增长4倍

C. 上肢增长3倍　　D. 头部增长1倍

7. 下列符合幼儿生长发展规律的是(　　)

A. 连续性和阶段性的统一　　B. 程序性

C. 不平衡性　　D. 个别差异性

三、判断题

1. 随着儿童年龄的增长，需要睡眠的时间也越来越长。(　　)

2. 安排幼儿一日生活时，要注意劳逸结合、动静交替。(常考)(　　)

3. 婴幼儿眼睛调节范围窄，距离近的物体不易看清。(　　)

4. “常规遮盖疗法”是目前被公认为治疗弱视的简便易行的有效方法。(　　)

5. 幼儿最先萌出的恒牙是在6岁左右。(易错)(　　)

6. 幼儿各肌肉群的发育是不平衡的，小肌肉群发育早，大肌肉群发育晚。(　　)

7. 幼儿年龄越小，体温调节能力越差，天气寒冷时应多穿衣服，注意防寒保暖。(　　)

8. 幼儿的耳朵对声音不太敏感，所以平时老师对幼儿说话要大声些。(　　)

9. 由于先天遗传和环境条件的差异，每个儿童达到成熟的年龄和成熟的程度各不相同。(　　)

10. 牙齿发育过程中，最先发育长出的牙叫六龄齿。(　　)

11. 婴儿刚出生时，最发达的感觉是痛觉。(　　)

12. 小儿骨头最外层的骨膜较厚，可以发生“折而不断”的现象，这种现象被称为青枝骨折。(常考)(　　)

13. 与成人的心率相比，幼儿的心率慢。(　　)

14. 幼儿的消化能力强。(　　)

15. 幼儿身体各系统的发育是不均衡的，但又是统一协调的。(　　)

16. 幼儿期(3～6岁)是视觉发育的关键时期和可塑阶段，也是预防和治疗视觉异常的最佳年龄段。(　　)

17. 在幼儿园的活动中，避免经常单一地使用某些肌肉、骨骼，如让幼儿长时间站立等，幼儿园不宜开展拔河、长跑、长时间的踢球等剧烈运动。(　　)

18. 幼儿在日光照射下，周围血管扩张，循环加快，可促进心脏功能发育。(　　)

19. 纠正幼儿挑食、偏食的毛病，有利于预防缺铁性贫血。(　　)

20. 婴幼儿脑细胞能够利用的能量来源是碳水化合物。(　　)

21. 肺是呼吸系统的主要器官，是气体交换的场所。(　　)

22. 血糖是神经系统能量的唯一来源。(　　)

23. 对于斜视的治疗，儿童年龄越大，治疗效果越好。(　　)

24. 研究表明，婴儿出生六个月，是视觉发展的敏感期，这个时期如果出现发育异常，可能会引起视力丧失。(　　)

四、填空题

1. 小儿关节灵活，但牢固性极差，容易________。

2. 斌斌和轩轩出生时身高、体重差不多，到两岁时，斌斌长得高高胖胖的，轩轩却瘦瘦小小的，这说明学前儿童的生长具有________规律。

3. 幼儿生长激素分泌的高峰状态是________。

4. 5岁前，外耳道壁还未完全骨化和愈合，因此一旦感染，容易扩散到附近的组织与器官，直到________岁，外耳道壁才骨化完成，12岁听觉器官才发育完全。

5. 让幼儿学习某种内容或做某件事，想引起儿童的兴趣，这是利用幼儿大脑皮质活动的________。

6. 神经系统的基本活动方式是________。

7. ________是评价幼儿生长发育状况最常用、最重要的形态指标。

8. 生长发育的功能指标是指身体各系统、各器官在生理功能上可测出的各种量度，运动系统常用的指标为________和________。

9. ________是年龄越小，治愈率越高，年龄大于7岁，治疗效果明显下降，而到了青春期，治疗基本无望。

10. 为有效祛除牙菌斑，每次刷牙的时间不宜少于________分钟。

11. ________常用的指标是肺活量和呼吸频率。

12. 一般坐________分钟，不排便就起来，不要长时间坐便盆。

13. 新生儿期保健重要的是帮助小生命度过“营养关”“温度关”和“________”。

14. ________岁以下学前儿童测身长用量床。

15. ________是发育最早的系统。

五、名词解释

1. 生理性远视

2. 屈光不正

3. 弱视

4. 常规遮盖法（常考）

5. “青枝骨折”

六、简答题

1. 简述大脑皮质活动的特性。（常考）

2. 如何帮助幼儿养成良好的用眼习惯？

3. 简述幼儿骨骼的特点。

4. 幼儿神经系统发展具有哪些特点？（易混）

5. 简述在组织幼儿活动和锻炼时要注意的问题。

6. 简述幼儿生长发育的主要规律。

7. 简述幼儿耳的保育要点。

8. 简述幼儿肌肉发展的特点。

9. 简述幼儿血液发展的特点。

10. 简述幼儿耳的特点。（常考）

11. 简述幼儿血管的特点。

12. 简述幼儿内分泌系统发展的特点。(易混)

13. 简述幼儿皮肤的保育要点。

14. 简述幼儿泌尿系统的保育要点。(常考)

15. 简述幼儿内分泌系统的保育要点。

七、论述题

1. 试述影响幼儿生长发育的因素。

2. 试述幼儿消化系统的保育要点。

3. 试述幼儿运动系统的保育要点。

4. 试述皮肤的生理功能。

八、案例分析题

1. 有一位母亲十分注意孩子的教育,她经常让孩子做全身性运动,并教孩子用左手写字、画画、拿东西、用左脚单脚跳等;同时她还经常与孩子做游戏,拿一些新奇的玩具,从孩子的左耳侧缓缓向前移动,高度与耳、眼保持大体一致的水平,让孩子迅速猜出视野中的玩具;有时在孩子游戏、画画、吃饭时,她会时不时地播放些曲调优美、轻柔、明快但没有歌词的曲子;这位母亲还会找许多相似的东西,让孩子辨别它们的不同之处;这位母亲教孩子认识"梨"字时,她首先会给孩子一个梨,让他摸摸、看看、尝尝,从多方位形成对梨的印象。经过这位母亲的耐心教育,孩子上学时表现得十分好,不仅数学学得好,而且语文、音乐、绘画都很出色,处处都受到老师的表扬,人们都称赞他是一个"小神童"。

分析上述案例,谈谈案例中母亲为什么要这样做。

2. 最近,空前的恐惧击碎了小李夫妇对孩子的甜蜜梦想。孩子已将近三岁了,自从五个月时左眼眶磕伤,被包扎后,就发现孩子表现不正常,但并没引起夫妇俩太多注意,可最近,孩子的行为使他们一下子感到事态的严重:他的左眼视力非常差,总是把一个物体看成两个物体,并在拿东西时,触摸目标特别困难,甚至不能判断自身位置……夫妇俩深感事态严重,询问街坊邻居,都说不出所以然。

据此案例回答下列问题:

(1)小孩可能患了什么眼疾?

(2)导致小孩这种疾病的直接原因是什么?一般来说,这种病的产生还有哪些原因?

(3)如何矫治,最佳年龄是多大?

3. 一个整日制幼儿园，给幼儿们中午安排了一次午睡。幼儿园的叔叔阿姨们中午安排幼儿准时上床，按时起床，并让家长配合，幼儿回到家仍准时上床，按时起床，养成好的睡眠习惯，保证充足睡眠，但也不让睡眠过多。幼儿进餐也要求定时，每顿饭约20～30分钟，并且让幼儿细嚼慢咽，要求幼儿专心吃饭。一般，该园还每天安排3～4小时的户外活动。对幼儿的排便也进行了训练，培养定时大便，活动间歇提醒幼儿如厕，不要憋尿。

根据以上案例，请分析该园的做法是否合理，为什么？

4. “人有一个头，但有两个脑袋”，这是近几十年来神经生理学家对大脑研究成果的一种形象概括。

(1)该观点说明了人的大脑具有什么特点？

(2)据此，成人可通过哪些途径来开发婴幼儿的大脑潜力？

5. 如今走在大街上，时常会遇到一个又一个“小眼镜”；寒暑假，各大医院幼儿眼科专家常常要为前来就诊的大量眼疾患儿治疗。已有20年幼儿教育教龄的罗老师感慨地说：“近几年，视力不佳的幼儿明显增多了。”

结合以上案例，分析幼儿教师应如何帮助并教育幼儿注意眼的保健。

知识2 幼儿膳食

一、单项选择题

1. 在人体受到损伤时，参与修复和更新组织的营养素是(　　)

A. 蛋白质　　B. 脂类　　C. 碳水化合物　　D. 维生素

2. 在日常食物中以(　　)所含的钙为最佳。

A. 豆类　　B. 肉类　　C. 禽类　　D. 乳类

3. 下列选项中不是缺乏B族维生素的症状的是(　　)

A. 夜盲症　　B. 脚气病　　C. 口角炎　　D. 皮炎

4. 以下存在于人体骨骼和牙齿中的微量元素是(　　)

A. 钙　　B. 铁　　C. 锌　　D. 碘

5. 幼儿膳食计划应力求各营养素之间有合理的比值，其中碳水化合物所提供的热能应占总热量的(　　)

A. 12%～15%　　B. 15%～20%　　C. 20%～30%　　D. 50%～60%

6. (　　)是人体内含量最高的微量元素，是合成血红蛋白的原料，参与维持正常造血功能和体内氧的运送。

A. 钙　　B. 锌　　C. 碘　　D. 铁

7. (　　)缺乏会导致甲状腺素合成不足，典型的症状是甲状腺肿大。

A. 钙　　B. 锌　　C. 碘　　D. 铁

8. (　　)缺乏会造成毛细血管通透性增加，导致坏血病。(易混)

A. 维生素C　　B. 维生素A　　C. 维生素B　　D. 维生素D

9. 参与糖类代谢，对维持神经系统正常功能起着重要作用。同时促进儿童发育，增进食欲的是(　　)

A. 维生素A　　B. 维生素D　　C. 维生素B_1　　D. 维生素C

10. 以下不属于《3～6岁学龄前儿童膳食指南》的是(　　)

A. 进食量与体力活动要平衡，保证正常体重增加

B. 不挑食、不偏食，培养良好饮食习惯

C. 膳食清淡少盐，正确选择零食，少喝含糖量高的饮料

D. 尽量满足幼儿的饮食习惯，多做一些幼儿喜欢吃的饭菜

11. 幼儿膳食搭配中维生素B_1的主要来源是(　　)

A. 粮谷类　　B. 水果　　C. 乳制品类　　D. 蔬菜类

12. 在儿童膳食中，早餐所提供的热能应占总热能的(　　)(常考)

A. 10%　　B. 20%　　C. 30%　　D. 40%

13. 儿童对水的需求量相对比成人多，4～7岁儿童每日水的需求量大致为(　　)

A. 100～140毫升/每千克体重　　B. 120～160毫升/每千克体重

C. 90～110毫升/每千克体重　　D. 80～100毫升/每千克体重

14. 造成儿童味蕾功能减退、食欲不振，导致厌食，甚至发生异食癖的是缺乏(　　)

A. 钙　　B. 铁　　C. 碘　　D. 锌

15. 多晒太阳，有利于补充(　　)

A. 维生素A　　B. 维生素B　　C. 维生素C　　D. 维生素D

16. 患有"夜盲症"的人可能是体内缺乏(　　)(常考)

A. 维生素A　　B. 维生素B_1　　C. 维生素C　　D. 维生素D

17. 能促进钙吸收的维生素是(　　)

A. 维生素A　　B. 维生素B　　C. 维生素C　　D. 维生素D

18. 学前儿童体内缺少(　　)会出现生长发育迟缓、体重过轻、贫血、精神疲乏，甚至产生智力发育障碍、营养不良性水肿等症状。

A. 脂肪　　B. 碳水化合物

C. 蛋白质　　D. 维生素

19. 婴幼儿生长发育速度减慢，智力低下，甚至患呆小症或散发性克汀病。这主要是因为缺(　　)

A. 磷　　B. 碘　　C. 锌　　D. 铁

20. 预防幼儿"脚气病"的膳食配置方法是(　　)

A. 干稀搭配，少吃调料和油炸食品　　B. 荤素搭配，经常吃适量的鱼、禽、蛋、瘦肉

C. 蔬菜水果搭配，多吃新鲜蔬菜、水果　　D. 粗细粮搭配，每天吃豆类及其制品

21. 在进餐环节，以下做法错误的是(　　)

A. 教师要创设安静整洁、轻松愉快的进餐环境

B. 教师通过比赛的方式激发幼儿进餐的积极性，加快进食速度

C. 教师结合膳食菜肴，指导幼儿认识人体所需的营养素

D. 教师提醒幼儿采用正确的方法咀嚼食物

22. 含有丰富维生素A的食物是(　　)

A. 动物肝脏　　B. 豆制品　　C. 米、面　　D. 浅色蔬菜

23. 具有抗生酮作用的营养素是(　　)

A. 蛋白质　　B. 脂类　　C. 碳水化合物　　D. 水

24. 不属于引起食物中毒原因的是(　　)

A. 食品被污染　　B. 动植物组织本身含有毒物质

C. 有毒化学物质被加入食品之中　　D. 食用致敏食物

25. 在六种营养素中，可以产热的营养素有(　　)

A. 2种　　B. 3种　　C. 4种　　D. 5种

26. 对脂类的生理功能描述错误的是(　　)

A. 供给机体能量　　B. 促进水溶性维生素的吸收

C. 人体组织的重要组成部分　　D. 有保护功能

27. 关于微量营养素，描述错误的是(　　)

A. 钙是构成人体骨骼和牙齿的重要成分　　B. 磷是构成人体骨骼和牙齿的重要成分

C. 铁是合成血红蛋白的重要原料　　D. 碘是组成甲状腺素的主要成分

二、多项选择题

1. 被称为三大产能营养素的是(　　)

A. 蛋白质　　B. 脂类　　C. 碳水化合物　　D. 维生素

2. 托幼机构内儿童膳食应努力具备________、________、增进食欲、清洁卫生、安全新鲜、有利消化等特点。(　　)

A. 蛋类为主　　B. 少食肉类　　C. 科学合理　　D. 营养平衡

3. 下列膳食搭配合理的有(　　)

A. 粗细粮搭配　　B. 米面搭配

C. 谷类和豆类搭配　　D. 蔬菜五色搭配

4. 下列关于3～6岁幼儿膳食的叙述，正确的是(　　)

A. 食物多样，谷类为主　　B. 多吃鱼、禽、蛋、瘦肉

C. 每天饮奶，常吃大豆及其制品　　D. 膳食清淡少盐

5. 幼儿园教师及家长要帮助幼儿克服不好的饮食习惯，如(　　)

A. 不定时、不定量进餐　　B. 少吃或不吃主食，多吃蔬菜

C. 吃饭时细嚼慢咽　　D. 少喝白开水，多喝牛奶

三、判断题

1. 1～6岁幼儿每日膳食中蛋白质的推荐摄入量为45克～55克，其中一半应来源于优质蛋白质。(　　)

2. 断奶后，就应该添加各类辅助食品，以保证婴幼儿正常发育。(　　)

3. 由膳食供给的蛋白质，只有其所含必需氨基酸的比例与人体蛋白质必需氨基酸的比例相一致，才能被充分利用。(　　)

4. 1～2岁小儿每日可进食5次，三餐加上、下午各一次点心，以后逐渐改为4次，三餐加午后点心一次。每次间隔约3小时。(　　)

5. 幼儿的点心应以低脂肪、低热量的食物为主，着重补充维生素C。(　　)

6. 食物中所含糖类，一部分能被人体吸收，如单糖、双糖和多糖中的淀粉、糊精；而多糖中的纤维素和果胶不能被人体吸收，被称为"膳食纤维"。(　　)

7. 高蛋白食物含锌量较高，蔬菜和水果次之，海产品普遍含锌量不高。(　　)

8. 在为婴幼儿(尤其是婴儿)添加辅食时，应由少到多，逐步进行。(　　)

9.《3～6岁学龄前儿童膳食指南》倡导"多样、平衡、适量"的科学营养观念。(易错)(　　)

10. 幼儿食谱应每月更换一次。(　　)

11. 除睡眠外，应避免幼儿连续超过1小时的静止状态。(易错)(　　)

12. 幼儿需要的营养素包括蛋白质、脂类、碳水化合物、无机盐、维生素和水。 (　　)

13. 组织幼儿进食时，教师的态度应循循善诱，和蔼可亲，切忌惩罚、哄骗。 (　　)

14. 最理想的饮水应该是白开水。 (　　)

四、填空题

1. 呆小症的病因主要是缺乏________。(常考)

2. ________是组成一切蛋白质的最基本单位。

3. 含________丰富的食物主要是海产品，如海带、海虾、海鱼、紫菜等。

4. ________是人体组织的重要组成成分，在维持细胞结构、功能中起重要作用。

5. ________是维持上皮细胞的健全、生长发育和机体的免疫力所不可缺少的物质。

6. ________是儿童特有的能量消耗。

五、名词解释

1. 蛋白质互补作用

2. 营养素

六、简答题

1. 简述蛋白质的生理功能。

2. 简述学前儿童膳食的特点。(易错)

3. 简述在为幼儿配膳时的具体方法。

4. 简述脂类的生理功能。(易错)

七、论述题

1. 试述碳水化合物的生理功能(可吸收部分)。(易混)

2. 试述幼儿进食的要求。

八、案例分析题

1. 有位母亲，生了一个可爱的小男孩，于是家人的注意力全集中到如何养育好小男孩身上。奶奶依据自己的经验，给孩子妈妈吃各种好吃的，知识分子的父亲从书上找到了乳母应有的饮食情况，使母亲饮食多样化，吃放置在室温下的水果，给母亲做鸡汤、排骨汤、猪蹄汤等，乳母每日进食量都做了详细安排。由于家中每个人的心情都很愉快，所以家庭氛围极好，奶奶、父亲对孩子的母亲都百般照顾，使其精神愉快。但有一件事刚开始就出现了分歧，奶奶爱惜孙子，希望孙子饿了就能吃到奶，而母亲曾在一本书上看到应该给孩子按钟点喂奶，反正都是为了孩子好，最后还是奶奶让了步，毕竟孩子的母亲是个识字人，看的东西多。

分析上面一家人的做法，有哪些合理之处，又有哪些不合理之处，为什么？

2. 中午进餐时间，小(1)班的孩子们在一口饭一口菜安静地就餐。进餐之前，老师给孩子们提出了很多要求，如安静地吃，饭和菜搭配吃，不要掉饭粒等，其中“饭、菜要吃完”的要求肯定是不会落下的。于是，就出现了以下情况：

片段一：博伦很快地吃完了饭，同时把菜吃得一干二净后来添第二碗。

片段二：清清吃完了饭，慢吞吞地吃菜，边吃边皱着眉头看了老师一下：“裴老师，我有点吃不下了。”老师问：“真的吃不下了？”旁边的小朋友说：“她是不喜欢吃青菜。”于是，老师说：“再吃一点，好吗？”清清很听话，低下头一小口一小口地吃着，老师想要她养成吃青菜的习惯。

片段三：彤彤好不容易将饭吃完，其他的孩子都已经在旁边看书了，而菜已经冰凉了，“裴老师，我吃不下了。”

结合以上案例，谈谈应如何合理安排幼儿进餐。

知识3 幼儿常见疾病和意外事故的防护

一、单项选择题

1. 耳朵进了虫子，下列处理方式错误的是(　　)

A. 用电筒向耳道照光，引诱虫子出来

B. 将油类或酒精滴入耳内，将虫子麻醉或杀死后随液体流出

C. 用棉签抠出来

D. 到医院请医生处理

2. 流行性腮腺炎的主要传播途径是(　　)(常考)

A. 虫媒传播　B. 食物传播　C. 接触传播　D. 飞沫传播

3. 幼儿肺炎的主要病因是(　　)

A. 各种细菌感染　B. 大肠杆菌进入尿道上行感染

C. 喂养不当　D. 营养不良

4. 外伤、鼻腔异物、鼻腔感染常会出现(　　)

A. 大量清水样鼻涕　B. 黏稠、黄色分泌物

C. 单侧鼻出血　D. 双侧鼻出血

5. 关于湿疹，以下说法不正确的是(　　)(易混)

A. 可因食物过敏而致　B. 可因过敏体质引起过敏

C. 可因羊毛、化纤引起过敏　D. 病因易确定

6. 甲型肝炎通过(　　)传播。

A. 飞沫　B. 输血

C. 被污染的水源　D. 共用针头

7. 狂犬病的典型症状为(　　)

A. 恐火　B. 恐犬　C. 恐人　D. 恐水

8. 确定对传染病接触者观察期限的依据是(　　)(常考)

A. 该传染病的最长潜伏期　B. 该传染病的平均潜伏期

C. 该传染病的前驱期　D. 该传染病的症状明显期

9. 下列不是呼吸道传染病的是(　　)

A. 水痘　B. 猩红热

C. 流行性乙型脑炎　D. 流行性脑脊髓膜炎

10. 病人隔离后，对其原来的活动场所进行一次彻底消毒称为(　　)

A. 化学消毒　B. 物理消毒　C. 终末消毒　D. 隔离消毒

11. 小华平时食欲很好，但最近几天却不想吃饭，尤其怕油腻并伴有恶心呕吐，小华可能是患了(　　)

A. 病毒性肝炎　B. 维生素D中毒症

C. 维生素A中毒症　D. 佝偻病

12. 世界卫生组织要求在全球消灭的第一种传染病是(　　)(易错)
A. 脊髓灰质炎　B. 天花　C. 流行性感冒　D. 蛔虫病

13. 下列通过蚊虫传播疾病的是(　　)(易混)
A. 麻疹　B. 流行性乙型脑炎
C. 流感　D. 手足口病

14. 呼吸道传染病主要是通过(　　)
A. 食物传播　B. 空气飞沫传播
C. 水源传播　D. 虫媒传播

15. 沙眼的主要传播途径是(　　)(易错)
A. 空气传播　B. 饮食传播　C. 接触传播　D. 虫媒传播

16. 发烧、全身不适、咳嗽,并在幼儿手指背面、手掌、足趾等出现皮疹,口腔内产生水痘等症状的传染病是(　　)
A. 流行性感冒　B. 腮腺炎　C. 麻疹　D. 手足口病

17. 佝偻病又称"软骨病",是由于缺乏(　　)导致钙、磷代谢异常引起的。
A. 维生素D　B. 维生素C　C. 维生素E　D. 维生素B

18. 小明是幼儿园的在读幼儿,当他午睡中(　　)时,保育员应该立即把小明送往医务室。
A. 说话　B. 踢被子　C. 侧睡　D. 体温升高

19. 手足口病是多发性传染病,以(　　)年龄组发病率最高。
A. 1~2岁　B. 3~6岁　C. 0~3岁　D. 6~10岁

20. 患异食癖的儿童有两种原因:一种是钩虫病,另一种是体内缺(　　)
A. 锌　B. 碘　C. 钙　D. 磷

21. 幼儿严重缺铁和缺锌可能出现(　　)(易错)
A. 异食癖　B. 肝、脾肿大　C. 皮肤发炎,脱发　D. 注意力不集中

22. 如果确定幼儿的关节脱臼了,幼儿教师不可采取的措施是(　　)
A. 立即寻求医疗救助　B. 不要移动关节
C. 用药膏涂抹在脱臼部位　D. 如不熟悉脱臼的整理技术,不要贸然复位

23. 学前教育机构最常用的消毒液是(　　)(易错)
A. 来苏水　B. 石灰乳　C. 84消毒液　D. 漂白粉澄清液

24. 蒙蒙户外运动时与同伴相撞,导致上肢无法正常活动,肩膀疼痛并出现肿胀现象,从以上症状推断蒙蒙的状况是(　　)
A. 指关节脱臼　B. 腕关节脱臼　C. 肘关节脱臼　D. 肩关节脱臼

25. 幼儿每天饮水的正确做法是(　　)
A. 少量多次饮水　B. 一次足量饮水
C. 乳饮料和果汁替代白开水　D. 餐前餐后多饮水

二、多项选择题

1. 关于幼儿痱子的预防和护理,下列做法恰当的是(　　)
A. 夏季应注意幼儿居室内通风、降温
B. 幼儿的衣服要宽大、柔软,夏季宜穿透气吸汗的纯棉衣服
C. 对长痱子的幼儿,应定时用温水洗净皮肤
D. 避免幼儿在烈日下玩耍,勤洗澡,保持幼儿皮肤干燥清洁

2. 传染病发生和流行的三个基本环节是(　　)
A. 传染源　B. 传播途径　C. 易感人群　D. 预防措施

三、判断题

1. 幼儿烧烫伤后可以涂抹一些酱油、醋、碱、牙膏或紫药水之类的东西,以缓解疼痛。(　　)
2. 诚诚不小心摔了一跤,手掌撑在一块石头上导致掌心血流不止,针对此种情形,老师应该采取一般止血法进行应急处理。(　　)
3. 乙型肝炎的传播途径主要为母婴传播和血液传播。(　　)
4. 人患过麻疹后获得的免疫力对多种病原微生物也起作用。(　　)
5. 托幼机构要大力宣传预防传染病的知识,建立健全各项健康检查制度,对传染源要早发现、早报告、早隔离、早诊断及早治疗。(　　)
6. 肺炎多发于夏秋季节。(易错)(　　)
7. 某幼儿突然出现高热、腹痛、腹泻,一日腹泻数次,总有大便排不干净的感觉,且大便内有黏液及脓血。该幼儿可能患了急性胃炎。(　　)
8. 风疹出疹时,耳后、枕部淋巴结有肿大现象。(　　)
9. 当小儿出现阵阵腹痛、频频呕吐,大便呈"红色果酱"样时可能是发生肠套叠。(　　)
10. 手足口病主要由乙型溶血性链球菌引起,多在冬季流行。(易混)(　　)
11. 幼儿在哭闹时,可以用吃东西来哄他。(　　)
12. 猩红热的潜伏期一般为1~2天。(　　)
13. 空气飞沫传播是呼吸道传染病的主要传播方式,日常生活中应注意环境卫生,加强室内通风换气,打扫卫生时最好先洒水。(　　)
14. 如果幼儿被生锈的铁器割伤,同时伤口较深,应该于72小时内注射破伤风疫苗。(　　)
15. 幼儿发生骨折的时候,在急救处理前可先用手大力揉搓骨折处。(　　)
16. 幼儿重度冻伤时,局部皮肤呈紫黑色、肿胀、有水疱,应尽快用针挑破水疱,保暖并送医院治疗。(　　)
17. 新生儿硬肿症多发生在冬季,主要因保暖过度导致。(　　)
18. 发生扭伤后,损伤部位出血、肿胀和疼痛,可采用热敷的方法以达到止血、消肿、止痛的目的。(　　)
19. 煮沸法是利用紫外线消毒灭菌。(　　)

20. 生长发育过快是导致缺铁性贫血的重要原因。（　）

21. "小儿四病"是指维生素D缺乏性佝偻病、营养性缺铁性贫血、小儿肺炎和腹泻。（　）

四、填空题

1. 湿疹是婴幼儿常见的过敏性皮肤炎症，常见于________期。

2. 流行性脑脊髓膜炎是呼吸道传染病，主要经________传染。

3. 昆虫入耳，可用________对着外耳道口，引诱昆虫爬出。

4. 物理消毒法是简便易行、较为有效的消毒法，它分为机械法、煮沸法、________三种。

5. 军军的脚扭伤了，首先要处理的是对患处进行________。

6. 一旦发生中暑，就应将患儿迅速移到________，解开衣扣，让其好好休息。

7. 中午进餐时，欣欣不小心被热汤烫伤了小手，教师首先对欣欣烫伤的小手处理方式应是________。

五、名词解释

1. 传染病

2. 潜伏期

六、简答题

1. 简述煤气中毒的急救措施。

2. 简述流行性感冒的预防措施。（常考）

3. 简述维生素D缺乏性佝偻病的病因。（易混）

4. 简述流行性脑脊髓膜炎（简称流脑）的预防措施。

5. 简述缺铁性贫血的病因。

6. 简述学前儿童常见传染病中百日咳的病因及预防。

7. 简述急性上呼吸道感染的预防措施。

8. 简述肥胖症的病因。

9. 简述龋齿的预防措施。

10. 简述物理消毒法几种常见方法。

11. 简述常见的止血方法。

12. 幼儿小外伤有哪些？

七、论述题

试述对烧、烫伤的急救处理可从哪些方面入手。

八、案例分析题

1. 一家庭有四口人，爸爸是大学教师，妈妈是幼儿园教师，另外还有一个男孩和一个女孩。父母从小就对这两个小孩进行有计划的预防接种，并妥善保管好预防接种证。但有一年冬天，小男孩还是得了呼吸道传染病，症状刚出现，作为幼儿园教师的妈妈已有所觉察，经检验证实后母亲就把小男孩隔离开来，并且找医生抓紧治疗，母亲还对小男孩的各种排泄物随时消毒。这样，男孩没多久就恢复了正常，家中的其他人也没有传染上呼吸道疾病。

   分析上面案例，谈谈母亲这样做的原因及意义。

2. 进餐时，强强的手臂被面条烫伤了，在医生来之前，教师给强强的手臂抹了牙膏。

   (1)该教师的处理方式是否恰当？请结合案例分析理由。

   (2)说明幼儿烫伤的正确处理方法。

3. 某幼儿午睡起床后，有一侧耳下腮腺处红肿、表面发烫，并有发热、怕冷、咽痛等症状。

   (1)该幼儿患了什么病？

   (2)应该怎样对他进行护理？

   (3)预防这种疾病有哪些措施？

4. 朵朵穿了一件好看的衣服，胸前有很多小珠子。我发现她经常用手剥小珠子，为免发生意外，我阻止了她好几次。今天中午，突然有个小朋友告诉我说："老师，朵朵把一个珠子塞到鼻子里了。"我赶忙跑过去，这时朵朵的神情很紧张，张开嘴巴在呼吸。

   遇到这种情况，教师应该采取什么措施？

5. 某对体重正常的父母生有一子，今年6岁，体重29千克(6岁儿童的标准体重是20千克)。

(1)该男童属于什么程度的肥胖症？为什么？

(2)该男童体重肥胖的可能原因有哪些？

(3)父母可采取哪些干预措施？

6. 一个五岁半孩子，其身高103厘米，体重28公斤。

问题：(1)用粗略评价方法估算，该儿童的身高体重是否正常？

(2)根据该儿童的发育现状，你有哪些教育建议？

知识4 幼儿安全与心理卫生教育

一、单项选择题

1. “多动”幼儿主要表现为(　　)

A. 情绪不稳定　　B. 注意力不集中

C. 思维活跃　　D. 智力低下

2. 如果儿童出现口吃，开始发展的年龄一般是(　　)

A. 1～2岁　　B. 2～3岁　　C. 3～4岁　　D. 4～5岁

3. 下列行为表现中，不属于儿童孤独症的是(　　)

A. 行为异常　　B. 社会交往障碍

C. 有幻听、幻视等幻觉　　D. 语言发育障碍

4. 口吃是幼儿期语言障碍的一种常见问题，造成这个问题的主要原因是(　　)

A. 神经系统发育障碍　　B. 发音器官发育障碍

C. 正常机能发育迟缓　　D. 紧张创伤所致的障碍

5. 对待口吃幼儿的正确做法是(　　)(常考)

A. 反复纠正　　B. 严厉批评

C. 不许说话　　D. 多让幼儿唱歌和朗诵

6. 早期生活环境对儿童孤独症的影响不容忽视，其致病的因素主要是(　　)

A. 生物学因素　　B. 神经性因素　　C. 疾病因素　　D. 心理因素

7. 儿童做噩梦并伴有呼吸急促、心跳加剧，自觉全身不能动弹，以致从梦中惊醒、哭闹。醒后仍有短暂的情绪失常，紧张、害怕、出冷汗、面色苍白等。这是(　　)

A. 癫痫发作　　B. 梦游症　　C. 夜惊　　D. 梦魇

8. 有关幼儿口吃叙述错误的是(　　)

A. 口吃的发生是因为发音器官或神经系统有缺陷

B. 引起口吃的诱因可能是精神创伤、模仿或疾病

C. 发育性口齿不流利不是口吃

D. 成人不要强迫有口吃的幼儿

9. 升入大班的雅静食欲减退，吃得极少，一段时间后，她对任何食物都不感兴趣，经常回避或拒绝进食，甚至将食物暗中抛弃，老师若强迫其进食还会引起呕吐，这是(　　)的明显表现。

A. 挑食　　B. 神经性厌食症

C. 不良进食习惯　　D. 异食癖

10. 矫正幼儿习惯性阴部摩擦的最佳方法是(　　)

A. 消退法　　B. 系统脱敏法　　C. 强化法　　D. 转移注意法

11. 在体育活动中，有几位胆小的幼儿常常不愿意练习，害怕失败。对此，王老师的对策是引导幼儿进行多次尝试。先尝试简单的练习，再尝试难度逐步加大的练习，在这个过程中让幼儿反复体验成

功—失败—成功。多次练习后，幼儿对难度大的练习也不再害怕了。该老师采用的帮助幼儿消除恐惧心理的方法是（ ）

A. 转移法　　B. 合理宣泄法

C. 系统脱敏法　　D. 培养良好的意志品质

12. 矫治幼儿咬指甲癖的最佳方法是（ ）

A. 戴手套　　B. 不予理睬　　C. 转移注意　　D. 手指涂黄连

二、多项选择题

1. 下列是儿童功能性遗尿症病因的是（ ）

A. 精神紧张　　B. 睡眠过深　　C. 躯体疾病　　D. 生活环境变化

2. 多动症儿童行为的主要特征有（ ）

A. 喜欢幻想　　B. 活动过多

C. 注意力不集中　　D. 易冲动

3. 幼儿常见的心理卫生问题有（ ）

A. 咬指甲癖　　B. 吮吸手指

C. 说谎　　D. 习惯性阴部摩擦

三、判断题

1. 多动的幼儿都是多动症患者，教师应该将这些幼儿集中到一起，让他们自由活动从而不影响教师自身的教学进程。（ ）

2. 梦魇是学前儿童中较为多见的一种睡眠障碍。（ ）

3. 教师应时刻关注幼儿的口吃，及时纠正。（ ）

4. 某些新入幼儿园的小朋友，出现遗尿，这是遗尿症。（ ）

5. 攻击性行为、说谎都是儿童品行障碍的表现。（ ）

6. 教师每次活动前应做好充分的准备工作，向幼儿提出活动的具体注意事项。（ ）

7. 发生屏气发作多为6岁以下的幼儿，6岁以后很少发生。（ ）

8. 夜惊常见于3～6岁儿童，女孩多于男孩。（易混）（ ）

9. 口吃表现为正常的语言节律受阻，有口吃的儿童大都性格内向、不开朗、自卑、羞怯、退缩、情绪易急躁、冲动。（ ）

10. 内服药、外用药、消毒剂均需标签清楚、分开放置、专人保管，不给儿童造成可轻松拿到的机会。给儿童用药前，要仔细核对姓名、药名、剂量，切勿拿错药或服过量。（ ）

11. 儿童的恋物癖与成人的恋物癖的性质是一样的，都是不健康的心理行为。（ ）

12. 教师要允许幼儿犯错误，告诉他改了就好，不要打骂幼儿，以免他因害怕惩罚而说谎。（ ）

13. 吮吸手指是一种幼稚动作，大多见于未满周岁的婴儿。（ ）

14. 对孤独症患儿的教育和治疗是一项长期系统的工程，不仅需要幼儿园老师及家长的配合，更需要社会的关注和支持。（ ）

四、填空题

1. 常见的学前儿童心理问题有：睡眠障碍、________、遗尿症、说谎、不良习惯、________、孤独症、________等。

2. ________是儿童期恐惧常用的矫治方法。（易错）

3. ________是指儿童在无任何言语障碍情况下的缄默不语，患儿不在同伴或他人面前说话，仅与家人有不多的言语往来。

4. 在睡眠障碍中，随着儿童年龄的增长，________一般可自行消失，不必进行特殊的治疗。

5. 开展“发生火灾怎么办”的主题活动，小朋友进行模拟逃生的游戏，使小朋友了解安全自救逃生的安全常识，学会保护自己。这种教育方法是________。

6. 儿童遗尿症有两大类：器质性遗尿症和________。

7. 儿童期多动综合征是一类以________为最突出表现，以多动为主要特征的儿童行为问题。

8. ________又称呼吸暂停症，该症的主要特征是婴幼儿在情绪急剧变化时出现呼吸暂停的现象。

五、名词解释

1. 退缩行为（易错）

2. 遗尿症

3. 暴怒发作

4. 环境教育法

5. 口吃

6. 儿童焦虑症

六、简答题

1. 简述暴怒发作的教育措施。

2. 简述神经性厌食症的预防措施。

3. 简述幼儿教育的安全措施。(易混)

4. 简述幼儿安全教育的内容。(常考)

5. 简述幼儿园安全教育的方法。

七、论述题

试述引起口吃的诱因及矫治。(易错)

八、案例分析题

1. 芳芳是一名四岁的幼儿,自入园后,她不像其他小朋友那样爱哭闹,反倒十分安静,从不吵闹,甚至从不说一句话,也不主动和其他小朋友交往,常常一个人静静坐着,看着其他小朋友玩,游戏时间分配玩具时,其他小朋友争先恐后跑到老师面前吵着要飞机、要布娃娃、要小汽车。芳芳却安静地坐在座位上,眼巴巴看着老师,老师问她:"你想要玩玩具吗?"芳芳小声回答:"想。"老师又问:"你想玩什么?"芳芳不说话,只是用手指了指布娃娃。

通过与芳芳家长交流,老师了解到:芳芳从小较为内向、胆小,加之父母工作忙,从小由不同方言的外婆和奶奶照顾,故而较少使用普通话与人交流,使得芳芳的语言表达能力较为落后,而且据芳芳父母说,她在上幼儿园初期曾尝试着用方言与小朋友交流,但是奇怪的口音引起了小朋友的嘲笑,芳芳十分伤心。

问题:

(1)造成芳芳退缩性行为的原因有哪些?

(2)作为芳芳的老师,你会采取哪些对策?

2. 某5岁幼儿熟睡中突然起床,逐件穿好衣服,在室内外做些简单的活动,动作刻板,表情茫然,口中念念有词但意识并不清楚,而后上床继续睡觉,醒后完全遗忘。

(1)该幼儿的表现属于哪种儿童睡眠障碍?

(2)引起该幼儿睡眠障碍的可能性原因是什么?

(3)如何矫治此种睡眠障碍?

3. 小红在幼儿园上大班,在班上一天不说一句话,也不跟其他小朋友一起玩耍,常常一个人独自玩些小玩具。当别的小朋友想跟她一起玩时,她不愿意,只是摇头摆手,也不说话。但根据家长反映,该幼儿在家里和熟悉的亲友面前有说有笑,言语自如,跟在幼儿园简直就是两个样。家长曾带其到医院进行智力测试,并无发现异常。家长因此困惑不解。

结合以上案例,分析小红可能患了什么病,指出可能的病因及相应的矫正措施。

4. 张女士的儿子今年才四岁，正上幼儿园，前几天她正在上班，忽然接到了老师的电话，说她的儿子突然肚子疼，疼得满地打滚，让她赶快来。张女士急忙向单位请了假，到幼儿园她看到满头是汗的儿子十分心疼，就匆忙打车去医院。可是半路上，孩子却说肚子不疼了，觉得饿了，要吃汉堡包。于是张女士就带着儿子去吃汉堡包，她看着儿子开心吃饭的样子，才放下心来。可张女士又觉得不对劲。她觉得这个小家伙把大家都骗了。

结合以上案例，谈谈你对幼儿说谎的看法。

5. 3岁的轩轩，长着大大的眼睛、白里透红的皮肤，一看就很招人喜欢。然而，到幼儿园里没有几天，老师就发现轩轩特别好动，她所进行的活动都很短暂，总是一个接着一个地换，如在活动室里，她几乎每分钟都在改变活动，一会儿玩积木，一会儿玩小汽车，一会儿玩拼图。更加让老师担心的是，稍不注意她就会爬上窗台往外看，还会袭击其他小伙伴……

结合以上案例，分析为什么轩轩会有以上的行为表现。针对此类儿童，幼儿教师应如何教育？

6. 某幼儿，女，五岁半，自幼学习钢琴，每当弹琴的效果让自己不满意时，便哭闹、打自己，甚至在地上打滚，这种表现反复出现。

试分析该幼儿属于哪一方面的心理问题，应采用哪些心理疗法和教育措施加以干预？

7. 今天的安全话题结束后，幼儿都争先恐后地跑过来告诉我他们知道的一些有危险的事情。

涵涵：老师，水龙头不关也是很危险的，不关的话到时候水很多很多，房子里面都是水，这是很危险的！

辉辉：我上次在电视上看到有一家煤气漏气了，他们都不知道，结果一家人都中毒了，110都来了！

苗苗：上次我还看到有一个小朋友在家里玩火结果把他们家的房子都给烧掉了！

结合以上案例，谈谈如何对幼儿进行安全教育。

8. 某儿童，每逢周日晚上，想到第二天要上学，即精神紧张、不安。周一早晨上学时显得胆怯，想不去幼儿园，经父母再三劝说答应去幼儿园。可一到幼儿园就设法逃走，不肯进教室，并诉说头痛、腹痛、恶心等身体不适。而一到周六、周日等节假日则无以上症状。

请回答：(1)该儿童患了什么病？

(2)如何运用相应的行为疗法给予矫治。

整合提升

一、单项选择题

1. 以下关于左脑的描述不正确的是(　　)

A. 左脑主要通过语言和逻辑表达内心世界

B. 左脑与右半身的神经系统相连

C. 左脑具有显意识功能

D. 很小的孩子能在一群人中辨认出一张脸,这是左脑的功能

2. 根据幼儿动力定型形成的规律,幼儿教师要(　　)

A. 不同类型的活动交替进行,做到动静交替　B. 保证幼儿有充足的睡眠

C. 为幼儿制定并严格执行合理的生活制度　D. 培养幼儿对活动的兴趣

3. 生活贫困、疾病流行、文化落后以及不和谐的家庭环境,是影响学前儿童生长发育的(　　)因素。(易错)

A. 营养　B. 生活制度　C. 生活环境　D. 地理和气候环境

4. 某幼儿近期面色发黄,头发稀疏,表情呆滞,嗜睡,对外界反应差,智力和动作都出现倒退的现象,造成这种现象的具体原因是体内严重缺乏(　　)

A. 维生素A　B. 维生素D

C. 维生素B_{12}及叶酸　D. 维生素B_1

5. 通过注射丙种球蛋白使儿童获得一定的免疫力,属于(　　)

A. 自然自动免疫　B. 人工自动免疫　C. 自然被动免疫　D. 人工被动免疫

6. 沙子、飞虫入眼后正确的做法是(　　)

A. 翻开眼皮,用棉签轻轻擦去　B. 揉眼以揉出异物

C. 用力眨眼,使异物挤出眼睛　D. 吹气

7. 下列不属于风疹症状的是(　　)(易错)

A. 病初可有发烧、咳嗽、流鼻涕等症状　B. 发烧当日或次日出现皮疹

C. 耳后及颈部淋巴结肿大　D. 起病突然、高烧可达40℃

8. 教育幼儿不要从高处往硬的地面上跳,主要是因为幼儿(　　)

A. 脚弓容易塌陷　B. 髋骨易错位　C. 脊柱易变形　D. 关节易脱臼

9. 下列对锌缺乏症的叙述,正确的是(　　)

A. 缺锌影响骨骼和牙齿发育

B. 锌是体内含量最高的微量元素,是合成血红蛋白的原料

C. 儿童缺锌的主要原因是缺乏动物性食品,引起锌摄入不足

D. 锌是合成甲状腺素的原料

10. 在传染病的发生、发展的过程中,从病原体侵入人体到最初出现症状的这段时间称为(　　)

A. 潜伏期　B. 前驱期　C. 症状明显期　D. 恢复期

11. 某幼儿夜间经常惊醒、哭闹、多汗并出现枕秃,记忆力、理解力差、语言发育迟缓。这可能患有(　　)

A. 夜惊　B. 佝偻病　C. 结核病　D. 儿童期恐惧

12. 幼儿鼻中隔是易出血处,该处出血后,正确处理方法是(　　)

A. 鼻梁部涂紫药水,然后休息　B. 让幼儿略低头,冷敷前额、鼻部

C. 让幼儿仰头,冷敷前额、鼻部　D. 让幼儿仰卧休息

13. 幼儿的乳牙共20颗,(　　)出齐。

A. 半岁左右　B. 1岁左右　C. 2岁半左右　D. 4岁左右

14. 三岁半的圆圆来幼儿园3个月不与同伴交往,也不回答老师的问题,总是独处,反复玩同一种类型的玩具。这一表现反映的心理问题是(　　)

A. 多动症　B. 感觉统合失调

C. 儿童焦虑症　D. 儿童孤独症

15. 幼儿测量身高的正确姿势是要让身体的哪三点靠在身高仪立柱上(　　)

A. 脚跟、腰部、后脑勺　B. 小腿、臀部、后脑勺

C. 脚跟、臀部、肩胛间　D. 小腿、腰部、肩胛间

16. 丁丁喜欢吸吮大拇指,小朋友经常向李老师告状:"丁丁又吃手了!"以下李老师采取的教育策略中,不适宜的是(　　)

A. 向丁丁说明吸吮手指的坏处　B. 引导丁丁定时定量进食

C. 分散丁丁的注意力　D. 告诉丁丁:"你再吃手指,就不让小朋友和你玩"

17. 沙门氏菌食物中毒的表现是(　　)

A. 嗜睡　B. 脓血便　C. 呼吸衰竭　D. 肝坏死

18. 幼儿一边进食一边说话容易呛咳,是因为幼儿(　　)

A. 呼吸道管腔狭窄　B. 会厌软骨保护性反射机能不完善

C. 声带还不够坚韧　D. 气管、支气管的自净能力差

二、多项选择题

1. 淋巴系统是由(　　)等组成。

A. 淋巴管　B. 淋巴结　C. 脾　D. 扁桃体

2. 婴儿呼吸运动的特点是(　　)

A. 呼吸量少,频率快　B. 呼吸不均匀

C. 以腹式呼吸为主　D. 以腹胸式呼吸为主

3. 评价幼儿生长发育最基本的形态指标是(　　)(常考)

A. 身高　B. 头围　C. 体重　D. 坐高

4. 幼儿进餐时应注意的进餐卫生要求有(　　)

A. 良好的物理环境　　B. 愉快的心理氛围

C. 适当的进餐速度　　D. 不说笑打闹

三、判断题

1. 脑垂体是人体最大的内分泌腺。(　　)
2. 6岁左右,幼儿的8块腕骨全部出现骨化中心。(　　)
3. 评定蛋白质的营养价值,质就是看食物蛋白质的绝对含量,食物中蛋白质含量愈高,则营养价值愈高。量就是看食物中必需氨基酸的种类是否齐全,必需氨基酸的相互比例是否合适。(　　)
4. 水是最容易获得和最经济的供能物质,它在体内代谢较为简单,能迅速分解供能。(易混)(　　)(　　)
5. 幼儿扭伤后可以先冷敷,1~2天后再热敷。(常考)(　　)
6. 幼儿一边进食一边说话容易呛咳,是因为幼儿呼吸道管腔狭窄。(　　)
7. 手足口病以3~6岁的婴幼儿发病为主。(常考)(　　)
8. 蜜蜂毒液呈碱性,可在伤口涂食醋等弱酸性液体;黄蜂的毒液呈酸性,可在伤口涂淡碱水、肥皂水等弱碱性液体,以达到减轻疼痛和消除水肿的目的。(　　)
9. 婴幼儿在情绪急剧变化时出现的屏气发作现象属于情绪障碍。(　　)
10. 止血带止血法适用于大血管出血,尤其是动脉出血,使用一般加压包扎法无效时可使用此法,止血效果较好。(　　)
11. 动脉出血的血色暗红,持续不断,如流水样。(　　)
12. 在手指上涂苦药或辣物是纠正幼儿吮吸手指这一不良习惯的较为有效的方法。(　　)

四、填空题

1. 幼儿循环系统的特点:年龄越小,心率越________,体育锻炼可增强心脏功能,但运动量要________。
2. 儿童长“第一恒磨牙”的时间一般在________岁。
3. 传染源有三类,具体指病人、________和动物传染源。(易错)
4. ________是当前最有效、最经济、最简便的预防传染病的方法。
5. 麻疹的唯一的传染源是________。
6. 为心脏停止跳动的年长儿童进行胸外心脏挤压术时,每分钟按压的次数是________。
7. ________是指儿童在自己的要求或欲望得不到满足,受到挫折时,就哭闹、尖叫、在地上打滚、用头撞墙、撕东西、扯自己的头发等过火的行为。

五、名词解释

1. 生长发育(常考)

2. 动力定型(易错)

3. 条件反射(易混)

六、简答题

1. 简述幼儿神经系统的保育要点。

2. 简述传染病的传播途径的种类。(易混)

3. 简述幼儿皮肤的特点。(易错)

4. 简述学前儿童肺炎的预防及护理。(常考)

5. 简述传染病的特性。

6. 简述预防传染病的主要措施。(常考)

7. 简述手足口病的症状。(易错)

七、论述题

1. 试述幼儿循环系统的保育要点。(常考)

2. 幼儿发生气管异物时应如何进行急救?(常考)

八、案例分析题

1. 某老师扮演“鸡妈妈”带领“鸡宝宝”在草地上玩“老鹰捉小鸡”的游戏,几分钟后,“鸡妈妈”说:“天黑了,宝宝们跟着妈妈回家睡觉吧。”“鸡宝宝”们就跟着“鸡妈妈”蹲下来做睡觉状。休息二三十秒后,“鸡妈妈”说:“天亮了!”“鸡宝宝”们又继续跟着“鸡妈妈”在草地上开心地做游戏了。

(1)请指出案例中教师的做法遵循了幼儿大脑皮质活动的何种特性。

(2)请运用幼儿生理特点的相关理论分析案例中教师这种做法的合理性。

2. 阅读下列案例,并从幼儿生理特点和幼儿配膳的原则角度回答问题。

在晨间谈话时,艳艳告诉老师:妈妈给我吃的早餐是牛奶和鸡蛋。

(1)艳艳的这份早餐配置科学吗?

(2)请为艳艳的家长在幼儿早餐配置方面提出合理的建议。

3. 果果上幼儿园大班,刚入园时适应能力较差,总是默默地哭,但是口齿清楚,没有口吃的现象。可最近一段时间突然结巴起来了,而且越来越严重。说话时一个字要重复好几次才能接着说下去。在课堂上回答问题时尤其严重,在着急或兴奋时也有结巴的现象。老师叫他慢慢说,或深呼吸后再说,都没有用。询问其父母,了解到果果在家的表现。妈妈是幼儿园老师,爸爸在卫生局工作。他从小跟奶奶、爸爸、妈妈长大,是全家人的焦点。出生时一切正常,一岁左右开始说话,发音正常,一岁一个月就会说三十个字了。在四岁之后,突然说话有些结巴,之后越来越结巴了。开始时第一个字难发,后来在中间也会出现结巴的现象。孩子现在已经六岁,上大班了。性格有些内向,不太和他人交往,非常胆小,从来没有独自做过一件事情。在三岁半时,孩子学了一段时间的小提琴,每次练琴妈妈都大打出手,要求十分严格,孩子每次都会哭着练琴,更严重的是孩子一看到妈妈瞪眼都会哭而且显出很害怕的样子,之后就发生口吃了。

结合以上案例,分析果果口吃的原因并给出合理的治疗意见。

4. 弘弘是个内向的男孩子。他有一个特殊嗜好，喜欢吮吸手指头，经常一个人偷偷地将手指头放在嘴里津津有味地吸吮，吸的手指头都脱皮了，大拇指关节处被吸得肿得高高的。据父母反映，这个习惯在弘弘两岁时就已经形成。

在幼儿园的时候，弘弘又将他的小手放在嘴巴里了，好像婴儿吸奶瓶一样，老师告诉他，这样很不卫生，请他拿出来，可是转个身他又我行我素了。睡着的时候，老师发现他将手指头塞进嘴巴里，香甜地进入了梦乡……老师悄悄地将他的手指头拔出来，没有想到，他居然能在睡着的时候，将手指头继续塞回嘴巴里。

经过教师调查，发现弘弘的父亲在外地工作，几个月才回家一次，母亲自由职业，常常去外地照顾父亲，还有两个已经上小学的姐姐和哥哥，家里一直是由保姆照顾这几个孩子的生活，而这个保姆年纪很小，不过20来岁。弘弘从小由保姆带大，每天晚上都和她睡，保姆自然样样事儿都由着他，而弘弘也对保姆特别亲昵，整天形影不离。父母有空才回家，与弘弘在一起的时间很少，由于缺少父母的关爱，年幼的弘弘显得特别焦虑和内向，因此，吮吸手指的不良习惯就在这种情况下形成了。对于弘弘吮吸手指这一不良习惯，父母时常批评制止，有时忍不住狠狠地打他的手。在家长的“严厉”攻势下，虽然会有所改正，但在家长不注意的时候他就会吮吸得更加厉害。

根据上述案例，运用所学知识，分析弘弘产生此行为的原因，并提出矫治策略。

5. 中三班小朋友明明，坐在椅子上时，一直以来喜欢身体往前倾，只有臀部落座在椅面上；坐在桌前时，常会耸着肩。

请回答：

(1)明明的坐姿有哪些问题？

(2)这一坐姿直接影响明明的体态，你准备怎样帮助明明养成正确的坐姿？

6. 材料：

大班某幼儿经常尿床，今天午睡该幼儿又尿床了，保育员当着其他小朋友的面不耐烦地说：“你怎么又尿床了。”

(1)分析该幼儿尿床的可能原因。

(2)简述矫治该幼儿尿床的具体措施。

专题二　学前教育学

命题分析

1. **学前教育及其发展**。理解学前教育的概念、学前教育的价值、意义与作用。在考试中常以选择、判断等形式考查。

2. **学前教育机构的产生与发展**。了解学前教育机构的产生、学前教育机构的发展，掌握学前教育学的研究方法。在考试中常以选择、判断等形式考查。

3. **国外幼儿教育家的学前教育思想**。理解夸美纽斯、洛克、卢梭的教育思想，掌握福禄贝尔、蒙台梭利、杜威的教育思想。在考试中常以选择、判断、填空、简答等形式考查。

4. **我国幼儿教育家的学前教育思想**。掌握陶行知、陈鹤琴、张雪门的教育思想。在考试中常以选择、判断、填空、简答等形式考查。

5. **学前教育目标概述**。理解制定幼儿园教育目标的依据，掌握学前教育目标的结构及层次。在考试中常以选择、判断、简答等形式考查。

6. **幼儿园教育的性质与任务**。理解幼儿园教育的特点、新时期幼儿园教育双重任务的特点，掌握幼儿园教育的双重任务。在考试中常以选择、判断、简答等形式考查。

7. **学前教育的原则**。掌握学前教育的一般原则和特殊原则。在考试中常以选择、判断、简答等形式考查。

8. **全面发展教育与幼儿的发展**。理解幼儿园全面发展教育的含义。在考试中常以选择、判断、填空等形式考查。

9. **幼儿体、智、德、美的发展**。掌握幼儿体、智、德、美的目标、内容以及实施途径。在考试中常以选择、判断、填空等形式考查。

11. **幼儿教师**。理解幼儿教师的职业角色特点、现代幼儿教师的角色分析，掌握幼儿教师劳动的特点、幼儿教师的职业素养。在考试中常以选择、判断、填空、简答等形式考查。

12. **儿童观**。理解儿童观的发展，掌握正确儿童观的树立。在考试中常以选择、判断、填空、简答等形式考查。

13. **师幼关系与互动的原理和策略**。理解教师的“教”和幼儿的“学”，掌握建立良好师幼关系的策略。在考试中常以选择、判断、填空、简答等形式考查。

14. **幼儿园教学活动**。理解幼儿园教学活动的内涵，掌握教学活动的原则和方法。在考试中常以选择、判断、填空、简答等形式考查。

15. **幼儿园主题活动**。理解幼儿园主题活动的内涵和特点，掌握主题的选择与开发。在考试中常以选择、判断、填空、简答等形式考查。

16. **幼儿园区域活动**。理解幼儿园区域活动的内涵和特点，掌握区域活动观察与指导的注意事项。在考试中常以选择、判断、填空、简答等形式考查。

17. **幼儿园一日活动**。理解幼儿一日生活的特点，掌握各个活动的组织要求。在考试中常以选择、判断、填空、简答等形式考查。

18. **幼儿园游戏概述**。理解幼儿游戏的内涵、幼儿游戏理论，掌握幼儿园游戏的特点和幼儿园游戏价值。在考试中常以选择、判断、填空、简答等形式考查。

19. **幼儿园游戏的类型和条件创设**。掌握幼儿园游戏的类型和幼儿园游戏的条件创设。在考试中常以选择、判断、填空等形式考查。

20. **幼儿游戏的指导**。掌握游戏观察的方法、教师对幼儿游戏的介入。在考试中常以选择、简答、案例分析等形式考查。

21. **幼儿园班级管理工作**。理解幼儿园班级管理定义，掌握幼儿园班级管理的方法、幼儿园班级管理的原则。在考试中常以选择、判断、填空、简答、案例分析等形式考查。

22. **幼儿园环境概述**。掌握幼儿园环境的内涵和分类，理解幼儿环境的特点和教师在幼儿园环境创设中的作用。在考试中常以选择、判断、填空、简答、案例分析等形式考查。

23. **幼儿园环境创设和利用**。掌握幼儿园环境创设的一般原则、物质环境的创设方法、精神环境的创设方法。在考试中常以选择、判断、填空、简答、案例分析等形式考查。

24. **学前儿童家庭教育**。理解学前儿童家庭教育的特点、原则和方法。在考试中常以选择、判断、填空、简答等形式考查。

25. **幼儿园与家庭的合作**。理解家园合作的概念、家园合作中存在的问题及解决策略，掌握家园合作的形式。在考试中常以选择、判断、填空、简答、案例分析等形式考查。

26. **幼儿园与小学衔接**。掌握幼小衔接的含义、幼儿园实施幼小衔接工作的指导思想、幼儿园方面的幼小衔接工作、幼小衔接工作中的矛盾及解决办法。在考试中常以选择、判断、填空、简答、案例分析等形式考查。

27. **幼儿园与社区的合作**。理解学前教育机构为什么要与社区合作，掌握幼儿园与社区合作的内容与方法。在考试中常以选择等形式考查。

基础训练

知识1　学前教育与学前教育学

一、单项选择题

1. 决定学前教育发展速度与规模的是(　　)(易错)

A. 社会政治　　B. 社会经济

C. 社会文化　　D. 社会民主程度

2. 公益性学前教育较早可追溯到罗伯特·欧文创办的(　　)

A. 母育学校　　B. 幼儿学校　　C. 幼儿园　　D. 编织学校

3. 学前教育行动研究的目的是（　　）

A. 发现学前教育规律　　B. 解决学前教育问题

C. 解释学前教育现象　　D. 解释学前教育因素

4. 1903年我国创办的第一所学前教育机构，其所在地是（　　）

A. 南京　　B. 上海　　C. 福州　　D. 武昌

5. 当前世界学前教育机构发展特征之一是规模的（　　）

A. 多样化　　B. 扩大化　　C. 现代化　　D. 专门化

6. 近代首先建立幼儿园的国家是（　　）

A. 英国　　B. 德国　　C. 法国　　D. 瑞士

7. 学前教育要严格区别于小学教育，防止小学化或成人化倾向。这体现了学前教育的（　　）

A. 基础性　　B. 非义务性　　C. 启蒙性　　D. 公益性

8. 从时间维度上说，学前教育研究对象年龄通常在（　　）

A. 0～6、7岁　　B. 1～6、7岁　　C. 2～6、7岁　　D. 3～6、7岁

9.（　　）创办了我国第一所学前儿童教育机构——湖北幼稚园。

A. 端方　　B. 陶行知　　C. 张雪门　　D. 张之洞

10. 幼儿教育学是一门研究（　　）岁幼儿教育规律和幼儿机构的教育工作规律的科学，它是从人们教育幼儿的实践中总结提炼出来的教育理论。（易错）

A. 1～3　　B. 1～5　　C. 3～6　　D. 3～7

11. 下列关于幼儿教育的说法，错误的是（　　）

A. 幼儿阶段最重要的是学知识　　B. 可以适当将社会上的热点问题引入课堂

C. 多多关注孩子的发展潜力　　D. 家长应该多放手，让孩子得到锻炼

12. 1904年清政府颁布《奏定学堂章程》将我国第一所学前教育机构更名为（　　）

A. 幼稚园　　B. 慈幼园　　C. 保育院　　D. 蒙养院

二、多项选择题

1. 根据观察时是否借助仪器设备，可以把观察法分为（　　）（易混）

A. 直接观察法　　B. 间接观察法　　C. 自然观察法　　D. 参与性观察

2. 学前教育按照年龄可以分为两种，它们是（　　）

A. 儿童教育　　B. 婴儿教育　　C. 幼儿教育　　D. 少儿教育

3. 在实验研究中，实验的实施阶段研究者应具体完成（　　）的任务。

A. 操纵自变量　　B. 控制自变量　　C. 控制无关变量　　D. 观察和测量因变量

4. 学前教育的性质有其特殊性，主要表现是（　　）

A. 示范性　　B. 基础性　　C. 规则性　　D. 公益性

5. 从公共产品理论的角度看，学前教育具有（　　）

A. 非排他性　　B. 排他性　　C. 阶段性　　D. 以上都不是

三、判断题

1. 坚持教育的公益性是我国教育事业健康发展的基本要求。（易混）（　　）

2. SOS国际儿童村是一种招收孤儿和残疾儿童的社会福利机构。（　　）

3. 学前教育的意义是指学前教育所具有的功能和作用，它具有主观性和多样性。学前教育的根本意义是促进个体和社会的发展。（　　）

4. 幼儿教育的全部意义在于能开发幼儿智力。（常考）（　　）

5. 幼儿园教育在儿童社会化的过程中发挥着核心、主导的作用。（　　）

6. 欧洲最早的幼儿教育机构是英国的空想社会主义者欧文创办的。（　　）

7. 启蒙性是我国学前教育的特点之一。（　　）

8. 质的研究以陈述假设为主，以现场的观察记录、关键人物的访谈实录、图片、实物为主要资料来源。（　　）

9. 狭义的学前教育就是家庭教育。（　　）

四、填空题

1. 狭义的学前教育是学前教育工作者整合儿童周围的资源，对0～6岁年龄阶段儿童的发展施以________、有计划、有系统的影响活动。

2. 我国学前教育形式包括________教育和________的教育。（常考）

3. 学前教育机构发展的重要标志是________。

4. 学前教育研究在抽样时应注意样本的________和________。

五、名词解释

1. 幼儿园（常考）

2. 学前教育学

3. 质的研究

4. 行动研究法（常考）

5. 托儿所

6. 实验法(常考)

7. 调查法

8. 个案研究法

六、简答题

1. 简述幼儿教育的主要意义。(常考)

2. 简述学前教育学的任务。

3. 简述学前教育准公共产品的性质。

4. 简述撰写研究报告的内容。

七、论述题

1. 试述学前教育对个体发展的意义。(常考)

2. 试述质的研究特点。

八、案例分析题

幼儿园入园难、入园贵的问题是当前最受社会关注的教育热点问题之一。许多群众抱怨说:“入园难,难于考公务员;入园贵,贵过大学收费。”“有权的进公办园,有钱的进民办园,无权无钱的进无证园。”

上述案例说明了我国幼儿教育存在什么问题?针对这个问题我们应该怎么解决?

知识2 著名幼儿教育家的学前教育思想

一、单项选择题

1. 陈鹤琴的“活教育”理论中，活教育方法的核心是(　　)(常考)
A. 做　B. 做和学　C. 教和学　D. 教和做

2. 我国现代著名教育思想家陶行知认为为幼儿教育应解放儿童的(　　)
A. 主动性　B. 活动　C. 兴趣　D. 创造力

3. 主张教育要与儿童天性的自然发展相一致起来的教育家是(　　)
A. 夸美纽斯　B. 卢梭
C. 福禄贝尔　D. 裴斯泰洛齐

4. 在教育史上，(　　)是提倡爱的教育和实施爱的教育典范，他强调指出：“教育的主要原则是爱。”
A. 福禄贝尔　B. 卢梭
C. 裴斯泰洛齐　D. 夸美纽斯

5. 提倡教育要适合孩子的“敏感期”的教育家是(　　)(易混)
A. 蒙台梭利　B. 卢梭　C. 福禄贝尔　D. 杜威

6. 活动性原则源自(　　)的“做中学”的教育思想。
A. 皮亚杰　B. 夸美纽斯　C. 福禄贝尔　D. 杜威

7. 福禄贝尔发明的“恩物”是(　　)
A. 一种儿童游戏玩法　B. 一种儿童玩具
C. 一种儿童教育理论　D. 一种感觉训练玩具

8.《爱弥儿》是(　　)的著名论著。
A. 蒙台梭利　B. 福禄贝尔　C. 卢梭　D. 夸美纽斯

9. 蒙台梭利的感知训练强调(　　)训练最为重要。
A. 触觉　B. 视觉　C. 听觉　D. 嗅觉

10. “儿童中心论”的倡导者是(　　)(常考)
A. 蒙台梭利　B. 杜威　C. 维果斯基　D. 加德纳

11. 教育史上第一个承认游戏教育价值的是(　　)
A. 福禄贝尔　B. 卢梭　C. 蒙台梭利　D. 夸美纽斯

12. 曾经在北平香山慈幼院任教，并有《幼稚园教育概论》《幼稚园的课程》等著作的幼儿园教育家是(　　)(易混)
A. 张雪门　B. 陈鹤琴　C. 陶行知　D. 张宗麟

13. 被认为是世界史上第一本学前教育专著的是(　　)(常考)
A.《母育学校》　B.《爱弥儿》　C.《教育漫话》　D.《幼儿园教育学》

14. 为了更好地引导幼儿认识自然，增加知识和发展能力，德国著名幼儿教育学家(　　)在幼儿园教育实践中创制了一套供幼儿使用的活动玩具——恩物。
A. 赫尔巴特　B. 福禄贝尔　C. 夸美纽斯　D. 第斯多惠

15. 提倡创建中国式幼稚园就地取材培养师资，提出“训练本乡师资教导本乡儿童”的是(　　)
A. 陶行知　B. 张雪门　C. 张宗麟　D. 陈鹤琴

16. 世界上第一位杰出女学前教育家是(　　)
A. 卢梭　B. 皮亚杰　C. 福禄贝尔　D. 蒙台梭利

17. (　　)教育理论的一个基本思想就是把儿童当作儿童来看待，同时强调幼儿教育应当遵循自然的原则。
A. 夸美纽斯　B. 卢梭　C. 洛克　D. 福禄贝尔

18. 小朋友们都在各自的兴趣小组玩，唯独小强一个人沮丧地坐在一边。原来小强太霸道，小朋友们都不喜欢和他一起玩。老师看在眼里并没有采取任何措施。老师的这种教育方法属于(　　)
A. 自然后果法　B. 冷处理法
C. 权利剥夺法　D. 平等教育法

19. (　　)先生是我国著名的教育家，儿童心理学、儿童教育学的奠基人，被誉为“中国的福禄贝尔”和“中国幼教之父”。
A. 叶圣陶　B. 陈鹤琴　C. 梁思成　D. 陶行知

20. (　　)创办了我国第一所乡村幼儿园。
A. 陶行知　B. 陈鹤琴　C. 张雪门　D. 蔡元培

21. (　　)摈弃了传统观念，提出儿童的心理最初只是一块白板，它的变化取决于后天的学习和经验。
A. 洛克　B. 马斯洛　C. 斯金纳　D. 格塞尔

22. 下列哪项属于卢梭的主张(　　)
A. 强调对幼儿进行教育，必须遵循自然的要求，顺应幼儿的自然本性
B. 强调“教育即生长”
C. 主张“泛爱”主义的教育思想，认为人人都有接受教育的可能性
D. 强调要重视幼儿的自主性

23.《母育学校》堪称世界第一部学前教育专著，其作者是(　　)(易混)
A. 奥古斯丁　B. 夸美纽斯　C. 卢梭　D. 裴斯泰洛齐

24. 陶行知的生活教育理论注重“教学做合一”，强调(　　)(易混)
A. 做是中心　B. 学是中心　C. 教是中心　D. 教与学是中心

25. 提出儿童具有吸收性心智观点的教育家是(　　)
A. 福禄贝尔　B. 蒙台梭利　C. 皮亚杰　D. 杜威

26. 提出“五育并举”的教育方针是我国近代美育体系创始人之一的教育家是(　　)
A. 康有为　B. 蔡元培　C. 张雪门　D. 陈鹤琴

27. (　　)认为儿童的心理发展既不是单纯的内部成熟，也不是环境、教育的直接产物，而是机体和环境交互作用的结果，是“通过对环境的经验而实现的”。
A. 皮亚杰　B. 班杜拉　C. 弗洛伊德　D. 蒙台梭利

二、多项选择题

1. 陶行知认为要解放儿童的创造力，以下哪些属于他主张的"六大解放"(　　)(常考)

A. 解放儿童的头脑　　B. 解放儿童的耳朵

C. 解放儿童的四肢　　D. 解放儿童的时间

2. 符合蒙台梭利的幼儿教育思想的有(　　)

A. 重视教育环境的作用　　B. 重视感觉教育、感官训练

C. 幼儿自我学习的法则　　D. 幼儿的自由和作业的组织相结合的原则

3. 下列选项中，属于陶行知先生提出的观点是(　　)

A. 生活是教育的中心

B. 教、学、做合一的教育方法

C. 强调亲子教育，提出父母应多给孩子爱的教育

D. 解放儿童的创造力

4. 陈鹤琴作为"中国幼儿教育之父"提出了"活教育"的理论。下列有关"活教育"理论的表述正确的有(　　)

A. "活教育"的目的是"做人，做中国人，做现代中国人"

B. "活教育"的课程认为"大自然、大社会都是活教材"

C. "活教育"的方法是"做中教，做中学，做中求进步"

D. "活教育"提出"儿童中心主义"教育原则

三、判断题

1. 洛克在道德教育上提出了"自然后果法"。他强调对于幼儿的过失，不必加以责备和处罚，而要利用幼儿过失所造成的自然后果，使他们自食其果，从而使他们认识其过失并予以改正。(　　)

2. 杜威认为教育应该把重心放在儿童的身上，以儿童为中心，即尊重儿童真正的面貌来熟悉儿童，尊重自我指导学习，尊重作为学习的刺激和中心活动。(　　)

3. "儿童之家"是蒙台梭利创办的。(　　)

4. 洛克提倡"绅士教育"。他认为教育的目的就是培养绅士。所谓绅士，就是一种有德行、有学问、有能力、有礼貌的人。(　　)

5. 陈鹤琴先生首先提出幼儿教育应采用"教学做合一"的方法。(常考)(　　)

6. 在蒙台梭利的感官训练中，触觉训练最为重要。(　　)

四、填空题

1. 被誉为幼儿园之父的是________。(常考)

2. 创办了我国第一所乡村幼稚园和劳工幼稚园的教育家是________。

3. 陈鹤琴"活教育"体系中，活教育的目标是________;________;________。

4. 中国的幼儿园之父是________。

5. 我国幼儿教育家________提出"五指活动"理念。

6. 陈鹤琴反对实行分科教学，提倡综合的单元教学，以社会自然为中心的________。(常考)

7. 提出"大自然、大社会是活教材"观点的教育家是________。

8. 我国二十世纪三十年代著名的幼儿教育家，南京有陈鹤琴，北京有________，他们合称为"南陈北张"。

9.《大教学论》这部著作标志着教育学的诞生，其主要观点是泛智教育，它的作者是________。

五、名词解释

1. 自然后果法

2. 五指活动

3. 恩物

六、简答题

1. 简述福禄贝尔的教育思想。(常考)

2. 简述洛克的幼儿教育思想。

3. 简述杜威的进步主义教育思想。(易错)

七、论述题

试述裴斯泰洛齐的教育思想。(易错)

知识3 我国幼儿园教育的目标、任务和原则

一、单项选择题

1. 幼儿园教师在活动中既要发挥教师主导地位，又要十分重视学前儿童作为主体在学习中的能动性。这是幼儿园活动的(　　)原则。
A. 科学性　B. 活动性　C. 有效性　D. 主体性

2. 洗手的时候，老师要求小朋友要节约用水。这种行为符合的原则是(　　)
A. 直观性　B. 生活性　C. 活动性　D. 保教合一

3. 幼儿园教育目标中最有操作性的、最具体的目标是(　　)
A. 班级一周计划的教育目标　B. 幼儿年龄阶段目标
C. 某一具体活动的教育目标　D. 班级一日计划的教育目标

4. 以下对保育工作的认识正确的是(　　)(易错)
A. 保育者的工作是帮助教师做好一些教学辅助工作
B. 保育者的工作是搞好卫生
C. 保育者的工作是保证在园幼儿吃好、穿好
D. 保中有教，教中有保，保教一体化

5. "发展适宜性原则"是美国针对教育界普遍出现的(　　)倾向提出来的。
A. 幼儿教育多元化　B. 幼儿教育制度化
C. 幼儿教育小学化　D. 幼儿教育特色化

6. "培养小班儿童愉快地进餐，正确地使用小勺，饭后擦嘴。"这属于幼儿园教育目标层次中的(　　)
A. 远期目标　B. 中期目标　C. 近期目标　D. 活动目标

7. 大班的苗苗掉了牙，哭着，拿着掉了的牙去找老师。老师安慰他说这是正常现象，然后根据这一事例在全班组织讨论为什么会掉牙，并进行了一系列活动："我们要换牙了""如何保护牙"等等。使幼儿懂得了一些换牙、保护牙的卫生常识以及注意养成良好的饮食习惯。这主要体现了教师(　　)的原则。
A. 生活教育化　B. 发挥一日活动整体功能
C. 尊重儿童　D. 实践性

8. 从幼儿园教育基本内容来看，各类幼儿园教育的横向目标均应包括(　　)(易混)
A. 健康、社会、语言、科学、艺术等领域的目标
B. 学期教育目标、周教育目标、单元教育目标
C. 体育、智育、德育和美育的目标
D. 身体动作的发展、认知和情感的发展等方面的目标

9. 我国幼儿园教育目标规定幼儿园的基本任务是(　　)
A. 要满足家长个人的兴趣和爱好　B. 要促进家长身心的健康发展
C. 促进幼儿德、智、体、美全面发展　D. 要为家长留下单独生活的时间和空间

10. 在幼儿园月计划、周计划中，教师制定的目标是(　　)
A. 全园教育目标　B. 中期目标　C. 近期目标　D. 行为目标

11. 成人往往按照自己习惯设计的蓝图去要求、塑造儿童，使儿童的天性得不到发展。这是因为在制定学前教育目的时未考虑到(　　)
A. 社会发展的需要　B. 教育方针　C. 教育政策　D. 学前儿童的需求

12. 实行保教合一的前提是(　　)
A. 良好的工作伙伴和师幼关系　B. 教师的保育意识
C. 保育员的工作态度　D. 幼儿的自理能力

13. 王老师在组织"5"的分解、组成活动时，为幼儿提供了小棒、积木和圆片等学具供其操作，老师的做法体现了学前教育的原则是(　　)
A. 保教合一的原则　B. 以游戏为主要目的
C. 教育的活动性和直观性原则　D. 生活化和一日活动整体性原则

14. 幼儿园教育活动目标的最低层次是(　　)
A. 幼儿园保教目标　B. 各领域目标
C. 各年龄班目标　D. 具体活动目标

15. 班级一日活动常规由教师与幼儿共同商讨制定，这遵循了学前教育的(　　)
A. 科学性原则　B. 适宜性原则　C. 目标性原则　D. 主体性原则

16. 教师在充分了解幼儿已有知识、理解能力、智力水平的基础上，提出"略为超前"的教育要求，即"跳一跳，摘个桃"。这体现了学前教育原则中的(　　)
A. 保教合一原则　B. 整合性原则　C. 发展适宜性原则　D. 直观性原则

17. 幼儿教师在语言课上只讲故事，音乐课上只唱歌，体育课上只做游戏的做法违背了(　　)教育原则。
A. 启蒙性　B. 发展适宜性　C. 活动性　D. 整合性

18. 以下哪项不属于我国幼儿园的任务(　　)
A. 对幼儿实施保护和教育　B. 培养创新人才，发展科学技术文化
C. 为家长工作、学习提供便利　D. 为提高基础教育打好基础

19. 活动是幼儿发展的基础和源泉，幼儿身心发展的特点决定了他们必须通过活动去接触各种事物和现象，并且不同形式、内容的活动在幼儿发展中的作用也是不一样的，这就要求幼儿园教育应当坚持(　　)的原则。
A. 教育的活动性和活动的多样性　B. 发挥一日活动整体教育功能
C. 以游戏为基本活动　D. 寓教于实践活动

20. 教师在活动前要善于激发幼儿的学习兴趣和动机，这体现的是(　　)
A. 科学性、思想性原则　B. 目标性原则
C. 主体性原则　D. 保教合一原则

21. 学前教育目标在工业社会初期是(　　)(易混)

A. 帮工作的母亲照管儿童

B. 促进儿童身心发展

C. 发展儿童智力

D. 促进儿童身体的、情绪的、智能的和社会性的全面发展

22. 在现代社会,学前教育的主要目标是(　　)

A. 促进儿童的智力发展

B. 促进儿童身心的协调发展

C. 促进儿童身体、情绪、智能和社会性的发展

D. 为工作的母亲照管儿童

二、多项选择题

1. 以下属于学前教育特殊原则的是(　　)(常考)

A. 保教合一的原则　　B. 以游戏为基本活动的原则

C. 教育的活动性和直观性原则　　D. 发展适宜性原则

2. 学前教育目标制定的意义有(　　)

A. 增强教育的目的性和自觉性　　B. 使教育工作更有针对性

C. 保证教育工作全面系统地进行　　D. 保证各项教育工作的协调配合

3. 学前教育机构的双重任务包括(　　)

A. 对学前儿童实施保育和教育　　B. 向幼儿家长提供科学育儿指导

C. 为社区提供便利服务　　D. 为学前教育机构的收入提供保障

4. 制定幼儿园教育目标的依据有(　　)

A. 幼儿园的师资力量水平　　B. 教育目的

C. 社会发展的客观需求　　D. 幼儿身心发展的需求和特点

5. 以下属于幼儿园教育计划的是(　　)

A. 学期工作计划　　B. 周工作计划　　C. 月工作计划　　D. 班务工作计划

三、判断题

1. 教育目标的确立要先于过程,不能本末倒置,出现先有活动,再有目标的情况。(　　)

2. 幼儿园的开设为家长提供便利条件,促进社会的发展。(　　)

3. 某幼儿园制订的月计划是教学活动的中期目标。(　　)

4. 幼儿园应当适应社会的需要,以学习为基本活动,启迪幼儿智力。(常考)(　　)

5. 教育设计、组织、实施应该既适合儿童的现有水平,又有一定的挑战性。(　　)

6. 课程发展目标是教师制订教育计划、组织教育活动的基本依据。(　　)

7. 幼儿园教育的双重任务:一是保育,二是教育。(　　)

8. 作业课上幼儿不是主体,在游戏活动时幼儿成为主体。(　　)

四、填空题

1. 在幼儿探索什么东西会沉、什么东西会浮后,教师总结说:"重的东西会沉,轻的东西会浮。"这种说法违背了学前教育一般原则中的________原则。

2. ________是制定幼儿园教育目标的主要依据。

五、名词解释

1. 整合性原则

2. 某一教育活动目标

3. 学前教育的目标

4. 保教合一的原则

六、简答题

1. 简述遵循发展适宜性原则包含的几层含义。

2. 简述新时期幼儿园教育双重任务的特点。

3. 简述幼儿园教育的特点。

4. 简述现代幼儿园教育目标的特点。

七、案例分析题

1. 幼儿的早期教育越来越引起人们的重视。其中，幼儿学外语成为人们最为关注的热点，上英语兴趣班已经成为一些幼儿家长的首选，书店里的幼儿英语教材也越摆越多。有些“双语幼儿园”半年收费近万元，部分家长质疑：幼儿学英语的作用究竟有多大？幼儿应该怎样学英语？

根据这些现象，请谈谈幼儿园的教育活动应遵循哪些原则。

2. 起床了，孩子们各自做自己的事情。这时，龙龙走到我身边，很不好意思地对我说：“宋老师，我出汗了。”看到他紧张的样子我马上意识到，他可能尿床了，但不好意思对老师说。我随他来到床前，看到被子确实湿了好大一片。我安慰他说：“出汗了没有关系，一会儿我帮你把被子晒干了就行了。你先去尿尿。”过了一会儿，我悄悄地把他带到无人的消毒室里，帮他换上了干净的裤子，他腼腆地笑着对我说：“谢谢宋老师！”

请用幼儿园教育的一般原则分析案例中教师的做法。

知识4 幼儿园全面发展教育

一、单项选择题

1. 幼儿德育目标的入手点是(　　)

A. 思维　　B. 想象　　C. 任务　　D. 情感

2. 孩子在听完教师歌唱以后，对同伴说：“我听到了以后，好像看到蝴蝶在跳舞。”这是幼儿(　　)在起作用。

A. 美的表现力　　B. 美的思维力　　C. 美的创造力　　D. 美的感受力

3. 我国幼儿教育的基本出发点是(　　)

A. 对幼儿实施全面发展教育　　B. 对幼儿开展智力教育

C. 保护幼儿健康成长　　D. 对幼儿进行道德教育

4. 下列关于幼儿全面发展的说法错误的是(　　)

A. 智力的发展、道德品质、意志的培养在很大程度上取决于健康状况

B. 美育有助于发展注意、观察、记忆、思维、想象等认知能力

C. 体育的作用最小

D. 美育能协调体、智、德育的发展，是体、智、德育的催化剂

5. (　　)是保证幼儿各方面健康发展的前提。(常考)

A. 幼儿适应环境和抵抗疾病的能力　　B. 良好的生活习惯

C. 参加体育活动的兴趣　　D. 促进幼儿身体正常发育

6. 幼儿园全面发展教育以(　　)为前提，以促进幼儿在体、智、德、美诸方面全面和谐发展为宗旨。

A. 幼儿身心发展的可能　　B. 幼儿目前的发展状况

C. 幼儿的潜力　　D. 幼儿身心发展的现实与可能

7. 幼儿园体育应以增强幼儿(　　)为核心，全面、综合地为幼儿有一个强壮、健康的身体创造条件。

A. 体重　　B. 审美　　C. 体质　　D. 平衡杆

8. 幼儿(　　)是有目的、有计划地让幼儿获得粗浅的知识技能，增进对周围事物的求知兴趣、学习“如何学习”，并养成良好学习习惯的教育过程。

A. 德育　　B. 智育　　C. 劳育　　D. 美育

9. (　　)可以满足幼儿的认知需求，为今后的学习打下良好的知识基础。

A. 智育　　B. 体育　　C. 美育　　D. 德育

二、多项选择题

1. 下列属于幼儿品德结构的是(　　)(易混)

A. 道德认知　　B. 道德意志　　C. 道德行为　　D. 道德情感

2. 学前儿童身心发展处于一个特殊时期，幼儿园教学要贯彻保育和教育相结合的原则，实施体育、智育、德育和美育，促使学前儿童的全面发展。在学前儿童智育方面，要实现的目标主要有(　　)

A. 培养正确运用感官认知和初步的动手能力　　B. 培养有益的兴趣和求知欲

C. 培养基本知识和基本技能　　D. 培养运用语言交往的基本能力

3. 下列选项中,属于幼儿德育的内容是(　　)(易混)

A. 萌发爱的情感

B. 发展幼儿的交往能力,学习必要的社会行为规范

C. 培养幼儿良好的个性品质

D. 增强幼儿的自我保护意识

三、判断题

1. 全面发展教育是指对幼儿实施体、智、德、美诸方面的教育,促进幼儿身心和谐发展。(　　)
2. 幼儿品德教育的内容主要包括发展幼儿的社会性与发展幼儿个性两个方面。(　　)
3. 学前儿童智育的目的是要将儿童培养成为智者。(　　)
4. 表扬鼓励法是最有利于培养儿童良好行为习惯的方法。(　　)
5. 知识等同于智力,获得了知识就发展了智力。(　　)
6. 幼儿美育以培养审美观念、概念为主。(　　)
7. 幼儿表现美的核心是幼儿的想象和创造。(　　)
8. 专门的德育活动是德育的基本途径。(常考)(　　)
9. 幼儿园全面发展教育就意味着要求个体在各方面齐头并进平均的发展。(　　)

四、填空题

1. 幼儿园体育的主要目标是:促进幼儿身体正常发育和机能的协调发展,增强体质,培养良好的________、________和参加体育活动的兴趣。(易错)
2. 幼儿美育过程必须遵循的原则是:趣味性原则、________、________、________、创造性原则。
3. ________的培养是幼儿园智育的基础和重要内容,也是幼儿园智育区别于小学的一个重要特征。

五、名词解释

1. 幼儿体育

2. 幼儿智育(易错)

3. 幼儿德育

4. 幼儿美育

5. 道德认知(易混)

6. 道德意志(易错)

7. 道德行为

8. 智育

9. 道德

六、简答题

1. 简述实施幼儿体育应注意的问题。(易错)

2. 简述实施幼儿美育的途径。

3. 简述幼儿智育的内容。(易混)

4. 简述幼儿美育的内容。

5. 孩子教育有“智高诚可贵,情高价更高”的说法,请你谈谈怎样才能培养出全面发展的孩子。

七、论述题

1. 试述实施幼儿体育的途径。

2. 试述实施幼儿德育应注意的问题。(易错)

3. 试述实施幼儿德育的途径。

知识5 幼儿教师和幼儿

一、单项选择题

1. 教师在教学活动中应注重因材施教,这体现了教师劳动的(　　)的特点。

A. 长期性　　B. 示范性
C. 主体性　　D. 创造性

2. 教师的反思是促进其专业发展的重要内在机制,有研究者将教师的反思类型做了归纳。其中,(　　)是指教师有意识地对所面临的实际问题与想象中的各种可能的解决方法之间建立连接,再从各种连接中选择最佳解决方式。

A. 慎思熟虑式反思　　B. 回顾式反思
C. 行动中反思　　D. 觉察意识式反思

3. 儿童具有好奇心强、好模仿的特点,这就要求幼儿教师的工作具有(　　)(易错)

A. 细致性　　B. 创造性　　C. 整体性　　D. 主体性和示范性

4. 教师职业要求幼儿教师必须在幼儿面前保持开阔的心胸,善于调节、控制自己的不良情绪。这是由于(　　)

A. 幼儿的心灵脆弱敏感,易受消极情绪的影响
B. 孩子也喜欢美好的形象
C. 一般园长都要求教师这样做
D. 幼儿教师大多是女性

5. 教师和儿童是否能建立良好的关系,关键在于教师能否正确地看待儿童,即(　　)

A. 是否树立了正确的儿童观　　B. 是否树立了正确的师生观
C. 是否树立了正确的教育观　　D. 是否树立了正确的知识观

6. 认为儿童是民族和国家的财富,是家族传承和繁衍的工具是(　　)

A. 人本位的儿童观　　B. 社会本位的儿童观
C. 神本位的儿童观　　D. 教育本位的儿童观

7. 在学前教育中,教师身教重于言教,一举一动,一言一行都身为幼儿的榜样。这说明了幼儿教师(　　)

A. 劳动任务的全面性和细致性　　B. 劳动对象的主动性和幼稚性
C. 劳动过程的创造性　　D. 劳动手段的主体性

8. 下列不属于教师教育专业素养的是(　　)

A. 爱岗敬业　　B. 正确的教育观
C. 一定的研究能力　　D. 丰富的教育理论知识

9. 师幼关系是教师与幼儿在教育教学和交往过程中形成的比较稳定的人际关系。相对于亲子关系和同伴关系,师幼关系对幼儿的(　　)影响最为突出。

A. 家庭关系　　B. 思想观念　　C. 学习　　D. 性格

10. 观察和了解儿童的能力、设计教育活动的能力、组织管理能力、对幼儿进行行为辅导的能力。这些内容属于教师的(　　)

A. 职业道德素养　B. 思想政治素养　C. 职业知识素养　D. 职业能力素养

11. 教师是社区教育资源的(　　)

A. 支持者　B. 引导者　C. 组织者　D. 整合者

12. 教育者训斥甚至打骂儿童的做法，主要违背了儿童观和教育观中的(　　)

A. 儿童特质观和适宜教育观

B. 儿童权利观和民主平等的师生观

C. 幼儿在自身发展中的作用观和幼儿教育的方法观

D. 儿童特质观和儿童教育的方法观

13. 幼儿通过动手操作、亲自实践、与人交往等去发现原来不知道的东西，从而获得经验的学习方式叫(　　)

A. 积极学习　B. 主动学习　C. 接受学习　D. 发现学习

14. (　　)不属于师幼互动策略中的激励式策略。

A. 情境感染　B. 启发思考　C. 语言催化　D. 情感分享

15. 教师结合本班实际，选择组织教材，构思教育活动的能力是(　　)(常考)

A. 创设与利用环境的能力　B. 科学研究能力

C. 设计教育活动的能力　D. 生活管理能力

16. 认为幼儿教师首先是幼儿学习环境的创设者，是幼儿学习的支持者、观察者和研究者的理论流派是(　　)

A. 行为主义理论　B. 建构主义理论

C. 精神分析理论　D. 成熟主义理论

17. 教师应具备观察了解幼儿的能力、与幼儿积极互动的能力、及时转变角色的能力和(　　)的能力。

A. 分析幼儿　B. 与幼儿交往　C. 评价与反思　D. 与幼儿游戏

18. 小刘老师因为家庭琐事心烦，组织活动时大声斥责孩子，致使孩子们不知所措。面对这种现象，小刘老师(　　)，不断提升个人修养与行为。

A. 应学会自我调节情绪　B. 提升组织活动能力

C. 保持积极的工作热情　D. 加强专业知识技能

19. 爸爸经常揉捏儿子的脸，觉得儿子像猴子一样好玩。这违背了(　　)的观念。

A. 儿童与成人一样具有独立人格和权利　B. 男女儿童享受平等的待遇

C. 儿童的发展是整体的　D. 儿童具有个体差异

20. 幼儿教师要事无巨细，对幼儿一日生活的各个环节给予关心和帮助。这体现了幼儿教师劳动的(　　)

A. 繁琐性　B. 细致性　C. 微妙性　D. 平凡性

21. 每个行业都有自己的特点，而职业角色的(　　)是教师职业的最大特点。

A. 多样化　B. 社会化　C. 个人化　D. 认同化

22. 幼儿正处在生长发育最快的时期，身心发展变化极为迅速，幼儿身心发展的特点决定了幼儿教师职业的特点具有(　　)

A. 工作对象的主体性和幼稚性　B. 工作任务的全面性和细致性

C. 工作过程的创造性和灵活性　D. 教育影响的示范性和感染性

23. 幼儿教师在做好教育教学工作的同时，还要做好管理和卫生保健工作，使幼儿得到和谐发展。这体现了幼儿教师职业劳动具有(　　)

A. 示范性　B. 创造性　C. 长期性　D. 全面性

二、多项选择题

1. 现代幼儿园教师的职业角色有(　　)

A. 教育者　B. 母亲　C. 朋友　D. 研究者

2. 作为一名幼儿教师，应当具有(　　)

A. 慈爱的心胸　B. 稳定的情绪　C. 丰富的感情　D. 良好的行为习惯

3. 良好师幼关系的特征有(　　)(常考)

A. 控制性　B. 互动性　C. 民主性　D. 分享性

4. 影响幼儿学习的外部因素主要有(　　)(易错)

A. 家庭条件　B. 智力因素

C. 幼儿园教育水平　D. 幼儿园环境条件的好坏

5. 下面关于幼儿教师职业的表述中，正确的有(　　)

A. 幼儿教师是履行幼儿园教育教学工作职责的专业人员

B. "以幼儿为本"是幼儿教师必须具备的基本理念之一

C. 幼儿教师要具有一定的自然科学和人文社会科学知识

D. 幼儿教师也是普通人，对漂亮可爱干净的幼儿给予更多的爱和机会是正常的

6. 下面关于儿童观的表述，正确的有(　　)(常考)

A. 儿童是需要成人保护的，因此幼儿不能参与社区活动

B. 儿童是具有主观能动性的人

C. 儿童是具有发展潜能的人

D. 儿童是独特的个体

7. 完整儿童是指全面发展和谐平衡的儿童，其发展是(　　)的整合性的发展。

A. 身体的　B. 认知的　C. 情感的　D. 社会的

8. 关于科学儿童观描述正确的有(　　)

A. 儿童具有各种合法权利　B. 儿童的发展是整体的、连续的发展

C. 儿童的潜力及时挖掘，需要超前教育　D. 儿童是独特的个体，具有差异性

三、判断题

1. 尊重幼儿的人格尊严和合法权利意味着教师要根据幼儿的意愿来安排教育活动。（　）
2. 教师职业是由教育教学专业人员在社会分工条件下所创造的。（　）
3. “教师讲，幼儿听”是灌输式的机械教育。（　）
4. 作为一名幼儿教师，除了教师必备的教学技能外，还必须具备一定的简笔画技能。（　）
5. 幼儿教师只需要教育好幼儿，照顾好幼儿的日常生活，没有必要花费时间做幼儿教育的研究工作。（　）
6. 保育者的工作是帮助教师做好一些教学辅助工作、搞好卫生、保证在园幼儿吃好、穿好。（　）

四、填空题

1. 教师是幼儿一日生活的支持者、引导者和________。（常考）
2. 当代儿童观认为学前儿童是独立的人，具有个体性和独特性，同时也是具有巨大的________的个体。

五、名词解释

1. 教育机智（常考）

2. 幼儿教师的职业素养

3. 接受学习（易错）

4. 师幼关系

5. 人际交往活动

六、简答题

1. 简述幼儿教师劳动的特点。（常考）

2. 简述现代幼儿教师的角色。

3. 学前教育工作者应树立怎样的儿童观？（常考）

4. 简述间接“教”时要注意的问题。

5. 简述直接“教”时要注意的问题。

6. 简述实物操作活动对幼儿发展的意义。

7. 人们对儿童的认识和看法随着时代的变化不断发展，简述现代儿童观的内涵。

8. 教师作为儿童与社会沟通的中介者。在幼儿园中，幼儿教师应做到哪几点？

9. 简述幼儿教师必须具备的几方面知识文化素养。

10. 简述幼儿教师应具备的主要人格特征。

11. 简述儿童发展差异性的表现。

七、案例分析题

1. 军军是个有思想、有个性的小朋友，老师刚与他接触时觉得很难沟通，几乎无从下手，但是经过几天观察，发现他其实很聪明，一遇到新鲜事就会发问，原来他的好奇心这么强，而且他与小朋友相处挺好的，就是不愿意上课。上第一节课时，他的兴趣不大，只坐了几分钟。上第二节课时，老师课前与小朋友做了3个游戏，这吸引了他的注意力，也过来加入队伍中。这时老师表扬了他，还给他贴上了五角星，他非常高兴，老师又告诉他："你以后好好上课，我每节课都给你小星星。"那天放学之前，老师表扬了他，让他做值日生。他的兴趣马上高涨起来。后来，老师与他成为"好朋友"。下课时他会与老师玩、聊天。现在，军军也愿意上课了，而且有时还提出好多问题。小朋友和老师都夸他进步大，也都越来越喜欢他了。

   请谈谈教师与幼儿沟通时应注意的问题。

2. 某幼儿园为庆祝"六一"儿童节，将组织全体幼儿参加表演。大(1)班王老师为了能够在表演中获奖，从全班幼儿中挑出了形象、气质和艺术才能比较好的一些幼儿进行排练，准备参加表演。另外几名比较差的幼儿让保育员带着玩，不能作为演员上台表演。

   请问王老师的这种安排是否妥当？为什么？

3. 要春游了,大(3)班的孩子们兴奋地邀请李老师和自己坐同一辆车,为此孩子们争了起来。李老师用商量的语气说:“去的时候老师坐一号车,回来时老师坐二号车,你们说好不好呀?”孩子们高兴地同意了。到春游地点,李老师不仅给孩子们和家长拍照,还和孩子们一起种树,一起做面条。当孩子们问种的是什么树时,李老师马上请导游介绍树的名称和主要特点。午餐时间到了,孩子们纷纷拿出自己心爱的零食分给李老师,李老师也把自己精心制作的寿司和孩子们一起分享,耐心地介绍了寿司的做法。回到幼儿园时,李老师和孩子们一一道别。

结合案例,找出案例中所体现的优质师幼关系并加以分析。

4. 从对某幼儿园大、中班幼儿的调查来看,中班80%的幼儿、大班98%的幼儿都喜欢教师始终面带微笑。这种情绪时时感染着幼儿,使幼儿在平时的生活和学习中心情放松,产生对教师的亲近感与信任感。

综合案例,请分析如何建立优质的师幼关系。

知识6 幼儿园教育活动

一、单项选择题

1. “教师为幼儿做了纸杯托水的小实验”。这位教师采用的方法是(　　)(易混)

A. 演示法　B. 欣赏法　C. 观察法　D. 操作法

2. 建立生活常规的标准不包括(　　)

A. 保障幼儿安全之需要　B. 方便教师保教工作之需要

C. 保障集体生活及幼儿交往之需要　D. 符合幼儿年龄特点

3. 幼儿园日常生活中,幼儿日积月累形成良好习惯,如进餐后主动洗碗、洗手,每天都会自觉反复,体现了日常生活的(　　)

A. 自在性　B. 习惯性　C. 刻板性　D. 强制性

4. 在活动中,幼儿通过感知、操作、体验、交流来进行学习的方式体现了教学活动的(　　)(易错)

A. 活动性原则　B. 巩固性原则

C. 发展性原则　D. 科学性原则

5. 主题活动往往整合了幼儿园内外各种与教育内容紧密相关的资源。幼儿园、家庭及社区中有许多丰富的教育资源,都需要充分运用到主题活动中。这反映了主题活动的特点是(　　)

A. 整合各种教育资源　B. 知识的横向联系

C. 富有弹性的计划　D. 游戏化学习

6. 在教学活动中,老师发现大部分幼儿无法掌握测量方法,于是调整活动环节,这体现了幼儿园教学活动的(　　)

A. 活动性　B. 整合性　C. 直观性　D. 灵活性

7. 在教学过程中,教师向幼儿出示事先准备好的各种样品,如绘画、纸工、泥工样品,供幼儿观察、模仿学习。该教师运用了(　　)

A. 游戏法　B. 范例法　C. 观察法　D. 参观法

8. 儿童按照一定的要求和程序通过自身的实践活动进行学习的方法是(　　)

A. 游戏法　B. 直观法　C. 操作法　D. 发现法

9. 可以是教师有安排的活动,也可以是幼儿自发的活动形式的是(　　)

A. 区域活动　B. 小组活动　C. 集体活动　D. 个别活动

10. 儿童在教师指导下有目的地感知客观事物的过程是(　　)(易错)

A. 观察法　B. 游戏法　C. 操作法　D. 电教法

11. 能有效地提高幼儿认识、情感、意志与行为水平,且能充分发挥幼儿主体作用的教育方法是(　　)

A. 背诵法　B. 讨论法　C. 讲解法　D. 提问法

12. 教师和幼儿双方围绕一个问题或主题,自由地发表自己的想法、意见、表达自己的感受、体验进行相互交流,该教师运用的是(　　)

A. 讲解法　B. 演示法　C. 示范法　D. 谈话法

13. 在“三八节”期间，马老师围绕节日开展系列教育教学活动。这一系列活动可称为(　　)

A. 主题活动　　B. 区域活动

C. 领域活动　　D. 生活活动

14. 春天来了，教师带领幼儿去公园观赏桃花，回来后组织幼儿交流桃花的特征，教师在这次活动中使用的教学方法是(　　)(易错)

A. 操作法和讨论法　　B. 观察法和讨论法

C. 观察法和游戏法　　D. 游戏法和讨论法

15. 在幼儿园常用的教学方法中，(　　)是一种让幼儿直接感知认识对象的方法。(易混)

A. 直观法　　B. 实验法　　C. 游戏法　　D. 活动法

16. 在幼儿园教学方法中，口授法不包括下列哪种方式(　　)

A. 谈话　　B. 示范　　C. 讲解　　D. 讨论

二、多项选择题

1. 下列属于幼儿园区域活动特点的是(　　)

A. 幼儿自选活动内容　　B. 幼儿的自主性活动

C. 小组和个体活动　　D. 集体活动

2. 幼儿园教学活动的原则有(　　)

A. 科学性和思想性相结合的原则　　B. 发展性原则

C. 直观性原则　　D. 启蒙性原则

3. 幼儿园晨检内容包括(　　)(常考)

A. 问有无发烧、咳嗽等症状　　B. 摸额头、手心是否发烫

C. 看神态、皮肤有无异常　　D. 查口袋有无不安全的东西

三、判断题

1. 在教学中，各年龄班运用游戏化教学的比重应有所不同，年龄越小，宜多采用游戏法。(　　)

2. 发现法是指教师采用游戏或以游戏的口吻进行教育教学的方法，它体现学前儿童教学活动的显著特点，是学前教育机构教学活动的主要方法。(　　)

3. 讲述是指教师用儿童能理解的语言来解释和说明某事某物的一种方法。(常考)(　　)

4. 在幼儿园中，集体的教育活动和分散的个体活动起着不同的作用，应当结合运用，交替进行，互相配合。(　　)

5. 幼儿园晨间检查环节中的“问”是指保健医生向小朋友问好。(　　)

6. 幼儿园主题活动有利于幼儿获得比较完整的知识经验。(　　)

四、填空题

1. 全托幼儿园晚间活动组织看电视的时间每周以________次为宜。

2. 幼儿园的一日活动是指幼儿园每天进行的保育、教育活动，包括________的活动和幼儿的活动。

3. ________是指教师通过提出启发儿童思维的问题，组织儿童进行问答和讨论的一种教育方法。

4. ________是指幼儿在教师的指导下，通过提出交流话题，引导幼儿在已有知识经验的基础上，围绕话题各抒己见，辨明是非真伪，以此提高认识或弄清问题的方法。

5. 讲解法是指教师用儿童能够理解的语言来________某事某物的一种方法。

6. 幼儿教育中的口授法，是教师通过口头语言系统向幼儿传授知识的方法，包括________、讲述、提问、________、讨论等。

7. 主题活动是指围绕着贴近儿童生活的某一________即主题作为组织课程内容的主线来组织教育教学活动。

8. 日常生活活动具有________、习惯性、情感性等方面的特点。

五、名词解释

1. 游戏法

2. 狭义的幼儿园教学活动

3. 间隙活动

六、简答题

1. 简述照顾好幼儿睡眠的标志。

2. 简述区域活动观察与指导的注意事项。

3. 简述班级幼儿饮用水管理的具体要求。

4. 简述幼儿园主题活动的特点。

5. 简述幼儿园教学活动的功能。

6. 简述运用口授法时应注意的问题。

7. 简述运用操作法时应注意的问题。(易混)

8. 简述范例法的特征。

9. 简述运用发现法时应注意的问题。

10. 简述教师设计与组织教育活动应注意的问题。

11. 简述幼儿园的一日生活活动的组织原则。

12. 简述幼儿园一日生活的教育意义。

13. 简述教学活动导入的方法。

七、论述题

1. 试述幼儿“接受学习”和“发现学习”的区别。

2. 试述幼儿园的教学活动的原则。

3. 试述幼儿园一日生活的特点。

知识7 幼儿园游戏

一、单项选择题

1. 在幼儿阶段最常见的游戏是(　　)

A. 感觉运动游戏　B. 象征性游戏　C. 结构游戏　D. 规则游戏

2. 儿童在游戏中玩出新玩法,这体现游戏可以促进儿童的(　　)

A. 创造力发展　B. 语言发展　C. 身体发展　D. 情感发展

3. (　　)认为游戏是远古时代人类祖先的生活特征在幼儿身上的重演,不同年龄的幼儿以不同形式重演祖先的本能特征。

A. 复演说　B. 精力过剩说

C. 机能快乐说　D. 娱乐—放松说

4. 以下几种游戏中,(　　)属于创造性游戏。

A. 智力游戏　B. 体育游戏　C. 音乐游戏　D. 角色游戏

5. 教师对儿童游戏的评价应该是(　　)

A. 反面评价　B. 正面评价

C. 正面评价和反面评价相结合　D. 消极评价

6. 把一根棍子想象成一匹马来骑以及"过家家""医院""商店""公共汽车"等游戏属于(　　)

A. 感觉机能性游戏　B. 象征性游戏

C. 结构性游戏　D. 规则性游戏

7. 幼儿园大(1)班和大(3)班在进行踢足球比赛。这属于社会性游戏分类中的(　　)

A. 合作游戏　B. 联合游戏　C. 平行游戏　D. 独自游戏

8. 幼儿听了故事《小兔乖乖》后,自己扮演故事中的角色进行表演。这属于(　　)

A. 表演游戏　B. 角色游戏　C. 结构游戏　D. 语言游戏

9. 游戏能促进儿童的智力发展,主要表现为(　　)(常考)

A. 游戏让儿童潜移默化地学到许多知识　B. 游戏能调节儿童的生活

C. 游戏能削弱儿童对其他事物的注意　D. 游戏是儿童自愿进行的活动

10. 下雪了,孩子们开心地用雪堆着各种雪人,这属于(　　)

A. 角色游戏　B. 结构游戏　C. 表演游戏　D. 规则性游戏

11. "生活预备说"是(　　)的理论。

A. 皮亚杰　B. 弗洛伊德　C. 彪勒　D. 格罗斯

12. 下列游戏类型中,社会性行为水平最高的是(　　)

A. 独自游戏　B. 平行游戏　C. 联合游戏　D. 合作游戏

13. 一个孩子一手抱着布娃娃一手拿着汤勺给布娃娃喂饭,嘴巴里还不停地说:"宝宝乖,好好吃,吃好了去玩游戏。"这样的游戏属于(　　)

A. 感知运动游戏　B. 象征性游戏　C. 结构游戏　D. 规则游戏

14. 教师对儿童游戏的指导必须以(　　)为前提。(常考)

A. 丰富儿童生活经验　B. 保证儿童游戏的特点

C. 间接指导　D. 完成教学要求

15. 下列不属于游戏性体验的主要成分的是(　　)

A. 兴趣性体验　B. 自主性体验　C. 胜任感体验　D. 智力提升

16. 儿童在结构游戏中,由独自搭建发展为能与同伴联合搭建。这主要反映了在游戏中儿童(　　)的水平。

A. 运用材料　B. 建构形式发展　C. 社会性发展　D. 行为发展

17. 儿童游戏的基础与源泉是(　　)(常考)

A. 生活经验　B. 教师引导　C. 同伴引导　D. 家长指导

18. 幼儿园结构游戏的主要材料来源于(　　)(常考)

A. 形象　B. 体育　C. 建筑　D. 娱乐

19. 在幼儿园"快递公司"角色游戏中,教师扮演"寄快递的人"却假装不知道要怎样正确寄快递,吸引"工作人员"主动前来介绍,在这里,教师使用了(　　)

A. 交叉式介入法　B. 平行式介入法　C. 垂直介入法　D. 情感性鼓励

20. 教师加入幼儿的游戏,扮演游戏中的某一角色,教师根据幼儿当时的兴趣和需要,以游戏情节需要的角色动作和角色语言来引导幼儿的游戏行为,使幼儿得到暗示和启发。这种游戏指导的方式是(　　)

A. 内部干预　B. 外部干预　C. 直接指导　D. 正向指导

21. 下列不属于角色游戏的是(　　)

A. "娃娃家"游戏　B. "看医生"游戏　C. "逛商店"游戏　D. "造城堡"游戏

22. 儿童按照故事、童话的内容,分配角色,安排情节,通过动作、表情、语言、姿势等来进行的游戏被称为(　　)(常考)

A. 规则游戏　B. 结构游戏　C. 角色游戏　D. 表演游戏

23. (　　)是以发展幼儿基本动作,增强幼儿体质,促进幼儿身体健康为主的游戏。

A. 角色游戏　B. 结构游戏　C. 表演游戏　D. 体育游戏

24. 在幼儿自主表演游戏中起主要作用的心理现象是(　　)

A. 想象　B. 性格　C. 感觉　D. 知觉

25. 小明在"娃娃餐厅"游戏时,发现"食材"不够了,便大声叫道:"老师,没有菜了。"张老师此时拿了一筐雪花片走过来,对着小明说:"这不就有了吗?"小明会心地一笑,便又继续游戏了。张老师在该游戏中运用的介入策略是(　　)

A. 平行式介入　B. 交叉式介入　C. 材料指引　D. 语言指导

26. 认为"游戏是为未来生活做准备"的游戏理论是(　　)

A. 剩余精力说　B. 生活预备说　C. 复演说　D. 松弛消遣说

27. 在角色游戏中，教师观察幼儿能否主动协商处理玩伴关系，主要考查的是(　　)

A. 幼儿的情绪表达能力　　B. 幼儿的社会交往能力

C. 幼儿的规则意识　　D. 幼儿的思维发展水平

28. 青青拿了一根海绵条对着明明的头说："我在给客人洗头发。"这种游戏属于(　　)(易混)

A. 练习性游戏　　B. 结构性游戏　　C. 象征性游戏　　D. 规则性游戏

29. 丢手绢游戏最能体现的幼儿游戏特点是(　　)

A. 想象和真实的统一　　B. 自由和约束的统一

C. 过程和结果的统一　　D. 轻松和紧张的统一

30. 在游戏中，儿童表现为通过以物代物或以人代人的方式，将现实生活和自己的愿望反映出来。例如，儿童跨在棍子上"骑马"、坐在椅子上"开车"等。这属于学前儿童游戏心理发展过程中的(　　)阶段。

A. 练习性游戏　　B. 象征性游戏　　C. 教学性游戏　　D. 物化性游戏

31. 幼儿运用在美工课学会的技能，在游戏中用泥捏制各种用具、水果、人和动物，满足了游戏的需要。这类游戏属于(　　)

A. 集体游戏　　B. 结构游戏　　C. 角色游戏　　D. 表演游戏

32. 王老师带领班上的孩子在操场玩"老鹰捉小鸡"的游戏，这个游戏属于(　　)(易混)

A. 体育游戏　　B. 角色游戏　　C. 表演游戏　　D. 创造性游戏

33. 游戏中，幼儿将小板凳想象成汽车，并模仿司机，一根木棍可以当作枪、针筒，反映幼儿游戏(　　)

A. 自主自愿　　B. 让幼儿感到愉悦、快乐

C. 反映现实　　D. 充满想象、创新

34. 在幼儿园组织的"乌龟爬"游戏的过程中，幼儿三五一群，有的绕着圆圈爬；有的接成长长的火车队，由火车头带领着向前爬；有的在原地旋转着爬……他们自成一种和谐、有序的状态。这主要体现了(　　)特点。

A. 游戏是充满幻想的　　B. 游戏与生活密不可分

C. 游戏是自由的　　D. 游戏是有序的

35. 王老师想详细了解建构区某次游戏的开展情况，适宜的观察方法是(　　)

A. 扫描观察法　　B. 定点观察法　　C. 追踪观察法　　D. 长期观察法

36. 下列哪项不属于结构游戏的特点(　　)(易错)

A. 建构材料是游戏的基础

B. 幼儿对材料的使用是游戏的支柱

C. 结构游戏是幼儿对周围现实生活的体现和模拟

D. 游戏的建构过程是极具创造性的，是一种造型艺术活动

37. 几个幼儿在玩开餐厅的游戏，老师见没有"顾客"，便走进去说："又热又饿，能给我来一份奶茶和披萨吗？"几个幼儿马上行动起来。老师参与游戏的方式是(　　)

A. 平行式参与　　B. 指导式参与　　C. 合作式参与　　D. 真实发言人式参与

38. 小乐双手拿着一个圆形的塑料盘左右旋转说："妈妈，火车来了，快让开。"小乐玩的是(　　)(常考)

A. 感觉运动游戏　　B. 建构性游戏

C. 规则性游戏　　D. 象征性游戏

二、多项选择题

1. 下列属于游戏本质特征的有(　　)(易错)

A. 游戏是内在需要的自愿活动　　B. 游戏是"日常生活"的表征

C. 游戏富有选设性的自足乐趣　　D. 游戏有无规则并不重要

2. 创造性游戏的类型包括(　　)

A. 角色游戏　　B. 智力游戏　　C. 结构游戏　　D. 表演游戏

3. 幼儿在游戏中的学习特点有(　　)

A. 学习目的的强制性　　B. 学习方式是潜移默化的

C. 学习动机是来自幼儿内部　　D. 游戏是幼儿的虚构活动

4. 关于幼儿游戏正确的观点是(　　)(常考)

A. 游戏是幼儿自主的活动　　B. 游戏无强制性的外在目的

C. 游戏是一种"假想"的活动　　D. 游戏的价值主要体现在愉悦性上

5. 精神分析理论创始人弗洛伊德的游戏理论的主要观点有(　　)

A. 游戏能实现现实生活中不能实现的愿望

B. 游戏能控制现实生活中的创伤事件

C. 游戏是自我的一种机能

D. 游戏调节了发展的阶段性冲突

6. 表演游戏和角色游戏的区别主要是(　　)(易错)

A. 游戏主题来源不同　　B. 游戏内容来源不同

C. 游戏中情节的产生不同　　D. 游戏过程里是否有想象性和创造性

7. 小班幼儿在游戏时主要表现的特点有(　　)

A. 目的性不强　　B. 兴趣不稳定

C. 自己能分配角色　　D. 重内容，轻规则

8. 早期关于幼儿游戏的理论有(　　)(易混)

A. 剩余精力说　　B. 娱乐论　　C. 生活预备说　　D. 成熟说

9. 下列游戏中属于规则游戏的是(　　)

A. 结构游戏　　B. 智力游戏　　C. 角色游戏　　D. 音乐游戏

10. 幼儿对游戏充满了兴趣，在游戏中，幼儿能够无拘无束地玩耍，产生许多新颖的想法和独特的行为，激发了创造性的萌生和发展。因此幼儿园游戏对幼儿创造力发展的影响是(　　)

A. 为幼儿提供了宽松的心理氛围　　B. 催发了幼儿的探究行为

C. 激发了幼儿的发散性思维　　D. 提高了幼儿的创造性水平

三、判断题

1. 合作游戏是指由教师建议或开始一个游戏，教师事先定好某些角色，并控制游戏的进行。（　）
2. 搭建区中，老师要求搭建“我心目中的小学”。这属于角色游戏。（　）
3. 无规则游戏就是幼儿想怎么玩就怎么玩，教师不需要进行指导。（　）
4. 教师对幼儿游戏的间接指导比直接指导好。（易混）（　）
5. 年龄越小的幼儿，游戏中受玩具逼真性的影响越大。（　）
6. 当我们去判断幼儿是否在游戏时，可以从幼儿的表情、动作、言语和游戏材料等几方面来综合考虑，可以说这几方面构成了游戏的外部框架。（　）
7. 教师应该按照一些家长的要求，减少游戏活动，加强读、写、算的教学。（　）
8. 教师不应提供给幼儿带有尖角和锋利边缘的粗糙玩具和具有发射能力的枪炮、弓箭等玩具。（　）
9. 尊重儿童游戏的自主性就是要尊重儿童游戏的意愿和兴趣。（常考）（　）
10. 幼儿园必须以文化课为基本活动，不能让游戏占据主要内容。（　）
11. 幼儿室内游戏的空间密度过于宽阔，则会引起嬉闹行为，过小，则会降低社会性游戏层次。（　）
12. 在幼儿游戏时，幼儿教师正确的做法是站在旁边观望。（　）
13. 给儿童提供的游戏材料越多越好。（易混）（　）
14. 为幼儿提供游戏材料时，尽量提供无固定功能的游戏材料。（　）
15. 因为幼儿的年龄比较小，所以在游戏活动中不应该鼓励和引导幼儿大胆想象。（　）

四、填空题

1. 孩子在玩沙时，当面临“没有卡车运沙”这一问题时，会用“奶盒”“饮料瓶”等物体来代替，这体现了游戏能促进幼儿________发展这一价值。
2. ________是幼儿最喜欢的活动，是幼儿生活的主要内容。
3. 根据学前教育机构游戏的特点，可以将游戏分为创造性游戏和________。
4. 游戏是幼儿________的活动，积极主动的活动。（常考）
5. 幼儿游戏区别于其他活动的特点在于其社会性、________、________和愉悦性。

五、名词解释

1. 游戏（常考）

2. 动作技能游戏

3. 智力游戏（常考）

4. 定点观察法

5. 语言游戏

6. 内部干预

7. 扫描观察法

8. 追踪观察法

9. 音乐游戏

10. 复演说

11. 外部干预

12. 自发游戏

13. 教学游戏

14. 交往游戏(易错)

15. 机械性游戏

六、简答题

1. 简述幼儿游戏的特点与功能。

2. 简述幼儿晚期儿童游戏的发展水平。

3. 简述游戏促进幼儿情感的发展的主要表现。(易混)

4. 简述游戏促进幼儿社会性的发展的主要表现。

5. 教师怎样指导幼儿的游戏?(常考)

6. 教师怎样正确评价幼儿的游戏?

7. 简述大班儿童表演游戏的特点。

8. 简述智力游戏的组织与指导原则。(易混)

9. 简述中班结构游戏的特点。(易错)

10. 简述教师对幼儿游戏的介入方法。

11. 简述以认知发展为依据的游戏分类。

12. 简述以儿童社会性发展为依据的游戏种类。

七、论述题

1. 试述音乐游戏的指导原则及其内容。(易错)

2. 组织和指导表演游戏时应注意的问题?

3. 试对儿童游戏的水平进行分析。

八、案例分析题

1. 今天是中(1)班"美美餐厅"开张营业的第一天,来就餐的客人很多。小宝忙着上菜(小朋友剪的蔬菜纸片)。贝贝则忙着给客人拿餐具。招待了几位客人后,菜没了。小宝跑来向教师求助:"老师,菜没了。"教师随手拿起了一小盒雪花片说:"这不还有嘛!"小宝和贝贝就用这些"蔬菜"去招待客人了,过了一会儿,小宝又说:"菜没了。"贝贝听到后,看看刚才放雪花片的盒子,说:"嗯,真是没有菜了!"接着他想起了什么似的,回头对小宝说:"有了,我去买菜。"只见他跑向玩具架,又端了一盒雪花片回来,边跑边兴奋地说:"菜买回来,菜买回来了!"于是小宝又开始给客人上菜,贝贝则继续给没有餐具的客人分餐具。分到最后,餐具也没有了,贝贝对没有餐具的两位客人说:"餐具没有了,你们用手拿着吃吧。"客人当当说:"啊!用手拿着吃有细菌呀!"另一位客人瓜瓜则伸出两个手指说:"这样吃!"只见他把手指当成筷子。夹起一片雪花片"啊呜啊呜"地吃起来。当当看到后,也连忙伸出手指,夹起一片雪花片吃起来,边吃边和瓜瓜咯咯地笑。

请你阅读上述观察实录,结合游戏理论分析观察实录中幼儿贝贝和瓜瓜的行为表现,并给出教师的回应策略。

2. 刘老师发现幼儿园大班"理发店"里的"顾客"很少,"顾客"对"理发店"不感兴趣。于是,刘老师带幼儿到真正的理发店参观。在理发店里,刘老师引导幼儿观察理发店的设施,理发师与顾客的活动,鼓励幼儿就感兴趣的问题询问理发师;记录幼儿的问题与发现,还拍下了许多照片,如顾客躺着洗头,梳漂亮的发型以及理发店里的各种工具等。回到幼儿园,刘老师组织幼儿开展"怎样开好理发店"的讨论活动。她呈现了在理发店拍的照片,引发幼儿回顾,有的幼儿说:"我们也想躺着洗头,可是没有躺椅呀。"有的说:"我要给顾客梳漂亮的头发,可是没有发型书怎么办呢?"……刘老师说:"可不可以用我们身边的材料来做呢?"在老师的启发下,幼儿提出用积木搭建躺椅,自己画发型图等想法。刘老师支持幼儿的做法,并提供大型积木、发型图等材料。之后,顾客在"理发店"能躺着洗头,能选漂亮的发型,能烫发……"理发店"又红火起来了。

请分析案例中刘老师采用了哪些策略来支持幼儿的游戏活动。

3. 大班的洋洋想玩"开奖"游戏,他画了很多奖券,还大声叫嚷:"快来摸奖呀!特等奖自行车一辆!"童童在洋洋那里摸到了特等奖,洋洋推给他一把小椅子,告诉他:"给你,自行车!"童童高兴地骑上去。强强也来了,也在洋洋那里摸到了特等奖,洋洋还是推给他一把椅子,强强也很高兴地骑上去,两脚模仿着踩踏板的动作,蹬个不停。老师也来了,洋洋高兴地让老师摸奖,结果老师也摸到一个特等奖。洋洋迫不及待地把一个椅子推给老师,还说道:"恭喜恭喜,你摸到一辆自行车!"可是,老师却说:"你这自行车一点也不像,怎么没有轮子呀,应该给它装上轮子!"洋洋低头看着自己的"自行车",愣住了。在接下来的时间里,洋洋忙着按老师说的给他的自行车装上"轮子",开奖活动不得不停了下来……

老师对洋洋游戏的干预合适吗?请对洋洋的游戏方式和老师的干预方式做出分析和判断。

4. 今天的"动动巧手"里真热闹,孩子们拿着一个个大小不一、形状各异的螺丝高兴极了。他们有的拿、有的放,左看看、右瞧瞧,爱不释手。经过一阵噼里啪啦声,孩子们逐渐安静了下来。顾洋首先拿起一颗螺丝,开始试着找螺母拧,不一会儿他高兴地说:"老师,看!我把螺丝拧起来了。"我马上说:"真能干,你是怎么拧的,表演给大家看好吗?"于是顾洋兴奋地给大家做了现场表演。立刻有几个小朋友也开始拧螺丝了。这时吴艳楠一边招手一边说:"老师,看!我做的蛋糕。"我一看原来她把螺丝一层一层地装在了一个小碟子里,就像一个蛋糕,我蹲下来大声说:"你太棒了,还能用螺丝做蛋糕,你再搭一个和它不一样的东西好吗?""好吧!"紧接着有好几个小朋友也加入她的搭建行列。这时有一安静的小角落引起了我的注意:只见孙俊楠一声不吭地在忙着。我走过去问:"你在干什么?"她说:"这个碟子里是大的,这个碟子里是小的,老师我放的对吗?"原来孩子在分类呀,我摸了摸她的头说:"真能干,加油干吧。""老师看!我用螺丝搭的大桥!""老师,我的项链好看吗?"……看着一张张兴奋的小脸蛋,听着他们稚嫩的、甜甜的声音,我也被感染了,我激动地冲他们伸拇指说:"你们真能干!"孩子们高兴地笑了。

试分析幼儿教师应如何引导幼儿的游戏。

5. 小班幼儿在角色游戏区活动中,文文在邮局里无所事事,摆弄一个称重器。在此之前,孩子们没有"邮局"这个角色游戏的经验。教师看到这种情况,拿了一个盒子走过去,对文文说:"我想把这个寄到超市去(旁边有超市游戏区),你能帮我称一下吗?"文文马上接过盒子,放在称重器上,看了一下,说:"100克!"教师问:"多少钱?""10块钱。"教师假装付了钱,文文立刻把盒子送到了隔壁的超市。接着,有几个小朋友也学着教师的样子将一些东西寄到旁边的医院、美容院、娃娃家,邮局变得热闹起来。

请分析在上述案例中,教师是如何干预幼儿游戏的。

6. 某老师在语言活动“小乌龟开店”的基础上，组织一次表演游戏。教师一一出示早已准备好的道具，介绍完道具，配班老师带领全班幼儿“开火车”离开活动室去“剧场”看表演。主班老师忙着在活动室里布置场景：一家花店，一家书店，一家气球店。场地布置好了，幼儿由配班老师带领进“剧场”。主班老师提问：“谁愿意上来表演？”“哗！”几十只小手举了起来，老师挑了五个没有举手而上次语言活动表现又不好的幼儿上来表演。表演时，老师不停地提示孩子们对话、做动作。第二轮，老师请了五个“做得好的孩子”上来表演，五个孩子表演同一个角色。老师还是不时地按照故事情节规范语言，纠正孩子们的动作。好多孩子忙着摆弄有趣的道具，忘了表演，老师又不停地提醒。

请根据幼儿游戏的基本特征，试分析案例中的活动是不是真正意义上的游戏活动。

7. 一个小班的男孩在建构区用积木搭“大高楼”，但他把小积木放在下面，大块积木放上面，因此“大高楼”总也搭不高、“站不稳”。教师发现这种情况后，便坐到他身旁去，但没直接告诉他，而是也拿了一堆积木来搭“大高楼”，一边搭一边说：“我把大积木放在下面，小积木放在上面，这样我的‘大高楼’就搭得高了。”

请你用儿童游戏的指导策略分析案例中教师所采用的介入方式和介入的性质。

8. 有一次，洋洋和硕硕在分配角色时发生了争执，洋洋要硕硕当妈妈，硕硕说：“不，妈妈是女的，我是男的，不行！”洋洋也不让步，说：“这是假装，又不是真的。”“假装也不行，我就不当！”硕硕坚定地说。“不当就不和你玩了。”硕硕一听不和他玩了，急得眼泪都快流出来了。我问：“洋洋，你们玩什么游戏呢？”“就是娃娃家，我当爸爸，他当妈妈。”“可是硕硕不愿意当妈妈怎么办？就只剩下你们两个人了，他要是不玩，你一个人怎么玩啊？”我问。“老师，那你说怎么办？”“我也不知道，你不愿意换角色，他不愿意当妈妈，那就没法玩了呗。”洋洋想了想，对硕硕说：“要不我当爸爸，你当叔叔，王老师当妈妈吧。”得到硕硕的同意后，我们三人玩起了娃娃家游戏。小小的风波，让孩子学会了合作，懂得了谦让。

(1)案例中幼儿展开的是何种类型的游戏，这种游戏有何特点？

(2)案例中幼儿的游戏出现了什么问题，教师应如何指导？

9. 游戏是幼儿园活动的基本方式。几个幼儿坐在地板上玩积木，邹老师靠近幼儿坐着，也同样玩积木。邹老师偶尔发表一些评价性的看法，但无特指对象，也不与幼儿交谈，只是吸引幼儿注意以达到指导目的。

请你分析上述案例中，邹老师采用的是哪种指导策略？联系实际谈谈我国幼儿园游戏的指导策略还有哪些？

10. 在分点心的时候，小朋友们只管卖饺子和包子，王老师建议幼儿可以卖点别的东西，但是孩子不听。结合案例说说角色游戏过程中教师应该如何指导。

11. 最近班上正在开展主题活动“我爱我家”。这天结构游戏时，小贝说：“我想搭个房子。”子子说：“我想搭个滑梯。”杨老师说：“那你们就搭个幼儿园吧！”孩子们迟疑了一下说：“好吧。”于是他们为搭建“幼儿园”而忙碌起来。不一会儿，大家就用大积木搭出了高高的“幼儿园”墙体，就在屋顶将要盖成功的时候，由于孩子们的身高不够，盖顶的积木没放好就滑了下来，整个墙体都崩塌了。孩子们反复尝试几次后还是不成功，非常沮丧。正当他们想放弃时，杨老师走上前说：“你们想想班上有什么东西可以让我们迅速‘长高’呢？”豆豆左看看，右看看，突然惊喜地说：“我们可以搬凳子垫脚。”于是，他们迅速搬来了两个凳子，搭好墙体后，站在凳子上准备盖顶。这时，杨老师微笑着走过来帮忙扶稳凳子，孩子们终于成功了。

请结合上述案例，分析教师在幼儿游戏时三次介入的时机是否适宜并说明原因，并结合日常实践论述教师介入儿童游戏的适宜性策略。

知识 8 幼儿园班级管理与环境创设

一、单项选择题

1. 教师应采取(　　)等方式为幼儿创设安全自由的心理环境。
①创设与主题内容相符的活动环境　②对幼儿持肯定、支持的态度
③多接纳、多欣赏幼儿　④经常表扬、鼓励幼儿
A. ①②　B. ①②④　C. ①③④　D. ②③④

2. 活动室墙面设有气温统计表，幼儿每天通过观察温度计感知天气变化，并以月为单位做气温统计，从而了解温度变化与周围环境、日常生活的关系。这种环境创设属于(　　)(易混)
A. 操作性创设　B. 填充式创设　C. 记录式创设　D. 展览式创设

3. 从狭义上理解，幼儿园环境是指(　　)
A. 幼儿园生活环境　B. 幼儿园心理环境
C. 幼儿园教育的一切外部条件　D. 对幼儿身心产生影响的物质和精神要素的总和

4. 在幼儿园环境创设中，要把大小环境有机结合在一起，实现学校与家庭、社区的合作。这体现了(　　)原则。
A. 经济性　B. 参与性　C. 开放性　D. 多样性

5. 教师在设计班级环境主题墙时(　　)(易错)
A. 必须让家长参与　B. 不能让幼儿参与
C. 可以让幼儿参与　D. 可以一学年换一次

6. 幼儿园的环境应(　　)
A. 儿童化　B. 现代化　C. 高档化　D. 小学化

7. 在早晨的游戏分享时刻，老师问小朋友：“如果你是爸爸或妈妈，你喜欢怎样的宝宝？”幼儿纷纷回答说：“很乖的、不哭的宝宝。”“会自己吃饭的宝宝。”“会自己高兴地上学的宝宝。”在后来总结部分，老师放慢节奏，重复着幼儿的回答并不断提问，引起幼儿对自身行为的反思。老师运用了班级管理方法中的(　　)
A. 规则引导法　B. 榜样激励法　C. 情感沟通法　D. 角色扮演法

8. 下列关于幼儿园环境创设的说法正确的是(　　)
A. 环境创设时要重视幼儿的智力开发和身体发育，因为受到幼儿身体限制，劳动教育可以忽视
B. 幼儿园属于集体教育，因此难以照顾幼儿发展的个体差异，教师在进行环境创设的时候只能遵循统一的原则
C. 教师必须根据教育的要求和儿童的特点有效控制环境的各种要素，维持环境的动态平衡
D. 我国经济发展水平已经很高了，在幼儿园硬件设施上应该上一个层次

9. 幼儿园心理环境创设中最重要的因素是(　　)
A. 教师的观念和行为　B. 教师之间的人际关系
C. 幼儿之间的同伴互动　D. 教师与家长之间的互动

10. 下列关于幼儿教师言语、行为有利于幼儿园精神环境创设的是(　　)(易错)

A. 某幼儿教师批评了一个尿裤子的3岁幼儿,说:“你尿裤子,太丢人了,去边上反思去。”该教师为自己的言语辩解说,这样做有助于对幼儿抵抗挫折能力的培养

B. 某幼儿教师在与幼儿互动时,对不愿意参加互动的儿童说:“如果你现在不参加,以后都不要到幼儿园来了。”该幼儿教师认为对幼儿来说,必要的威胁与恐吓是有效的教育手段

C. 某幼儿教师在教学过程中对班级里相貌漂亮的小朋友极为关注,对那些长相一般的小朋友有所忽视,对此行为,她解释道:“爱美之心,人皆有之,我有这样的表现也算人之常情吧”

D. 某幼儿教师对正在搭积木的小朋友说:“你做得真好,你真是太能干了。”而这个小朋友仅仅是把几块积木摞在一起。该教师解释说,虽然孩子搭的很简单,但是对孩子的鼓励有助于孩子的创造性发展

11. 关于幼儿园的物质环境下列说法错误的是(　　)

A. 幼儿园应该设置种植区,引导儿童对大自然进行探索

B. 幼儿园的室外设备应该可以供幼儿攀、钻、爬、跑、跳、平衡、投掷等,锻炼幼儿的身体

C. 幼儿园的走廊也可以进行环境创设,利用环境耳濡目染地影响幼儿发展

D. 幼儿园的楼梯不应该进行环境创设,防止幼儿走楼梯时由于注意力不集中而受到伤害

12. 环境与教育目标相一致的原则是指环境的创设要体现环境的(　　)(易混)

A. 目的性　　B. 优美　　C. 教育性　　D. 多样性

13. 活动室墙饰的高度首先要适合(　　)

A. 幼儿的身高　　B. 教师的身高　　C. 家具的高度　　D. 房屋的高度

14. 幼儿园班级环境创设与管理的原则是指教师在创设本班环境时应遵循的基本要求,依据奥尔兹的理论,儿童有四项基本的环境需求,其中在教室里放置一些与幼儿高度相适宜的图书架、能够看懂的信息栏等,属于创设(　　)的环境。

A. 助长能力　　B. 鼓励运动　　C. 保持舒适　　D. 带有控制感

15. “充分利用当地的自然优势,为幼儿修沙坑,让幼儿在沙坑里做造型、结构游戏,用树枝在沙上画画、写字。”这是环境创设的(　　)

A. 幼儿参与性原则　　B. 开放性原则

C. 经济性原则　　D. 发展适宜性原则

16. 决定幼儿园质量好坏的根本因素是(　　)

A. 幼儿园文化　　B. 幼儿园硬件设施

C. 保育员　　D. 幼儿教师

17. 布置自然区时,让幼儿讨论,老师按照幼儿讨论的结果布置,运用了环境创设的(　　)原则。

A. 开放性　　B. 幼儿参与性　　C. 经济性　　D. 安全性

18. 需要提供故事的脚本和表演道具、帮助幼儿体验舞台表演的满足感的活动区域是(　　)(易混)

A. 歌舞表演区　　B. 表演游戏区　　C. 角色游戏区　　D. 班级展览区

19. 关于活动区活动材料投放不正确的表述是(　　)

A. 材料要有层次性,采用渐进式投放　　B. 材料需要不断补充和更新

C. 材料要多选用自然材料和废旧物品　　D. 材料的数量越多越好

20. 提供拼图、七巧板、迷宫、棋类、扑克牌、几何拼摆、图片等材料让幼儿操作的区域是(　　)

A. 科学区　　B. 思维区　　C. 益智区　　D. 数学区

21. 幼儿园投放的优秀活动材料的特征不包括(　　)(易错)

A. 能够引起幼儿反应的材料　　B. 现实生活中触手可及的物品

C. 先进的电子玩具　　D. 能引起幼儿参与和学习行为的材料

22. 放大镜、天平、水箱等材料应投放在(　　)

A. 美工区　　B. 木工区　　C. 科学区　　D. 积木区

23. 刘老师在春蕾幼儿园见习的时候,见到班主任李老师在辅导幼儿画画,但是有一名男孩画一半就不画了,跑去做黏土,李老师也没有阻止。刘老师不解,问李老师为什么不鼓励孩子把画画完。李老师说:“为什么一定要让孩子做他不喜欢做的事呢?要知道当他对一件事不感兴趣时他是很难成功的。”李老师的话体现了班级精神环境创设中的(　　)

A. 建立良好的师生关系　　B. 建立团结友爱的班集体

C. 帮助幼儿建立良好的同伴关系　　D. 尊重幼儿,让幼儿主动发展

24. (　　)是指幼儿园环境创设要符合幼儿的年龄特征及身心健康发展的需要,促进每个幼儿全面、和谐地发展。(常考)

A. 发展适宜性原则　　B. 幼儿参与原则

C. 开放性原则　　D. 环境与教育目标的一致性原则

25. 在教室墙面环境创设分类中,(　　)指的是最初墙面上只有一些原始的记录或一些简单的框架,随着活动的不断深入,逐渐将幼儿的作品、学习成果布置到墙面上,对大片空白的教室墙面进行布置。

A. 观赏性创设　　B. 操作性创设

C. 满幅式创设　　D. 填充性创设

26. 在幼儿园里,老师将一些半成品的材料放在幼儿活动区,留给幼儿更多的操作和创作的空间,这符合材料投放的(　　)特点。

A. 科学性　　B. 丰富性　　C. 层次性　　D. 探索性

27. 幼儿园里的开关、插座一般设置在幼儿不易够到的位置,幼儿园小班一般不用体积过小的玩具等。这体现了幼儿园环境创设的(　　)

A. 可变性原则　　B. 安全性原则　　C. 参与性原则　　D. 经济性原则

28. 幼儿园心理环境创设的要求不包括(　　)(易错)

A. 创设良好的物理环境　　B. 形成良好的社会风气

C. 建立良好的幼儿群体　　D. 建立良好的人际关系

29. 下列对托幼机构的物理环境表述，不正确的是(　　)

A. 室内墙角及各种用具如窗台、窗口竖边等应避免棱角

B. 活动室的地面应铺设地板

C. 为保证室内空气新鲜，多采用人工通风的形式

D. 桌椅的构造和各部分尺寸都要根据学前儿童的身体比例确定

30. 某幼儿园“六一”节庆祝活动要求每个幼儿都要参与环境布置，人人都有上台表演节目的机会，这种做法体现了组织教育活动环境的(　　)原则。(常考)

A. 娱乐性　B. 创造性　C. 经济性　D. 参与性

31. 某班主任在构建区门口地上画了四对小脚印，表示有三层意思：只能进四位小朋友；进去要脱鞋；鞋子要放整齐。这一管理方法属于(　　)

A. 互动指导法　B. 榜样示范法　C. 目标指引法　D. 规则引导法

二、多项选择题

1. 幼儿园环境按其性质可分为(　　)两大类。

A. 学习环境　B. 活动环境　C. 物质环境　D. 精神环境

2. 幼儿教师带领幼儿一块布置活动室环境，利用废弃物品制作各种玩具，充分体现了幼儿园环境创设的(　　)(常考)

A. 开放性　B. 经济性　C. 幼儿参与性　D. 安全性

3. 教师在幼儿园环境创设中的作用体现在(　　)

A. 准备环境　B. 调整环境　C. 丰富材料　D. 控制环境

4. 幼儿园中幼儿生活用房的活动单元主要包括(　　)

A. 活动室　B. 卧室　C. 衣帽储藏室　D. 保健室

5. 决定活动区数量和规模的主要因素是(　　)

A. 活动室的面积　B. 幼儿人数　C. 幼儿的兴趣　D. 活动室的结构

6. 幼儿园环境是儿童生活的基本保障，是幼儿园的“第三位教师”。下列属于幼儿园物质环境的是(　　)

A. 户外绿化　B. 种植园地　C. 幼儿园文化氛围　D. 园所建筑

7. 环境创设过程的教育意义主要体现在(　　)上。

A. 培养幼儿的主体精神，发展幼儿的主体意识

B. 培养幼儿的责任感

C. 培养幼儿的合作精神

D. 培养幼儿的审美能力

三、判断题

1. 幼儿园环境具有两个特点：教育性和可塑性。(　　)

2. 幼儿园环境创设应与幼儿身心发展特点和发展需要相适应，即幼儿需要什么，教师就提供什么。(　　)

3. 创设环境的主体应该是教师。教师是“导演”，不是“演员”；是“教练”，不是“运动员”。(　　)

4. 幼儿园的环境创设是一成不变的。(　　)

5. 创设环境时不能偏重智力发展，而忽视幼儿社会性、情感、意志等方面的发展。(　　)

6. 只有幼儿园经济条件差时，创设环境时才要考虑经济性原则。(常考)(　　)

7. 教师要根据幼儿不同的年龄特征为其提供适宜的发展环境。(　　)

8. 户外体育活动和游戏对增强儿童体质，培养儿童坚强、勇敢、自信的性格有重要作用。(　　)

9. 整洁、优美的环境不仅有利于养成幼儿良好的生活习惯，而且也是美感教育的重要途径。(　　)

10. 幼儿园各班活动室的色彩应保持一致。(　　)

四、名词解释

1. 活动区

2. 物质环境的创设

3. 环境与教育目标的一致性原则

4. 开放性原则(常考)

5. 幼儿园的物质环境(易混)

6. 幼儿参与性原则

五、简答题

1. 教室墙面环境展示的形式主要有哪几种分类?

2. 简述幼儿园室外活动场地分哪四个区域。

3. 简述幼儿园环境创设的一般原则。

六、论述题

1. 试述创设活动区的具体要求。

2. 试述影响幼儿园环境质量的因素。

3. 试述幼儿园环境的特点。

七、案例分析题

1. 陈鹤琴先生曾经说:"环境的布置也通过儿童的双手和大脑,通过儿童思想和双手所布置的环境可使他们对环境中的事物更加认识,也更加爱护。"

你如何理解这句话?在幼儿园户外场地的设计过程中如何体现?

2. 某幼儿园的区角活动创设很有特色。每个班里都至少有7~8个区域供孩子分组探索活动,有小菜市场、智力活动区、科学活动区、动手操作区、表演区、音乐活动区、语言区等,内容非常丰富。但仔细看才发现:语言区里幼儿用来排图讲述的图片已经积了一层灰,而且排得过于整齐;智力活动区里的几幅塑封好的拼图无人问津,原因是这些材料太难了,该班幼儿不感兴趣。

请从幼儿园环境创设的角度,评析该幼儿园区域环境创设中存在的问题并提出建议。

3. 有人曾与一位幼儿园教师有过一次非常真心的、实事求是的对话。

问：你们活动室的这些墙饰是你布置的吗？

答：是我和另外一位教师共同布置的。

问：你们在布置墙饰的时候首先考虑的是什么？其次考虑的是什么？

答：我们首先考虑是不是符合幼儿的年龄特点，其次考虑有没有艺术性。说实话，我们也没有那么多的时间去考虑这、考虑那的，我能考虑到前两个方面也差不多了吧！

问：那么，你们在创设区域的时候也是这样考虑的？

答：差不多，只是区域创设的时候还要考虑选几种种类、材料的数量，考虑场地大小等问题。

请结合案例分析这位幼儿教师的环境创设理念并提出建议。

4. 一所幼儿园大型体育器械场地曾经长满厚实的绿草，用今天最时髦的眼光来看，这些草几乎清一色属于"野火烧不尽"的品种。几年前，由于那时的时髦眼光只觉得那些植物看着过于"土气"，于是在某一年的暑假，幼儿园全体教师牺牲了休息时间对这些野草进行"挖地三尺"的清剿，甚至为了能够彻底"斩草除根"还补充采用了开水深灌的战术。最后，艰苦的奋战终于迎来了场地沙土化和水泥化的成果……可接下来的时髦，又换成了"园林化"，但引进的高级草坪只能看不能踩，常种常秃……再换成人造地毯，还是不能解决弹性差、不安全的问题，而且又费用昂贵……最后不得不任由其还原成沙地……这时，许多人开始时常怀念那些曾经覆盖在场地上的厚实野草……

分析案例中幼儿园环境创设违背了哪些原则，并提出相应的改进建议。

知识 9 幼儿园与家庭、社区及小学的衔接

一、单项选择题

1. 在大班幼小衔接活动中，教师与幼儿共同创设了"小学调查"的主题墙。这主要是为了(　　)
A. 激发幼儿良好的入学动机　　B. 培养幼儿的责任感
C. 提高幼儿的学习能力　　D. 帮助幼儿形成良好的学习习惯

2. 幼儿园邀请家长来园观察半日活动，这种形式是(　　)
A. 家长会　　B. 家长学校
C. 家长接待日　　D. 家长开放日

3. 1990～1994年间联合国儿童基金会与国家教委合作进行的"幼儿园与小学衔接的研究"结果表明：幼小衔接教育的实质问题是(　　)
A. 主体的适应性问题　　B. 师生关系的变化问题
C. 幼儿园与小学的环境差异问题　　D. 课程的问题

4. 幼儿园、家庭、(　　)是幼儿发展的三大环境和可利用资源。(常考)
A. 社区　　B. 社会　　C. 学校　　D. 大自然

5. 下列与家长进行有效沟通的策略，不正确的是(　　)
A. 换位思考，尊重家长　　B. 客观评价，取得信任
C. 指出缺点，批评教育　　D. 讲究方法，艺术沟通

6. 下列关于幼小衔接的说法，正确的是(　　)
A. 幼儿入学适应困难，是因为幼儿园教育过于游戏化
B. 幼小衔接完全是幼儿园的责任
C. 幼儿园的幼小衔接工作不仅仅在大班，小中班也应该开展
D. 幼小衔接主要是教幼儿拼音、认字等内容

7. 在目前的条件下，幼儿园比较合适的师幼比是(　　)
A. 1∶15～1∶20　　B. 1∶20～1∶25
C. 1∶25～1∶30　　D. 1∶30～1∶35

8. 下列关于幼小衔接表述正确的是(　　)
A. 幼小衔接主要是教幼儿学会拼音和认字
B. 以游戏为主要活动形式，不利于幼小衔接
C. 幼小衔接主要是参加各类兴趣班学习
D. 幼小衔接主要是激发幼儿良好的入学动机和学习态度

9. 我国幼儿园与小学的差异主要体现在：学习环境不同，成人对儿童要求不同，生活制度不同，师生关系不同和(　　)
A. 教师与家长关系不同　　B. 教育原则不同
C. 主导活动与学习方式不同　　D. 同伴关系不同

10. 有的幼儿园在课程中将社区的历史、风俗、革命传统等作为乡土教材来利用,使幼儿园教育内容丰富而有特色。这发挥了(　　)对幼儿园教育的意义。

A. 社区资源　B. 社区环境　C. 社区习俗　D. 社区文化

11. (　　)是家长和幼儿园之间的桥梁,促进家园合作,体现幼儿园和家长的伙伴关系。

A. 咨询活动　B. 家长委员会　C. 家长学校　D. 电话联系

12. 下列家园合作的方法中,属于间接合作方式的是(　　)(易错)

A. 家园联系手册　B. 家长开放日活动　C. 家长老师制度　D. 开展亲子活动

13. 下列家庭教育做法中,哪种做法是较为合理的(　　)

A. 在孩子未成年时,父母全身心地投入到孩子身上,一切为了孩子

B. 尽量满足孩子的一切要求

C. 当父母的教育观念与爷爷奶奶相抵触时,以父母的观念为准

D. 即便是最民主的家庭,也对孩子有所保留,有时还要适当回避

14. 在教育孩子问题上,父母观点发生冲突时,应在尊重孩子想法的基础上私下沟通好,避免孩子无所适从。这体现了家庭教育的(　　)原则。

A. 一致性　B. 科学性　C. 指导性　D. 适度性

15. 在大班下学期,幼儿园可以(　　)(常考)

A. 带领大班幼儿参观小学

B. 布置至少2个小时的家庭作业

C. 班级布置要小学化,不要有游戏区角设计

D. 按照小学作息制度调整一天的集体教学活动,集中上6节课

16. 幼儿园在帮助幼儿做好入小学前的学习准备方面需要做的工作不包括(　　)

A. 入学前教幼儿拼音、认字、做算术　B. 培养幼儿良好的学习习惯

C. 培养幼儿良好的非智力品质　D. 发展幼儿思维能力和基础能力

17. 儿童受教育的第一个场所是(　　)(常考)

A. 家庭　B. 托儿所　C. 幼儿园　D. 学前班

18. 幼儿教师了解幼儿最好的信息来源是(　　)

A. 同龄人　B. 社区人士　C. 家长　D. 教养员

19. 家园联系中最快捷、最灵活的一种方式是(　　)

A. 家园联系栏　B. 家访　C. 电话联系　D. 家长学校

20. 林老师发现乐乐最近变得很爱打人,而且经常不来幼儿园。林老师想要和家长沟通,详细了解乐乐发生变化的原因。下列最合适的做法是(　　)

A. 微信　B. 电话　C. 家访　D. 随机交流

21. 幼儿园实施幼小衔接工作指导思想不包括(　　)

A. 全面性而非重点性　B. 长期性而非突击性

C. 培养入学的适应性而非小学化　D. 整体性而非单项性

22. 对家长的个别指导,包括个别谈话、电话联系、家庭访问和(　　)

A. 家长园地　B. 家长开放日

C. 家园联系册　D. 家长会

23. 社区可利用的教育资源多种多样,下列属于社区文化资源的是(　　)

A. 博物馆　B. 健身器材　C. 超市　D. 街心广场

24. 小明刚上小学时,课间只顾自己玩,老是忘记上厕所。这表明小明在幼儿园教育阶段缺乏(　　)

A. 主动性培养　B. 独立性培养

C. 人际交往能力培养　D. 动作培养

二、多项选择题

1. 家园合作的主要途径或形式有(　　)

A. 家长会　B. 家长开放日　C. 亲子活动　D. 家园联系手册

2. 下列属于学前教育小学化倾向表现的是(　　)

A. 注重读、写、算的学习

B. 每周上课节数在18~24节之间,每节课在45分钟左右

C. 重视培养创新精神

D. 给幼儿布置课外作业,进行期中、期末考试

3. 影响幼儿入园不适应的因素中,属于个体原因的有(　　)

A. 过去的生活经验　B. 幼儿的个性特点　C. 环境变化因素　D. 教师的因素

4. 家庭教育的优势包括(　　)(易错)

A. 强烈的感染性　B. 天然的连续性　C. 超强的权威性　D. 鲜明的针对性

5. 培养幼儿对小学生活的社会适应性主要包括(　　)

A. 培养主动性　B. 培养独立性

C. 发展人际交往能力　D. 培养幼儿的规则意识

6. 对入学的适应影响较大的是幼儿对小学生活的(　　)

A. 态度　B. 看法　C. 情绪状态　D. 智力准备

7. 下列选项中,属于儿童入学后的适应性问题的是(　　)(易混)

A. 睡眠不足　B. 情绪低落　C. 经常感冒　D. 人际关系不良

8. 幼儿园与小学衔接的过程中,存在的主要问题包括(　　)(易错)

A. 小学化现象严重　B. 活动开展的表面化

C. 教育内容的片面化　D. 遵循孩子发展的适宜性

9. 幼儿园和小学是两个不同的教育阶段,因此做好幼儿园与小学的衔接工作十分重要,我国幼小衔接工作策略包括(　　)

A. 做好幼儿的入学准备工作　B. 培养幼儿的独立性

C. 做好家长工作,争取家长配合　D. 加强与小学的联系交流

10. 幼儿教育离不开家庭，其原因有(　　)

A. 家庭是幼儿成长最自然的生态环境　　B. 家庭是人的第一所学校

C. 家长是幼儿园重要的教育力量　　D. 幼儿园有家长委员会

11. 家长是幼儿园重要的教育力量，原因在于(　　)

A. 家长是教师最好的合作者，是教师了解幼儿的最好的信息源

B. 家长本身是幼儿园宝贵的教育资源

C. 家长与教师的配合使教育计划的可行性等能更好地得到保证

D. 幼儿园帮助家长树立正确的教育观念和教育方法

三、判断题

1. 社区学前教育的目的在于尽可能使社区内所有学前儿童获得良好的教育与发展。(　　)
2. 家长与教师应该“各司其职”，孩子在家归家长管，孩子在幼儿园归教师管。(　　)
3. 幼小衔接主要是参加各类兴趣班学习。(　　)
4. 书信多用于向留守儿童的家长汇报孩子的成长情况，这种做法不仅能密切家园联系，往往也能促使家长虽然不在孩子身边，但仍然关注着孩子的发展，起到配合教育的作用。(　　)
5. 家园联系栏应放在家长接送孩子的必经之处，内容要经常更新。(　　)
6. 提高教师的素质是幼小衔接工作取得成功的保证。(易混)(　　)
7. 家长要尊重儿童自然成长规律，对幼儿循序渐进地诱导、教育。(　　)
8. 幼儿园与小学阶段教育的区别就是小学开始分科教学。(　　)
9. 幼小衔接工作主要是在幼儿园大班和小学一年级之间的事情。(　　)
10. 学前教育机构应该是社区建设的支持者，为社区提供教育和文化服务。(　　)

四、填空题

1. 幼儿园组织的亲子活动是一种有助于增强教师与家长、________情感交流的集体活动形式。
2. ________是幼儿园聘请一些学前教育专家定期对家长进行现场咨询，为家长提供直接有效的服务。
3. ________是幼儿的第一任教师，也是终身教育者。

五、名词解释

1. 家长接待日

2. 社区学前教育(易错)

3. 家园合作(常考)

4. 家长开放日

5. 分离焦虑

六、简答题

1. 简述幼小衔接工作中的矛盾。(常考)

2. 列举家园沟通的几种方式。

七、论述题

试述幼小衔接的意义。

八、案例分析题

1. 升入大班后，跳绳成了孩子们最头疼的事情。例如，我们班的晨晨小朋友，每一次我让大家跳绳的时候，他总是拿着绳子左揉揉、右抡抡，从来不跳绳。我便问他："你为什么不跳绳呢?"他红着眼睛说："妈妈说跳绳太难了，不让我学，怕我太累。"听完他的话，我便鼓励他大胆地跳，先把绳子抡到自己的脚前方，双脚再并齐向前一起跳，半个小时过去了，他终于会连贯地跳一个了，当时晨晨特别高兴，还兴奋地大叫："老师，我会跳一个了，我一定会学会的！"

请运用所学的幼儿园与家庭配合的相关理论，分析以上案例中出现的问题，请给予评析，并针对此现象提出自己的意见或解决措施。

2. 一位家长正在和孩子的班主任交谈，她说："你们老师和我们家长应该各司其职，孩子在家里由我们管，在幼儿园由你们管，大家分头管好孩子。"

请分析这位家长的话是否正确，并谈谈你是怎样理解"家园合作"的内涵的。

3.

"两个爸爸"

在同一建筑工地旁，有两位父亲各自带着自己的孩子在参观盖大楼。其中一个孩子问其父(A)："爸爸，天这么热，这些叔叔在这干活，他们热不热?"父亲(A)回答："我们是在阴凉处看他们，我们还觉得天热，那他们在太阳下干活，你说热不热?"孩子说："肯定热，他们一定出了很多汗。"孩子又问："爸爸，这些叔叔都是从哪里来的？他们怎么会盖出这么高的楼?"父亲(A)回答："他们有许多是从农村来的，在城里打工，他们学会了盖楼房的本领，他们工作非常辛苦，干着又累又脏又重的活儿，正是有他们的辛勤劳动，才会使我们这个城市有那么多的高楼大厦，有宽阔的公路，有一座座的立交桥。"孩子在旁自编了一句儿歌："工人叔叔一双手，盖楼房、建大桥。"孩子又说："爸爸，我长大了也要盖楼房，我要盖最高的楼房。"父亲(A)说："你会的，你一定会盖出最高最漂亮的大楼。"

在工地的另一面，孩子问父亲(B)的问题几乎与另一个孩子问的问题是一样的。父亲(B)说："你看到了吧，这些人卖苦力，就是没好好读书，没上大学，才干这又脏又累的活，你要不好好学习将来也总干这又脏又累的活……"说着这位父亲领着孩子进了工地对面一幢高级写字楼，参观在这里工作的高层白领的工作环境，并对孩子说："你看看这些人，他们都上过大学，有的还是博士，他们工作环境多好，风吹不着，太阳晒不着，办公都用电脑，他们会说外语和外国人谈生意，赚大钱……你可要好好学习，将来考上大学，读博士，当医生，律师……"

结合案例谈一谈你对家庭教育方式的看法。

4. 大班与小班幼儿跨班互动近一个学期。幼儿彼此已经熟悉。春天的一个周末，教师邀请家长一同参加以大带小的远足活动——大手拉小手。活动过程如下：

出发前，教师告诉大家今天要去社区附近的人民公园，请两个班的幼儿自愿结对，每个大班幼儿拉起一个小班幼儿的手，看哪对好朋友的手拉得最紧？

到公园休息一会儿后，教师组织大家玩游戏“钻山洞”。首先，教师与家长搭山洞，请大班幼儿带领小班幼儿钻山洞；然后，组织大班幼儿搭山洞，请小班幼儿钻山洞。教师不断提醒幼儿钻的动作要领。

自由活动时，好朋友拉好小手与他们的家长一道欣赏周围春天美景。在家长协助下，幼儿用自己喜欢的方式记录远足活动的见闻。

(1)上述活动中，运用的家园合作方法属于哪一类？

(2)活动主要体现的两个幼儿园教育原则是什么？

5. 某市坚持把农村新型社区建设作为推进新农村建设、统筹城乡发展的重大举措来抓，进一步改善了农村居民住房条件和生活环境，推动了基层农村的和谐稳定与发展。他们在建设新型社区的同时，配套同步建设新型农村社区服务中心，农村社区服务中心规划设有“一园一校一场”，即幼儿园、居民学校和文化健身广场。

结合所学知识，分析幼儿园和社区合作的方式有哪些？

6. 某幼儿，4岁。父母均为大学学历，父亲是某公司销售经理，母亲是某公司业务骨干，家庭结构是三代同堂，经济状况较好。

父母工作繁忙，孩子由祖辈抚养。老一辈过分宠爱，对孩子的要求不用开口就满足，使得该幼儿从小缺乏语言训练；同时，老人缺乏必要的教育幼儿的知识，仅限于孩子吃好、穿好，少了些互相交流。由此，该孩子性格内向，不爱讲话，如果问他一些问题，要么点头，要么摇头，要么干脆一声不吭，不得已时偶尔蹦出一两个单词来。家长反映孩子在家也很少说话，碰到生人就更不用说了。但是，孩子的语言器官本身并无损害，其症状是不能像正常幼儿那样用语言进行交流，语言发育迟滞。

请分析案例中的家庭教育环境，从创设的角度分析存在的问题以及如何创造良好的家庭教育环境。

7. 新学期开始，李红和张霞担任幼儿园大班教师，她们认为大班幼儿就要进入小学学习了，为了做好幼小衔接工作，让学前儿童尽快适应小学生活，她们采取了小学化的教育模式。例如，教学内容以算术和写字为主、布置书面家庭作业等，将学前儿童所适应的以游戏为主的活动改变为以学习为主的活动，离园后还要预习、复习功课或做作业等。

请你运用相关理论分析该大班两位老师的做法。

8. 幼儿刚入园时容易出现哭闹现象，请针对这一情况分析原因，并提出解决策略。

9. 某幼儿园园长开家长会时颇为自豪地对家长说:“我们幼儿园的孩子能力特别强,不仅认识拼音,还会写,20以内的加减法也不在话下。希望各位家长多帮我们宣传,把孩子送到我们幼儿园来。”

问题:

(1)这是幼儿园教育中的什么现象?它的危害有哪些?

(2)你认为应如何做才能更好地避免此类现象?

(3)这位幼儿园园长的做法显然是不对的,如果让你和园长谈话,你会说些什么?

10. 明明妈妈和露露妈妈在一起交流刚上大班的两个孩子的教育,明明妈妈说:“你家女儿的幼儿园虽说不在市中心,但是学习的内容还挺多的,上次看到你家女儿背唐诗,还会做算术题,让我家明明很羡慕,早知道这样还不如和你家露露在一个幼儿园上了,跑到市中心的幼儿园,天天接送麻烦不说,还学不到东西。”露露妈说:“说实话有时候带她出去看到她摇头晃脑地给大家背诗,我的心里还是蛮开心的,不过也听人家说,过早学习这些不好,我也不知道这样好不好?犯迷糊!”

请你运用幼儿教育相关理论,对以上对话进行科学分析,并提出你的指导意见。

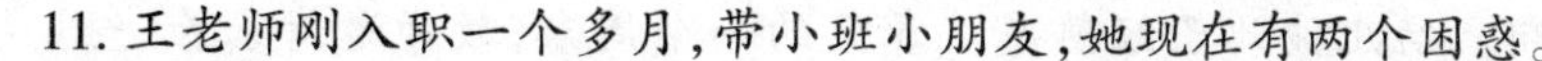

11. 王老师刚入职一个多月,带小班小朋友,她现在有两个困惑。

困惑1:不少幼儿在家过了一个双休日之后再回到幼儿园,一些良好的行为习惯就不见了,比如不认真吃饭,乱扔东西,活动时喜欢说话。王老师真不知道该怎么办了。

困惑2:刚开学,很多幼儿都不会轻拿轻放小椅子,推着小椅子到处跑的现象处处可见;坐的时候也常常把小椅子翘起来或不停地摇晃。王老师告诉他们怎么做也不管用。

问题:针对上述王老师的困惑,请你分别进行分析和解答。

12. 春节刚过,王女士便开始为儿子幼儿园转学的事情犯愁。虽然儿子在的幼儿园是市级示范园,但“学不着东西”,而且现在好的小学入学前要先进行测试,她害怕儿子过不了关,影响升学,焦虑之情与日俱增。在王女士看来,如果上幼儿园时没压力,到了小学就会“当头一棒”,孩子的自信心肯定受打击;反之,如果上幼儿园时辛苦些,起码水平“随大流”,孩子到了小学不犯怵,这就是一种更主动的“减压”。经“搜索”,她把目光瞄准了一个全面引入小学课程的私立幼儿园。吸引王女士的是这家幼儿园识字、算数、珠心算、双语教学一应俱全,且家长们评价又不错。进了这家幼儿园,王女士再也不用为儿子上小学的问题发愁了。

结合上述案例,回答:

(1)幼儿园超前教育违反了哪些原则?有哪些弊端?

(2)作为幼儿园教师,应如何做好幼小衔接工作?

整合提升

一、单项选择题

1. 当前学前教育的主体性问题得到重视，人们普遍认定学前教育的两大基本价值是(　　)

A. 政治价值、经济价值　　B. 经济价值、文化价值

C. 个人价值、文化价值　　D. 个体价值、社会价值

2. 现代社会初期，学前教育的主要目标是(　　)(易混)

A. 不限于看护儿童，对儿童施行促进其身心发展的教育

B. 以发展儿童智力为中心

C. 促进儿童身体、情绪、智能和社会性的全面发展

D. 为工作的母亲照管儿童

3. 参与性观察的优点是(　　)

A. 使儿童意识到自己在被观察，所以会最大程度地表现自己

B. 可以得出真实可信的资料

C. 能严格控制条件

D. 可以排除无关因素的干扰

4. "三八"节来临，小熊老师在生活区为小班幼儿投入了不同洞眼的扣子、珠子，粗细不同的各类绳线，及妈妈们的画像、头饰等材料，供幼儿进行"装扮妈妈"用。幼儿很快便饶有兴趣地给自己的妈妈制作漂亮的项链、手链等节日礼物。这体现了小熊老师注重材料投放的(　　)(常考)

①丰富性　　②层次性　　③探索性　　④情感性

A. ①②③　　B. ②③④

C. ①③④　　D. ①②④

5. 在科学活动中，引导幼儿使用教师提供的电池、导线、灯泡等材料，想方法使灯泡变亮。这种教学方法是(　　)

A. 示范法　　B. 观察法　　C. 操作法　　D. 口授法

6. 陶行知批评20世纪初在中国各大城市的幼儿教育机构存在(　　)三大弊病。

A. 外国病、花钱病、富贵病　　B. 城市病、外国病、富贵病

C. 读书病、外国病、花钱病　　D. 城市病、读书病、外国病

7. 以下关于玩具选择的注意事项，表述不正确的是(　　)

A. 形象化玩具随着幼儿年龄的增长而递减，低结构材料的玩具随着幼儿年龄的增长而递增

B. 形象化玩具随着幼儿年龄的增长而递增，低结构材料的玩具随着幼儿年龄的增长而递减

C. 玩具选择要有规划，要选择活动性的、低结构的、结实耐用的

D. 玩具选择不仅要符合幼儿年龄特点，还要注意安全卫生，并考虑经济实惠

8. 某中班一次美术活动"画熊猫"，教师制定的目标之一是：让儿童掌握画圆和椭圆的技能。这一目标属于幼儿园的(　　)

A. 中期目标　　B. 近期目标　　C. 活动目标　　D. 远期目标

9. 音乐课只唱歌，美术课只画画，语言课只讲故事，这些做法违背了幼儿教育的(　　)原则。(常考)

A. 参与性　　B. 发展性　　C. 主动性　　D. 整合性

10. 提出"父母是孩子的第一任老师"主张的教育家是(　　)

A. 蒙台梭利　　B. 福禄贝尔　　C. 陈鹤琴　　D. 陶行知

11. 在幼儿园实践中某些教师认为幼儿进餐、睡眠、午点等是保育，只有上课才是传授知识、发展智力的唯一途径，不注意利用各环节的教育价值。这种做法违背了(　　)

A. 发挥一日生活的整体功能原则　　B. 重视年龄特点和个体差异原则

C. 尊重儿童原则　　D. 实践性原则

12. 国庆节期间，幼儿园大班的张老师围绕"祖国生日快乐"这一主题开展一系列的爱国主题活动。这属于(　　)活动。

A. 体育　　B. 智育　　C. 德育　　D. 美育

13. 美国华盛顿儿童博物馆的格言："我听见了就忘记了，我看见就记住了，我做了就理解了。"说明的学前教育观念是教师在教育过程中要(　　)

A. 尊重儿童　　B. 重视儿童积极的情感体验

C. 重视儿童学习的自律性　　D. 重视儿童的动手操作

14. 在开展角色游戏时，王老师发现"理发店"没有顾客，理发师无所事事，王老师就去当顾客，并建议理发师去超市买一些理发用品。王老师在该游戏中的角色是(　　)

A. 幼儿活动的支持者　　B. 幼儿活动的组织者

C. 幼儿活动的整合者　　D. 幼儿活动的中介者

15. 儿童进入幼儿园，就是进入到了第一个除家庭之外的社会环境。在这个环境中，幼儿教师在儿童与社会沟通中扮演了(　　)的角色。

A. 主导者　　B. 组织者　　C. 中介者　　D. 整合者

16. 大班语言活动"捉迷藏"中，幼儿观察并讨论骆驼和蛇的躲藏方法后，李老师提问："还有一些动物藏在哪里？为什么它们会选择这些地方躲藏？"李老师采用的提问策略是(　　)

A. 发散式提问　　B. 层叠式提问　　C. 互动式提问　　D. 启发式提问

17. 在现代社会中，作为教育者的幼儿教师角色不包括(　　)

A. 幼儿的观察者和研究者　　B. 公共关系的协调者

C. 幼儿学习的引导者　　D. 幼儿的榜样和示范者

18. 有位家长抱怨："别的孩子能说会道，聪明伶俐，自己的孩子却口齿不清，笨手笨脚。"这位家长的说法与当代儿童观相违背的是(　　)

A. 儿童是一个全方位不断发展的"整体的人"　　B. 儿童的发展具有主观能动性

C. 儿童具有巨大的发展潜能　　D. 儿童的发展具有个体差异性

19. 在进餐中，教师引导幼儿主动做餐前、餐后的准备整理工作，包括擦桌子、添饭、擦嘴、将餐具放到指定位置等。这说明幼儿园生活活动的指导应坚持( )

A. 主动性原则 B. 全面性原则 C. 关注差异原则 D. 一致性原则

20. 教师开展了“我会交朋友”的主题活动，将社会、科学、健康、语言等领域有机联系在一起。这反映了主题活动的特点是( )

A. 整合各种教育资源 B. 知识的横向联系

C. 富有弹性的计划 D. 游戏化学习

21. 教师在组织幼儿玩“老狼、老狼几点钟”体育游戏时，先用语言讲解玩法，请几个小朋友分别当老狼、小羊示范玩一遍，在这个环节中，教师使用了( )

A. 操作法 B. 直观法 C. 发现法 D. 电教法

22. 张老师在开展主题活动“元宵节”时，组织幼儿前往社区观察花灯、猜灯谜，家长助教做元宵等活动，这一主题活动未体现的特点是( )(易错)

A. 知识的横向联系 B. 整合各种教育资源

C. 生活化、游戏化的学习 D. 富有弹性的计划

23. 小明在积木角用积木搭建高速公路，小英则在一旁利用积木玩办家家酒的游戏。根据帕登的社会性游戏分类，小明和小英的游戏行为属于( )

A. 独立游戏 B. 规则游戏 C. 平行游戏 D. 合作游戏

24. 能合作选取丰富多样的材料，围绕主题大胆动手、尝试，灵活应用多种技能进行一定的设想规划，围绕主题进行较复杂的建构。这种结构游戏的要求是针对( )(易混)

A. 小班 B. 中班 C. 大班 D. 学前班

25. 幼儿反复敲打桌子，在房间里跑来跑去，在椅子上摇来摇去。这类游戏属于( )

A. 结构游戏 B. 象征性游戏 C. 规则游戏 D. 感觉机能性游戏

26. 儿童到了象征游戏高峰期，游戏内容扩展，情节丰富，游戏水平明显提高，象征游戏高峰期的年龄阶段一般在( )

A. 幼儿早期 B. 幼儿中期 C. 幼儿晚期 D. 学龄早期

27. 小时候，女孩子喜欢过家家，男孩子喜欢争斗、打仗。下面哪种游戏说可以帮你解释他们游戏的原因( )

A. 剩余精力说 B. 生活预备说 C. 生长说 D. 成熟说

28. 教师不参与游戏，但积极地帮助幼儿为游戏做准备，并随时为正在进行的游戏提供帮助。这说明教师在游戏中扮演了( )角色。

A. 不参与者 B. 导演者 C. 旁观者 D. 舞台管理者

29. 下列不属于适合小班幼儿玩表演游戏的文学作品要求的是( )

A. 内容健康并能为幼儿喜爱 B. 要有两个以上的场景

C. 角色对话有重复，易于用动作表演 D. 围绕一条主线，有起伏情节

30. 小班的李老师经常组织幼儿玩各种游戏，壮壮参加了这些游戏后，由入园时的焦虑不安，乱发脾气到现在的每天开开心心。这说明游戏可以促进幼儿( )(易错)

A. 情感的发展 B. 语言的发展 C. 认知的发展 D. 社会性的发展

31. 幼儿智力游戏组织和指导原则不包括( )

A. 选择和编制合适的智力游戏 B. 帮助幼儿构建规则意识

C. 培养幼儿的游戏策略意识 D. 教给幼儿游戏的策略

32. 下列属于按认知角度划分的游戏阶段的是( )(易混)

A. 独自游戏阶段 B. 平行游戏阶段 C. 象征性游戏阶段 D. 合作游戏阶段

33. 幼儿最早出现的游戏以________为主。( )

A. 多重性游戏 B. 感觉机能性游戏

C. 创造性游戏 D. 合作性游戏

34. 王老师想了解班上幼儿在益智区使用材料与同伴交往及操作兴趣等情况。建议他采用( )

A. 追踪观察法 B. 定点观察法 C. 扫描观察法 D. 定人观察法

35. 创设幼儿园物质环境时，小班环境要有结构简单、色彩鲜艳、富有感官刺激等特点；中班环境在小班的基础上要突出操作性；大班环境要突出探索性和实验材料的丰富性。这主要体现了幼儿园物质环境创设原则中的( )

A. 经济性原则 B. 发展适宜性原则 C. 动态性原则 D. 开放性原则

36. 中班幼儿爱告状且攻击性行为多，教师每天都要面对这些孩子们的心理问题，帮助幼儿解决纠纷和情绪问题。这说明教师在进行心理环境创设时可以( )

A. 准备环境 B. 控制环境 C. 调整环境 D. 维护环境

37. 下列关于幼儿游戏活动区的布置，正确的说法是( )

A. 以阅读为主的图书区可与娃娃家放在一起

B. 自选游戏环境的创设是由教师进行的

C. 可在积木区提供一些人偶、小动物、交通工具模型等辅助材料

D. 娃娃家应该是完全敞开式，让每个人都能看到里面有什么

38. 幼儿园环境创设应具有多元指向，它应当指向幼儿的行为、幼儿的( )、幼儿的社会化、幼儿的健康、园所环境的视觉效果及园所文化的展现。

A. 认知 B. 语言 C. 情感 D. 态度

39. 由于幼儿园的材料较单一，在许多情况下教师需要制作装饰材料或收集可利用的废旧物品等。这体现了环境创设的( )

A. 一致性原则 B. 幼儿参与性原则 C. 开放性原则 D. 经济性原则

40. 在幼儿园户外环境的创设中，沙、水等区域所提供的活动材料可塑性非常大，属于( )(易混)

A. 固定结构材料 B. 半固定结构材料

C. 无固定结构材料 D. 游戏材料

41. 为了提高幼儿使用剪刀的能力，教师在美工区投放了剪刀，不同质地的纸张及画有直线、曲线、不规则图形的图案，使幼儿进行剪纸活动。这体现了材料投放的(　　)

A. 丰富性　B. 层次性　C. 情感性　D. 探索性

42. 在创设春天主题墙饰时，教师先设计了一面"春天大自然有什么变化"的问题墙，而后又呈现了幼儿户外寻找春天秘密的图片、作品等。这种环境创设是属于(　　)创设。

A. 展览式　B. 操作式　C. 填充式　D. 记录式

43. "托马斯西餐厅"里，幼儿玩了几天就对教师最初投放的材料失去了兴趣，教师又投放了一些半成品，包括橡皮泥和彩色颜料等，幼儿就用橡皮泥加工各种点心，用彩色颜料制作不同口味的点心。这体现了区角活动材料投放的(　　)原则。

A. 自然性　B. 情感性　C. 层次性　D. 探索性

44. 很多幼儿因为不能管理好自己的学习用具和生活用品，不能自己按情况穿脱衣服、不能记住喝水等，从而影响身体健康和学习，使其对小学生活感到适应困难。因此，在培养幼儿对小学生活的适应性方面，应注意培养幼儿的(　　)

A. 主动性　B. 人际交往能力　C. 独立性　D. 规则意识

45. 在幼儿入小学后，有的新生在老师询问作业时，很轻松地说："我不喜欢做。""昨天，爸爸带我去姥姥家了，所以我没写。"这种现象要求在幼小衔接工作中要(　　)

A. 培养幼儿的规则意识和任务意识　B. 帮助幼儿做好入学前的准备

C. 培养幼儿的主动性　D. 培养幼儿的独立性

46. (　　)的主要宗旨在于向家长系统宣传和指导教育孩子的正确方法。

A. 咨询活动　B. 家长委员会　C. 家长学校　D. 电话联系

47. 学前教育过程中基本的、最重要的人际关系是(　　)

A. 教师与儿童的关系　B. 教师与家长的关系

C. 教师与教师的关系　D. 家长与儿童的关系

48. 美国教育家杜威曾说："我们教育中将引起改变是中心的转移，这是一种变革，这是一种革命。这是和哥白尼把天文学的中心从地球转到太阳一样的那种革命，这里，儿童变成了太阳，而教育的一切措施则围绕着他们转动……"这段话体现的是什么教育思想(　　)

A. 强调儿童的发现　B. 以儿童为中心

C. 母亲是儿童最好的老师　D. 重视儿童的经验

49. 小朋友们用积木拼搭"天安门广场"造型时，遇到困难便来邀请老师一起解决，在大家的共同努力下终于搭好了广场，大家都十分有成就感，这体现了教师指导幼儿游戏的角色是(　　)

A. 思考的合作者　B. 活动的策划者

C. 信息的导航者　D. 游戏的实施者

50. 益智游戏是以游戏的形式锻炼(　　)的游戏，使人在游戏中获得逻辑力和敏捷力。

A. 心、口、鼻　B. 心、口、耳　C. 脑、眼、手　D. 心、脑、口

51. 西方教育中，第一个提出幼儿公育的学前教育主张是(　　)

A. 苏格拉底　B. 柏拉图　C. 亚里士多德　D. 昆体良

52. 西方幼儿社会教育机构的产生主要和(　　)有关。

A. 政治制度的变化　B. 工业革命的发展　C. 文化的繁荣　D. 人口的增长

53. 教师在设计"好玩的沙子"教育活动方案时，提出的目标之一是玩完沙子后将材料放回原处，并能主动洗手，这体现了活动目标是培养幼儿的(　　)

A. 情感、态度　B. 知识、技能　C. 能力、习惯　D. 品德、智力

54. 林老师在组织"5"的组成与分解活动时，为幼儿准备了积木块、小花朵、弹珠等材料让幼儿参与操作，体现出的教育原则是(　　)

A. 保教合一原则　B. 以游戏为基本活动的原则

C. 活动性原则　D. 生活化原则

55. 在进行"端午节"的主题活动之前，张老师在班级主题墙上布置了一些端午节民俗的图片，在区角中投放了一些做香囊的材料。这体现了幼儿园应为幼儿创设(　　)

A. 安全的环境　B. 复杂的环境　C. 有序的环境　D. 有准备的环境

56. 在"医院"为主题的建构活动之前，老师带幼儿去参观医院，其目的是(　　)

A. 为幼儿提供丰富多样的建构游戏材料

B. 丰富幼儿对建构物实体的感性经验

C. 培养幼儿进行建构游戏的基本知识和技能

D. 增进幼儿建构性游戏的合作行为

57. 下列选项中不利于尽快建立和谐师幼关系的是(　　)

A. 热爱、尊重幼儿　B. 身体接触降低陌生感

C. 对幼儿纪律的遵守要求严格　D. 创设宽松、自由的互动氛围

58. 在班级管理方法中，对班级幼儿最直接最常用的是(　　)

A. 规则引导法　B. 情感沟通法　C. 互动指导法　D. 榜样激励法

59. 幼儿园在社区开展公益早教咨询服务，社区医生向园内老师和家长开设预防传染病的讲座，这体现了幼儿园环境创设的(　　)

A. 整体性原则　B. 生动性原则　C. 保教合一原则　D. 开放性原则

60. 幼小衔接期指的是(　　)

A. 大班和小学一年级　B. 大班下学期和小学

C. 整个幼儿期和小学一年级　D. 整个幼儿期和小学阶段

61. 尹老师引导美工区的幼儿将制作好的动物指偶放到语言区一起进行桌面游戏，尹老师这样做的主要目的是(　　)

A. 美化语言区的环境　B. 丰富语言区的材料

C. 增进区域之间的互动　D. 优化区域空间布局

二、多项选择题

1. 关于学前教育描述正确的是( )
A. 基础性　B. 启蒙性　C. 义务性　D. 间接经验性
2. 行动研究法作为一种特殊的研究方法，它具有的特点是( )(易错)
A. 行动研究法具有很强的实践性　B. 行动研究法有很强的开放性
C. 行动研究法有很强的灵活性　D. 行动研究伴随持续地对研究计划的修正
3. 幼儿园教育目标制定的依据有( )
A. 社会发展的客观要求　B. 幼儿身心发展的规律及要求
C. 教育方法的要求　D. 教育组织
4. 下列关于幼儿智力与知识技能之间关系的说法正确的是( )
A. 知识、技能是智力发展的基础
B. 智力发展是获得知识与技能必备的条件
C. 智力的高低决定掌握知识的深度和运用知识的灵活程度
D. 智力发展是知识、技能的基础
5. 幼儿教师应具备的主要人格特征包括( )
A. 正确的动机　B. 成熟的自我意识　C. 崇高的信念　D. 良好的性格
6. 幼儿教师的教育机智主要表现在( )
A. 因势利导　B. 随机应变　C. 对症下药　D. 掌握教育分寸
7. 在幼儿园主题活动中，选择、开发主题的依据有( )
A. 儿童的兴趣、需要及其教育价值　B. 家长的兴趣、需要
C. 学前教育目标　D. 可调整的教育内容和资源
8. 幼儿对游戏的假想表现在( )(易混)
A. 以人代人　B. 以物代物　C. 情景转换　D. 模仿创造
9. 在没有充分准备的情况下，初入小学的幼儿对骤然面临的教育要求和环境，普遍表现出不适应，主要体现在( )
A. 身体方面　B. 学习方面　C. 心理方面　D. 社会适应性方面
10. 教师介入游戏的时机有( )
A. 在幼儿游戏遇到困难时　B. 在幼儿游戏内容展开讨论时
C. 在幼儿对游戏失去兴趣或准备放弃时　D. 在幼儿游戏内容展开或技巧方面发生困难时
11. 家庭教育具有显著的多样性和不平衡性，主要由下列哪些方面的差别构成( )
A. 家长素质　B. 家庭结构　C. 父母教养方式　D. 父母期望和教育观念
12. 幼儿园在为幼儿选择购买玩具时，应考虑的因素是( )
A. 符合安全及卫生　B. 可操作性与可控制性
C. 年龄特点和个体特点　D. 教育意义
13. 几个幼儿在玩结婚游戏。冰冰和洋洋拿了一条丝巾盖在蕊蕊头上，让她站在两人中间“坐花轿”，而丁丁拿了一根棍子假装在旁边骑马扮“新郎”。游戏中幼儿的思维体现为( )
A. 以人代人　B. 以物代人　C. 以人代物　D. 以物代物
14. 下列各项表达中属于幼儿游戏特点的是( )
A. 游戏是自发的　B. 游戏是有程序的
C. 游戏是愉悦的　D. 游戏是充满幻想的
15. 幼儿园的教育教学计划应该包括以下哪些方面的内容( )
A. 幼儿园教育环境的创设与利用
B. 幼儿在园一日生活活动的安排与组织
C. 幼儿自选活动的提供和指导
D. 按课程要求有计划、有目的地设计和组织教学活动

三、判断题

1. 学前教育的性质受社会政治的影响，并为政治所决定。( )
2. 中国1904年的《奏定学堂章程》把幼儿教育机构命名为幼稚园。( )
3. 学前教育规律是学前教育现象的本质概括。( )
4. 学前教育学的研究对象是幼儿发展中的行为和问题。(常考)( )
5. 第一个专门对学前教育提出了深刻认识并有系统论述的是卢梭。(易混)( )
6. 陈鹤琴创建的我国第一所公立幼儿师范学校是香山慈幼院。( )
7. 学前儿童教育目标必然是教育目的在学前阶段的具体化。( )
8. 在课后及环节过渡中，教师可以引导幼儿做语言趣味游戏、拍手游戏等不需要使用材料的游戏。( )
9. 保教结合就是教师要与保育员沟通、相互帮助。(易错)( )
10. 专门组织的体育活动是增强幼儿体质的唯一途径。(易混)( )
11. 幼儿教师只需要专注于教育教学工作，不需要插手保育工作。( )
12. 在教育上，教师应避免从成人的角度去看待幼儿，而应该充分利用幼儿自身的特点和发展规律去教育他们，避免幼儿教育的成人化。( )
13. 儿童的游戏是对生活的翻版，不具备创新性。( )
14. 幼儿园要充分利用社区资源，可以带领幼儿到社区散步、玩耍，感受社区文化，与社会环境亲密接触。( )
15. 教师应在活动中把握好自己干预游戏的“度”，考虑到不同类型游戏的特点，施以不同的指导。( )
16. 游戏空间、可观察的外部行为表现和内部心理体验等是幼儿游戏活动的基本结构要素。( )
17. 幼儿晚期阶段的儿童会自行策划游戏，讨论游戏主题、构思情节、分配角色、创设环境，积极主动地进行游戏。( )

18. 经常控制环境,使它保持适合幼儿发展的最佳状态,是教师的重要任务。( )
19. 为防止意外事故的发生,幼儿园场地中的各项设备应集中设置,便于教师进行管理和看护。( )
20. 幼小衔接的意义在于能够使儿童更好地适应小学的文化学习。(易错) ( )
21. 提前让幼儿学习小学的教材,可以帮助幼儿更好地适应小学的学习生活。( )
22. 学前教育是终身教育的奠基阶段。( )
23. 幼儿园教学管理是幼儿园各项管理工作的中心部分。( )
24. 在组织幼儿游戏活动时,教师的职责是经常清点人数。( )

四、填空题

1. ________是中国第一个乡村幼稚园,由陶行知主办,张宗麟、徐世壁、王荆璞主持。该园办园宗旨是建设中国的、省钱的、平民的幼稚园。
2. 1923年著名的教育学家________创办了我国最早的幼儿教育实验中心——南京鼓楼幼稚园。
3. ________是世界上第一个明确提出"教育心理学化"口号的教育家,并且是西方教育史上第一位将教育与生产劳动相结合的思想付诸实践的教育家。
4. 将学前教育看作是一个完整的系统,保证学前儿童身心整体健全和谐发展。综合地整合课程的各要素实施教育指的是________。
5. 幼儿园的________是发展幼儿智力的有效途径。
6. 幼儿区域活动是________的探索活动。
7. ________是由美国心理学家布鲁纳所倡导的,是指教师提供给儿童进行发现活动的材料,使他们通过自己的探索、尝试过程、发现问题的方法。
8. ________是使幼儿大脑获得休息,调节幼儿身心的有效方法。(易错)
9. 幼儿园应与家庭、社区密切合作,与小学相互衔接,综合利用各种教育资源,共同为幼儿的发展________。
10. 在选择学前儿童教学活动内容时要做到________与预设课程的有机结合。(常考)
11. 帕登把儿童游戏分为六种,包括非游戏行为、旁观游戏、独立游戏、平行游戏、________和合作游戏。
12. 幼儿园的环境创设要符合幼儿的年龄特征及身心健康发展的需要,促进每个幼儿全面、和谐的发展,这符合幼儿园环境创设的________原则。

五、名词解释

1. 观察法

2. 道德情感

3. 教学效能感

4. 结构性游戏

5. 幼儿园的精神环境(易混)

6. 经济性原则

7. 幼小衔接期

8. 幼儿园全面发展教育(常考)

9. 幼儿园师幼互动(易错)

10. 广义的幼儿园环境

六、简答题

1. 简述世界学前教育机构发展的特点。

2. 简述行动研究在学前教育研究中的作用。(易错)

3. 简述陶行知的教育贡献和观点。

4. 为什么说幼儿园在学前儿童的发展中起主导作用?(常考)

5. 简述学前教育的一般原则。(常考)

6. 学前儿童的教育是如何体现直观形象性原则的?

7. 简述解决幼儿入园不适应的策略。

8. 简述家园合作的意义。

9. 简述运用观察法时要注意的问题。(常考)

10. 简述游戏促进幼儿创造力的发展的主要表现。

11. 简述小班角色游戏的特点。(易错)

12. 对于幼儿教师的语言素养都有哪些要求?(易错)

13. 陶行知的生活教育理论源自对杜威思想的吸收和改造,请简述两位教育家的主要观点。

七、论述题

1. 试述幼儿园方面的幼小衔接工作策略。(常考)

2. 试述陈鹤琴的教育思想。(常考)

3. 试述杜威的教育原则。

4. 联系幼儿园教育实际，谈谈做好一名幼儿教师应具备哪些职业素养?(常考)

5. 试述建立良好的师幼关系的策略。(易错)

6. 试述大班角色游戏的特点及指导要点。(易混)

7. 试述幼儿园精神环境的创设方法。

八、案例分析题

1. 经过长时间教育，我发现班上大部分孩子洗手的方法还是不正确，手总是洗得不干净。我们几位老师看在眼里急在心里。于是，我让孩子们相互看看、摸摸自己和别人的手，比比谁的手干净，并让孩子们总结洗手的“小诀窍”。有的孩子说：“要用肥皂搓，再用水冲干净。”有的说：“洗手时要卷起袖子，不然会把衣服弄湿的。”我搬来了娃娃家的“脸盆”“肥皂”“毛巾”等，请孩子们学习并练习洗手的正确步骤：先卷袖子→打开水龙头冲一下手→用肥皂搓手心和手背→用水冲干净→用毛巾擦干水。为了帮助孩子牢固地掌握正确的洗手方法，我还画了一些洗手的小图示，编上1、2、3、4、5，并附上简单的说明文字，将其贴在洗手池上方的墙上。终于，孩子们都能按正确的步骤洗手了。

结合案例分析教师在活动中体现了哪些学前教育原则。

2. 我进实习幼儿园的第一天，指导老师就指着一个爱流鼻涕的小男孩说：“这孩子是我们班最脏、最恶心的，让人看了处处都会不舒服。”这是指导教师给实习生上的第一堂课。她怎么能这样说？这个男孩年龄虽小，但他也有自尊心……

有一天早餐后，那个爱流鼻涕的小男孩可能活动得过猛，将刚喝的牛奶吐了出来，指导老师看见了一直在责怪他：“你看你恶心不恶心，看见你都倒胃口。”我见状赶紧来收拾并问那孩子有没有事，他没敢说一句话，只是流着鼻涕看着我，我告诉他：“没关系，以后要注意，刚吃完饭是不能剧烈活动的，记住了吗?”他点了一下头转身去拿拖布。多么懂事的孩子呀！

当然，老师也有她喜欢的孩子。有一次，一位漂亮的小姑娘给她们(两位教师)带了两个苹果，她们高兴得又是笑又是抚摸，不知道有多喜欢，还不停地说：“真懂事！”我看在眼里记在心里。平时她们对小姑娘就关爱有加，而且她在各种活动中参与和表现机会也最多，即使是做错了事老师也会原谅她。这是不是一种误导或误人的表现呢？难道说孩子这样做就是懂事吗？我不明白，也弄不懂……

(1)案例中这位幼儿园指导老师的主要问题是什么？请给以分析。

(2)结合案例分析，幼儿园教师应该具有怎样的素质。

3. 游戏活动时间，幼儿分别选择了娃娃家、理发店和建构区。理发店里担任理发师的小朋友穿上理发的服装，帮“顾客”围上毛巾等必备物品，拿起玩具剪刀对“顾客”的头发进行操作，过程中不时传来阵阵笑声和交谈声。

联系案例分析幼儿游戏的特点。

4. 郭老师为幼儿园新创设了活动区“美美理发店”，有一天，“理发师”晨晨忙着给“顾客”丽丽剪头发，由于“理发店”只有一位顾客，“理发师”妮妮则拿着“剪刀”呆呆地坐在椅子上发愣，郭老师在旁看了一会儿走了。突然晨晨跑过来对郭老师说：“老师，我没有电吹风给客人吹头发。”郭老师回应说：“没有电吹风，你可以干别的啊！”一段时间以来，“理发师”们就只会给顾客剪头发，“顾客”渐渐地少了。最后“理发师”们因无人光顾纷纷离开了“理发店”，郭老师见状，无奈地将“理发店”撤掉了。

(1)请从幼儿游戏的支持与指导角度分析老师的教育行为。

(2)针对老师的教育行为提出合理建议。

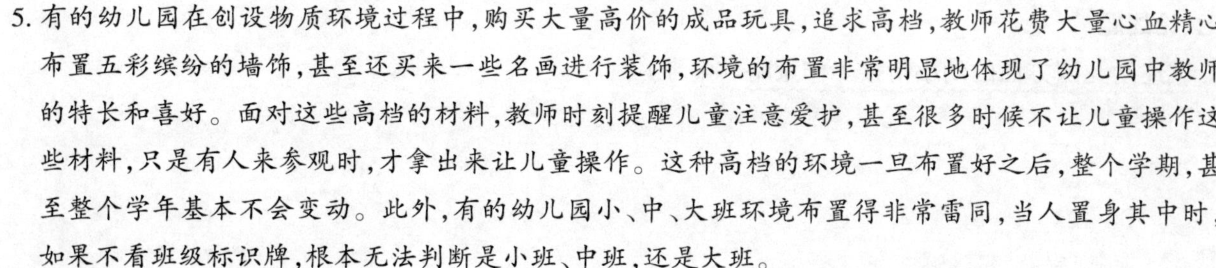

5. 有的幼儿园在创设物质环境过程中，购买大量高价的成品玩具，追求高档，教师花费大量心血精心布置五彩缤纷的墙饰，甚至还买来一些名画进行装饰，环境的布置非常明显地体现了幼儿园中教师的特长和喜好。面对这些高档的材料，教师时刻提醒儿童注意爱护，甚至很多时候不让儿童操作这些材料，只是有人来参观时，才拿出来让儿童操作。这种高档的环境一旦布置好之后，整个学期，甚至整个学年基本不会变动。此外，有的幼儿园小、中、大班环境布置得非常雷同，当人置身其中时，如果不看班级标识牌，根本无法判断是小班、中班，还是大班。

结合有关幼儿园物质环境创设基本原则方面的知识，分析以上案例主要违背了哪些原则。并说明理由。

6. 楠楠今年5岁，已经上大班了。在家里，妈妈对他百依百顺，爸爸却很粗暴。在幼儿园里，楠楠总是和小朋友争抢玩具，还和其他小朋友打架。一开始，老师很耐心地教育楠楠，但他依然我行我素，久而久之，谁也不去管他，楠楠妈妈为此很烦恼。

结合案例，分析幼儿园与家庭合作的内容和方法。

7. 学期过了一半，晨晨的新鲜感少了，他不再和以前一样兴奋。回到家，妈妈问他上小学好不好，他的回答是上小学没意思，不能像幼儿园那样自由，不能经常画画，还要做作业，中午不能午睡。晨晨觉得还是上幼儿园好……

结合案例，谈谈幼小衔接工作中矛盾的解决办法。

8. 在"照相馆"活动区里，老师投放了玩具照相机、相册、镜子、裙子等材料，引来了很多小朋友。参与照相的幼儿摆出各种姿势，对照相过程乐此不疲，活动区一度出现了较为混乱的场面。为了找出问题的原因，老师便带领孩子们参观了幼儿园所在社区的一家照相馆，了解了照相馆里的区域划分、物品摆放、工作内容和工作流程等。回到幼儿园里，老师立即组织幼儿结合自己的"照相馆"进行讨论，看看自己的照相馆和社区的照相馆有哪些不同的地方。经过认真讨论，幼儿发现应该把"照相馆"设置成几个功能不同的小区域，还应该增加材料等。

接下来，孩子们纷纷从家里带来各种材料，把"照相馆"分成了四个小区域，"工作人员"也各司其职，活动有序而深入地进行，没有了拥挤、争抢角色的现象。

(1)你认为幼儿园开展的照相馆游戏属于什么游戏类型？结合案例分析教师应如何组织幼儿开展游戏活动。

(2)结合案例分析社区对幼儿园教育的意义。

9. 大班某教师发现大部分幼儿需要不断提醒才会饮水，于是侯老师给幼儿开展了"多喝水身体棒"系列活动，通过情景表演"小猴为啥生病"，让幼儿明白饮水的重要性；开展"茶水店"游戏，丰富幼儿饮水的相关生活经验；在生活中引导幼儿饮水后用自己喜欢的方式做标识，保证充足的饮水量。一段时间后，该老师欣喜地发现幼儿逐渐养成了主动饮水的习惯。

请结合"生活化和一日活动整体性原则"分析案例中教师的做法。

10. 某幼儿园大班亲子活动中，家长和幼儿一起开心的玩着手中的游戏，只见有些家长拿着相机朝幼儿不停地拍着照片，还不时地让幼儿摆着各种动作，有些家长则陪在幼儿旁边，看到幼儿操作有困难，要么直接上阵，亲自解决，要么对着幼儿一顿"呵斥"，还有些祖辈家长，由于体力精力有限，早已坐在旁边休息，让幼儿自己在一旁玩耍。

问：如果你是本班的老师，你会怎样做？

专题三 学前心理学

命题分析

1. **学前心理学的研究对象与任务。** 理解并记忆心理的概念、学前心理学的研究内容、学前心理学的任务。在考试中常以选择、判断等形式考查。

2. **学前心理学的研究原则与方法。** 重点掌握学前心理学的研究方法，尤其是观察法，考生要注意识记掌握。在考试中常以选择、判断等形式考查。

3. **有关儿童心理发展阶段的重要概念。** 转折期和危机期、敏感期、最近发展区，要求考生熟练掌握并记忆。在考试中常以单选、多选、判断等形式考查。

4. **我国儿童发展阶段的划分及年龄特征。** 理解我国常用的儿童发展阶段的划分及各年龄阶段的主要特征。在考试中常以单选、多选、判断、简答等形式考查。

5. **学前儿童心理发展的趋势和基本特点。** 了解学前儿童心理发展的趋势，并能运用相关理论知识分析儿童心理发展中的实际问题。在考试中常以单选、多选、判断、简答等形式考查。

6. **影响学前儿童心理发展的因素。** 掌握影响学前儿童心理发展的因素，熟记遗传与环境对心理发展作用的学说的代表人物。在考试中常以单选、多选、判断、简答等形式考查。

7. **学前儿童动作的发展。** 考生应理解并区分各个动作发展的规律。在考试中常以单选、简答等形式考查。

8. **学前儿童言语的发展。** 了解学前儿童言语发生发展的趋势，掌握幼儿言语发展的主要特征。在考试中常以单选、简答等形式考查。

9. **学前儿童言语与活动。** 理解并掌握学前儿童言语发展中易出现的问题及教育措施。在考试中常以单选、简答等形式考查。

10. **学前儿童认知发展的特点。** 理解幼儿注意发展的特征，幼儿记忆发展的特点，幼儿想象发展的特点，幼儿思维发展的特点等。在考试中常以单选、简答、论述、案例分析等形式考查。

11. **幼儿认知发展的趋势。** 理解感知觉发展的趋势，学前儿童思维发展的趋势，学前儿童想象发展的趋势，儿童思维的发生与发展，儿童言语的发展趋势等。在考试中常以单选、简答、论述、案例分析等形式考查。

12. **注意的品质。** 理解注意的稳定性、注意的分配、注意的广度、幼儿注意的分散与防止。在考试中常以单选、简答、论述、案例分析等形式考查。

13. **情绪情感概述。** 包括情绪情感的分类、情绪情感在学前儿童心理发展中的作用等。要求考生理解并掌握情绪情感在学前儿童心理发展中的作用等。在考试中常以单选、论述等形式考查。

14. **学前儿童情绪情感的产生与发展。** 包括原始情绪的分类、学前儿童情绪发展的一般趋势、幼儿情绪情感发展的特点等，要求考生理解并掌握幼儿情绪情感发展的特点。在考试中常以单选、论述等形式考查。

15. **学前儿童情绪的培养。** 要求考生理解并掌握学前儿童情绪的培养。在考试中常以单选、论述等形式考查。

16. **学前儿童的亲子关系。** 包括依恋的发展过程、依恋的类型、影响依恋安全性的因素，要求考生理解并掌握。在考试中常以单选、案例分析等形式考查。

17. **学前儿童的同伴关系。** 包括同伴关系的功能、同伴关系发展的趋势、影响儿童同伴交往的因素、帮助儿童建立良好同伴关系的策略，要求考生理解并掌握。在考试中常以单选、案例分析等形式考查。

18. **学前儿童性别角色的发展。** 包括学前儿童性别概念的获得、学前儿童性别角色认知的发展阶段与特点、学前儿童性别角色行为的发展阶段与特点等，要求考生理解并掌握。在考试中常以单选、案例分析等形式考查。

19. **学前儿童的社会行为。** 包括学前儿童的亲社会行为、学前儿童的攻击性行为。要求考生理解并掌握。在考试中常以单选、案例分析等形式考查。

20. **个性概述。** 理解个性的结构、个性的基本特征、个性开始形成的主要标志，掌握埃里克森的人格发展阶段理论。在考试中常以选择、判断、填空、简答、案例分析等形式考查。

21. **学前儿童气质和性格的发展。** 掌握气质的概念和特性、气质的类型及其行为特征、学前儿童气质的培养及教育适宜性、幼儿性格的年龄特点。在考试中常以选择、判断、填空、简答、案例分析等形式考查。

22. **学前儿童能力的发展。** 掌握能力发展的一般趋势、幼儿能力发展的特点、多元智能理论。在考试中常以选择、判断、填空、简答、案例分析等形式考查。

23. **学前儿童自我的发展。** 掌握学前儿童自我意识产生和发展的阶段、幼儿自我评价发展的特点。在考试中常以选择、判断、填空、简答、案例分析等形式考查。

基础训练

知识1 学前儿童的心理发展

一、单项选择题

1. 三岁的童童不再像以前那样听话了，一有机会便采取独立行动，要求自己穿衣、吃饭，不让做的事情偏要做，不知什么是危险。成人阻止他的某个行为时，他就会表现出强烈的烦躁和对立的情绪，常常爱说"不"。这说明童童正处于（　　）

A. 关键期　　B. 敏感期　　C. 最佳期　　D. 转折期

2. 儿童获得某种知识和形成某种能力比较容易，儿童心理某个方面发展最为迅速的时期称为（　　）

A. 转折期　　B. 敏感期

C. 危机期　　D. 最近发展区

3. 在某个时期内，个体对某种刺激特别敏感。过了这个时期，同样的刺激对之影响很小或没有影响。这个时期被称(　　)

A. 潜伏期　B. 发展期　C. 转折期　D. 关键期

4. 教师拟定教育活动目标时，以幼儿现有发展水平与可以达到水平之间的距离为依据。这体现的是(　　)

A. 维果斯基的最近发展区理论　B. 班杜拉的观察学习理论

C. 皮亚杰的认知发展理论　D. 布鲁纳的发展教学法

5. 在幼儿的发展中最容易观察到的一个敏感期是(　　)

A. 行走的敏感期　B. 手的敏感期　C. 语言的敏感期　D. 细节的敏感期

6. "童言无忌"从儿童心理学的角度看是(　　)(易错)

A. 儿童心理落后的表现　B. 符合儿童年龄特征的表现

C. "超常"的表现　D. 父母教育不当所致

7. 根据我国现行对儿童心理发展阶段的划分标准，广义的学前期所描述的年龄段是(　　)

A. 0～3岁　B. 3～6岁　C. 0～6岁　D. 1～3岁

8. "心理的发展并非单纯由于受外界影响，而是内在本性和外在条件辐合的结果。""两种因素同为发展的不可缺少的成分，虽然其所占比重可因事而异。"这是(　　)在《早期儿童心理学》一书中提到的。

A. 布朗芬布伦纳　B. 维果斯基　C. 皮亚杰　D. 斯腾

9. 最近发展区存在于儿童心理发展的(　　)(易错)

A. 任何时候　B. 关键期　C. 最佳期　D. 敏感期

10. 婴儿最初只有快乐和痛苦两种情绪，随着年龄的增加，至2岁左右已经有惧怕、厌恶、愤怒、欢乐等情绪。这一现象说明儿童心理活动的发展趋势是(　　)

A. 从简单到复杂　B. 从具体到抽象　C. 从被动到主动　D. 从零乱到成体系

11. 对儿童的发展的正确理解应该是(　　)

A. 儿童的生长变化过程　B. 儿童生理成熟度的变化

C. 儿童在身心两方面的量变和质变　D. 儿童心理成熟度的变化

12. 学前儿童心理研究最基本的方法是(　　)(常考)

A. 测验法　B. 实验法　C. 观察法　D. 调查访问法

13. 按照儿童发展阶段来划分，13岁的儿童处于(　　)

A. 幼儿晚期　B. 学龄初期　C. 学龄中期　D. 学龄晚期

14. "儿童心理发展等于遗传与环境的乘积"，这种观点是(　　)

A. 相互作用论　B. 二因素论　C. 环境决定论　D. 遗传决定论

15. (　　)个月的孩子开始认生。(易混)

A. 4～5　B. 5～6　C. 6～7　D. 7～8

16. 下列属于5～6岁儿童心理特点的是(　　)

A. 认识依靠行动　B. 开始掌握认知方法

C. 开始接受任务　D. 最初步的生活自理

17. 下列关于关键期的说法错误的是(　　)

A. 关键期的概念起源于对动物的研究

B. 错过了发展的关键期，人类个体的相关机能便无法弥补

C. 2岁左右是儿童口头语言发展的关键期

D. 关键期主要集中在人类个体发展的早期阶段，为早期教育的开展提出了依据

18. 维果斯基提出了(　　)理论。

A. 关键期　B. 转折期　C. 最近发展区　D. 敏感期

19. 婴儿喜欢将东西扔在地上，成人捡起来给他，他又扔在地上，如此反复，乐此不疲。这说明婴儿喜欢(　　)(常考)

A. 扔东西　B. 重复连锁动作　C. 手的动作　D. 抓握动作

20. 如果是色盲或失明儿童就无从发展视力，也就培养不成画家了。这表明(　　)

A. 遗传决定一切　B. 遗传素质为儿童发展提供前提

C. 后天环境决定遗传素质　D. 教育起主导作用

21. 古往今来的儿童都爱游戏、爱活动。这一现象说明儿童心理年龄阶段特征是(　　)

A. 阶段性　B. 稳定性　C. 可变化性　D. 整体性

22. 身体或心理的某一方面机能和能力最适宜于形成的时期称为(　　)

A. 发展周期　B. 适应期　C. 成熟期　D. 关键期

23. 儿童发展指儿童在成长过程中(　　)方面有规律地从量变到质变的变化过程。

A. 身高、体重　B. 品德、个性　C. 情感、意志　D. 生理、心理

24. 教师以幼儿的绘画作品为依据，对其心理进行分析，这种方法是(　　)

A. 作品分析法　B. 自然实验法　C. 档案袋评价法　D. 观察法

25. 为了解同伴交往特点，研究者深入幼儿所在班级，详细记录幼儿在交往过程中的语言和动作等，这一研究方法属于(　　)

A. 实验法　B. 观察法　C. 作品分析法　D. 访谈法

26. 一般来说，学前期男孩的语言发展比同龄女孩迟，这种现象的影响因素主要是(　　)

A. 遗传因素　B. 生理成熟　C. 环境　D. 教育

27. 1周岁时宝宝还在蹒跚学步，2岁的他走得已相当稳了。这说明儿童心理发展特点具有(　　)

A. 高速度性　B. 不均衡性　C. 整体性　D. 个别性

28. 在进行学前儿童心理研究时，可采用(　　)对学前儿童外部行为进行长期全面的观察。

A. 日记法或传记法　B. 问卷法

C. 谈话法　D. 作品分析法

29. 在学前心理学中，儿童在每个年龄阶段中形成并表现出来的一般的、本质的、典型的心理特征被称为(　　)

A. 年龄特征　　B. 关键特征　　C. 能力特征　　D. 个性特征

30. 从根本上制约儿童心理发展的水平和方向的因素是(　　)

A. 宏观的社会环境和教育　　B. 微观的社会环境

C. 遗传因素　　D. 生理成熟因素

二、多项选择题

1. 下列属于幼儿中期的心理特点的有(　　)

A. 更加活泼好动、爱玩、会玩　　B. 思维具体形象

C. 开始接受任务　　D. 开始自己组织游戏

2. 儿童心理发展受多方面因素影响，其中影响儿童心理发展的客观因素有(　　)(常考)

A. 遗传因素　　B. 教育　　C. 生理成熟　　D. 家庭

3. 遗传与环境对心理发展作用的学说有(　　)

A. 遗传决定论　　B. 环境决定论

C. 二因素论　　D. 相互作用论

4. 3～4岁的幼儿所呈现的特点是(　　)(常考)

A. 爱模仿　　B. 思维有直觉行动性

C. 具有强烈的情绪性　　D. 抽象逻辑思维萌芽

5. 下列因素中，会对幼儿心理发展产生影响的有(　　)(易错)

A. 家长职业　　B. 遗传　　C. 环境　　D. 幼儿自身活动

三、判断题

1. 维果斯基认为教育教学的作用就在于创造"最近发展区"，教育应略超前于幼儿现有的发展水平。(　　)

2. 儿童心理年龄特征代表这一年龄阶段中每一个儿童所有的心理特点。(　　)

3. 无条件反射是建立条件反射的基础。(　　)

4. 独立性的出现是开始产生自我意识的明显表现，也是人生头2～3年心理发展成就的集中表现。(　　)

四、填空题

1. 人的心理是人脑对________能动的反映。

2. 学前儿童心理学是研究________入学前儿童心理现象发生、发展规律的一门科学。

3. 学前心理学常用的实验法有两种：________和自然实验法。

4. ________是通过分析幼儿的作品(如手工、图画等)去了解幼儿心理的方法。

5. ________是指当新生儿被抱起时，他会本能地紧紧靠贴成人。(易混)

6. 心理学家把________称为"第二断乳期"。(常考)

7. 遗传决定论的鼻祖是________。

8. "孟母三迁"的故事可用来说明影响儿童心理发展的主要因素是________。

五、简答题

1. 简述3～4岁儿童心理发展的主要特征。

2. 简述儿童心理发展的年龄特征包含的含义。(常考)

3. 简述学前儿童心理发展进程的基本特点。

六、论述题

1. 学前儿童心理发展的不均衡性和整体性表现在哪些方面？(易错)

2. 为什么说"儿童心理发展是遗传和环境相互作用的产物"？

3. 试述儿童心理发展年龄特征的稳定性和可变性的关系。

七、案例分析题

1. 明明是一个六岁的男孩。他的妈妈是个有心人，把明明在四岁半至五岁半一年中的问题做了详细的记录，共有4000多个问题，而且涉及面非常广。他妈妈也是个兴趣爱好广泛的人，对孩子的提问总是认真对待，并鼓励孩子提问。老师评价说，明明知识面广，是一个非常聪明的孩子，这些是与他妈妈正确的教育分不开的。
根据案例分析明明的心理发展的突出年龄特点是什么，并提出正确的教育措施。

2. 强强对妈妈提出了一个要求，让他独自在洗衣机中洗自己的袜子，并且要把手伸到洗衣机里去操作，他说大人都是这样做的，他也要这样做。妈妈告诉他小孩子是不可以去摆弄洗衣机的，这样很危险的。强强不愿意听，偏要去弄，妈妈只得拔掉了洗衣机的电源插头。强强折腾了半天，这边扳扳摸摸，那边敲敲打打，发现洗衣机没能转动起来，于是他大怒，哭闹着说："我自己来，我要。"
请你运用儿童心理发展的有关理论对上述案例进行分析。

知识2 学前儿童动作和语言的发展

一、单项选择题

1. 幼儿期的语言学习主要是(　　)
A. 书面语言　B. 口头语言　C. 朗读　D. 内部语言

2. 从词汇类别来看，幼儿最先掌握的是(　　)
A. 动词　B. 名词　C. 形容词　D. 量词

3. 下列符合儿童动作发展规律的是(　　)
A. 从局部动作发展到整体动作　B. 从边缘部分动作发展到中央部分动作
C. 从粗大动作发展到精细动作　D. 从下部动作发展到上部动作

4. 幼儿词汇量快速发展的时期是(　　)
A. 2～3岁　B. 3～4岁　C. 4～5岁　D. 5～6岁

5. 一边做动作，一边说话，用言语补充和丰富自己的行动的言语是(　　)
A. 对话言语　B. 内部言语　C. 游戏言语　D. 独白言语

6. 1～1.5岁幼儿使用的句型主要是(　　)
A. 简单句　B. 复杂句　C. 单词句　D. 电报句

7. 下列选项中不属于书面言语的是(　　)
A. 写作　B. 默读　C. 辩论　D. 朗读

8. 在幼儿内部语言的发展过程中，常常出现一种介乎外部语言和内部语言之间的语言形式，这种语言形式是(　　)
A. 社会化语言　B. 出声的自言自语
C. 重复　D. 独白

9. 儿童的发展从身体的中部开始，越接近躯干的部分，动作发展越早，而远离身体躯干的肢端动作发展较迟。这是儿童动作发展中的(　　)
A. 从上至下规律　B. 由近及远规律
C. 由粗到细规律　D. 由头至尾规律

10. 儿童言语发展的基本规律是(　　)(易错)
A. 听懂和能说同时发生　B. 先听懂，后会说
C. 先能说，后听懂　D. 以上说法都不对

11. 幼儿期是儿童语言发展的重要时期，因此幼儿教师应该避免出现的行为是(　　)
A. 创造一个自由、宽松的语言交往环境　B. 给予幼儿表达机会，并倾听幼儿说话
C. 以多识字来考查幼儿语言发展水平　D. 培养幼儿书写兴趣

12. 儿童动作发展的一般规律是(　　)(常考)
A. 从整体的动作到局部的动作　B. 从局部的动作到整体的动作
C. 从整体混乱的动作到局部混乱的动作　D. 从局部混乱的动作到整体混乱的动作

13. "宝宝""糖糖"是(　　)

A. 简单句　B. 单词句　C. 复合句　D. 电报句

14. 随着年龄的增长，幼儿(　　)(易错)

A. 情境言语的比重逐渐下降　B. 逻辑言语的比重逐渐下降

C. 对话言语的比重逐渐下降　D. 连贯言语的比重逐渐下降

15. 儿童语言最初是(　　)

A. 对话式　B. 独白式　C. 连贯式　D. 创造性

16. 方方看到姐姐，把玩具拿给姐姐说："姐姐拿，姐姐拿。"方方的句子属于(　　)

A. 单词句　B. 关联句　C. 复合句　D. 双词句

17. 下列对幼儿语音发展描述错误的是(　　)

A. 在幼儿的发音中，辅音发音的正确率较高

B. 随着年龄增长幼儿发音的正确率逐渐提高

C. 在幼儿的发音中，元音发音的正确率较高

D. 语言环境是影响幼儿发音水平的重要因素

18. 学前儿童的动作发展最先从头部和躯干的动作开始，最后发展到臂、手、腿等部位，最后是手的精细动作的发展，这体现了学前儿童动作发展具有的规律之一是(　　)

A. 从大到小　B. 由近及远　C. 从上到下　D. 从无意到有意

19. 一个4岁的儿童把"一条裤子"说成了"一双裤子"，这种语言现象称为(　　)

A. 单词句现象　B. 双词句现象

C. 电报句现象　D. 造词现象

20. 学前儿童言语发展的趋势是(　　)

A. 语音知觉发展在先，正确语音发展在后；理解语言发生发展在先，语言表达发生发展在后

B. 语音知觉发展在先，正确语音发展在后；语言表达发生发展在先，理解语言发生发展在后

C. 正确语言发展在先，语音知觉发展在后；理解语言发生发展在先，语言表达发生发展在后

D. 正确语言发展在先，语音知觉发展在后；语言表达发生发展在先，理解语言发生发展在后

21. 儿童对实词掌握的顺序是(　　)

A. 动词—名词—形容词　B. 名词—动词—形容词

C. 名词—形容词—动词　D. 名词—语气词—动词

22. 幼儿开始出现内部言语是在(　　)

A. 3岁以后　B. 4岁以后　C. 5岁以后　D. 6岁以后

二、多项选择题

1. 下列属于社会化言语涵盖的内容的是(　　)

A. 适应性告知　B. 批评和嘲笑

C. 命令、请求(祈使)和威胁　D. 问题与回答

2. 学前儿童动作发展的阶段包括(　　)

A. 反射动作阶段　B. 专门化动作阶段　C. 基础动作阶段　D. 最初动作阶段

3. 由于言语活动的表现形式各有不同，可分为(　　)

A. 口头言语　B. 游戏言语　C. 书面言语　D. 内部言语

4. 自我中心言语的范畴包括(　　)

A. 重复　B. 自言自语　C. 独白　D. 双人或集体的独白

5. 幼儿半岁以后，手的动作的发展表现是(　　)

A. 摆弄物体　B. 双手配合　C. 重复连锁动作　D. 五指分工

三、填空题

1. 学前儿童动作发展的规律有：从整体到局部的规律________、________、大小规律、无有规律。

2. 语言是一种________现象，言语是一种________现象。(易错)

3. 在单词句阶段儿童言语的发展主要反映在________方面。(常考)

4. ________是一个人自己对自己发出的声音，是自己默默无声地思考问题的言语活动。

四、名词解释

1. 无有规律

2. 口头言语(常考)

3. 自我中心言语(易错)

4. 书面言语

5. 连贯性言语

五、简答题

1. 在实践中如何提高幼儿的言语能力？

2. 简述幼儿掌握书面言语的准备条件。(易错)

六、案例分析题

1. 丽丽4岁了,已经上幼儿园了,但是最近,幼儿园的老师向丽丽的妈妈反映的情况,让丽丽妈妈有点无奈。原来老师发现丽丽的普通话和别的小朋友差很多,总是带着方言的感觉,有时候和小朋友们交流,就突然蹦出几句方言,不仅是小朋友有时候连老师也是听不懂。丽丽的妈妈也没有办法,丽丽的爸爸在家里经常用方言说话,时间久了,丽丽也学会了。

请根据学前儿童言语发展中的问题的有关原理,对案例进行分析。

2. 幼儿2岁以后,开始逐步用语言来表达自己的需要和情感,用语言来调节自己的动作和行为,基本上能用语言与人交往,语言成了这一阶段幼儿社会交往和思维的工具。3岁以后,幼儿总喜欢问"这是什么"或"为什么"之类的问题,他们从成人的答案中学到许多新词。

结合案例,分析学前儿童口语表达能力的发展趋势。

知识3 学前儿童认知的发展

一、单项选择题

1. 以概念、判断和推理为内容的记忆是(　　)

A. 机械识记　B. 形象记忆　C. 意义识记　D. 语词逻辑记忆

2. 一个小女孩看到夏景说:"小姐姐坐在河边,天热,她想洗澡,她还想洗脸,因为脸上淌汗。"这个小女孩的想象是(　　)

A. 经验性想象　B. 情境性想象

C. 愿望性想象　D. 拟人化想象

3. 幼儿在认识"王""主""日""目"等形近符号时出现混淆。这是(　　)所致。

A. 观察的无序性　B. 观察的目的性不够

C. 观察的跳跃性　D. 观察的细致性不够

4. 幼儿在教室里边听音乐边做动作。这种现象属于(　　)

A. 注意的范围　B. 注意的分配　C. 注意的稳定性　D. 注意转移

5. 学前儿童记忆中,占优势的是(　　)

A. 无意记忆　B. 有意记忆　C. 语词记忆　D. 意义记忆

6. 幼儿理解能力发展的表现之一是(　　)

A. 从监控到自由　B. 从对个别事物的理解到理解事物之间的关系

C. 从积极到消极　D. 从单纯创造到创造性的出现、提高

7. 丁丁玩小汽车玩具着迷了,饭也不吃。妈妈说:"那你就玩个够吧,别吃饭了。"丁丁就以为真的不用吃饭了。丁丁不能理解妈妈的反话,这是因为幼儿理解事物具有(　　)

A. 概括性　B. 表面性　C. 形象性　D. 抽象性

8. 幼儿认为"下午是午睡起来以后"。这说明幼儿对时间的知觉依靠的是(　　)

A. 日历的变化　B. 季节的变化

C. 钟表的行走　D. 生活的作息制度

9. 幼儿的形状知觉发展得很快,5岁的幼儿(　　)

A. 能区分简单的几何图形

B. 辨认几何图形正确率增长最快

C. 初步具备根据样本找到相同几何图形的能力

D. 能正确辨别各种基本的几何图形

10. 皮亚杰把儿童心理发展过程划分为四个阶段,按照顺序依次是(　　)

A. 感知运动阶段——前运算阶段——形式运算阶段——具体运算阶段

B. 感知运动阶段——具体运算阶段——前运算阶段——形式运算阶段

C. 感知运动阶段——前运算阶段——具体运算阶段——形式运算阶段

D. 感知运动阶段——具体运算阶段——形式运算阶段——前运算阶段

11. 幼儿在听《卖火柴的小女孩》时，头脑中会浮现出小女孩生动的形象，这种心理活动属于(　　)

A. 无意想象　　B. 创造想象　　C. 再造想象　　D. 幻想

12. 幼儿思维的典型方式是(　　)

A. 直觉行动思维　　B. 具体形象思维

C. 抽象逻辑思维　　D. 辩证思维

13. 幼儿园老师上课时，一边弹琴，一边组织孩子们按音乐节奏做各种动作，老师的这种注意品质是(　　)

A 注意的稳定性　　B. 注意的广度

C. 注意的转移　　D. 注意的分配

14. 问一个3岁的儿童："你有姐姐吗?"他会说："有。"再问："你姐姐有弟弟吗?"他却说："没有。"这说明学前儿童的思维具有(　　)的特点。

A. 片面性　　B. 经验性　　C. 自我中心性　　D. 不可逆性

15. 老师要求幼儿说出刚呈现的卡片上有几只小鸡，而幼儿则回答小鸡是黄颜色的，这是一种(　　)

A. 感觉的对比现象　　B. 幼儿的说谎现象

C. 偶发记忆现象　　D. 记忆更精确的现象

16. 幼儿在玩"老鹰抓小鸡"的游戏时，被抓到的幼儿吓哭了，以为自己真的要被吃掉了，这是因为幼儿(　　)

A. 想象的主题不稳定　　B. 想象容易同现实相混淆

C. 想象易受情绪的影响　　D. 想象的目的性不明确

17. "聚精会神""仔细"主要描绘的是注意的什么特点(　　)

A. 指向性　　B. 集中性　　C. 清晰性　　D. 鲜明性

18. 婷婷经常与小伙伴在一起讨论好玩的玩具，有些玩具明明婷婷自己家里没有，但她也会说有很多，甚至具体到玩具的颜色、大小等，但她不是故意撒谎；同时婷婷的自控能力不强，如果老师讲故事不吸引她，她就会转过身找小朋友说话。从以上信息中，可以推测出婷婷最有可能是一位(　　)幼儿。

A. 托儿所　　B. 小班　　C. 中班　　D. 大班

19. 瑞士心理学家皮亚杰设计的"三座山实验"是为了证明儿童的(　　)

A. 自我中心性　　B. 去习惯化　　C. 习惯化　　D. 视觉集中

20. 小赵老师观察到班上一位幼儿在上舞蹈课时能够善始善终，没有开小差。这说明该幼儿的注意具有很好的(　　)

A. 稳定性　　B. 广度　　C. 转移力　　D. 分配能力

21. 幼儿一边听老师念诗"鹅鹅鹅，曲项向天歌"，一边在脑海中浮现一群白鹅在水中嬉戏的场景。这种心理现象是(　　)

A. 思维　　B. 注意　　C. 想象　　D. 记忆

22. 看见小坦克，就要玩开坦克；听见蛙鸣，就要学青蛙跳；拿到雪花积木片，就会想到冬天的漫天风雪；如果没有玩具，幼儿可能呆呆地坐着。这反映了幼儿(　　)

A. 想象的无意性　　B. 相似联想较强　　C. 直觉思维较强　　D. 想象的有意性

23. 幼儿的形象记忆主要依靠的是(　　)

A. 动作　　B. 言语　　C. 表象　　D. 情绪

24. 下列关于幼儿记忆的年龄特征的表述不正确的是(　　)

A. 记得快忘得也快　　B. 容易混淆

C. 语词记忆占优势　　D. 较多运用机械记忆

25. 小班幼儿有意注意的时间是(　　)

A. 1～2分钟　　B. 3～5分钟　　C. 8～10分钟　　D. 10～15分钟

26. 在小(1)班的美术活动中，王老师让孩子们穿上了印有Kitty猫的围裙，这个围裙太有吸引力了，孩子们忍不住左摸摸，右看看，王老师几次提醒孩子们不要看围裙，集中注意听老师说话都没效果。这是因为围裙引起了幼儿(　　)

A. 注意的分配　　B. 注意的转移　　C. 注意的选择　　D. 注意的分散

27. 在生日宴上，小朋友听到《生日快乐》这首音乐曲时，就知道自己曾经唱过。这种记忆现象在心理学上叫作(　　)

A. 再认　　B. 识记　　C. 回忆　　D. 保持

28. 幼儿喜欢给小凳子穿上鞋以免它脚冷，给布娃娃打针吃药以治病。这种现象体现了幼儿思维具有(　　)

A. 具体性　　B. 逻辑性　　C. 固定性　　D. 拟人性

29. 当幼儿在听故事时，他的心理活动指向故事，老师讲到哪，他能跟到哪，听得很入神，别的事物他都不去注意。这体现了(　　)

A. 注意的集中性　　B. 注意的指向性　　C. 注意的广度　　D. 注意的分散

30. 5岁幼儿画的西瓜比人大，两排尖牙在人脸上占大部分。这段时期幼儿想象的特点是(　　)

A. 表象符号形成　　B. 未掌握画面布局

C. 感觉的强调和夸张　　D. 绘画技能稚嫩

31. 妞妞与妈妈到公园玩，妞妞第一次看到蜻蜓，开心地大叫："妈妈，你看蚊子!"这说明妞妞(　　)

A. 对蜻蜓的观察有偏差　　B. 记忆不清晰

C. 想象过于夸张　　D. 对蚊子的概念不明确

32. 3岁前儿童的注意基本上属于(　　)

A. 有意注意　　B. 无意注意　　C. 有意后注意　　D. 无意后注意

33. 3岁幼儿自己活动时，顾及不到别人，只能自己单独玩，是因为(　　)

A. 游戏水平差　　B. 注意分配能力差

C. 喜欢自己一个人玩　　D. 与教师的教育有关

34. 幼儿难以理解反话的含义，是因为幼儿理解事物具有(　　)(常考)
A. 双关性　B. 表面性　C. 形象性　D. 绝对性

35. "视觉悬崖"用于测查婴儿的(　　)
A. 深度知觉　B. 形状知觉　C. 时间知觉　D. 观察力

36. 人可以辨别物体的颜色形状，分辨各种声音、气味、味道以及空间远近和时间长短等。这是由于(　　)
A. 感觉和知觉　B. 听觉和运动觉
C. 感觉和推理　D. 感觉和嗅觉

37. 幼儿在想象中常常表露出个人的愿望。例如，大班幼儿莉莉说："妈妈，我长大了也想和你一样，做一个老师。"这是一种(　　)
A. 经验性想象　B. 情境性想象　C. 愿望性想象　D. 拟人化想象

38. 当刺激多次重复出现时，婴儿好像已经认识了它，会表现出和新异刺激不同的反应。这是(　　)
A. 条件反射　B. 重学记忆　C. 习惯化　D. 有意记忆

39. 玲玲跳舞时，既能使自己的动作与音乐合拍，又能与同伴保持一致，还能配上适当的表情。这属于(　　)
A. 注意的分配　B. 注意的广度　C. 注意的范围　D. 注意的稳定性

40. "小班幼儿保持注意力集中的时间大约是3～5分钟"指的是注意的(　　)(易混)
A. 稳定性　B. 选择　C. 范围　D. 广度

41. 幼儿教师在进行动作示范时往往采用"镜面示范"，原因是(　　)
A. 幼儿是以自身为中心来辨别左右的　B. 幼儿好模仿
C. 幼儿分不清左右　D. 幼儿看得更清楚

42. 5～6岁幼儿能参加较复杂的集体游戏和活动，这说明幼儿注意的(　　)(易错)
A. 稳定性较好　B. 分配能力强　C. 范围较大　D. 选择性较强

43. 最能体现幼儿记忆发展中质的飞跃的方面是(　　)(易错)
A. 无意识记的发展　B. 有意识记的发展
C. 机械记忆的发展　D. 意义记忆的发展

44. 下列各项中不会造成幼儿视力衰退的是(　　)
A. 在光线照明较差的环境看书　B. 户外活动和身体锻炼较少
C. 坐姿不良　D. 有规律、有节制的看电视

45. 老师请小朋友把上周学过的歌曲"我的好妈妈"唱一唱，许多小朋友高兴地唱起来。这种记忆现象是(　　)
A. 保持　B. 识记　C. 回忆　D. 遗忘

46. 胎儿及新生儿的记忆，从其恢复形式看都属于(　　)(易错)
A. 记忆　B. 回忆　C. 再认　D. 想象

47. 下列说法有误的是(　　)
A. 无意记忆的效果优于有意记忆　B. 无意识记的效果不如有意记忆
C. 无意识记的效果随着年龄增长而提高　D. 无意识记是积极认知活动的副产物

48. 因下雨，天很快黑了，幼儿哭着说："爸爸妈妈怎么还不接我回家。"说明幼儿对时间的知觉依靠的是(　　)
A. 生活中接触到的周围环境变化　B. 感受季节的变化
C. 观察钟表的行走　D. 生活中发现日历的变化

49. 幼儿开始以自身为中心辨别左右的年龄大约是(　　)(常考)
A. 2岁　B. 3岁　C. 5岁　D. 7岁

50. 梦是一种奇怪的心理现象，属于想象的一种，是(　　)
A. 创造想象　B. 再造想象　C. 有意想象　D. 无意想象

51. 根据遗忘的各种情况，不能再认也不能回忆的属于(　　)
A. 完全遗忘　B. 不完全遗忘　C. 临时性遗忘　D. 永久性遗忘

52. 人们吃过糖以后再吃橘子，会感到橘子很酸。这种现象属于(　　)(易混)
A. 感觉适应　B. 继时对比　C. 同时对比　D. 感觉相互作用

53. 下列关于注意力的特点，说法正确的是(　　)(易混)
A. 一般来说，小班儿童注意力能保持3～5分钟
B. 一般来说，中班儿童注意力能保持半小时以上
C. 一般来说，大班儿童注意力能保持一个小时
D. 幼儿园的集体活动和中小学的上课时间一样长

54. 炎炎听到歌曲《拔萝卜》时，高兴地说："老师教我们唱过。"这种记忆现象是(　　)(常考)
A. 再认　B. 识记　C. 保持　D. 回忆

55. 3岁左右的儿童，让他跨过前面一条线，他往往会踏在线上。这是因为(　　)(易错)
A. 形态知觉发展不完善　B. 观察的持续性不完善
C. 距离知觉发展不完善　D. 视神经的发育不完善

56. 茜茜告诉妈妈，老师说明天拍电视要穿得漂亮一点。妈妈第二天问老师时，老师说没有这件事情，只是带了小朋友们观看六一晚会的视频。这个现象说明茜茜(　　)
A. 想象与现实混淆　B. 没有理解老师的意思
C. 想象过于夸张　D. 想穿漂亮的衣服而撒谎

57. "提笔忘字"属于心理现象中的(　　)
A. 完全遗忘　B. 不完全遗忘　C. 临时性遗忘　D. 永久性遗忘

58. 儿童常常把没有发生或者期望发生的事情当作真实的。这说明儿童(　　)(常考)
A. 移情　B. 说谎
C. 好奇心强　D. 将想象和现实混淆

59. 思维的基本过程是(　　)

A. 分析与综合　　B. 比较与分类　　C. 抽象与具体　　D. 归纳与概括

60. 婴儿认识奶瓶、认识母亲等都是(　　)的表现。(易混)

A. 形象记忆　　B. 意义记忆　　C. 情绪记忆　　D. 语词记忆

61. 一个小女孩听爸爸说这次出国回来要给她买电动火车,于是,她到幼儿园对小伙伴说:"我爸爸从国外给我带回一个电动火车,可好玩了。"这是小女孩(　　)的表现。

A. 记忆　　B. 想象　　C. 知觉　　D. 撒谎

62. 春游过去两天了,小明还没有忘记当时的欢乐情景的记忆属于(　　)(易混)

A. 语言记忆　　B. 运动记忆　　C. 情绪记忆　　D. 逻辑记忆

63. 下列不属于再造想象的类型的是(　　)

A. 经验性想象　　B. 创造性想象　　C. 愿望性想象　　D. 拟人化想象

64. 关于幼儿想象的说法,下列不正确的是(　　)

A. 想象容易受自身情绪的影响,也容易受别人情绪的影响

B. 想象容易受自身情绪的影响,不受别人情绪的影响

C. 无意想象占主要地位,实质上是自由联想

D. 不要求意志努力,意识水平低,是幼儿想象的典型形式

65. 思维的两个特点是(　　)(常考)

A. 直观和具体　　B. 形象和抽象　　C. 概括和间接　　D. 概括和逻辑

66. 下面属于4~5岁幼儿想象特点的是(　　)

A. 想象出现了有意成分　　B. 想象活动没有目的,没有前后一贯的主题

C. 想象形象力求符合客观逻辑　　D. 想象依赖于成人的语言提示

67. 咪咪在学认数字时喜欢把数字想象成各种事物,如:她觉得"0"像气球,"1"像拴气球的绳子,"2"像小鸭子,"3"像爸爸的耳朵……咪咪采用的记忆方法是(　　)

A. 机械记忆法　　B. 归类记忆法

C. 直观形象记忆法　　D. 愉快记忆法

68. 我们阅读鲁迅的作品《祝福》中关于祥林嫂的文字描述时,想象出祥林嫂的形象属于(　　)

A. 再造想象　　B. 创造想象　　C. 无意想象　　D. 有意想象

69. 许多幼儿在医院看到穿白大褂的医生就开始哭了,幼儿对白大褂医生的记忆类型属于(　　)

A. 形象记忆与情绪记忆　　B. 形象记忆与运动记忆

C. 情绪记忆与逻辑记忆　　D. 运动记忆与情绪记忆

70. 午餐的时候,佳佳对晨晨说:"今天是星期二,昨天是星期三……"晨晨说:"是的。"表明佳佳和晨晨的(　　)

A. 记忆能力较差　　B. 空间知觉水平较差

C. 语言表达能力较差　　D. 时间知觉水平较差

71. 幼儿认为下午就是到户外玩的时间,这说明幼儿的时间知觉(　　)

A. 与具体事物和事件相联系　　B. 与生物钟相联系

C. 与季节变化相联系　　D. 与日夜变化相联系

72. 在同一时间内把注意指向于不同对象与活动上属于(　　)

A. 注意的广度　　B. 注意的分配　　C. 注意的稳定性　　D. 注意的转移

73. "在比较短的时间片段中所能清楚地知觉到的事物的数量"指的是(　　)(易混)

A. 注意的选择性　　B. 注意的分配　　C. 注意的范围　　D. 注意的稳定性

74. 一个调皮好动的孩子看到长满刺的仙人球时,如果你告诉他不要去碰,他可能转身就忘记你的告诫,但如果他不小心被仙人球扎痛了手指,你再去叮嘱他,他一定会牢记住你的话,这是因为(　　)(易错)

A. 幼儿记忆以机械记忆为主　　B. 幼儿记忆以无意识记为主

C. 幼儿形象记忆效果高于词语记忆　　D. 幼儿记忆的效果取决于事物典型特征

75. (　　)是人脑对直接作用于感觉器官的客观事物的个别属性的反映,是反映现实世界最基础、最简单的心理现象。

A. 感觉　　B. 直觉　　C. 知觉　　D. 想法

76. 艾宾浩斯遗忘曲线表明,遗忘过程在学习后(　　)内进展最快。

A. 6分钟　　B. 20分钟　　C. 30分钟　　D. 1小时

77. 对幼儿来说,"家具"这个词比"桌子""椅子"等更难掌握,在生活中,抽象的语言也常常使幼儿难以理解,这因为幼儿的思维发展具有(　　)

A. 具体形象性　　B. 直觉行动性　　C. 逻辑性　　D. 抽象性

78. 研究表明,在良好的教育环境下,3岁幼儿能够集中注意3~5分钟,4岁幼儿的注意可持续10分钟左右,5~6岁幼儿的注意能保持20分钟左右,这表明(　　)

A. 不同年龄段的幼儿,学习素质不一样

B. 幼儿在不同的年龄阶段,注意的稳定性有明显差异

C. 不同幼儿的智商也是不相同的

D. 幼儿在不同的年龄阶段,认知水平各不相同

79. 3岁的小颖因为喜欢苹果的形状而记住了苹果的特征,这属于(　　)

A. 形象记忆　　B. 身体记忆　　C. 实物记忆　　D. 特殊记忆

80. (　　)指的是对所记材料的意义和逻辑关系不理解,采用简单、重复的方法进行识记。

A. 意义识记　　B. 机械识记　　C. 条件识记　　D. 方向识记

81. 下列关于幼儿形状知觉的发展,说法错误的是(　　)(易错)

A. 3岁的幼儿能区别三角形和正方形

B. 4岁至4岁半是辨认几何图形正确率增长最快的时期

C. 幼儿叫出图形名称比辨认图形要晚

D. 幼儿最容易辨别的图形是长方形

82. 杨老师对着五岁的甜甜说："上次词语记忆，你记得真快而且特别准确，大家都夸你聪明，这次你一定能记得更好。"杨老师表扬甜甜，主要是让她运用哪种记忆方法(　　)

A. 直观形象法　　B. 归类记忆法

C. 歌诀记忆法　　D. 愉快记忆法

83. 幼儿趴在草地上，望着天空中的白云，想象白云变成了棉花糖、坦克、汽车等，这属于(　　)

A. 无意想象　　B. 再造想象　　C. 创造想象　　D. 目的想象

84. 小红刚刚吃完冰淇淋，又吃了块苹果说："好酸！"小红的感觉体现了(　　)

A. 感觉对比　　B. 感觉适应

C. 感觉后效　　D. 感觉补偿

85. 小琴问妈妈："你今天什么时候来接我？"妈妈说："下班后就来接你。"小琴又问："那我等多久？"妈妈说："就几个小时。"小琴听了就哭着说："到底是多久啊？"这反映出(　　)

A. 学前儿童的时间知觉发展较早　　B. 学前儿童的时间知觉发展较迟

C. 学前儿童的深度知觉发展较早　　D. 学前儿童的深度知觉发展较迟

86. 四岁的磊磊在画画时，常常画一棵树，突然想起什么，又开始画一把剑，等会又画小鸭、蛋糕等，这说明磊磊(　　)

A. 想象内容具有系统性　　B. 想象主题不稳定

C. 以想象过程为满足　　D. 想象具有预定性

87. 儿童明显出现抽象逻辑思维萌芽的年龄是在(　　)

A. 5岁以后　　B. 6岁以后　　C. 7岁以后　　D. 8岁以后

88. 学前儿童能对事物进行比较，他们比较的发展趋势是(　　)

A. 先学会找物体的相同之处，后学会找物体的不同之处，最后学会找物体的相似之处

B. 先学会找物体的相似之处，后学会找物体的相同之处，最后学会找物体的不同之处

C. 先学会找物体的不同之处，后学会找物体的相同之处，最后学会找物体的相似之处

D. 先学会找物体的不同之处，后学会找物体的相似之处，最后学会找物体的相同之处

二、多项选择题

1. 下列有关幼儿想象发展的表述正确的有(　　)

A. 幼儿想象以无意想象为主，有意想象开始发展

B. 幼儿想象以创造想象为主，再造想象开始发展

C. 幼儿想象有时与现实混淆

D. 幼儿的想象常常需要成人的言语描述

2. 幼儿的记忆分为(　　)

A. 识记　　B. 保持　　C. 回忆　　D. 感知

3. 幼儿注意的品质包括(　　)

A. 稳定性　　B. 转移　　C. 广度　　D. 分配

4. 下列有关幼儿的空间知觉的表述，正确的有(　　)

A. 空间知觉包括三个方面，即大小知觉、距离知觉和方位知觉

B. 幼儿可以分清物体或场所的远近，这指的是距离知觉

C. 幼儿方位知觉发展晚于方位词的掌握

D. 幼儿通常在3岁能够区别一些几何图形

5. 色盲可分为(　　)

A. 全色盲　　B. 全色弱　　C. 红绿色盲　　D. 红绿色弱

6. 下列属于幼儿表象思维特点的是(　　)

A. 象征性　　B. 拟人性　　C. 刻板性　　D. 经验性

三、判断题

1. 学前儿童比较的特点之一是逐渐找出事物的相应部分。(　　)

2. 三角形对幼儿来说是最容易辨别的。(　　)

3. 5岁幼儿的分类活动离不开具体的情境。(　　)

4. 知觉是对事物的个别属性的反映，而感觉是对事物的整体反映。(　　)

5. 皮亚杰儿童认知发展阶段论表明，具体运算阶段儿童的主要行为特征是能使用语言表达概念，但有自我中心倾向。(　　)

6. 在整个幼儿期，无意记忆与有意记忆都在发展，一般来说，学前儿童的无意记忆效果好于有意记忆。(　　)

7. 3～6岁幼儿注意的特点是无意注意占优势，有意注意逐渐发展。(　　)

8. 幼儿认识空间方位，体现由近及远逐步扩展的趋势。(　　)

9. 幼儿注意的范围是比较大的，但随着年龄的增长，幼儿注意的范围会逐渐缩小。(　　)

10. 注意的转移指注意是被动的，受无关刺激的干扰而离开原先对象。(　　)

11. 5～7岁是儿童逻辑思维发展最敏感的时期。(　　)

12. 《西游记》中描写的孙悟空的形象属于无意想象。(　　)

13. 儿童最早出现的是动作记忆，最晚出现的是语词记忆。(　　)

14. 幼儿会以自身的生活经验作为判断和推理的依据。(　　)

15. 有意注意也称随意注意，是指没有预定的目的，也不需要意志努力的注意。(常考)　(　　)

四、填空题

1. 心理学上把有预定目的，需要一定意志努力的注意叫作________。

2. 人类记忆的广度约为________个信息单位。(常考)

3. 研究表明，5～6岁的幼儿可以集中注意________分钟左右。

4. 心理学家________用无意义音节对记忆进行研究。

5. 儿童根据自己看到了什么，认为别人也看到了什么，这体现儿童思维品质具有________。

6. 幼儿在识记与自己经验有关事物时，意义记忆的效果比________的效果好。

7. 艾宾浩斯的遗忘曲线说明个体遗忘的进程是________。

8. 根据记忆内容的变化，记忆可分为________、________、形象记忆和________。

五、名词解释

1. 感觉

2. 注意的分配

3. 提取策略

4. 保持

5. 无意注意(常考)

6. 具体形象思维(常考)

7. 注意的集中性

8. 幼儿健忘(易混)

9. 视敏度

10. 无意想象

11. 情绪记忆

12. 明适应

13. 记忆广度(易混)

14. 工作记忆

15. 语词记忆

16. 遗忘

17. 记忆保持时间(常考)

18. 机械记忆(常考)

19. 意义记忆

20. 形状知觉

21. 视觉复述策略

22. 创造想象（易混）

六、简答题

1. 简述儿童记忆发展的趋势。

2. 简述学前儿童分类的类型。（常考）

3. 在组织幼儿活动时，引导幼儿注意选择活动的目标，应该考虑哪些规律？

4. 简述观察力发展的表现。（易错）

5. 简述幼儿想象夸张性的表现。

6. 简述幼儿颜色视觉的发展特点。

7. 简述学前儿童常见的记忆策略。

七、论述题

1. 为什么幼儿形象记忆和语词记忆的效果随年龄的增长而逐渐接近？

2. 试述注意对幼儿的活动和心理发展的意义。（易混）

3. 试述幼儿有意注意产生的条件。

八、案例分析题

1. 某幼儿园大班在室内组织语言教育活动，正当大家聚精会神地听老师讲故事时，外面出来一群别的班的孩子在玩耍，喧闹的声音马上把孩子们的注意吸引了过去，大家开始相互交谈，老师大声提醒保持安静，也没有吸引孩子们的注意，这时老师突然停了，不说话了，孩子们安静了下来，继续听老师讲故事。

   试分析这次活动中幼儿教育的有意注意和无意注意。

2. 幼儿常常看见小碗、小勺，就想拿来喂娃娃吃饭；看见小汽车，就要玩开汽车；看见书包，又想去当小学生。幼儿绘画常常画了“小人”，又画“螃蟹”；画了“汽车”，又画“海军”。

这些说明了什么？请根据幼儿想象的特点来分析其原因。

3. 某幼儿园来了一位实习教师，她的任务是小班的音乐课和中班的绘画课。她初步计划第一堂音乐课以自己的示范表演为主，每隔15分钟休息一次；绘画课主要让孩子们画太阳，每隔20分钟休息一次。虽然她做了精心准备，但效果不理想。孩子们有的讲话，有的跑出去，不理会她的要求，使这位实习教师非常沮丧。

请分析导致这种结果的原因。你觉得这位老师怎样做效果会好些？

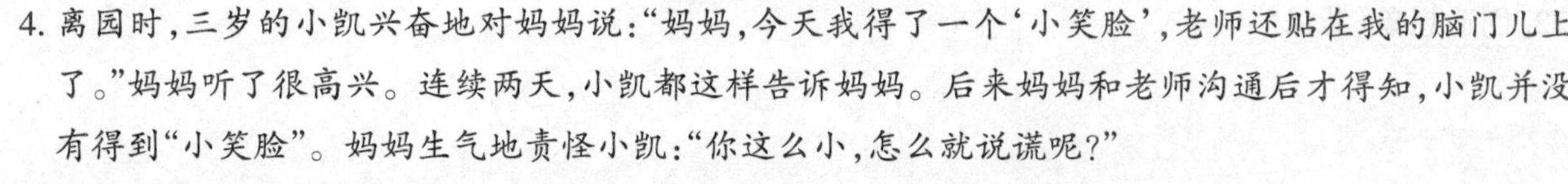

4. 离园时，三岁的小凯兴奋地对妈妈说：“妈妈，今天我得了一个‘小笑脸’，老师还贴在我的脑门儿上了。”妈妈听了很高兴。连续两天，小凯都这样告诉妈妈。后来妈妈和老师沟通后才得知，小凯并没有得到“小笑脸”。妈妈生气地责怪小凯：“你这么小，怎么就说谎呢？”

小凯妈妈的说法是否正确？试结合幼儿想象的特点分析上述现象。

5. 幼儿教师在幼儿园教学中要使用大量直观形象的教具，以帮助幼儿理解教学内容。在给孩子讲故事时，讲到“大象用鼻子把狼卷起来”时，总是用手做出“卷”的动作，说到“大象把狼扔到河里去”，又用手做出扔的样子，孩子们也学着老师的样子做出相应的动作，脸上会露出会意的笑容。

(1)案例中体现了儿童思维发展的什么特点？

(2)根据该特点，教师应如何有针对性地对幼儿思维进行培养？

6. 明明是个3岁零3个月的孩子，十分活泼可爱，父母很喜欢他。可令其父母不解的是：明明不论做什么事情之前从不爱多思考。例如，玩插塑时，让他想好了再去插，而他却是拿起插塑就开始随便地插，插出什么样，就说插的是什么。在绘画或要解决别的问题时也是这样。夫妇俩认为这样不好，便总是要求孩子想好了再去行动，可明明却常常做不到。明明父母时常为此感到烦恼。

试问明明父母的态度和行为对吗？请从儿童思维发展的角度分析明明的这一类行为，并为明明的父母提出科学的教育建议。

7. 我们经常发现这样一种现象：幼儿教师花大力气教幼儿记住某首儿歌，有时候孩子们不能完全记牢，但他们偶尔听到的某个童谣，看到的某个电视广告，只需一两次他们就能熟记心中。

结合幼儿记忆的这一特点，请你分析一下影响幼儿无意记忆的因素。

8. 某幼儿园一位新教师在教幼儿10以内减法时，为了帮助幼儿理解，用非常形象的语言简述"3-1=2"；"森林里有三只漂亮的小白兔，一天来了一只大灰狼，把其中一只小白兔给叼走了，最后只剩下了两只。"老师刚说完，有个孩子突然大哭起来，整个课堂一下子乱了套。

结合案例，请分析幼儿理解发展的特点。

9. 小班菲菲在纸上涂着涂着觉得像苹果，于是说自己画的是大苹果，又涂着涂着，说是海波浪，过了一会儿，菲菲突然想起了妈妈织的毛衣，又把海波浪说成是毛线了，又涂着涂着，最后她把整个画面都涂没了。

(1)案例中体现了该小朋友的何种心理现象。

(2)结合案例分析，该小朋友这种心理现象的特点。

10. 陈老师带小班幼儿到户外观察幼儿园的果树，幼儿瞧瞧这棵，看看那棵，摸摸那棵。集中谈话时，许多小朋友说不出其中任何一棵树的特征、形状等。但小朋友能说出，看到了天上有小鸟在飞，水池里有小金鱼在游来游去，果树上有蝴蝶在飞舞，操场上有小朋友在玩"老鹰抓小鸡"的游戏。陈老师很是困惑。

(1)请分析案例中所反映的幼儿注意发展的特点。

(2)结合案例，提出合理的教育建议。

11. 材料：大(2)班陈老师正进行古诗《咏鹅》的教学。为了加深幼儿对内容的理解，陈老师出示了一幅挂图，挂图中有一只仰着脖子的大白鹅，红色的脚掌划着清澈的湖水(红色的脚掌是抽拉式的)。陈老师先富有表情、绘声绘色地朗读，接着结合挂图，一边讲解古诗一边演示能移动的抽拉式的红色脚掌。

问题：请根据感知觉规律，分析评价材料中陈老师的做法。

知识4 学前儿童情绪的发展

一、单项选择题

1. 与儿童最初的情绪反应相联系的需要是(　　)

A. 社会性需要　　B. 爱的需要　　C. 尊重的需要　　D. 生理需要

2. "草木皆兵"属于(　　)

A. 应激　　B. 心境　　C. 激情　　D. 挫折

3. 教师创设适当的教育环境,让儿童能够以某种合理的、可接受的方式正当地排遣体内能量的方法是(　　)

A. 行动操练法　　B. 角色扮演法　　C. 移情法　　D. 发泄法

4. 下列不属于幼儿的高级情感的是(　　)

A. 道德感　　B. 美感　　C. 理智感　　D. 归属感

5. 孩子看到陌生人开始会惧怕,但如果大人用微笑、点头等表情鼓励他,他就会慢慢接触,从而对他不陌生,这个现象说明了情绪和情感的(　　)作用。

A. 适应　　B. 动机　　C. 调节　　D. 信号

6. 婴幼儿的情绪发展形成主要依靠(　　)(易错)

A. 感知觉的发展　　B. 语言的发展　　C. 情绪气氛的熏陶　　D. 自我意识的发展

7. 婴儿对看得见而又拿不到的玩具,产生不愉快情绪,但当玩具在眼前消失时,不愉快情绪也很快消失。这是(　　)

A. 情绪的内隐性　　B. 情绪的依赖性　　C. 情绪的受感染性　　D. 情绪的情境性

8. 以下关于儿童情绪的描述不正确的是(　　)(易混)

A. 认知是情绪产生的基础,同时情绪也会影响认知过程

B. 婴儿期的儿童,情绪的自我调节能力差

C. 婴儿最初的笑是没有社会意义的

D. 新生儿听见他人哭泣而哇哇大哭,是移情的表现

9. "没有观众看戏,演员也没劲了",可以比喻运用(　　)帮助孩子控制情绪。

A. 冷处理法　　B. 转移法　　C. 想象法　　D. 反思法

10. 一种微弱的、持续时间长、带有弥散性的心理状态被称为(　　)

A. 激情　　B. 心情　　C. 应激　　D. 心境

11. 姥姥把受欺负而哭泣的小外孙带到枕头前,拿起枕头,就说:"这是打你的朵朵,揍他。"这体现了(　　)

A. 移情训练法　　B. 行为操练法　　C. 角色扮演法　　D. 合理宣泄法

12. 婴幼儿喜欢成人接触、抚爱,这种情绪反应的动因是为满足儿童的(　　)

A. 生理性需要　　B. 情绪表达性需要

C. 自我调节性需要　　D. 社会性需要

13. 中班幼儿告状现象频繁,这主要是因为幼儿(　　)

A. 道德感的发展　　B. 羞愧感的发展　　C. 美感的发展　　D. 理智感的发展

14. 幼儿园老师常常把刚入园的哭着要找妈妈的孩子及班内其他孩子暂时隔离开来。这主要是因为(　　)

A. 老师不喜欢哭闹的孩子　　B. 该幼儿不适合上幼儿园

C. 幼儿的情绪容易受感染　　D. 幼儿常常处于激动的情绪状态

15. 有个孩子平时不爱说话,一天他主动发言,老师高兴地说:"太好了!我知道你能行!"回到家,妈妈也给他鼓励,他非常高兴。从此以后,这个小朋友发言越来越大胆,越来越积极。这属于(　　)

A. 正面肯定和鼓励　　B. 耐心倾听幼儿说话

C. 正确运用暗示和强化　　D. 树立良好的榜样

16. 甜甜上幼儿园时,看见奶奶走了就难过地哭了起来,旁边的小朋友也跟着哭了起来,这一现象反映了幼儿的情绪具有(　　)(常考)

A. 冲动性　　B. 外露性　　C. 科学性　　D. 传染性

17. 幼儿园中班的小凡看见同伴把幼儿园的小椅子全部推倒了,于是他就跑去向老师告状,小凡的行为主要是受(　　)的激发。

A. 理智感　　B. 道德感　　C. 美感　　D. 正义感

18. 幼儿园举行猜谜语活动,硕硕冥思苦想,终于猜出其中一个,在这个过程中,他表现出沉醉、愉快、满足、自豪等情绪状态。这种体验是(　　)

A. 美感　　B. 道德感　　C. 理智感　　D. 本体感

二、判断题

1. 在幼儿园中常常一个人哭,其他人也跟着哭,这是因为幼儿的情绪容易受感染和暗示。(　　)

2. 常言说"小孩的脸,六月的天",说明儿童的情绪稳定性差。(　　)

3. 与人的求知欲、认识兴趣、解决问题的需要等满足与否相联系的是道德感。(　　)

4. 情绪是后继的、高级的态度体验,由对事物复杂意义的理解引起,较多地带有稳定性和持久性,与社会需要是否满足相联系。(　　)

5. 在孩子情绪激动的时候,成人要保持冷静,不可对着孩子大声叫嚷,应该跟孩子讲道理或置之不理,让孩子也冷静下来。(　　)

6. 情绪的外部表现叫表情,儿童在掌握语言之前,主要是以表情作为交际的工具。(　　)

三、名词解释

1. 行为反思法(易错)

2. 激情(常考)

四、简答题

1. 简述学前儿童情绪情感发展的一般趋势。

2. 父母和教师要保持幼儿健康的情绪，应该注意哪几方面问题？

3. 简述情绪情感在学前儿童心理发展中的作用。(常考)

4. 简述情绪自我调节化的表现。

五、案例分析题

1. 一个3岁的小男孩东东，原来一直和奶奶在一起，不愿上幼儿园，每次妈妈送他上幼儿园离园时，东东总是又哭又闹，但当妈妈的身影消失后，东东很快和小朋友高兴的一起玩了起来，妈妈怕东东哭坏身体有时候又返回来看看，但当东东再次见到妈妈时，又立刻哭了起来。

根据以上情景分析：

(1)东东的行为说明幼儿情绪具有什么特点？并简要说明。

(2)东东妈妈的担心是否必要？她应当怎么做才对？为什么？

2. 小班幼儿莉莉的妈妈是个善于帮助孩子控制情绪的母亲。一天，莉莉跟着妈妈逛商店时看到一个玩具，就要妈妈买，妈妈认为这与家里已有的一个玩具很类似，便不想给她买，可莉莉又哭又闹，一定要买这个玩具。这时，莉莉妈妈略一沉思，便对莉莉说："莉莉，走，咱们到另外一个地方去看看有没有比这更好的玩具。"说完便领着孩子迅速离开了原地，接着就给孩子讲故事、做游戏、一起唱歌……莉莉很快就沉浸在妈妈所引发的欢乐的情绪中。

请根据学前儿童情绪发展的有关理论回答下列问题：

(1)莉莉妈妈所采用的是哪种帮助幼儿控制情绪的方法？

(2)联系实际说明成人帮助幼儿控制情绪的另外几种方法。

知识5 学前儿童社会性的发展

一、单项选择题

1. 儿童道德发展的核心问题是(　　)
   A. 亲子关系的发展　　B. 同伴关系的发展
   C. 性别角色的发展　　D. 亲社会行为的发展
2. 马斯洛的需要层次理论提到，归属与爱以及尊重的需要是人类基本要求，这种需要的满足要从同伴身上获得，表明同伴关系具有(　　)功能。
   A. 赋予社会知觉　　B. 提供情感支持　　C. 培养自信品质　　D. 帮助发现自我
3. 学前儿童攻击性行为产生最直接的原因是(　　)
   A. 榜样　　B. 强化　　C. 移情　　D. 挫折
4. 能显著提高儿童的角色承担能力和亲社会行为水平的方法是(　　)
   A. 角色扮演法　　B. 语言法　　C. 讨论法　　D. 移情法
5. 英国心理学家谢弗认为，依恋形成的标志需要符合的原则是(　　)
   A. 代表性、稳定性和普遍性　　B. 代表性、稳定性和整体性
   C. 代表性、普遍性和整体性　　D. 稳定性、整体性和普遍性
6. 儿童有不安全、焦虑退缩、怀疑、不喜欢与同伴交往等心理特征可能是在(　　)亲子关系下形成。
   A. 放任型　　B. 专制型　　C. 民主型　　D. 自由型
7. 以下不属于亲社会行为的是(　　)(常考)
   A. 助人　　B. 分享　　C. 模范　　D. 合作
8. 攻击性强的幼儿在规定时间内没有攻击行为，则可结合具体情况适当给予奖励。这是矫治严重的攻击行为的(　　)
   A. 榜样法　　B. 阳性强化法　　C. 暂时隔离法　　D. 消退法
9. 儿童已经明白成人不在视野范围内后还会继续出现，所以他们以母亲为安全保障，在新环境中探索、冒险，然后又回来寻求保护。此时该幼儿的依恋属于(　　)
   A. 无分化阶段　　B. 低分化阶段
   C. 依恋形成阶段　　D. 修正目标的合作阶段
10. 被某些同伴喜欢，又被某些同伴讨厌的幼儿的同伴关系类型属于(　　)(易错)
    A. 被忽视型儿童　　B. 受欢迎型儿童　　C. 矛盾型儿童　　D. 一般型儿童
11. 小(2)班的欣欣从小身体就弱，经常生病，个头也很小，不喜欢和别人说话，经常会因为没有小朋友跟他一起玩而大哭。在同伴交友关系中，欣欣属于(　　)
    A. 被排斥型的幼儿　　B. 被忽视型的幼儿
    C. 被欣赏型的幼儿　　D. 被关注型的幼儿
12. 儿童在早期生活中，除亲子关系之外在同龄伙伴中建立的社会关系属于(　　)
    A. 交往关系　　B. 师生关系　　C. 同伴关系　　D. 一般关系
13. 儿童的亲社会行为萌芽是在(　　)左右。(常考)
    A. 2岁　　B. 3岁　　C. 4岁　　D. 5岁
14. 儿童选择同性别的倾向日益明显的时期约在(　　)(易错)
    A. 2岁以后　　B. 3岁以后　　C. 4岁以后　　D. 5岁以后
15. 现在，有很多家庭都是独生子女，孩子都是“衣来伸手、饭来张口”的“小皇帝”。这些孩子不懂得体谅父母，只顾自己独占好吃的、好玩的。这体现出独生子女身上的问题是(　　)
    A. 自私　　B. 贪婪　　C. 任性　　D. 不合群
16. (　　)是作为一个有特定性别的人在社会中的适当行为的总和，是人的社会性的一个重要方面。
    A. 亲子关系　　B. 同伴关系　　C. 性别角色　　D. 攻击性行为
17. 关于攻击性行为的特点，下列说法不正确的是(　　)
    A. 攻击型儿童受惩罚时其攻击性行为加剧
    B. 惩罚对于非攻击性的儿童能抑制攻击性
    C. 父母的惩罚本身就给孩子树立了攻击性行为的榜样
    D. 惩罚是抑制儿童攻击性行为的有效手段
18. 幼儿性别行为产生于(　　)
    A. 1岁左右　　B. 1.5岁左右　　C. 2岁左右　　D. 3岁左右
19. 亲子关系通常被分为三种类型：民主型、专制型和(　　)
    A. 放任型　　B. 溺爱型　　C. 保护型　　D. 包办性
20. 在儿童的亲社会行为中，(　　)最为常见，其次为分享行为、助人行为。
    A. 安慰行为　　B. 公德行为　　C. 合作行为　　D. 捐赠行为
21. 在陌生情境中，幼儿会把母亲作为“安全基地”而探究周围环境；母亲离开时幼儿会产生分离焦虑，探究活动明显减少，忧伤时易于被陌生人安慰，但母亲安慰更有效，这是依恋类型中的(　　)(常考)
    A. 回避型　　B. 安全型　　C. 反抗型　　D. 妥协型
22. 贝贝上幼儿园与妈妈分开后就开始哭了起来，情绪稳定后依然很忧伤，傍晚妈妈来接她时，对妈妈的安慰也表现出抵触的情绪。这种行为属于(　　)
    A. 焦虑—回避型依恋　　B. 安全型依恋
    C. 焦虑—抗拒型依恋　　D. 焦虑—安全型依恋

二、判断题

1. 学前儿童亲社会行为主要来自电视等媒体。(　　)
2. 放开“二胎”的政策将有效地改善独生子女任性、霸道、自私的社会性问题。(　　)
3. 移情法主要是针对儿童思维的自我中心性特点设计的。(　　)
4. 重视社会性教育这一主题，已经成为现代教育观念转变的一个主要标志。(　　)
5. 反抗型依恋的儿童不容易出现内隐的行为问题，如情绪抑郁、胆小、退缩、缺乏好奇心和探索欲望等。(　　)

三、填空题

1. 一个人可能对他人或群体造成损害的行为和倾向是________。

2. ________的亲子关系最有益于幼儿个性的良好发展。(常考)

3. 移情是儿童________产生的基础。

四、名词解释

1. 性别角色

2. 性别认同

3. 受欢迎型儿童

4. 敌意性攻击(易错)

5. 角色扮演法

6. 同伴关系(常考)

7. 社会性行为

五、简答题

1. 简述儿童分享行为的发展特点。(常考)

2. 简述影响依恋的因素。(易错)

3. 简述学前儿童同伴关系的功能。(常考)

4. 简述幼儿期攻击行为的特点。(易混)

六、论述题

1. 试述依恋发展的阶段。

2. 试述亲子关系类型对儿童发展的影响。

3. 试述帮助幼儿建立良好同伴关系的策略。(常考)

七、案例分析题

1. 5岁的小强在幼儿园经常为了抢夺玩具与小朋友发生冲突，有时甚至对小朋友拳打脚踢等攻击性行为，在幼儿园其他人都躲着他，很不受小朋友欢迎。

   请你从影响儿童攻击性行为的因素角度分析并提出教育措施。

2. 每天睡觉前，倩倩必须把一条粉红色的毯子放在枕头边，她总是把脸贴在小毯子上才愿意入睡。如果哪天小毯子被妈妈洗了还没有干，倩倩就哭闹着不愿意睡觉。就这样持续了好长一段时间，现在她连上幼儿园也要带着她的小毯子。为此，倩倩的妈妈有些迷惑不解，女儿为什么睡觉时就要盯着平常的一条小毯子呢？

   请你运用儿童心理发展的有关理论对上述案例进行分析。

3. 大(1)班有两位小朋友，一位叫明明，另一位叫强强。明明衣着整齐、乐于助人、有同情心、对人友好、有礼貌、善于与人分享合作、喜欢交往，深受同伴的喜爱。强强穿戴邋遢、脾气暴躁、对人很有敌意，还喜欢打人、骂人，经常欺负小朋友，班上小朋友见到他就远远地躲开，没人愿意与他在一起。

   (1)请根据案例写出两位小朋友出现的是什么心理现象？

   (2)请结合案例分析影响他们心理行为的主要因素。

4. 2岁的童童很懂事，也很活泼。可是每次不管她多高兴，只要看到妈妈抱别的小朋友就一个劲地哭闹。童童妈妈为此感到非常苦恼。

   5岁的东东一次在做早操时故意绊倒班里一个小朋友，被发现了还满脸无所谓，甚至有点幸灾乐祸。事后家长和教师仔细询问才知道，原来东东很不服老师表扬的那个小朋友做操好，才故意让他当众出丑。

   (1)分析童童和东东的心理。

   (2)提出相应的建议和措施。

5. 区域活动开始时阳阳选择的是用打气筒打气的游戏，沐子高高兴兴地来到阳阳的身边，问："阳阳，我和你一起玩好吗？"阳阳毫不客气地说："不行。"并转身招呼其他孩子一起玩。沐子的笑容没有了，嘟起小嘴，眼泪吧嗒吧嗒地往下流。徐老师走到沐子身边询问情况，沐子说："我喜欢阳阳，想和他一起玩，可他不让……"老师抱着沐子说："你被阳阳拒绝了，心里难受是吗？"沐子哭着说："是的，我还想和阳阳一起玩……"徐老师继续抱着沐子，直到他的情绪逐渐平稳，不再哭泣。

   请结合上述案例，分析教师的教育行为是否恰当，并说明理由，再提出促进沐子和阳阳同伴交往的策略。

6. 阳阳的父母在外地工作，把阳阳长期托付给爷爷奶奶抚养。爷爷奶奶之间关系不融洽。经常争吵，对阳阳也疏于照料，只注意让阳阳吃饱穿暖，很少关心亲近阳阳。渐渐的，阳阳变得越来越不爱说话，不爱和其他小朋友玩，情绪不稳定，性情越来越孤僻。活动的积极性大大降低，坚持性也变差……父母回来看望她，阳阳也显得很冷漠，并且回避父母。

   请结合上述案例，分析阳阳所形成的依恋类型及其影响，并提出帮助阳阳形成安全型依恋的合理建议。

知识6 学前儿童个性的发展

一、单项选择题

1. 中班的扬扬内心腼腆，上课玩游戏非常专注，而且经常能察觉到其他小朋友不易察觉的问题，但另一方面扬扬又不善于表现自己，没信心，不爱和别的小朋友一起玩。扬扬的气质类型属于(　　)

A. 胆汁质　B. 多血质　C. 黏液质　D. 抑郁质

2. 心理活动兴奋性高，不平衡，带有迅速而突发的色彩，与之对应的气质类型是(　　)

A. 胆汁质　B. 多血质　C. 黏液质　D. 抑郁质

3. 根据埃里克森的研究，3～6岁儿童发展中最容易出现的冲突是(　　)

A. 基本的信任感对基本的不信任感冲突　B. 自主感与害羞、怀疑的冲突

C. 主动感对内疚感的冲突　D. 勤奋对自卑的冲突

4. 两岁半的红红还不会自己吃饭，可偏要自己吃；不会穿衣，偏要自己穿。这反映了幼儿(　　)

A. 情绪的发展　B. 动作的发展　C. 自我意识的发展　D. 认知的发展

5. "不在公共场合给予批评指责，轻声细语与其说话，鼓励其勇气，使之有更多的计划参加集体活动。"这种教育方式针对的气质类型是(　　)

A. 胆汁质　B. 多血质　C. 黏液质　D. 抑郁质

6. 许多孪生兄弟、姐妹，虽然外貌非常相像，但只要细心观察他们的言谈举止就可以很快看出他们的不同。这反映了个性具有(　　)

A. 独特性　B. 整体性　C. 稳定性　D. 社会性

7. 下列对于托马斯—切斯的气质类型说法有误的是(　　)

A. 托马斯和切斯把婴儿的气质分为三种类型

B. 托马斯等人认为，容易型儿童的人数最多，占40%

C. 托马斯和切斯认为所研究的三种气质类型，涵盖了所有的研究对象

D. 托马斯和切斯发现，新生儿1～3个月就有明显、持久的气质特征

8. 4岁儿童认为"我不打架"或"我不抢玩具"就是好孩子。这种评价属于(　　)

A. 个别方面或局部的评价　B. 内心品质的评价

C. 比较笼统的评价　D. 比较细致的评价

9. 下列各项中，不是用来描述个性的是(　　)

A. 自私自利　B. 心胸狭窄

C. 宽容大度　D. 相貌出众

10. 活泼开朗、乐观自信、积极主动、独立性较强、诚实勇敢、意志力坚强是幼儿(　　)的表现。

A. 智力发展正常　B. 情绪特征良好

C. 个性特征良好　D. 具有良好的社会适应能力

11. 从一个人行为的一个方面可看出他的个性，这是个性(　　)的表现。(易混)

A. 独特性　B. 整体性　C. 稳定性　D. 社会性

12. 儿童在2～3岁的时候，掌握代名词"我"，是儿童(　　)

A. 个性形成的重要标志　B. 自我意识萌芽的最重要标志

C. 同一感发展的最重要标志　D. 自我感觉发展的重要标志

13. 对幼儿来说，个性发展的主要内容是(　　)开始形成。(易错)

A. 自我意识　B. 个性特征　C. 调控系统　D. 情绪状态

14. 与幼儿自我意识的真正出现相联系的是(　　)

A. 开始对自己进行评价　B. 幼儿言语的发展

C. 幼儿开始知道自己长什么样　D. 幼儿开始把自己作为一个独立的个体来看待

15. 下列关于学前期儿童性格的形成和发展，说法不正确的是(　　)

A. 儿童的性格尚未表现出明显的个别差异

B. 儿童性格的发展具有明显受情境制约的特点

C. 学龄晚期开始，行为受内心制约，且习惯已经形成

D. 学龄晚期阶段，性格的改造更加困难

16. 君君一遇到困难就怯懦退缩，这反映的是性格的(　　)

A. 态度特征　B. 情绪特征　C. 理智特征　D. 意志特征

17. 在人的各种个性心理特征中，最早出现也是变化最缓慢的是(　　)(常考)

A. 性格　B. 气质　C. 能力　D. 兴趣

18. "老师说我是好孩子"这说明幼儿对自己的评价是(　　)(常考)

A. 独立性的　B. 个别方面的　C. 多方面的　D. 依从性的

19. 下列对于幼儿的性格特点的描述，错误的一项是(　　)

A. 活泼好动　B. 模仿性强，易受暗示

C. 好奇好问　D. 较好的自制力

20. 个性结构中最活跃的因素是指(　　)(易错)

A. 个性倾向性　B. 个性心理特征　C. 个性能动性　D. 个性独特性

21. 埃里克森的心理社会发展理论认为，儿童人格的发展是一个逐渐形成的过程，必须经历八个顺序不变的阶段。0～1.5岁幼儿处于(　　)时期，该阶段的发展任务是发展对周围世界，尤其是对社会环境的基本态度，培养责任感。

A. 基本信任和不信任的冲突　B. 自主对羞耻的冲突

C. 主动对内疚的冲突　D. 勤奋对自卑的冲突

22. 以"安静沉稳，语言动作迟缓，情感含蓄"为主要心理特征，对应的气质类型是(　　)

A. 胆汁质　B. 多血质　C. 黏液质　D. 抑郁质

23. 客人问两岁半的康康："你是个乖孩子吗？"康康回答："乖的，老师都说我很乖的。"这说明2～3岁儿童的自我评价(　　)(常考)

A. 具有主观情绪性　B. 主要依赖成人的评价

C. 具有自主性　D. 具有情境性

24. 儿童各种主要能力中，最早出现的是(　　)(易混)

A. 模仿能力　　B. 操作能力　　C. 语言能力　　D. 认识能力

25. 对不同气质类型的幼儿应采取针对性的教育措施，发扬其气质中的长处，培养良好的性格。对黏液质的幼儿应培养的良好品质是积极精神，应防止的不良品质是(　　)(易错)

A. 粗暴任性　　B. 粗枝大叶　　C. 墨守成规　　D. 疑虑孤独

二、判断题

1. 3～4岁的幼儿坚持性和自制力都很差，到了5～6岁，幼儿才有一定的坚持性和自制力。　(　　)

2. 自我意识萌芽的最重要标志是学会叫自己的名字。　(　　)

3. 个性的调节系统以自我体验为核心。　(　　)

4. 一个人经常性地表现出某些比较固定的心理特点和品质，在各种不同场合、不同情境、不同时候都表现出来某些共同的特点。这体现出心理活动的整体性。　(　　)

5. 1983年，美国心理学家加德纳提出了著名的多元智能理论。　(　　)

6. 在儿童自我意识和个性心理特征中，气质出现较晚，同时也是容易变化的一种心理现象。(易混)　(　　)

7. 从对个别方面的评价发展到对内在品质的评价是幼儿自我评价的特点之一。(易错)　(　　)

8. 心理学所说的个性，又称人格，其概念与日常生活中所说的个性和人格的含义相同。　(　　)

9. 根据埃里克森的人格发展阶段理论，自主感对羞耻感发生在4～5岁。　(　　)

10. 气质类型不能决定一个人的成就高低。(易错)　(　　)

三、填空题

1. ________是对自己存在的察觉，即自己认识自己的一切，包括认识自己的生理状况(如身高、体重、形态等)、心理特征(如兴趣爱好、能力、性格、气质等)以及自己与他人的关系(如自己与周围人们相处的关系、自己在集体中的位置与作用等)。

2. 丽丽脾气急，在生活中还表现出：动作快，吃饭快，做事喜欢一口气做完，易冲动。这反映丽丽个性的________特征。

3. 一个人对现实和周围世界的态度以及习惯化的________在心理学上称之为性格。

4. 儿童自我意识的发展主要表现为________的发展。

四、名词解释

1. 创造能力

2. 个性的独特性(易错)

3. 交往—交流智力

4. 能力

5. 气质“掩蔽现象”

五、简答题

1. 简述学前儿童自我评价发展的特点。

2. 简述学前儿童气质发展的特点。(易混)

3. 简述幼儿性格的年龄特点。(易错)

4. 简述埃里克森的人格发展阶段理论。(常考)

5. 简述性格的意志特征的组成。

六、案例分析题

1. 她易于察觉别人不易察觉的事情。在实验中，两根铁丝本应是等长的，但实际上有极细微的差异。先后参加实验的10个同龄小朋友，只有她一人注意到这个差异。

她不喜欢说话，喜欢一个人玩。有时其他小朋友凑过来玩，她也不说话，只是厌烦地把他们推开，更不易与陌生人接触。

她情绪不易外露，受到表扬时，也没有什么表示。在幼儿园里遇到不高兴的事，可以毫无表情，但回家后对着妈妈哭。

她上课时很安静，总是一个姿势坐着。吃饭时，不管饭菜多么好，从不见她大口吃。

午睡时，她总是把衣服一件件叠好放在椅子上。如果椅子稍歪一点，她要把它放正，还要看上几眼，然后才躺下。起床时，穿衣动作也很慢。

根据材料描述，请指出孩子的气质类型，并谈谈如何根据此类气质进行教育。

2. 琳琳有一双美丽的大眼睛，楚楚动人，但是个性内向，各方面能力都很弱。一次，班里开展"好朋友"主题活动，琳琳的"朋友树"上挂着许多好朋友的名字，老师问琳琳，你的好朋友是谁？琳琳说是明明，可明明却说："我不是琳琳的好朋友。"琳琳又说嘟嘟是她的好朋友，嘟嘟又说："我不是琳琳的好朋友。"琳琳一连说了几个小朋友的名字，小朋友都否定了。

请你运用儿童心理发展的有关理论对上述案例进行分析。

3. 辉辉是个腼腆害羞的孩子，平时很少说话，几乎从不发言。在今天的美术欣赏活动中，小朋友的兴趣很高，纷纷举手回答问题，连辉辉也举起了小手。老师高兴极了，连忙请他发言。可辉辉站起来，小脸涨得通红，什么也不说，老师表扬辉辉有进步，能勇敢举手，并说没想好没关系，请他坐下来再想想。过一会儿老师想出新问题时，辉辉又举起了小手，老师再次请他回答，辉辉挠挠头还是什么也说不出来。老师依然鼓励他继续努力，想好了再举手。又过了一会儿，老师给了辉辉第三次机会，辉辉依然什么也没说出来。

综合上述案例，分析教师的教育行为和辉辉的行为表现，并提出帮助辉辉学会大胆表达自己想法的策略。

4. 亮亮是个活泼的孩子，平时一刻也不能停下，一天，看见班上有一架遥控飞机，就问："老师，这是什么？""这是遥控飞机。"亮亮又问："它为什么会飞啊？""因为有遥控器。""为什么有遥控器就会飞啊？""因为遥控器里面有电池。"趁老师不注意，亮亮偷偷用剪刀撬开了遥控飞机。老师看见了，很生气地批评了他，亮亮大哭着说："我想看看里面有什么秘密。"

(1)亮亮的行为体现了哪些性格特点？请根据案例分析。

(2)结合案例提出合理的教育建议。

5. 幼儿东东，因打了人，没有拿到小红花，而其他小朋友都拿到了。当天妈妈来接他时，他不肯回家，非要拿到小红花才肯离园。经过说服，他明白了道理。从第二天起，他自觉控制自己的行为，每天都要问老师："我今天表现好吗？"一天，老师说他有进步，给他一朵小红花，东东高兴极了。

根据案例，试分析学前儿童自我意识发展主要表现在哪些方面。

整合提升

一、单项选择题

1. 儿童心理发展潜能的主要标志是(　　)(常考)

A. 最近发展区　B. 潜伏期的长短

C. 最佳期的性质　D. 敏感期的特点

2. (　　)是指在发展的某些年龄时期，儿童心理常常发生紊乱，表现出各种否定和抗拒行为的现象，如经常与人发生冲突，违抗成人要求等。

A. 反抗期　B. 最近发展区　C. 关键期　D. 危机期

3. 几百年前和几十年前儿童心理学研究所揭示的儿童心理发展年龄特征的基本特点，至今仍适用于当代儿童。这说明儿童心理发展特征的(　　)特点。

A. 稳定性　B. 多变性　C. 延续性　D. 可变性

4. 手眼协调出现的主要标志是(　　)(常考)

A. 手能持续抓握

B. 能用手抓住看到的物体

C. 看到物体后，又把视觉指向自己的手

D. 看不见玩具而只听到玩具的声音，就能伸手抓玩具

5. 明明是个很喜欢玩游戏的小班小朋友，在幼儿园时，看见丽丽在玩小火车，他也玩小火车，看见涛涛在堆积木，明明也想去堆积木。明明的行为体现了幼儿(　　)的心理特点。

A. 爱模仿　B. 爱玩、会玩　C. 合作意识强　D. 独立性强

6. (　　)是儿童处于由不会分类向开始发展初步分类能力的过渡时期。(易错)

A. 5～6岁　B. 2～3岁　C. 6～7岁　D. 3～4岁

7. 婴儿先是整只手臂和手一起去够物体，以后才会用手指去拿东西。这是(　　)

A. 从上部动作到下部动作规律　B. 从中央部分的动作到边缘部分的动作规律

C. 从大肌肉动作到小肌肉动作规律　D. 从局部到整体规律

8. 人们通常将(　　)作为言语发生的标志。(易混)

A. 幼儿能说出第一批真正被理解的词(1岁左右)

B. 幼儿开口说话

C. 幼儿可以与成人进行语言交流

D. 幼儿能听懂成人的语言

9. 兰兰刚满一岁了，能够说一些简单的词。她说“拿”，妈妈就知道她是要拿玩具。处于兰兰这个年龄段的孩子的言语发展还具有(　　)的特征。

A. 单音重叠　B. 一词一义　C. 以词代句　D. 电报式语音

10. 冬冬边玩魔方边自己小声嘀咕：“转一下这面试试，再转这面呢？”这种语言被称为(　　)

A. 角色言语　B. 对话言语

C. 外部言语　D. 自我中心言语

11. 儿童对图画的观察逐渐概括化，可以分为四个阶段，“只能直接感知到各事物之间的外表的、空间位置的联系，不能看到其中的内部联系”。这是认识的(　　)阶段。

A. 个别对象　B. 空间关系　C. 因果联系　D. 对象总体

12. 窗外传来鞭炮声使教室里有的学生不再安心于课程的学习，从心理学注意的角度对这一现象的解释是(　　)

A. 有意注意和注意转移　B. 无意注意和意识转移

C. 无意注意和注意分散　D. 无意注意和注意分配

13. 下列关于幼儿注意稳定性正确的有(　　)(易混)

A. 不同幼儿期注意的稳定性没有明显差异

B. 4岁幼儿注意时间约为20分钟

C. 幼儿注意的稳定性好

D. 学习对象的特点、活动形式影响幼儿注意的稳定性

14. (　　)是儿童身心发展到一定水平的产物，是外部言语的内化，是思想过程的依靠，对心理活动具有调节和控制作用。

A. 内部语言　B. 外部言语　C. 口头语言　D. 书面语言

15. 某孩子看见人生病时要打针吃药，当她看到小树长虫时，就从地上捡起一根小棍给树打针。这说明幼儿思维的(　　)

A. 经验性　B. 固定性　C. 抽象性　D. 近视性

16. 涛涛脾气比较急，日常生活中吃饭快、做什么事都喜欢一口气做完、易冲动。这反映涛涛个性的(　　)特征。

A. 整体性　B. 开放性　C. 独特性　D. 稳定性

17. “灯可以照明”“鱼在水里游”这些幼儿对事物所下的定义说明幼儿(　　)(常考)

A. 不会下定义　B. 按一般性的、非本质的特征下定义

C. 接近下定义的水平　D. 依据具体特征下定义

18. 幼儿听奶奶抱怨小鸡长得慢，幼儿就把小鸡埋在沙里，把鸡头留在外面，还用水浇，并告诉奶奶：“您的小鸡一定会长得大大的。”这属于幼儿自我中心特点中的(　　)

A. 不可逆性　B. 可逆性　C. 经验性　D. 拟人性

19. 娟娟一闻到百合花的香味，马上说出花的名称。这种心理现象是(　　)

A. 感觉　B. 知觉　C. 味觉　D. 嗅觉

20. 先天因素主要指个体生物因素，其中最具重要意义的因素是(　　)

A. 成熟　B. 生长　C. 遗传　D. 发育

21. 先将重量、质地和颜色完全相同的两块球形橡皮泥让幼儿进行重量比较，然后当着幼儿的面把其中的一块压成扁平状，这时，幼儿可能会认为球形的橡皮泥比压成扁平状的橡皮泥更重些。这说明幼儿的思维具有(　　)

A. 可逆性　B. 不守恒性　C. 守恒性　D. 自我中心化

22. 在一项研究中，研究者向18～24个月的儿童出示一只玩具大鸟，接着把大鸟藏在枕头下面，并要求儿童记住大鸟的位置，以便以后找到它。这是为了验证幼儿的(　　)

A. 定位策略　B. 组织性策略
C. 视觉复述策略　D. 提取策略

23. 有个孩子很喜欢长颈鹿，有一天他对小朋友说："我家有一头真的长颈鹿。"这说明(　　)

A. 幼儿想象的独特性　B. 幼儿想象的夸张性
C. 幼儿想象的情绪性　D. 幼儿想象不受外界刺激的影响

24. 听故事时，大班儿童对听过的故事不感兴趣，而小班则不然，他们对"小兔乖乖""拔萝卜"等故事百听不厌。这反映了(　　)

A. 大班幼儿不仅仅满足想象的过程，开始追求想象的结果
B. 小班的幼儿只满足于想象的结果
C. 小班的幼儿缺乏想象能力
D. 大班的幼儿对故事不感兴趣

25. 孩子摔倒会引起本能的哭泣，但刚一哭，马上就自己对自己说："我不哭，我不哭……"这时的孩子脸上还挂着泪珠，甚至还在继续哭。这主要是因为(　　)

A. 幼儿情绪的易冲动性　B. 幼儿的意志力差
C. 幼儿的情绪是不稳定的　D. 幼儿情绪的外露性

26. 婴幼儿的情绪最初主要是由生理需求引起，渐渐地发展到交往的需求。这反映了婴幼儿情绪发展的(　　)特点。

A. 社会化　B. 丰富化　C. 自我调节化　D. 深刻化

27. 幼儿看到故事书中的"坏人"，常常把它抠掉。这是幼儿(　　)的表现。(易混)

A. 情绪的冲动性　B. 情绪的易变性
C. 情绪的两极性　D. 情绪的感染性

28. "忧者见之则忧，喜者见之则喜"说的就是(　　)(易混)

A. 心情　B. 激情　C. 应激　D. 心境

29. 有些幼儿看多了电视上的打打杀杀镜头，很容易增加其以后的攻击性行为。在此，影响幼儿攻击性行为的因素主要是(　　)

A. 挫折　B. 榜样　C. 强化　D. 惩罚

30. 从一定程度上说，(　　)的成熟标志着儿童个性的成熟。

A. 自我意识　B. 个性特征　C. 能力倾向　D. 个性倾向

31. 幼儿可以完成成人吩咐的简单任务，这体现出该幼儿的(　　)已开始萌芽。

A. 无意识记　B. 有意识记　C. 形象记忆　D. 情景记忆

32. 在母亲离开时无特别紧张或忧虑的表现，在母亲回来时，欢迎母亲的到来，但这只是短暂的。这种孩子可能属于(　　)依恋类型。

A. 回避型　B. 安全型　C. 反抗型　D. 迟钝型

33. 生活在不同环境中的同卵双胞胎的智商测评分数很接近。这说明(　　)

A. 遗传和后天环境对儿童的影响是平行的　B. 后天环境对智商的影响较大
C. 遗传对智商的影响较大　D. 遗传和后天环境对智商的影响相等

34. 幼儿在选择活动区时，教师观察到有的幼儿非常果断，有的盲从，还有的犹豫不决。教师可以从幼儿参与活动的(　　)视角来分析此现象。

A. 兴趣爱好　B. 个性心理　C. 规则意识　D. 认知水平

35. 新生儿的视觉不发达，(　　)岁是幼儿视力提高最快的阶段，6岁时幼儿视力接近成人水平。

A. 1～4　B. 2～5　C. 2～4　D. 3～5

36. 儿童心理学诞生的标志是德国人普莱尔的著作(　　)的出版。

A.《教育心理学》　B.《大教学论》　C.《儿童心理》　D.《儿童心理之研究》

37. 幼儿园大班儿童的攻击行为的特点是(　　)

A. 工具性攻击行为显著大于敌意攻击行为　B. 敌意攻击行为显著大于工具性攻击行为
C. 以言语攻击行为为主　D. 没有性别阶段

38. 天气转凉，幼儿用热水浇花，问他为什么时，他说老师讲天凉了要喝热水，不然会肚子疼，所以家里的花也应该喝热的水。这说明幼儿(　　)

A. 认为万事万物应和自己一样有思想
B. 思考问题不能转换思维的角度
C. 从自己的具体生活经验去思维
D. 只能照顾到事物的一个维度，而不能同时兼顾两个维度

39. 下列哪项不属于父母为学龄前儿童建立同伴关系的作用(　　)

A. 为孩子提供优质的教育活动和学习环境
B. 为孩子彼此间的接触提供便利的条件
C. 通过提供建议和指导影响孩子的社会交往
D. 父母自身的不同风格对儿童社会化的影响

40. 下列对具体运算阶段儿童思维的描述，正确的是(　　)

A. 思维可以依靠概念进行，有可逆性，有守恒概念，具有自我中心性，固定性和刻板性
B. 思维依靠表象进行，没有可逆性，没有守恒概念，具有自我中心性
C. 思维可以依靠概念进行，有可逆性，有守恒概念，逐渐非中心化，具有灵活性
D. 思维依靠表象进行，没有可逆性，没有守恒概念，逐渐非中心化

41. 下列不是根据记忆保持的时间来分类的是( )
A. 运动记忆　B. 瞬时记忆　C. 长时记忆　D. 短时记忆

42. 新生儿出生后就能听到声音，但听觉阈限在最好的情况下也比成人高，随着年龄的增长，婴儿的听觉阈限( )
A. 逐步上升　B. 保持平稳　C. 逐步下降　D. 基本消失

43. 老师带着某小班幼儿在户外玩“烤乳猪”的游戏，轮到溪溪当乳猪的角色，溪溪哭着说：“我不要当乳猪，我不要被烤，我不要被烤。”这表明( )
A. 幼儿能够区分想象和现实
B. 幼儿在想象中有时会出现想象与现实混淆的现象
C. 幼儿想象以虚拟性想象为主
D. 幼儿想象发展有一定的阶段性

44. 妈妈和萌萌饭后散步，看到一棵柳树树干上有很多疙瘩，萌萌问妈妈：“妈妈，这棵树上有这么多包包，它是被人打了吗？”萌萌的言行说明幼儿的认识活动具有( )的特征。
A. 拟人性　B. 情绪性　C. 直觉行动性　D. 同情心

45. 妈妈发现，如果给宝宝一个小箱子，让他把玩具放在箱子旁，宝宝常常会把玩具放进箱子里；如果让宝宝把玩具放在小桌子下面，宝宝则常常会放在桌子上。这是因为宝宝( )
A. 具有逆反心理　B. 具有独立性思维
C. 词义过度泛化　D. 对语言的理解受其生活经验影响

46. 老师讲三只小猪故事时，幼儿头脑中浮现三只小猪的形象，这一心理现象属于( )
A. 空想　B. 幻想　C. 再造想象　D. 创造想象

47. 萍萍忘不了叔叔煮的鸡汤的味道，这种记忆属于( )
A. 形象记忆　B. 情绪记忆　C. 运动记忆　D. 语词记忆

二、多项选择题

1. 先学前儿童心理发展的主要特点是( )
A. 语言的形成　B. 思维的萌芽
C. 自我意识的萌芽　D. 开始形成最初的个性倾向

2. 以下是老师和妞妞的对话，老师：“你有哥哥吗？”妞妞：“有，我哥哥是浩浩。”老师：“浩浩有妹妹吗？”妞妞：“没有。”关于这个对话，解释正确的是( )
A. 幼儿的思维是单向的　B. 幼儿的思维与她的生活经验有关
C. 幼儿缺乏逆向思维的能力　D. 幼儿的思维具有自我中心性

3. 幼儿无意想象的特点有( )
A. 想象无预定目的，由外界刺激直接引起　B. 想象的主题不稳定
C. 想象的内容零散、缺乏系统性　D. 想象活动只需结果，不在意过程

4. 下列影响儿童攻击性行为的因素有( )
A. 父母惩罚　B. 挫折　C. 强化　D. 儿童的身体素质

5. 幼儿社会性发展内容包括亲子关系的发展、同伴关系的发展以及( )
A. 师幼关系的发展　B. 性别角色的发展
C. 亲社会行为的发展　D. 攻击性行为的发展

6. 户外活动时小伟没有取到皮球，看到小强正在玩就去抢，小强不给，小伟就把小强推倒在地。小伟的攻击性行为属于( )
A. 敌意性攻击　B. 主动性攻击　C. 身体攻击　D. 工具性攻击

7. 对幼儿攻击性行为进行纠正的策略有( )
A. 给予榜样示范　B. 减少环境中易产生的攻击
C. 对幼儿的攻击性行为“冷处理”　D. 教幼儿解决问题

8. 培养幼儿的自我意识措施有( )
A. 对幼儿正确的评价　B. 明确行为要求
C. 增加难管机会　D. 在专项活动中教育

9. 幼儿情绪调控的发展趋势主要表现为( )(常考)
A. 情绪的冲动性逐渐减少　B. 情绪和情感从外显到内隐
C. 情绪的稳定性逐渐提高　D. 情绪和情感从内隐到外显

10. 幼儿同伴交往的特点为( )
A. 练习社交技能　B. 强化交往行为
C. 积极投入游戏　D. 人际交往出现“性别分离”现象

11. 学前儿童个性形成的标志是( )
A. 心理活动整体性的形成　B. 稳定性的增长
C. 独特性的发展　D. 积极能动性的发展

三、判断题

1. 帮助幼儿学会调节自己的情绪，要满足幼儿所有的需求。( )
2. 在组织幼儿进行活动时，最好把幼儿的智力活动与幼儿的实际操作活动结合起来，这样有助于维持幼儿的有意注意。( )
3. 婴儿分辨亲人和陌生人，依靠的是对不同人脸的初步的概括性反映，这是知觉水平的概括。( )
4. 中班的霓霓去海底世界玩后，对妈妈说：“有的鱼睁着眼睛在盯着我看，好像在说‘我认识你’。”这体现了幼儿的情境性想象。( )
5. 儿童先天就有情绪反应，这与其生理需要是否得到满足直接相关。( )
6. 幼儿辨别几何图形由易到难的顺序是：圆形→半圆形→正方形→长方形→三角形→八边形→五边形→梯形→菱形。(易混)( )
7. 触觉是肤觉和运动觉的联合，是幼儿认识世界的重要手段。( )
8. 气质本身没有好坏之分，每一种气质既有优点，又有缺点。( )
9. 通常认为，一般能力的核心是记忆能力。(易混)( )

10. 幼儿期应该特别重视儿童观察力、注意力及创造力的培养。 ( )
11. 2～3岁儿童掌握的词汇中,数量显著增加的是动词。 ( )
12. 幼儿的表象思维具有象征性、经验性、拟人性、表面性和刻板性等特点。 ( )
13. 幼儿掰手指属于直观行动思维的表现。 ( )
14. 活泼好动,喜欢交往,好奇好问,模仿力强,易受暗示都属于幼儿的性格特点。 ( )
15. 东东看到杨梅流口水,属于无条件反射。 ( )
16. 3岁前儿童的言语主要是连贯性言语。 ( )

四、填空题

1. 婴儿的情绪表现为________、________、________的特点。
2. 儿童心理发展的关键期现象,主要表现在儿童的________和感知方面。
3. 小芳玩拼插玩具时,常边插塑边小声嘀咕"这边插一个试试,这边插两个试试",这种言语被称为________。
4. 幼儿的思维特点是以________为主,应引导幼儿通过直接感知、亲身体验和实际操作进行科学学习。
5. 东东性子急,在拿书时总喜欢拿一本把一叠打翻,上课时也坐不住,爱乱动,东东的气质类型偏向于________。
6. "破涕为笑"现象在学前儿童身上较为常见,这反映他们的情绪具有________。
7. 幼儿辨别左右比较困难,教师在示范教学过程中,要注意使用________。
8. 刚问到的电话号码,打完电话就忘了,根据记忆保持时间,这种记忆属于________记忆。

五、名词解释

1. 大小规律

2. 情境性言语(易混)

3. 特殊能力

4. 记忆恢复(回涨)现象(常考)

5. 注意的转移(易混)

6. 适应现象

7. 抽象逻辑思维(常考)

8. 偶发记忆

9. 直观行动思维

10. 社会性发展

11. 性别稳定性(常考)

12. 性别恒常性(易混)

13. 黏液质(易混)

六、简答题

1. 简述儿童动作发展的规律。(常考)

2. 简述幼儿注意分散的原因及防止措施。(易混)

3. 简述幼儿方位知觉的发展趋势。(易错)

4. 简述幼儿情绪发展的特点。(常考)

5. 简述学前儿童社会性发展的意义。

6. 简述个性的基本特征。

7. 幼儿园中,男孩倾向于一起玩追逐游戏,女孩倾向于一起玩穿珠子的安静游戏,请简述幼儿性别角色形成的影响因素。

七、论述题

1. 试述学前儿童心理发展的基本趋势。(常考)

2. 为什么意义记忆比机械记忆效果好?(常考)

3. 试述幼儿情绪的培养策略。

4. 试述学前儿童气质的培养及教育适宜性。(易错)

5. 试述多元智能理论的基本观点。(常考)

八、案例分析题

1. 问:小朋友,你叫什么名字,几岁啦?

答:我叫刘雨薇,我5岁了。

问:你是男孩还是女孩?

答:那还用问,我当然是女孩啦,你看我扎了小辫子,我表弟才是男孩子。

问:你有什么本领啊?

答:我会值日,会擦桌子,会分碗筷,会讲故事,我打针也不哭,所以我是好孩子。

问:你喜欢什么啊?

答:我很喜欢芭比娃娃,可是妈妈不给我买新的了,因为妈妈说家里有很多,不能再买了。

问:那你不喜欢什么呢?

答:我不喜欢吃胡萝卜,可是老师和妈妈说吃了对眼睛好,我就吃了。

(1)案例中体现了该小朋友的何种心理现象?

(2)结合案例分析该小朋友这种心理现象的特点。

2. 情境一：

一天晚上，莉莉和妈妈散步时，有下列对话：

妈妈：月亮在动还是不动？

莉莉：我们动它就动。

妈妈：是什么使它动起来的呢？

莉莉：是我们。

妈妈：我们怎么使它动起来的呢？

莉莉：我们走路的时候它自己就走了。

情境二：

在幼儿园教学区活动中，老师给莉莉出示两排一样多的纽扣，莉莉认为一一对应排列的两排一样多。当老师把下面一排聚拢时，她就认为两排不一样多了……

(1)莉莉的行为表明她处于思维发展的什么阶段？举例说明这个阶段思维的主要特征及表现。

(2)幼儿这种思维特征对幼儿园教师的保教活动有什么启示？

3. 某省建设厅出台的《普通幼儿园建设标准》规定：幼儿园中班和大班的男、女厕位宜合理分隔，以后普通幼儿园新建、迁建都应按照这样的标准来设计规划。人们对此看法不一，幼儿园小朋友“嘘嘘”该不该分开呢？

请结合案例分析学前儿童性别角色的发展阶段。

4. 在一次语言活动中，某教师给幼儿讲“小猫钓鱼”的故事。为了加深幼儿对故事的理解，教师利用活动玩具“猫”和“鱼”作为教具。她一边绘声绘色地讲解故事的情节，一边演示活动的教具，同时播放相关的轻音乐。

试分析案例中体现的感知觉规律。

5. 为了解中班幼儿分类能力的发展，教师选择了“狗、人、船、鸟”四张图片，要求幼儿从中挑出一张不同的。很多幼儿拿出了“船”，他们的理由分别是：狗、人、鸟是常常在一起出现的，船不是；狗、人、鸟都有头、脚和身体，而船没有；狗、人、鸟是会长大的，而船是不会长大的。

(1)请结合上述案例分析中班幼儿分类能力的发展特点。

(2)基于上述案例中幼儿的发展特点，教师应如何实施教育。

6. 近年来，多起“熊孩子”事件被曝光，这些事件均因儿童社会行为不当导致不良后果而引发了公众热议与批评。与此同时，另一些孩子及家长与之相反的行为也在网络流传，也同样引发了人们的关注与思考，但这些行为却赢得了公众的赞叹。比如，带低龄孩子乘飞机的妈妈给其他乘客准备了小礼物，并附带一封以宝宝口吻写的信，信上写道：“在飞机起落的过程中，我可能会有点不安有点吵，但是我会尽量听妈妈的话，做个好宝宝。”又如，地铁上有位姑娘给一个5岁左右的小男孩让座，被孩子的妈妈微笑婉拒，孩子看了看妈妈，一本正经地向让座的姑娘道谢：“谢谢姐姐，妈妈说我已经是男子汉了，不能麻烦别人给我让座位了。”再如，电影院里有位小朋友扭来扭去，一直试图说话，爸爸立刻让他离开座位，并边走边低声说：“你已经三岁了，应该学会不打扰别人，不然你会成为一个让人讨厌的人。”小小的孩子跟在爸爸后面，学着爸爸的样子一边向让道的人道歉，一边离开……

试分析案例中，孩子和家长赢得公众赞叹的行为属于什么社会行为并说明理由。再结合案例就促进儿童这类社会行为的发展提出合理建议。

7. 孩子已经2岁零7个月了。近些天，孩子的“言行举止”总是让妈妈弄不明白，究竟是为什么呢？这个问题一直萦绕在妈妈的脑海。

前几天，妈妈和孩子一块坐在院子里乘凉，孩子看到深蓝的天幕上那如洗的圆月、调皮地眨巴着眼睛的星星，非常兴奋，和妈妈有说不完的话。可小孩哪里知道劳累了一天的妈妈的心思。妈妈说：“天黑了，该睡觉了……”“月亮为什么不睡觉？”“那星星为什么还眨眼睛？”孩子的反问让妈妈惊讶！妈妈和孩子一块到大街上，他极不愿意让妈妈拉他的手，总是那样不听话。最让妈妈担心的是平坦的道路他不走，却偏偏一摇三晃地走那凹凹凸凸的地方，正如在饭桌上，本来会自己好好地用汤匙吃饭，却故意把米粒撒一饭桌，用手捡着放到嘴里。

不过有时也挺可爱的。例如，前天中午，妈妈把做好的饭菜刚送到饭桌上，还未来得及解围裙，孩子却一脸认真地说：“妈妈，你辛苦了。”

根据以上案例，回答下面问题：

(1)孩子的“言行举止”说明了什么？

(2)这个时期，幼儿教育中应注意的问题是什么？

8. 小虎精力旺盛，爱打抱不平，但是做事急躁、马虎、爱指挥人，稍不如意，便大发脾气，甚至动手打人，事后虽也后悔，但遇事总是难以克制……

请根据小虎的上述行为表现，回答下列问题。

(1)你认为小虎的气质属于什么类型？为什么？

(2)如果你是小虎的老师，你准备如何根据其气质类型的特征实施教育？

9. 阅读下面案例，回答问题。

教师出示图片，问：“草地上有几只兔子？”

幼儿回答：“草地上有2只兔子。”

教师又拿出一张图片与之前图片并列放置，问：“又来了几只兔子？”

幼儿回答：“又来了3只兔子。”

教师接着提问：“草地上原来有2只兔子，又来了3只兔子，那我们现在就可以用加法来计算一下，现在一共有几只兔子呢？”

幼儿回答：“一共有5只兔子。”

教师总结：“非常棒，2只兔子加上3只兔子，一共是5只兔子。”

以上案例是一个数学教学的案例，请你结合幼儿思维发展的特点分析该教师的教学过程是否合理。

10. 一些家长反映，孩子到2岁以后就不像1岁以前那么听话了，特别是2～3岁时，嘴里经常说“我自己来”，行动上有了自己的主意，不听从成人的吩咐，不让他做的事情，他偏要做。例如，在外面玩久了，成人对他说：“该回家了！”他却说：“我不回家，我还要玩呢！”家长对此感到很头疼，不知道应该怎样教育才好。

问题：

(1)案例中幼儿的表现说明了1～3岁幼儿心理发展的何种特征？

(2)成人应该怎样正确教育幼儿？如果教育不当，对幼儿心理发展会产生什么不良后果？

11. 壮壮是幼儿园小班的幼儿，爸爸妈妈都外出打工，照顾他的责任就留给了爷爷奶奶，奶奶对其十分溺爱，导致壮壮性格十分孤僻。上课的第一天就面无表情，生活中经常骂奶奶，打幼儿园的小朋友和老师，并认为老师和家长对他的关心都是理所当然的。为了不上幼儿园，他骗奶奶说肚子疼。不听家长和老师对他的劝告和教导。

问题：阐述壮壮的问题并找出矫正的方法。

12. 阅读案例，完成下列问题。

案例一：幼儿园里，老师正进行每周一次的小红花评比。雯雯看到别的小朋友陆续得到了奖励，自己却没有，开始不高兴了。等到老师给成成小红花时，她站起来，大声说：“老师，成成不爱护玩具，还不好好洗手，不要给他小红花。”

案例二：绘画活动结束后，老师把几个画得好的幼儿作品贴在小黑板上，让大家欣赏。下午放学时却发现有两幅画被撕破了，经过一番调查，原来是小蕊做的。在老师耐心的询问下，小蕊才说：“我不喜欢他们的画被贴起来。我也画得好，你怎么不贴我的？”

问题：(1)根据上述案例，对案例一与案例二中幼儿的心理进行分析。

(2)根据上述案例，对于幼儿的嫉妒情绪，应采取什么教育策略？

13. 如果说中小学奥数火爆程度还在预料之中，那么幼儿园级别的奥数火爆程度可能会让无数人大跌眼镜。时下，越来越多的家长开始把还在读幼儿园的孩子送进奥数课堂。当然，奥数的新名字变成了“思维训练”。

翟女士有个五岁半的女儿，九月开学就要上幼儿园大班了。最近翟女士的内心十分纠结：“挣扎了好久，最终还是决定给女儿报个奥数班。”对于女儿的教育，翟女士一直觉得要给孩子一个快乐无负担的童年。但最近和朋友聚餐，聊起孩子的教育，翟女士有点坐不住了。“都说奥数培养的是逻辑思维，要是现在不学，以后课堂上就会跟人家差出一大截。”贾女士说，跟女儿同班的一个孩子对三位数加减法已经很熟练了，而自己的女儿两位数加减法还比较困难。这让她隐隐感觉到了压力。“我不想让孩子‘抢跑’，但更不想‘落单’。”

问题：请结合案例，从学前儿童思维发展的角度，评析越来越多家长送幼儿进奥数课堂的现象。

专题四　幼儿教育心理学

命题分析

1. **幼儿教育心理学概述**。掌握幼儿教育心理学的学科性质，理解幼儿教育心理学的任务、幼儿教育心理学的研究内容。在考试中常以选择的形式考查。

2. **幼儿教育心理学的发展历程**。理解幼儿教育心理学的发展历程。在考试中常以选择的形式考查。

3. **行为主义、人本主义、认知主义、建构主义学习理论**。重点掌握桑代克的试误—联结学习理论、斯金纳的操作学习理论、马斯洛的需要层次理论。在考试中常以选择、判断等形式考查。

4. **基本概念**。包括认知内驱力、迁移、操作学习等，要求考生理解并掌握。在考试中常以选择、判断等形式考查。

5. **幼儿学习动机**。考生应重点掌握幼儿学习动机的分类，理解各类型学习动机的内涵。在考试中常以选择、判断等形式考查。

6. **幼儿学习迁移**。重点掌握学习迁移的分类、迁移理论。在考试中常以选择、判断等形式考查。

7. **幼儿的各方面学习**。重点掌握观察模仿学习、操作学习、动作技能学习的基本阶段。在考试中常以选择、判断等形式考查。

8. **幼儿个别差异概述**。包括幼儿个别差异的概念、幼儿个别差异的类型，要求考生理解并掌握。在考试中常以选择、判断等形式考查。

9. **针对个别差异的适宜性教学**。考生应重点掌握适宜性教学法的主要方式。在考试中常以选择、判断等形式考查。

基础训练

知识1 幼儿学习理论

一、单项选择题

1. 通过一定的榜样强化相应的学习行为或学习行为倾向。这是(　　)

A. 直接强化　　B. 替代强化
C. 自我强化　　D. 特殊强化

2. 在心理发展过程中，属于人本主义心理学流派的心理学家是(　　)

A. 弗洛伊德　　B. 韦特海默
C. 斯金纳　　D. 罗杰斯

3. 小刚原来见了陌生人就躲避，上幼儿园一个月后，小刚的这种行为消失了。根据加涅的学习结果分类，这是发生了(　　)的学习。

A. 言语信息　　B. 智慧技能　　C. 动作技能　　D. 态度

4. 下列哪种现象不属于学习(　　)(易混)

A. 小孩到一定年龄变声　　B. 近朱者赤
C. 上行下效　　D. 吃一堑长一智

5. 奥苏贝尔依据(　　)，把学习分为接受学习和发现学习、机械学习和有意义学习。

A. 学习所得结果不同　　B. 学习的繁简程度不同
C. 主体所得经验的来源不同　　D. 学习的形式与性质

7. 根据加涅的学习分类理论，“学生闻老师呵斥而畏惧，见试卷获满分而欣慰”。这属于(　　)

A. 信号学习　　B. 刺激—反应学习
C. 连锁学习　　D. 言语联想学习

8. “其身正，不令而行；其身不正，虽令不从。”能够有效解释这一现象的是(　　)

A. 认知学习理论　　B. 社会学习理论
C. 人本主义理论　　D. 建构主义理论

9. 要求学生分辨勇敢和鲁莽、谦让和退缩是刺激的(　　)

A. 获得　　B. 消退　　C. 泛化　　D. 分化

10. 下列选项的说法与建构主义的观点一致的是(　　)

A. 学习不依赖于学习者从前的经验　　B. 学习者需要学习认知结构
C. 学习过程是自己对意义的理解过程　　D. 学习就是接受知识

11. 在学习过程中，学习者为了提高学习的效果和效率，有目的、有意识地制定有关学习过程的复杂方案，称为(　　)

A. 学习策略　　B. 学习计划　　C. 学习方法　　D. 学习规律

12. 在行为学习理论中，(　　)认为人类学习是在做出某种行为后，受到环境或教育的某种强化而形成的。

A. 桑代克　　B. 巴甫洛夫　　C. 斯金纳　　D. 班杜拉

13. 在实际教学中，教师不能突袭(如应该学习新知识，却进行考试)，这不利于学生学习。其做法依据的是学习的(　　)

A. 准备律　　B. 练习律　　C. 效果律　　D. 动机律

14. 一朝被蛇咬，十年怕井绳，这种现象最适宜的解释是(　　)(常考)

A. 刺激泛化　　B. 刺激分化　　C. 刺激恐惧　　D. 刺激评价

15. 满意的结果会促使个体趋向和保持某一行为，而烦恼的结果则会使个体逃避和放弃某一行为。这说明个体在学习中会遵循(　　)

A. 效果律　　B. 练习律　　C. 应用律　　D. 准备律

16. 马斯洛提出的"需要层次理论"中，将(　　)列为人的最高心理需要。

A. 审美需要　B. 认知需要　C. 自我实现需要　D. 归属与爱的需要

17. 改进教育，提出结构主义，并倡导发现学习的教育家是(　　)

A. 皮亚杰　B. 布鲁纳　C. 卢梭　D. 苏霍姆林斯基

18. 根据加涅的学习分类理论，儿童学唱《我爱北京天安门》时虽不懂其全义，但通过言语联想可掌握。这属于(　　)

A. 信号学习　B. 言语联结学习　C. 多重识别学习　D. 概念学习

19. 胡老师抱怨她班上的学生："当他们违反纪律时，我对他们大喊大叫，但他们却越来越不像话！"对于学生这种不良行为的增加，可以用行为主义的(　　)观点来加以解释。

A. 正强化　B. 负强化　C. 惩罚　D. 消退

20. 桑代克认为动物的学习是由于在反复的尝试—错误过程中，形成了稳定的(　　)

A. 能力　B. 认知　C. 兴趣　D. 刺激—反应联结

21. 儿童容易模仿影视片中反面人物的行为，结果导致不良品德。为了避免影视片的消极影响，根据班杜拉社会学习理论，适当的做法是(　　)

A. 避免学生观看这类影视片　B. 对有模仿行为的儿童进行说服教育

C. 影片中尽量少描写反面人物　D. 影视片应使观众体验到"恶有恶报，善有善报"

22. 随机通达教学是由(　　)提出来的教学方式。

A. 斯皮尔曼　B. 斯金纳　C. 斯皮罗　D. 皮亚杰

23. 皮亚杰提出的学习理论是(　　)

A. 行为主义理论　B. 社会学习理论

C. 认知建构理论　D. 操作性条件反射理论

24. (　　)强调"废除教师中心，一切以学生为中心"。

A. 认知结构学习理论　B. 有意义接受学习理论

C. 建构主义学习理论　D. 人本主义学习理论

25. 下列各项中搭配有误的是(　　)

A. 斯金纳—扇贝效应　B. 桑代克—饿猫开箱实验

C. 班杜拉—认知地图　D. 巴甫洛夫—狗喂食实验

26. 奥苏贝尔提出的学习理论是(　　)

A. 社会学习理论　B. 认知结构理论　C. 认知目的理论　D. 意义学习理论

27. 在赌场，老虎机玩家所接受的强化是一种(　　)

A. 定比强化　B. 定时强化　C. 变化比例强化　D. 不定时强化

28. 一个人希望自己能够有实力、充满信心，能够独立自主，或者有地位、有威信，受到别人的信任和高度评价，这体现的是马斯洛需要层次理论中的(　　)

A. 生理需要　B. 尊重需要　C. 情感和归属需要　D. 自我实现需要

29. 认为儿童的侵犯行为是通过替代强化而获得的理论是(　　)

A. 生态系统理论　B. 社会学习理论　C. 条件反射学说　D. 知觉学习理论

二、多项选择题

1. 依照桑代克的"试误说"，学习的三条基本规律有(　　)

A. 准备律　B. 刺激律　C. 效果律　D. 练习律

2. 斯金纳认为，人和动物的行为有(　　)

A. 应答性行为　B. 反应性行为　C. 攻击性行为　D. 操作性行为

3. 信息加工心理学的学习理论提出的幼儿的三种长时记忆包括(　　)

A. 情景记忆　B. 语义记忆　C. 瞬时记忆　D. 程序记忆

4. 下列属于认知学派学习理论的是(　　)(易混)

A. 桑代克的联结理论　B. 布鲁纳的学习理论

C. 格式塔学习理论　D. 马斯洛的学习理论

三、填空题

1. 一个孩子出现打人行为，因此父母规定他一个月不准吃肯德基。这种做法属于________。

2. 马斯洛的需要层次理论把人的需要分为________、安全需要、________、尊重需要、求知需要、美的需要和自我实现的需要。

3. 奥苏贝尔按照学习的形式，将学习分为机械学习和________。(常考)

4. ________以认知灵活性理论为基础，它最早由斯皮罗提出。(易错)

5. 斯金纳将凡是能增强反应频率的刺激或事件叫作________。

6. ________要求对学习内容的分割要适当，对单元划分的大小要根据具体的教学内容和教学任务来确定。

7. ________指每次行为之后都给予强化。

8. ________在他的著作《行为主义》中有一段著名的论断可以说明他极端的环境决定论思想。

四、名词解释

1. 信号学习(常考)

2. 学习

3. 连锁学习(易错)

4. 正强化(常考)

5. 惩罚

6. 程序教学

五、简答题

1. 简述关于学习的划分类型。(易错)

2. 简述罗杰斯的个人中心学习理论。

3. 简述幼儿程序教学应遵循的原则。

4. 教师在讲解式教学中要注意哪些问题?(常考)

5. 简述建构主义学习理论的知识观。

6. 简述班杜拉的社会学习理论。

7. 简述行为主义的教学方法。

8. 简述学习的内涵。(易错)

六、论述题

1. 试述维果斯基的支架式教学。

2. 试述建构主义抛锚式教学的主要内涵。(常考)

七、案例分析题

某幼儿园大班李老师发现班上有几个同学的作业总是潦草脏乱。为了帮助这些学生,李老师专门雕刻了2枚印章和一些好孩子的小卡通画奖品,每当这几个同学的作业工整干净,她就在练习本上加盖一个小红花印章,连续得到3次小红花就加盖一个"一级棒",并奖励一个好孩子的小卡通画,连续获得3张好孩子的卡通画就把该学生的作业放在光荣榜上展览。

请结合斯金纳的儿童行为强化控制理论进行分析。

知识2 幼儿学习心理

一、单项选择题

1. 一种学习对另一种学习的影响称为学习的( )
A. 强化　B. 迁移　C. 反馈　D. 联结

2. 幼儿为了得到奖励而进行学习的学习动机是( )
A. 普遍型学习动机　B. 偏重型学习动机
C. 内在动机　D. 外在动机

3. 幼儿园常采用发小红花等方式来激励小朋友。这主要是激发小朋友的( )
A. 成就动机　B. 认知内驱力
C. 自我提高内驱力　D. 附属内驱力

4. 学生经常说"书中自有黄金屋",这属于( )
A. 学习目的　B. 学习动机　C. 学习兴趣　D. 学习热情

5. 根据动机产生的诱因来源,可以把学习动机分为( )
A. 内部学习动机和外部学习动机
B. 高尚的学习动机和低级的学习动机
C. 主导性学习动机和辅助性学习动机
D. 近景的直接性学习动机和远景的间接性学习动机

6. 下列情境中属于内在动机的是( )(易错)
A. 在课业压力下,小明在课间休息时在教室做作业
B. 李老师对小红的词语默写成绩表示满意
C. 教务主任在全校大会上为三好学生颁发奖状
D. 黄云每天独自看几个小时的电视

7. 小明学习不是为了获得家长的赞许,也不是为了赢得名次,只是他发觉知识学习过程本身很有乐趣。根据奥苏贝尔的成就动机理论,小明的学习动机属于( )
A. 认知内驱力　B. 自我提高内驱力　C. 附属内驱力　D. 自我效能感

8. 学习了"木"字和"林"字对学习"森"字有影响。这反映了( )(易混)
A. 横向迁移　B. 竖向迁移　C. 一般迁移　D. 具体迁移

9. 很多科学家都在自己的研究领域内进行不懈的探索,他们的动机主要是( )
A. 自我提高内驱力　B. 认知内驱力　C. 附属内驱力　D. 外部动机

10. 根据学校情境中的学业成就动机的不同,奥苏贝尔等人把动机分为( )
A. 内部学习动机和外部学习动机
B. 高尚的学习动机和低级的学习动机
C. 近景的直接性学习动机和远景的间接性学习动机
D. 认知内驱力、自我提高内驱力和附属内驱力

11. 有一种学习动机,它是幼儿学习的直接动力和需求,使幼儿对学习本身感兴趣,而不需要外界的诱因或惩罚,这种动机是( )
A. 普遍型动机　B. 偏重型动机
C. 外在动机　D. 内在动机

12. 诱因是幼儿学习的( )
A. 内部动机　B. 外部动机　C. 普遍型动机　D. 偏重型动机

13. 加涅关于学习的八种阶梯类型中,最低层次的学习是( )(常考)
A. 刺激反应联结　B. 信号学习　C. 概念学习　D. 问题解决

14. 下列情境中代表内部动机的情境是( )(易错)
A. 王老师对华华的数学测验成绩表示不满意
B. 小刚把当前的学习和国家的利益联系起来
C. 妈妈表扬小明爱劳动
D. 王丽每天独自听音乐

15. 老师要注重培养学生正确的归因观,那么正确的归因观主要是归因于( )
A. 内部稳定的因素　B. 内部可控的因素
C. 内部不可控的因素　D. 外部可控的因素

16. 下列关于学习动机的表述,错误的是( )(易错)
A. 学习动机回答的是"为什么"学习的问题,而学习目的是回答"为了什么"而学习的问题
B. 学习动机主要有激发学习行为、为行为定向和维持行为为三种作用
C. 学习动机作为人类行为动机之一,是直接推动学生进行学习以达到某种目的的心理动因
D. 按学习动机作用的主次不同,学习动机可划分为内部学习动机与外部学习动机

17. 下列关于动机的说法错误的是( )
A. 动机水平与行为效率呈U型曲线
B. "耶克斯—多德森定律"表明,动机不足或过分强烈都会影响学习效率
C. 在比较容易的任务中,工作效率随动机的提高而上升
D. 一般来说,最佳水平为中等强度的动机

18. 在英语学习中,学生在学习"eye"和"ball"后学习"eyeball"就比较容易。这种现象属于( )(常考)
A. 一般迁移　B. 具体迁移　C. 垂直迁移　D. 负迁移

19. 对于幼儿来说,学习动机主要表现为好奇、兴趣和诱因三个方面。其中( )是幼儿学习最主要的动机。
A. 好奇　B. 兴趣　C. 诱因　D. 三者都是

20. 如果学生已经有了"哺乳动物"的概念,然后再学习"鲸"这种动物。这种学习属于( )
A. 概念学习　B. 上位学习　C. 下位学习　D. 并列结合学习

21. 下列哪一项描述的是迁移(　　)(常考)
A. 学生学习解决一元二次方程,老师测验一元二次方程
B. 学生学习古诗文后,老师让学生默写
C. 学生刚学习一篇文章,教师带领学生用真实情景演示出来
D. 学生学习一位数加法,作业是两位数加法
22. 学生学习音符后,看乐谱越来越简单,是属于(　　)
A. 正迁移　B. 负迁移　C. 顺向迁移　D. 逆向迁移
23. 根据韦纳的归因理论,长期把失败归因于稳定的、内部原因,会导致(　　)
A. 自卑沮丧　B. 骄傲自满　C. 愈挫愈勇　D. 气愤敌意
24. 小燕在两岁时就学会了背"床前明月光,疑是地上霜……"这首唐诗。按加涅的学习结果分类,这里发生的学习是(　　)
A. 言语信息　B. 态度　C. 动作技能　D. 智慧技能
25. 从迁移的观点来看,"温故而知新"属于(　　)
A. 顺向负迁移　B. 逆向负迁移
C. 逆向正迁移　D. 顺向正迁移
26. 学习迁移也称训练迁移,是指一种学习对(　　)
A. 另一种学习的影响　B. 对活动的影响
C. 对记忆的促进　D. 对智力的影响
27. 小贺在某次考试中考到了班级第一名,她认为这次能考这么好主要是因为运气好,很多不会做的题目都蒙对了。根据韦纳的归因理论,这属于(　　)的归因方式。
A. 不稳定、外在、不可控制　B. 不稳定、内在、可控制
C. 稳定、外在、可控制　D. 不稳定、外在、可控制
28. 根据韦纳的归因理论,下列属于个体把成功的原因归结为内部原因的是(　　)
A. 外界环境　B. 任务难度　C. 运气　D. 努力
29. 创造力的核心成分是(　　)
A. 创造性人格　B. 创造性思维
C. 创造性技能　D. 创新意识
30. 幼儿为了得到老师的表扬而坐好,其动机是(　　)
A. 消极动机　B. 低级动机　C. 外在动机　D. 内在动机
31. (　　)是最早的关于迁移的理论。
A. 形式训练说　B. 关系转换说　C. 产生式理论　D. 学习定势说
32. 形式训练说的基础是(　　)
A. 人本主义学说　B. 建构主义学说
C. 官能心理学　D. 行为主义学说
33. 明明是个很活泼的男孩,已经上幼儿园了,在幼儿园的活动中他对各项学习活动均有较强的内在学习动力。这表明他的动机类型是(　　)
A. 内在动机　B. 外在动机
C. 普遍型学习动机　D. 偏重型学习动机
34. 根据迁移内容的不同,一般将迁移分为(　　)(易混)
A. 正迁移和负迁移　B. 水平迁移和垂直迁移
C. 一般迁移和具体迁移　D. 近迁移和远迁移
35. 有意识地将某情境下习得的抽象知识运用到新的情境中,属于(　　)(易错)
A. 正迁移　B. 高路迁移　C. 顺向迁移　D. 特殊迁移
36. 老师说:"小刚走得真好,挺起胸来像个小解放军。"孩子们随即以小刚为学习的榜样。这表现出幼儿(　　)的特征。
A. 操作学习　B. 观察学习　C. 语言理解学习　D. 交往中学习
37. 实验证明,愉快的强度与操作效果之间为(　　)关系。(常考)
A. 直线　B. 曲线　C. U形曲线　D. 倒U形曲线
38. "知人所不知,见人所不见。"这表明了创造性的(　　)品质。
A. 流畅性　B. 变通性　C. 指向性　D. 独创性
39. 发展适宜性包括两层含义:一是年龄适宜性,二是(　　)
A. 个别差异适宜性　B. 性别适宜性　C. 个性适宜性　D. 身体适宜性
40. 行为主义学派的心理学家班杜拉发展了强化理论,提出了(　　)等概念。
A. 直接强化和间接强化　B. 替代强化和自我强化
C. 直接强化和自我强化　D. 直接强化和替代强化

二、多项选择题

1. 小明主动打扫教室,班主任当众对小明进行了表扬,以下说法正确的是(　　)
A. 班主任对小明的表扬属于正强化
B. 班主任对小明的表扬有助于培养小明热爱劳动的精神
C. 班主任对小明的表扬属于精神奖励
D. 班主任对小明的表扬有助于其他同学向小明学习
2. 由数学运算到字母运算的转化,属于(　　)(易错)
A. 正迁移　B. 自上而下的迁移　C. 负迁移　D. 自下而上的迁移
3. 归因对学生学习的影响有(　　)
A. 影响学生对学习结果的情感体验　B. 影响学生对后续学习的期望
C. 影响学生学习的努力程度　D. 影响学生对自身的认识与评价
4. 下列各项属于20世纪80年代后的迁移理论的是(　　)
A. 图式理论　B. 共同要素理论　C. 元认知理论　D. 认知灵活性理论

三、名词解释

1. 竖向迁移(常考)

2. 正迁移

3. 创造性

四、简答题

1. 简述幼儿创造性的表现。

2. 简述幼儿学习动机的主要特征。

3. 简述培养幼儿学习动机的有效方法。(常考)

4. 如何促进幼儿学习迁移?(常考)

5. 简述幼儿创造性的教育培养。(常考)

整合提升

一、单项选择题

1. 在好奇动机之下,不属于幼儿外显行为的表现方式是(　　)

A. 感官的探索　　B. 动作的操弄

C. 口头的询问　　D. 情绪的变化

2. 某幼儿园小班教师喜欢用“真棒、真行”表扬儿童,儿童往往得到激励,但随着年龄的增加,儿童对其表扬不再感兴趣。这一现象说明(　　)

A. 随着年龄的增加,儿童对语言激励不感兴趣

B. 随着年龄的增加,儿童对物质激励更感兴趣

C. 随着年龄的增加,儿童的认知内驱力有所减弱

D. 随着年龄的增加,儿童的附属内驱力有所减弱

3. 一个人被一条狗咬了之后就害怕所有的狗。这一现象被称为(　　)(易混)

A. 刺激泛化　　B. 刺激分化　　C. 行为消退　　D. 行为习得

4. 幼儿园老师对幼儿容易完成要求的任务,尽快地奖励;紧接着,当幼儿的学习或者行为达到了一定的程度,就要不断延长强化的间隔时间,直到最后撤销强化。这属于(　　)(易错)

A. 扇贝效应　　B. 南风效应

C. 罗森塔尔效应　　D. 期待效应

5. 学生学会了汉语拼音后再学英语字母时,经常把英语字母读成汉语拼音。这种迁移按照分类属于(　　)(常考)

A. 顺向迁移和正迁移　　B. 逆向迁移和负迁移

C. 顺向迁移和负迁移　　D. 逆向迁移和正迁移

6. 小明亲眼目睹那些欺负弱小的同学经常受到老师的严厉批评、处罚,而那些爱护弱小的同学则受到大家的喜爱。久而久之,他也变成了一个乐于助人、不欺负弱小的学生。这种学习属于(　　)

A. 亲历学习　　B. 观察学习　　C. 迁移学习　　D. 试误学习

7. 在生活中,幼儿的很多玩具的设计很科学。例如,早教机在“提问”后,当幼儿做出反应,“早教机”的应答可以让幼儿知道其反应是否正确。这一现象反映了(　　)(易错)

A. 积极反应原则　　B. 自定步调原则

C. 及时强化原则　　D. 延迟满足原则

8. 一种学习对另一种学习起干扰或抑制作用被称为(　　)

A. 正迁移　　B. 负迁移　　C. 顺向迁移　　D. 逆向迁移

9. 会骑自行车的人,一下子很难骑好三轮车。这种现象的发生,主要是受(　　)的影响。

A. 定势　　B. 正迁移　　C. 原型　　D. 负迁移

10. 学生喜欢读自己喜欢的故事书，解答自己感兴趣的数学题，活动本身能给他们带来愉悦。这种指向任务本身的动机按照类型划分属于(　　)

A. 外部动机和认知内驱力　　B. 外部动机和自我提高内驱力

C. 内部动机和认知内驱力　　D. 内部动机和自我提高内驱力

11. "学生之所以学习，是因为在学习过程中可以得到奖赏、赞扬和优异的成绩等报偿。"持这种观点的学习动机理论是(　　)(常考)

A. 归因理论　　B. 成就动机理论

C. 强化理论　　D. 自我效能感理论

12. 对我国幼儿成败归因稳定性的研究发现，(　　)幼儿已初步形成比较稳定的内外控倾向。

A. 4岁　　B. 5岁　　C. 6岁　　D. 7岁

13. 很多学生在学习了乘法口诀后，习惯于"三七二十一"这一记忆顺序，但如果问他们"几乘以三等于二十一"，很多人都反应不过来。这是(　　)现象消极作用的表现。(易错)

A. 定势　　B. 逆向迁移　　C. 正迁移　　D. 水平迁移

14. 自我提高内驱力和附属内驱力属于(　　)

A. 内部动机　　B. 外部动机　　C. 直接动机　　D. 高尚的学习动机

15. 小红为了获得老师和家长的表扬，学习非常刻苦。她的学习动机是(　　)(常考)

A. 认知内驱力　　B. 自我提高内驱力

C. 附属内驱力　　D. 求知欲

16. 每次吃东西时小涵的爸爸妈妈总是先把最好的给爷爷奶奶，久而久之，小涵在吃东西时也会把最好的给爷爷奶奶。这表明(　　)

A. 幼儿可以通过操作性条件反射习得某种行为

B. 幼儿可以通过奖惩习得某种行为

C. 幼儿可以通过观察和模仿习得某种行为

D. 幼儿可以通过反复练习习得某种行为

17. 初学弹吉他的乐谱上都附有"指法图"，帮助学习者能灵活记忆各种指法，这采用的是建构主义教学方式中的(　　)

A. 支架式教学　　B. 抛锚式教学　　C. 随机通达教学　　D. 探索式教学

18. 儿童时期表现最突出的是(　　)

A. 成就内驱力　　B. 自我提高内驱力

C. 认知内驱力　　D. 附属内驱力

19. 豆豆每天都认真练琴，他说他将来要成为像朗朗一样的钢琴家。这反映了豆豆练琴的学习动机属于(　　)

A. 坚持性动机　　B. 近景性动机

C. 远景性动机　　D. 辅助性动机

二、多项选择题

1. 人类学习与动物学习的重要区别有(　　)(常考)

A. 人类的学习要获得个体的行为经验

B. 人类的学习要掌握人类积累下来的社会历史经验和科学文化知识

C. 人类的学习通过语言的中介作用进行

D. 人类的学习是一种有目的的、自觉的、积极主动的过程

2. 下列对于布鲁纳的学习理论说法正确的是(　　)

A. 布鲁纳提出了发现学习

B. 主张教学的最终目标是促进学生对学科的基本结构的一般理解

C. 学生的学习是意义学习

D. 学习的实质在于主动形成认知结构

3. 下列选项中关于学习动机的表述，正确的有(　　)(常考)

A. 外部动机和内部动机二者同等重要

B. 应当尽可能的给成绩好的学生奖励，作为强化

C. 老师应当根据学生学习动机的差别鼓励学生的学习

D. 激励学生学习的最好方法就是开展竞赛

4. 根据归因理论的观点，有利于激发学生学习动机的做法是使学生看到(　　)(常考)

A. 努力是成功的重要条件　　B. 运气的作用

C. 能力的作用　　D. 自己努力是有效的

5. 下面属于学习迁移的有(　　)

A. 建立了"四边形"概念后，再学习平行四边形、梯形、菱形、矩形、正方形等概念

B. 掌握"mouth"(嘴，口腔)这个英语单词可能会促进"goldenmouthed"(雄辩的)这一新单词的学习

C. 在讲解"蒸汽变水"时，教师由"寒冷的冬天在室外说话时出现哈气现象"引导到问题上来

D. 数学学习中审题技能的掌握可能会影响到物理学习中的审题

6. 马斯洛将个人的需要分为多个层次。其中属于基本需求的有(　　)

A. 生理需要　　B. 安全需要　　C. 归属与爱的需要　　D. 自我实现需要

三、填空题

1. 加涅按学习的结果，将学习分为言语信息、智慧技能、________、________、________。

2. ________兴起于20世纪50年代，被称为继行为主义心理学与精神分析心理学之后现代心理学的"第三势力"。

四、名词解释

1. 练习律

2. 具体迁移

五、简答题

1. 简述学习迁移的分类。(易错)

2. 简述布鲁纳发现学习的主要特点。(易混)

3. 简述马斯洛的需要层次理论。

六、论述题

试述人本主义教学法在幼儿学习中的运用。

七、案例分析题

小李在幼儿园班级中成绩一般,是老师和同学忽视的对象。有一天上课,他在那里叠纸飞机,为了引起同学和老师的注意,他把飞机飞向空中。老师当场在全班同学面前批评了他。

(1)请分析小李出现这种情况的原因。

(2)请用行为主义学习理论分析案例中老师处理问题的方法及其效果。

(3)请你用其他的学习理论,提出更好的处理方法。

专题五 幼儿教育法规

命题分析

1.《幼儿园管理条例》《幼儿园工作规程》《幼儿园教育指导纲要(试行)》《3~6岁儿童学习与发展指南》。在考试中常以选择、判断、填空、简答等形式考查。

2. **教师职业道德概述**。包括教师职业道德的概念、特点和作用。在考试中常以选择、判断、简答、案例分析等形式考查。

3. **幼儿园教师职业道德概述**。重点掌握幼儿园教师职业道德的内容。在考试中常以选择、判断、简答、案例分析等形式考查。

4. **《中小学教师职业道德规范》解读**。重点掌握1997年修订的《中小学教师职业道德规范》、2008年修订的《中小学教师职业道德规范》。在考试中常以选择、判断、简答、案例分析等形式考查。

基础训练

知识1 幼儿教育法规

一、单项选择题

1.《幼儿园教育指导纲要(试行)》强调幼儿园与家庭是(　　)
A. 合作伙伴关系　B. 指导与被指导关系
C. 教育者与被教育者的关系　D. 行政关系

2. 鼓励幼儿进行跑跳、钻爬、攀登、投掷、拍球等活动,主要是为发展幼儿的(　　)(易混)
A. 身体平衡能力　B. 身体协调性和灵活性
C. 身体的力量　D. 身体的耐力

3. 培养幼儿喜欢并适应群体生活是(　　)方面的培养目标。
A. 人际交往　B. 社会适应
C. 人际交往与社会适应　D. 感受与欣赏

4.《幼儿园教师专业标准(试行)》遵循幼儿为本的原则,以幼儿为主体,充分调动和发挥幼儿的(　　)
A. 主观性　B. 主动性　C. 主体性　D. 主导性

5. 教师要建立班级(　　),营造良好的班级氛围,让幼儿感受到安全、舒适。
A. 常规要求　B. 行为流程　C. 日常守则　D. 秩序与规则

6. 使用符合幼儿(　　)的语言进行保教工作。
A. 特殊需要　B. 身心特点　C. 随机喜爱　D. 年龄特点

7. 当教师发现幼儿遭受家暴或疑似暴力的情况时,正确的做法是(　　)
A. 依法向公安机关报案　B. 与家长进行沟通交流
C. 向园领导汇报　D. 向幼儿的其他监护人反应

8. 教师要有效运用(　　)指导下一步教育活动的开展。
A. 家长反应　B. 评价结果　C. 观察记录　D. 教学反思

9. 寄宿制幼儿园的户外活动不得少于(　　),高寒、高温地区可酌情增减。(常考)
A. 1小时　B. 2.5小时　C. 2小时　D. 3小时

10. "喜欢观看花草树木"所体现的学前教育艺术领域的目标是(　　)
A. 具有初步的艺术表现和创造能力　B. 喜欢欣赏多种多样的艺术形式和作品
C. 亲近自然,大胆表现　D. 喜欢自然界与生活中美的事物

11. 指导家长委员会工作的是(　　)(常考)
A. 幼儿教师　B. 幼儿园园长
C. 家长　D. 教育督导员

12.《幼儿园教育指导纲要(试行)》指出,教师的态度和(　　)应有助于形成安全、温馨的心理环境。
A. 情绪　B. 性格　C. 管理方式　D. 人格魅力

13.《幼儿园工作规程》中指出,家长委员会的主要任务不包括(　　)
A. 认真分析,吸收家长对幼儿园教育与管理工作的意见和建议
B. 对幼儿园工作计划和重要决策,特别是事关幼儿和家长切身利益的事项提出意见和建议
C. 发挥家长的专业和资源优势,支持幼儿园保育教育工作
D. 帮助家长了解幼儿园工作计划和要求,协助幼儿园开展家庭教育指导和交流

14.《幼儿园教师专业标准(试行)》对教师个人修养的要求是(　　)
A. 善于自我调节情绪,保持平和的心态
B. 具有团队合作精神,积极开展协作与交流
C. 尊重幼儿人格,维护幼儿合法权益
D. 重视幼儿的身心健康,将保护幼儿生命安全放在首位

15. 下列属于社会领域的目标是(　　)
A. 能努力做好力所能及的事,不怕困难,有初步的责任感
B. 生活、卫生习惯良好,有基本的生活自理能力
C. 能够用自己喜欢的方式来进行艺术表现活动
D. 能初步感受并喜爱环境、生活和艺术中的美

16. 幼儿的科学教育是科学(　　)教育,重在激发幼儿的认识兴趣和探究欲望。
A. 发现　B. 科普　C. 启蒙　D. 探究

17. "知道必要的安全保健常识,学习保护自己"属于(　　)的内容。
A. 健康领域　B. 语言领域　C. 智力活动　D. 劳动活动

18. 幼儿园的教育活动是有目的、有计划地引导幼儿生动、活泼、(　　)的多种形式的教育过程。

A. 自主学习　B. 愉快　C. 探究　D. 主动活动

19. 下列哪一项不属于《3～6岁儿童学习与发展指南》倡导的学习法(　　)

A. 强化练习　B. 直接感知　C. 实际操作　D. 亲身体验

20. 幼儿入园、离园的接送人应当是(　　)

A. 监护人或其委托的成年人　B. 哥哥或姐姐
C. 同事或邻居　D. 同学或家长

21.《幼儿园教育指导纲要(试行)》指出,教育活动的组织与实施过程是教师(　　)地开展工作的过程。

A. 自主性　B. 创造性　C. 合理性　D. 灵活性

22.《幼儿园工作规程》指出,幼儿园是对3周岁以上学龄前幼儿实施(　　)的机构。

A. 保育和教育　B. 教育和游戏
C. 教育和养育　D. 学习和活动

23. 科学、合理地安排和组织幼儿的一日生活,时间安排应有相对的(　　)

A. 系统性和灵活性　B. 秩序性和灵活性
C. 稳定性和差异性　D. 稳定性和灵活性

24. "沿着地面直线行走"主要发展了幼儿的(　　)

A. 平衡能力　B. 灵活性　C. 力量　D. 耐力

25. 紧急情况下幼儿园教职工优先保护(　　)(常考)

A. 幼儿园的财产安全　B. 幼儿的人身安全
C. 自己的人身安全　D. 其他教职工的人身安全

26. 依据《幼儿园工作规程》,幼儿园小班每班人数一般为(　　)

A. 20人　B. 25人　C. 30人　D. 35人

27. 主动要求成人讲故事、读图书,喜欢跟读韵律感强的儿歌、童谣,属于哪一年龄段的关键经验(　　)

A. 2～3岁　B. 3～4岁　C. 4～5岁　D. 5～6岁

28. 根据我国《幼儿园教育指导纲要(试行)》,幼儿园教育科学领域的目标之一是(　　)

A. 能运用各种感官,动手动脑,探究问题
B. 教育幼儿爱护玩具和其他物品,爱护公物和公共环境
C. 养成幼儿注意倾听的习惯,发展语言理解能力
D. 与家长配合,根据幼儿的需要建立科学的常规

29. "喜欢参加体育活动"所体现的健康领域目标是(　　)

A. 具有健康的体态　B. 具有基本的生活自理能力
C. 具有良好的生活与卫生习惯　D. 具备基本的安全知识和自我保护能力

30. "喜欢自然界与生活中美的事物"这一目标所属的艺术子领域是(　　)

A. 倾听与表达　B. 感受与欣赏　C. 表现与创造　D. 科学探索

31. "对自己感兴趣的问题总是刨根问底"这一典型表现所属的年龄段一般是(　　)

A. 2～3岁　B. 3～4岁　C. 4～5岁　D. 5～6岁

32. 下列哪一项不是3～4岁幼儿感知和理解数、量及数量关系的典型表现(　　)(易混)

A. 能通过一一对应的方法比较两组物体的多少
B. 能通过实际操作理解数与数之间的关系,如5比4多1
C. 能用数词描述事物或动作,如:我有4本书
D. 能手口一致地点数5个以内的物体

33.《3～6岁儿童学习发展与指南》指出:"幼儿的发展是一个持续、渐进的过程,同时也表现出一定的(　　)特征。"

A. 发展性　B. 阶段性　C. 递进性　D. 自主性

34. 5～6岁幼儿连续看电视的时间不能超过(　　)

A. 10分钟　B. 20分钟　C. 30分钟　D. 40分钟

35. "具有一定的力量和耐力"这一目标归属于健康子领域的(　　)(易混)

A. 动作发展　B. 身心状况　C. 生活能力　D. 自我保护

36. "能感受到家乡的发展变化并为此感到高兴"该社会领域目标的典型表现所属的年龄段是(　　)

A. 2～3岁　B. 3～4岁　C. 4～5岁　D. 5～6岁

37. 3～4岁幼儿与同伴发生冲突时(　　)(常考)

A. 能在他人帮助下和平解决　B. 能听从成人的劝解
C. 能自己协商解决　D. 无需他人介入解决

38. "愿意和别人分享、交流自己喜爱的艺术作品和美感体验"所体现的艺术领域目标是(　　)(易混)

A. 喜欢自然界与生活中美的事物　B. 喜欢进行艺术活动并大胆表现
C. 具有初步的艺术表现与创造能力　D. 喜欢欣赏多种多样的艺术形式和作品

39. 幼儿需要保持有规律的生活,必须养成良好的(　　)

A. 作息习惯　B. 睡眠习惯
C. 进餐习惯　D. 卫生习惯

40. "愿意在熟悉的人面前说话,能大方地与他人打招呼"是《3～6岁儿童学习与发展指南》语言领域对(　　)幼儿发展水平提出的要求。

A. 2～3岁　B. 3～4岁　C. 4～5岁　D. 5～6岁

41. 能达到"会自己系鞋带"这一目标所属的年龄段是(　　)

A. 2～3岁　B. 3～4岁　C. 4～5岁　D. 5～6岁

42. 幼儿园必须把保护幼儿生命和促进幼儿健康放在工作的(　　)

A. 重要位置　B. 主要位置　C. 首位　D. 次位

43. 幼儿园每年(　　)招生,一般不超过360人。

A. 春季　B. 夏季　C. 秋季　D. 冬季

44. 关于"幼儿为本"的教育理念，下面说法不正确的是(　　)(易错)
A. 尊重幼儿权益　B. 为幼儿提供适合的教育
C. 调动幼儿的主动性　D. 让幼儿主动选择课程

45. 幼儿园教育活动的设计和实施主要体现在(　　)
A. 趣味性、综合性和活动性　B. 趣味性、新颖性和活动性
C. 新颖性、综合性和儿童化　D. 新颖性、游戏性和儿童化

46. 根据《幼儿园工作规程》规定，幼儿园一般为(　　)制。
A. 一年　B. 二年　C. 三年　D. 四年

47.《3～6岁儿童学习与发展指南》颁布的时间是(　　)年。
A. 2011　B. 2012　C. 2013　D. 2014

48. 教师应成为幼儿学习活动的支持者、合作者和(　　)(常考)
A. 引导者　B. 主导者　C. 传授者　D. 传播者

49. "能模仿学唱短小歌曲"这一目标适合的年龄班是(　　)
A. 小班　B. 中班　C. 大班　D. 学前班

50. "能辨别自己的左右"，这一数学认知目标适合的年龄班是(　　)
A. 小班　B. 中班　C. 大班　D. 学前班

51.《幼儿园教师专业标准(试行)》指出：教师应注重(　　)，培育幼儿良好的意志品质，帮助幼儿养成良好的行为习惯。
A. 教育教学　B. 行为规范
C. 保教结合　D. 日常教育

52. 幼儿园实施美育的主要途径是(　　)(易混)
A. 健康　B. 语言　C. 社会　D. 艺术

53.《幼儿园工作规程》是为加强幼儿园的科学管理，规范办园行为，提高保育和教育质量，促进幼儿身心健康，依据(　　)等法律法规制定。
A.《中华人民共和国教育法》　B.《中华人民共和国义务教育法》
C.《中华人民共和国宪法》　D.《中华人民共和国未成年人保护法》

54. 幼儿个体差异主要表现为发展水平差异、能力差异、学习方式差异和(　　)
A. 性别特征差异　B. 性格特点差异
C. 经验差异　D. 家庭背景差异

55. 幼儿园大班每班人数一般为(　　)(常考)
A. 25人　B. 30人　C. 35人　D. 40人

56. 幼儿园教育系统可以相对划分为五个领域，正确的划分顺序是(　　)(易混)
A. 健康、语言、科学、社会、艺术　B. 健康、语言、社会、科学、艺术
C. 健康、语言、科学、艺术、社会　D. 健康、语言、艺术、科学、社会

57.《幼儿园教师专业标准(试行)》中对幼儿的态度与行为的基本要求不包括(　　)
A. 重视幼儿身心健康　B. 维护幼儿合法权益
C. 信任幼儿，尊重个体差异　D. 培育幼儿良好的意志品质

58. 幼儿园户外活动时间在正常情况下每天不得少于(　　)
A. 1小时　B. 1.5小时　C. 2小时　D. 2.5小时

59. 幼儿园保育员必须具备(　　)毕业以上学历，并受过幼儿保育职业培训。
A. 初中　B. 高中　C. 大专　D. 本科

60. 制定目的在于加强幼儿园科学管理，促进幼儿教育事业的发展的法规是(　　)
A.《幼儿园工作规程》　B.《幼儿园管理条例》
C.《托儿所、幼儿园卫生保健制度》　D.《中华人民共和国未成年人保护法》

61.《幼儿园工作规程》中提出的幼儿园保育和教育的主要目标不包括(　　)
A. 培养幼儿的想象创造力　B. 培养幼儿良好的生活习惯
C. 萌发幼儿爱科学的情感　D. 培养幼儿初步的动手探究能力

62.《幼儿园教育指导纲要(试行)》中提到的五个领域，每个领域都可以提炼出一种关键的能力，艺术是(　　)
A. 感受能力　B. 表现能力　C. 创造能力　D. 思维能力

63.《幼儿园教师专业标准(试行)》的基本内容包括(　　)、专业知识及专业能力三大维度的内容。(易混)
A. 专业技能　B. 专业素养　C. 专业理念　D. 专业理念与师德

64. 发育良好的身体、愉快的情绪、强健的体质、协调的动作、良好的生活习惯和(　　)是幼儿身心健康的重要标志，也是其他领域学习与发展的基础。
A. 语言的熟练运用　B. 基本生活能力
C. 交际能力　D. 感恩的心

65.《幼儿园教育指导纲要(试行)》指出：教师应善于发现幼儿感兴趣的事物、游戏和(　　)中所隐含的教育价值，把握时机，积极引导。
A. 生活　B. 学习　C. 运动　D. 偶发事件

66. 依据《幼儿园工作规程》，下列说法不正确的是(　　)(易错)
A. 可拒绝健康检查不合格的幼儿入园　B. 幼儿一日活动组织应动静交替
C. 幼儿入园需进行健康检查和智力测验　D. 幼儿可按年龄编班，也可混合编班

67. 明确规定"儿童有权享受休息和闲暇，从事与儿童年龄相宜的游戏和娱乐活动，应尊重儿童参加活动的权利"的是(　　)
A.《中华人民共和国未成年人保护法》　B.《儿童权利公约》
C.《幼儿园工作规程》　D.《中华人民共和国教育法》

68. 幼儿园教师要树立正确的健康观念，在重视幼儿身体健康的同时，也要高度重视幼儿的(　　)
A. 思想健康　B. 情绪健康　C. 心理健康　D. 道德健康

69. 幼儿园应当制定合理的幼儿一日生活作息制度。正餐间隔时间为(　　)小时。(常考)

A. 3.5～4　B. 4～5　C. 2～3　D. 2.5～3.5

70. 根据我国《幼儿园管理条例》,(　　)主管全国的幼儿园管理工作。

A. 国务院　B. 国家教育委员会

C. 全国人大　D. 中国教育协会

71. 以下哪类人不能在幼儿园工作(　　)

A. 下岗再就业的　B. 患有精神病的

C. 学历低于高中的　D. 年龄超过40岁的

72. 教育幼儿爱父母长辈、老师和同伴,爱集体、爱家乡、爱祖国,符合《幼儿园教育指导纲要(试行)》中幼儿园教育(　　)领域的目标要求。

A. 健康　B. 艺术　C. 社会　D. 语言

73. 下列哪项属于幼儿园教育语言领域的内容与要求(　　)(常考)

A. 为每个幼儿提供表现自己长处和获得成功的机会,增强其自尊心和自信心

B. 利用图书、绘画和其他多种方式,引发幼儿对书籍、阅读和书写的兴趣,培养前阅读和前书写技能

C. 教育幼儿爱清洁、讲卫生,注意保持个人和生活场所的整洁和卫生

D. 与家长配合,根据幼儿的需要建立科学的生活常规

74. 在对幼儿进行科学启蒙教育时,应如何指导(　　)

A. 要尽量创造条件让幼儿实际参加探究活动,使他们感受科学探究的过程和方法,体验发现的乐趣

B. 应为幼儿提供人际间相互交往和共同活动的机会和条件,并加以指导

C. 应充分发挥艺术的情感教育功能,促进幼儿健全人格的形成

D. 激发幼儿感受美、表现美的情趣,丰富他们的审美经验,使之体验自由表达和创造的快乐

75. 幼儿园的教育活动,是教师以多种形式有目的、有计划地引导幼儿(　　)的教育过程。

A. 严肃、认真、积极向上　B. 认真、刻苦、勤奋好学

C. 生动、活泼、主动活动　D. 灵活、多变、完全自由

76. 教师直接指导的活动和间接指导的活动相结合,保证幼儿每天有适当的(　　)

A. 任务计划和个人活动时间　B. 学习安排和自由复习时间

C. 组织活动和自我服务时间　D. 自主选择和自由活动时间

77. 下列属于幼儿教育科学领域的内容与要求的是(　　)(易混)

A. 引导幼儿对周围环境中的数、量、形、时间和空间等现象产生兴趣,构建初步的数概念,并学习用简单的数学方法解决生活和游戏中某些简单的问题

B. 在共同的生活和活动中,以多种方式引导幼儿认识、体验并理解基本的社会行为规则,学习自律和尊重他人

C. 教育幼儿爱护玩具和其他物品,爱护公物和公共环境

D. 与家庭、社区合作,引导幼儿了解自己的亲人以及与自己生活有关的各行各业人们的劳动,培养其对劳动者的热爱和对劳动成果的尊重

78. 下列哪项不属于《幼儿园教师专业标准(试行)》的基本理念(　　)(常考)

A. 师德为先　B. 终身学习　C. 教师为本　D. 能力为重

79. 根据《幼儿园教师专业标准(试行)》规定,下列哪项属于幼儿园教师的专业能力(　　)

A. 熟悉幼儿园教育的目标、任务、内容、要求和基本原则

B. 了解关于幼儿生存、发展和保护的有关法律法规及政策规定

C. 了解幼儿发展中容易出现的问题与适宜的对策

D. 充分利用各种教育契机,对幼儿进行随机教育

80. 根据《3～6岁儿童学习与发展指南》应该注意儿童平时健康保护,如不乱挖耳朵、鼻孔,看电视时保持电视(　　)米左右的距离。

A. 1　B. 3　C. 7　D. 10

二、多项选择题

1.《幼儿园工作规程》中对幼儿园玩教具投放的要求是(　　)(常考)

A. 安全要求　B. 教育意义　C. 美观要求　D. 卫生要求

2.《幼儿园教育指导纲要(试行)》中对每个领域进行阐述时,"指导要点"说明了(　　)

A. 该领域的价值取向　B. 教师该做什么、怎么做

C. 该领域应当注意的普遍性问题　D. 该领域教和学的特点

3.《3～6岁儿童学习与发展指南》将幼儿艺术学习与发展划分为"感受与欣赏""表现与创作"两个子领域,其中"感受与欣赏"包含的目标是(　　)

A. 喜欢自然界与生活中美的事物　B. 具有初步的艺术表现与创造能力

C. 喜欢进行艺术活动并大胆表现　D. 喜欢欣赏多种多样艺术形式和作品

4. 实施《3～6岁儿童学习与发展指南》应把握哪几个问题(　　)

A. 尊重幼儿发展的个体差异　B. 理解幼儿的学习方式和特点

C. 重视幼儿的学习结果　D. 关注幼儿学习与发展的整体性

5. 幼儿动作发展的目标包括(　　)

A. 具有一定的平衡能力　B. 手的动作灵活协调

C. 具有一定的力量和耐力　D. 动作协调、灵敏

6. 为有效促进幼儿身心健康发展,成人应(　　)

A. 为幼儿提供合理均衡的营养

B. 保证充足的睡眠和适宜的锻炼

C. 满足幼儿生长发育的需要

D. 创设温馨的人际环境,让幼儿充分感受到亲情和关爱

7.《3~6岁儿童学习与发展指南》指出,幼儿倾听与表达能力的目标包括( )

A.认真听并能听懂常用语言 B.愿意讲话并能清楚地表达

C.具有文明的语言习惯 D.阅读与书写准备

8.《幼儿园工作规程》中规定,幼儿园园长的工作包括( )

A.组织管理园舍、设备和经费

B.创设良好的教育环境,合理组织教育内容

C.关心教职工身心健康,维护教职工的合法权益

D.参与业务学习和保育教育研究活动

9.根据《儿童权利公约》为确保儿童能够从多种国家和国际的来源获得信息和资料,各缔约国应采取的措施有( )

A.保护儿童免受不良信息和资料之害 B.鼓励儿童读物的著作和普及

C.鼓励开发有益儿童的玩具和游戏 D.鼓励传播有益于儿童的信息和资料

10.教育评价是幼儿园教育工作的重要组成部分,是了解教育的( ),调整和改进工作,促进每一个幼儿发展,提高教育质量的必要手段。

A.适宜性 B.合理性 C.有效性 D.生活性

11.以下哪些人员不得在幼儿园工作( )

A.有犯罪记录的人员 B.有吸毒记录的人员

C.有精神病史的人员 D.有传染病史的人员

12.《3~6岁儿童学习与发展指南》强调,要最大限度地支持和满足幼儿通过( )获取经验的需要,严禁“拔苗助长”式的超前教育和强化训练。

A.直接感知 B.模仿学习 C.实际操作 D.亲身体验

13.( )是幼儿社会学习的主要内容,也是其社会性发展的基本途径。

A.情感态度 B.人际交往 C.个性特征 D.社会适应

14.为了让儿童拥有健康的体态,《3~6岁儿童学习与发展指南》提出的建议包括( )

A.为幼儿提供营养丰富、健康的饮食

B.保证幼儿每天睡13~15小时,其中午睡一般应达到2小时左右

C.注意幼儿的体态,帮助他们形成正确的姿势

D.每年为幼儿进行健康检查

15.下列属于幼儿园教师工作职责的是( )

A.观察了解幼儿,制订教育工作计划 B.指导调配幼儿膳食,检查食品卫生

C.创设好的教育环境,合理组织教育内容 D.经常与家长保持联系,共同完成教育任务

16.我国《幼儿园管理条例》中,关于幼儿园教育职能的说法正确的有( )

A.幼儿园应当建立卫生保健制度,防止发生食物中毒和传染病的流行

B.幼儿园可以根据本园的实际,安排和选择教育内容与方法

C.幼儿园应当使用全国通用的普通话,任何情况下都禁止使用其他语言

D.幼儿园的招生、编班应当符合教育行政部门的规定

17.《幼儿园教育指导纲要(试行)》中提出,对幼儿发展状况的评估方面要注意( )(常考)

A.明确评价的目的是了解幼儿的发展需要,以便提供更加适宜的帮助和指导

B.教育的内容、方式、策略、环境条件,是否能调动幼儿学习的积极性

C.以发展的眼光看待幼儿,既要了解现有水平,更要关注其发展的速度、特点和倾向等

D.教育过程是否能为幼儿提供有益的学习经验,并符合其发展需要

三、判断题

1.掌握不同年龄幼儿身心发展特点、规律和促进幼儿全面发展的策略与方法是幼儿教师必备的专业知识。 ( )

2.5~6岁幼儿能初步理解量的相对性。 ( )

3.《3~6岁儿童学习与发展指南》以为幼儿后继学习和终身发展奠定良好素质基础为目标。 ( )

4.《3~6岁儿童学习与发展指南》指出,语言是交流和思维的工具。 ( )

5.培养幼儿前阅读和前书写的技能,就是教他们认字和写字。 ( )

6.教师应引导幼儿在生活情境和阅读活动中自然地产生对文字的兴趣。(易错) ( )

7.保教人员发现幼儿生病,未经过监护人委托或同意,不得给幼儿用药。 ( )

8.幼儿园教师要将《幼儿园教师专业标准(试行)》作为自身专业发展的基本依据。 ( )

9.《3~6岁儿童学习与发展指南》以促进幼儿体、德、美各方面的协调发展为目标。 ( )

10.幼儿园应为幼儿提供丰富的可操作的材料,为每个幼儿都能运用多种感官、多种方式进行探索提供活动的条件。 ( )

11.忽视幼儿学习品质培养,单纯追求知识技能学习的做法是短视而有害的。 ( )

12.幼儿的发展是一个持续、渐进的过程,同时也表现出一定的阶段性特征。 ( )

13.幼儿园应当每月向家长公示食谱,并按照相关规定进行食品留样。 ( )

14.幼儿园教育评价工作的参与者可以是管理人员、教师、幼儿及其家长。(常考) ( )

15.幼儿园应不定期进行火灾、地震等自然灾害的逃生演习。 ( )

16.承认和关注幼儿的个体差异,避免用统一的标准评价不同的幼儿,在幼儿面前慎用横向的比较。 ( )

17.社会领域的教育具有说服教育的特点,幼儿社会态度和社会情感的培养尤应渗透在多种活动和一日生活的各个环节之中。 ( )

18.《幼儿园工作规程》要求,幼儿园教师必须具有《教师资格条例》规定的幼儿园教师资格。(易混) ( )

19.幼儿园应当建立卫生保健制度,防止发生食物中毒和传染病的流行。(常考) ( )

20.幼儿园的经费应当按照规定的使用范围合理开支,坚持专款专用,不得挪作他用。 ( )

21.幼儿园园长由举办者任命或聘任,并报当地主管的人事行政部门备案。 ( )

22. 教育活动内容的选择应既适合幼儿的现有水平,又有一定的挑战性。(常考)　(　)

23. 国家实行幼儿园登记注册制度,但私人不经登记注册也可以举办幼儿园。　(　)

四、填空题

1.《3～6岁儿童学习与发展指南》从健康、语言、社会、科学、艺术五个领域描述幼儿的学习与发展。每个领域按照幼儿学习与发展最基本、最重要的内容划分为若干方面。每个方面由学习与发展目标和________两部分组成。

2. 幼儿园一日活动的组织应当________,注重幼儿的实践活动,保证幼儿愉快的、有益的自由活动。

3.《3～6岁儿童学习与发展指南》语言领域分为两个子领域,分别是________、阅读与书写准备。

4. 4～5岁幼儿具有一定的适应能力,能在较热或较冷的户外环境中连续活动________分钟。

5. 健康是指人在身体、________和________方面的良好状态。

6. 幼儿园语言教育应为幼儿创设一个________、________的语言交往环境,支持、鼓励和吸引幼儿与________、________或其他人交谈,体验语言交流的乐趣,学习使用适当的、礼貌的语言交往。

7. 幼儿园应当建立卫生消毒、晨检、午检制度和病儿隔离制度,配合卫生部门做好________工作。幼儿园应当建立传染病预防和管理制度,制定突发传染病应急预案,认真做好________工作。

8. 幼儿园应重视丰富幼儿多方面的________,将探索、交往等实践活动作为幼儿最重要的学习方式。

9.《幼儿园教师专业标准(试行)》的基本内容包含________与师德、专业知识及专业能力三个维度。

10. 幼儿园应当将________作为对幼儿进行全面发展教育的重要形式。(常考)

11. 幼儿的科学学习是在________具体事物和解决实际问题中,尝试发现事物间的________和联系的过程。

12. 幼儿身心发展尚未成熟,需要成人的精心呵护和照顾,但不宜过度________和包办代替,以免剥夺幼儿自主学习的机会,养成过于依赖的不良习惯,影响其________性、独立性发展。

13. 幼儿的语言学习需要相应的________经验支持,应通过多种活动扩展幼儿的________经验,丰富语言的内容,增强理解和表达能力。

五、简答题

1. 幼儿教师应如何科学、合理地安排和组织幼儿的一日生活。

2. 简述4～5岁幼儿动作发展中力量和耐力发展的目标。

3. 幼儿园健康教育的目标有哪些?

4. 对幼儿发展状况进行评估的原则有哪些?

5. 简述《幼儿园教育指导纲要(试行)》中社会领域的目标。(常考)

6. 简述《幼儿园教师专业标准(试行)》的基本理念。

7. 幼儿园教师对本班工作全面负责,主要职责有哪些?

8. 教师应成为幼儿学习活动的支持者、合作者、引导者,具体需要怎么做?(常考)

9.《幼儿园教师专业标准(试行)》中幼儿教师的通识性知识包括哪些方面?

10. 简述《3～6岁儿童学习与发展指南》中科学领域的价值取向。

11. 简述《幼儿园教育指导纲要(试行)》中语言领域的目标。

12. 简述幼儿园保育员的主要职责。

13. 简述《幼儿园教育指导纲要(试行)》中科学领域的指导要点。(易混)

14. 简述《儿童权利公约》提倡的四项原则。(常考)

15. 简述《幼儿园教育指导纲要(试行)》中艺术领域的目标。

16. 简述教育工作评价宜重点考察的方面。(易错)

六、案例分析题

1. 亮亮在大班科学活动时，将几条细水管连接后，又用同样的方法将几条粗水管连接在一起。之后，亮亮把水倒入细水管中，水一下子从水管另一头流出，他高兴极了，又将水倒入粗水管里，但水从管口涌出，并未从另一头流出。亮亮反复观察、尝试，终于发现水管摆放在一个斜坡上，水无法自下而上流出。于是，亮亮马上调整水管的摆放位置，当水顺利地从水管流出时，亮亮欢呼雀跃，自豪地向同伴分享自己成功地让水从水管中流出的过程。

(1)根据《3～6岁儿童学习与发展指南》中科学领域中幼儿科学学习的核心要素，结合案例分析亮亮小朋友的行为表现。

(2)请提出教师支持亮亮小朋友推进该活动的策略。

2. 近期，不少幼儿园调整了课程设置，有个别幼儿园打算取消集体教学活动。

请依据《3～6岁儿童学习与发展指南》分析上述现象是否合理，并结合实际谈谈怎样把《指南》的实施融入一日生活中。

3. 在一个教学活动中，李老师正在给全班的孩子讲故事《萝卜回来了》。女孩月月总是不停地把头转向门口，并不认真听李老师讲故事。暗示了她几次都不见效果，于是李老师把月月叫到自己身边，看着她，以便让她安静地听故事。

请根据《幼儿园教育指导纲要(试行)》的内容，分析评价以上案例中教师的行为。

4. 张老师组织设计了幼儿照着镜子画出自己开心的表情的活动，小朋友兴奋地边看边谈论，只有多多没有照看镜子，一直看自己衣服上的小猫图案。小朋友都开始画了，多多还是低头没有动笔。张老师走过来问道："你怎么不画？"多多怯生生地说："老师，我不会画自己，我想画衣服上的小猫，行吗？"老师说："不行，你先画自己，以后再画小猫。"多多很不开心，一会摆弄小镜子，一会东张西望，活动结束了，他的画还是一张空白。

(1)根据实施《3～6岁儿童学习与发展指南》应把握的几个方面，分析该教师的教育行为。

(2)请提出合理的建议。

5. 在进行《小猫钓鱼》的绘画活动中，教师B指导强强画其中的小鱼，强强画了几次就是画不出鱼头。教师B不耐烦地说："你看看其他小朋友，整条鱼都画出来了，你怎么就笨得连个鱼头都画不出来呢？你这辈子就甭想当画家了。"接下来日子里，原本热衷于绘画的强强对绘画不感兴趣了，甚至对绘画产生了恐惧心理。

请根据《幼儿园教育指导纲要(试行)》，对以上案例中教师的行为进行评价。

6. 大(1)班的孩子在户外活动时发现几只蝴蝶，林老师启发他们观察蝴蝶的色彩和形态。之后林老师引导孩子和家长一起收集蝴蝶的照片和标本并展示出来，还经常和孩子们一起欣赏、交流蝴蝶美在哪里。语言活动中，林老师还讲了"三只蝴蝶"的故事，并和孩子们一起玩《花儿和蝴蝶》的音乐游戏。林老师在美工区提供画笔、颜料、彩泥、橡皮泥等材料，让孩子们自主表现蝴蝶。丽丽等一群孩子要表演"三只蝴蝶"，林老师就提议她们自己做头饰装扮，还扮演其中角色参与游戏。

(1)论述《幼儿园教育指导纲要(试行)》艺术领域的目标。

(2)分析案例中林老师引导和支持幼儿开展艺术活动的有效措施。

7. 一次早餐时间，杜老师对孩子们说："要好好吃饭哦！因为只有这样才能长得高，长得结实，就像植物一样每天喝水，才能长得好。"杜老师刚说完就有个声音反应过来："杜老师，植物又没有嘴巴，它是用什么喝水的呢？""对呀，对呀。"许多孩子随声附和着。听到这个问题，杜老师的第一个反应是："这个问题有意思，虽然看似简单，但却是孩子由自身经验有感而发的，且充满童趣。如果我告诉他是植物的根，他们一定又会问为什么根会喝水等等许多问题，这样一来，岂不是剥夺了孩子们一次观察和探究的机会吗？我何不抓住这个兴趣点，让他们自己寻找答案呢？"于是杜老师笑了笑说："你们先吃饭，吃完了我就告诉你们。"

饭后杜老师带着孩子们到自然角，看了许多植物的种子。说道："你们不是很想知道植物是怎样喝水的吗？我们现在就来种一些植物吧，你们仔细观察就会得到答案的。"

请用《幼儿园教育指导纲要(试行)》有关知识，分析案例中杜老师的做法。

8. 青青上幼儿园已经有几个月了，可是，每次妈妈去接她的时候，她都是孤单的样子，不说话也不动，眼巴巴看着妈妈来的方向，看上去怪可怜的。别的小朋友都互相有说有笑，尤其是男宝宝们，可她一句话也不说。妈妈觉得女儿是个心重的宝宝。询问老师，老师说："青青特别乖，但她总一个人玩，不喜欢和小朋友们做游戏，也不喜欢说话。"妈妈对此真是百思不得其解。

请根据《幼儿园教育指导纲要(试行)》的内容，对以上案例进行评析。

知识 2 教师职业道德概述

一、单项选择题

1. 在编选校本教材时，尚老师一丝不苟地审查每一篇文章，即使插图的一点小瑕疵，她都会改过来。这表明尚老师(　　)(易错)

A. 爱岗敬业　B. 廉洁奉公　C. 诲人不倦　D. 公正待生

2. 教师职业道德不仅影响学生在校成长，还会影响其一生，不仅影响个体，还会影响家庭乃至社会。这体现了教师工作的(　　)

A. 深远性　B. 高层次性　C. 自觉性　D. 示范性

3. 下列关于教师职业道德与一般道德的说法错误的是(　　)

A. 道德作为社会共同生活中最基本、最普遍的善恶标准和观念，是教师职业道德的主要价值来源

B. 道德与教师职业道德是共性与个性的关系，其中，道德是个性，教师职业道德是共性

C. 教师职业道德是社会道德的重要组成部分，是道德在教师职业领域中的特殊表现

D. 道德是随着社会集体的发展而发展的，教师职业道德则更主要的、更具体的还是在教师职业领域中形成和发展的，是与教师这一行业密切相关的

4. 某幼儿园教师因存在违反职业道德行为受警告处分，该处分期限为(　　)(易错)

A. 3个月　B. 6个月　C. 9个月　D. 12个月

5. 教师职业道德是教师在从事教育教学活动中所应遵循的(　　)和必备的道德品质。(易错)

A. 行为规范　B. 教育规律　C. 社会道德　D. 社会规则

6. (　　)是幼儿园教师职业道德的核心，是幼儿园教师教育观、儿童观的集中体现，也是评价幼儿园教师职业道德水平的重要指标。(易混)

A. 关心幼儿　B. 信任幼儿　C. 热爱幼儿　D. 尊重幼儿

7.《礼记》说："师也者，教之以事而喻之以德也。"下面选项对这句话的说明最准确的是(　　)

A. 教师的本职工作是教书育人　B. 教师要教会学生知识

C. 教师要教会学生学习的方法　D. 教师要对学生进行德育

8. 以下跟教师道德修养无关的是(　　)

A. "学而不厌，诲人不倦"　B. "立志乐道，甘于奉献"

C. "不愤不启，不悱不发"　D. "以身作则，反躬自省"

9. 教师的思想道德不仅影响在校学生，而且会通过学生和家长进而影响整个社会。这是教师职业道德的(　　)特征。

A. 广泛性　B. 自觉性　C. 双重性　D. 全面性

10. 对教育过程的(　　)是教师职业道德最基本、最重要的作用。(易错)

A. 教育作用　B. 调节作用　C. 促进作用　D. 导向作用

11. 教师必须以自己良好的德行和习惯去影响和培育学生，使之成为品行优秀的新一代。这是教师职业道德特征的(　　)

A. 示范性　B. 强烈的时代性　C. 利他性　D. 高度的自觉性

12. 在体育活动“飞机降落”中，东东每次从高处“降落”时都停不稳，小朋友们都笑话他。李老师说：“东东虽然没停稳，但他勇敢地进行了尝试。”李老师的行为体现了(　　)(易错)

A. 为人师表　　B. 严慈相济　　C. 正面激励　　D. 爱岗敬业

13. 某教师一边要求幼儿安静地玩玩具，一边和同事聊天说笑。该教师的行为(　　)

A. 正确，应该培养幼儿习惯　　B. 错误，应该小声聊天

C. 正确，利于融洽同事关系　　D. 错误，应该以身作则

14. 某位刚参加工作的年轻女教师比较时尚，喜欢穿吊带衫，佩戴夸张的耳环、项链等饰物，还染指甲和头发。该校校长找她沟通，提醒她违反了(　　)的职业道德规范，并希望她今后在学校要衣着得体。

A. 爱岗敬业　　B. 关爱学生　　C. 教书育人　　D. 为人师表

15.《中小学教师职业道德规范》(2008年修订)要求教师要“遵循教育规律，实施素质教育；循循善诱，诲人不倦，因材施教；培养学生良好品行，激发学生创新精神，促进学生全面发展”。这些要求比较明显地体现了教师(　　)的职业道德。

A. 教书育人　　B. 关爱学生　　C. 爱岗敬业　　D. 为人师表

16. 下列不属于《中小学教师职业道德规范》修订原则的是(　　)

A. 坚持“以人为本”的原则　　B. 坚持继承与创新相结合的原则

C. 坚持广泛性与先进性相结合的原则　　D. 坚持典范性和示范性相结合的原则

17. 宋老师发现很多幼儿的生活习惯不好，就创编了一些关于习惯培养的儿歌，这些儿歌很受幼儿欢迎，对他们的习惯养成产生了积极作用。宋老师的做法体现的师德规范是(　　)

A. 廉洁从教　　B. 公正待生　　C. 举止文明　　D. 探索创新

18. 对于课堂上有可能引发争议的问题，高老师总是事先进行试验，检验各种假设，并请教相关学者。这突出体现了高老师具有(　　)

A. 独立自主意识　　B. 团结协作精神

C. 求真务实精神　　D. 人文关怀意识

19. 志存高远，勤恳敬业，甘为人梯，乐于奉献，这体现新时期教师职业道德规范内容中的(　　)(易错)

A. 爱岗敬业　　B. 关爱学生　　C. 为人师表　　D. 团结协作

20. “严于律己，以身作则”说明教师职业的内在要求是(　　)

A. 爱岗敬业　　B. 关爱学生　　C. 教书育人　　D. 为人师表

21. 古人把教师的职责归结为“传道”“授业”“解惑”，其实质是(　　)

A. 传承和弘扬　　B. 改革和发展　　C. 教书和育人　　D. 实践和创新

22. “教书”和“育人”的关系是(　　)(易混)

A. 并列的　　B. 递进的

C. 互补的　　D. 相互联系、相互递进的辩证统一

23. 教师职业道德的特点包括影响的深远性、行为的典范性、意识的自觉性及(　　)

A. 知识的专业性　　B. 境界的高层次性

C. 道德的高尚性　　D. 技能的示范性

24. 在进行一次班干部竞选中，家长给陈老师送礼，请求照顾一下自己的孩子，陈老师予以拒绝。陈老师的这种做法体现了(　　)

A. 廉洁从教　　B. 因材施教　　C. 关爱学生　　D. 严慈相济

25. 下列说法或做法中不符合现行《中小学教师职业道德规范》中的“教书育人”规定和要求的是(　　)

A. 学习教育的新理念，主动改变育人模式　　B. 积极开展教学改革，提高课堂教学质量

C. 严格执行教学方案，照搬教材以及教参　　D. 激发学生创新精神，促进学生全面发展

26. 下列对《中小学教师职业道德规范》(2008年修订)的理解不正确的是(　　)(易错)

A.《中小学教师职业道德规范》是教师职业道德的基本要求

B.《中小学教师职业道德规范》是对教师的全部道德行为和教育教学工作的要求，可以取代学校的其他各项规章制度

C.《中小学教师职业道德规范》的基本内容继承了我国的优秀师德传统

D.《中小学教师职业道德规范》充分反映了新形势下经济、社会和教育发展对中小学教师应有的道德品质和职业行为的基本要求

27. 热爱教育、热爱学校、尽职尽责、教书育人，注意培养学生具有良好的思想品德。这体现了新时期教师职业道德规范内容中的(　　)(常考)

A. 为人师表　　B. 热爱学生　　C. 爱岗敬业　　D. 团结协作

28. 坚守高尚情操、知荣明耻、严于律己、以身作则、关心集体、团结协作、尊重同事、尊重家长、作风正派、廉洁奉公。这体现了新时期教师职业道德规范的核心内容是(　　)

A. 身正为范　　B. 为人师表　　C. 爱岗敬业　　D. 教书育人

29. 热爱学生是现代教师必备的(　　)(易混)

A. 思想政治素质　　B. 教育理论素质　　C. 职业道德素质　　D. 职业技能素质

30. 每年王老师都会给自己制订读书计划，并严格执行。这体现了王老师注重(　　)

A. 团结协作　　B. 教学创新　　C. 终身学习　　D. 循循善诱

31. 李老师一个学期对父亲是副乡长的小壮家访了八次，却从未对需要帮助的留守儿童小龙家访过。李老师的做法(　　)

A. 符合主动联系家长的要求　　B. 有违平等待生的要求

C. 符合因材施教的教育要求　　D. 有违严慈相济的要求

32. 刚参加完培训的张老师自费将培训资料复印给同事，并将自己的心得与同事分享。由此，下列说法不正确的是(　　)

A. 张老师富有循循善诱的品德　　B. 张老师富有团结协作的精神

C. 张老师注重业务能力的提高　　D. 张老师重视专业素养的提升

33.(　　)是幼儿园教师的基本道德准则,也是教师劳动积极性和创造性的源泉。
A.热爱学前教育事业　B.关爱学生　C.为人师表　D.教书育人

34.下列不属于教师真正践行“爱岗敬业”要遵循的基本要求的是(　　)(易混)
A.忠诚于人民教育事业　B.乐于奉献
C.甘为人梯　D.坚守高尚情操

35.有位学生将几片纸屑随意地扔在走廊上,王老师路过时顺手捡起并丢进垃圾桶,该学生满脸羞愧。王老师的行为体现的职业道德是(　　)
A.廉洁奉公　B.为人师表　C.爱岗敬业　D.热爱学生

36.教师职业行为规范对教师衣着的要求是(　　)(易混)
A.没有规范要求　B.要求衣着得体　C.要求穿着朴素　D.要求穿着美观

37.“遵守教育法律法规”的职业行为要求是规范(　　)
A.教师与国家社会关系　B.教师与学生关系
C.教师与同事关系　D.教师与家长关系

38.轩轩和涵涵在喝水时打打闹闹,李老师上前大声说道:“你俩再闹,我就打电话让妈妈不要来接你们!”该老师的做法(　　)
A.合理,避免发生安全事故　B.合理,注重班级常规管理
C.不合理,侵犯了幼儿言论自由　D.不合理,不利于幼儿心理健康

39.表示传统师德非常重视严于律己、身体力行、为人表率的模范作用的先哲名言是(　　)
A.“躬自厚而薄责于人”　B.“三人行,必有我师焉”
C.“学而时习之”　D.“见贤思齐”

40.卢梭在《爱弥儿》中对教师说“你要记住,在敢于担当培养一个人的任务之前,自己就必须要成为一个人,自己就必须是一个值得推崇的模范”这句话说明教师职业道德具有(　　)的特点。
A.境界的高层次性　B.影响的深远性
C.行为的典范性　D.意识的自觉性

41.下列说法或做法中不符合现行《中小学教师职业道德规范》中的“关爱学生”规定和要求的是(　　)
A.关心爱护全体学生,尊重学生人格,平等公正对待学生
B.保护学生安全,关心学生健康,维护学生权益
C.对学生严慈相济,做学生的良师益友
D.让差生退学或离校,及早走向社会,不浪费时间和金钱

42.户外活动后,小朋友都拿着杯子站在饮水机前排队装水。李老师走过来利用自己的身高优势,直接装了一杯水喝了起来,一边喝还一边说:“渴死了。”林老师的行为明显有悖于(　　)的教师职业道德规范。
A.为人师表　B.爱岗敬业　C.教书育人　D.关爱学生

43.关于“师爱”,下列说法正确的是(　　)
A.处于私情之爱
B.对少数优秀学生的关爱
C.严慈相济,既有母爱的纯真、慈祥,又有父爱的严格、庄重
D.师爱不具有育人的作用

44.教师要公正地对待学生,首先是要真正(　　)
A.给学生权利　B.教给学生知识　C.尊重和信赖学生　D.尊重学生家长

45.近年频发幼儿园老师虐童事件,要解决幼儿园教育中教师“失德”问题,长远和最为有效的办法是(　　)
A.加强法制监督　B.加强师德建设
C.提高全民法律意识　D.建立融洽的同事关系

46.美术活动中,廖老师对绘画能力强的嘟嘟关爱有加,对无从下手的齐齐则不理睬,廖老师的行为违反了师德规范要求中的(　　)(易错)
A.平等公正对待学生　B.尊重学生人格
C.语言规范　D.不讽刺、挖苦、歧视学生

二、多项选择题

1.廉洁从教的内容包括(　　)(常考)
A.坚守高尚情操　B.发扬奉献精神
C.自觉抵制社会不良风气　D.不利用职权之便谋取私利

2.严谨治学的基本要求包括(　　)
A.要有精深的专业知识　B.要有刻苦钻研、精益求精的精神
C.要有谦虚谨慎的态度　D.要有锐意创新的品质

3.《中小学教师职业道德规范》中关于“爱国守法”方面所规定的具体职业行为的要求有(　　)(常考)
A.全面贯彻国家教育方针　B.自觉遵守教育法律法规
C.不得有违背党和国家方针政策的言行　D.依法履行教师职责权利

4.教师职业道德的作用主要表现为(　　)
A.促进作用　B.教育作用　C.调节作用　D.导向作用

三、判断题

1.教师职业道德是一般社会道德在教师职业中的特殊体现。(　　)

2.教师职业道德影响的深远性,是指教师的思想道德不仅影响在校学生,而且会通过学生和家长进而影响整个社会。(　　)

3.教师的天职是关爱学生。(易错)(　　)

四、填空题

1.________是教育学生的感情基础,是教师职业道德高低的试金石。

2. 教师职业的基本要求是________。

3. ________是贯穿《中小学教师职业道德规范》的核心和灵魂。

4. 以分数作为评价学生唯一标准的做法，是教师职业行为明确禁止的，是因为这违背了________的要求。

5. 教师职业道德规范的主要内容包括爱国守法、爱岗敬业、关爱学生、教书育人、为人师表和________。

五、简答题

1. 简述新《中小学教师职业道德规范》中关于“终身学习”方面所规定的具体职业行为要求。

2. 简述新《中小学教师职业道德规范》中关于“为人师表”方面所规定的具体职业行为要求。

3. 简述教师在处理与家长关系时应遵循的道德要求。

4. 简述新《中小学教师职业道德规范》中关于“爱岗敬业”方面所规定的具体职业行为要求。

5. 简述新《中小学教师职业道德规范》中关于“关爱学生”方面所规定的具体职业行为要求。(常考)

6. 简述教师职业道德的调节作用具体表现在哪几个方面？

7. 简述教师职业道德的促进作用具体表现在哪几个方面？

8. 简述2008年修订的《中小学教师职业道德规范》具有的特点。(常考)

9. 简述新《中小学教师职业道德规范》中关于“爱国守法”方面所规定的具体职业行为要求。

六、案例分析题

1. “每一个儿童都有被爱的权利，都应该得到充分的发展。”这是幼儿园李老师对自己教育工作的体会。李老师在日常教学中不像有的老师那样频频去提问那些能说会道、反应机灵的孩子，她也经常关注那些比较胆小、很少回答问题的幼儿。有时这些幼儿可能过于紧张回答不出来，李老师就会让他先坐下来平静一下，语气温和地对小朋友说：“没关系，以后经常锻炼锻炼就好了。”活动结束后，李老师还主动与幼儿交往，培养其语言表达能力，并经常与该幼儿家长进行沟通，共同寻找适宜的培养方法。

请运用所学的教师职业道德知识对李老师的做法进行分析。

2. 康康把牛奶洒了，他愣在那里不知所措，老师过来说：“康康是不小心的吧？来，我们一起把桌面擦干净。”说着，老师挽起袖子，拿起抹布，开始擦桌子，康康见状也拿来一块抹布学着擦起了桌子。下午，该老师组织幼儿到植物园的田野旅行，孩子们对睡莲叶子很感兴趣，提出要把睡莲叶子摘下来带回班级，老师说不能那么做，并解释植物园是供大家观赏植物的地方，为了满足孩子们的探究愿望，老师向小朋友们许诺会去市场买两棵睡莲，下周带到班上去。

请从教师职业道德规范的角度评析该老师的行为。

3. 明明在集体教学活动中注意力很难集中，是个"坐不住的孩子"。有时他会"骚扰"周围的小朋友而打断老师正在进行的教学活动；对于老师布置的任务，他常常不能很好地完成；他想和小朋友一起活动却因为采取不适当的方式而被拒绝，周围的小朋友经常在老师面前告他的状。老师对于这个经常惹麻烦的孩子也很伤脑筋，经常在教室里批评他，盛怒之下勒令全班的孩子不要理睬他。但这种教育方式的效果并不好，时间一长，在其他孩子的眼中明明成了一个调皮、只知道惹老师生气的坏孩子。

请运用有关教师职业道德的知识对教师的做法进行分析。

4. 郭老师是某幼儿园公认人缘最好的老师，班上有几名外来的务工子女，她每天照顾未能及时接走的幼儿，从无怨言，还经常给他们买学习用品。她工作特别认真，每次活动前都花大量时间精心准备，参加市、区各种比赛屡屡获奖。她充满爱心，总是耐心、细心地对待每一个孩子。孩子们都亲切地称她为"天使老师"。

(1)郭老师践行了哪些教师职业道德规范？

(2)联系案例分析教师职业道德的规范。

5. 我在单位工作很有成就感，因此，在日常的生活和工作中，我不怕见父母，不怕见邻居，不怕见同事和领导，但是就怕见我孩子的老师。都怪我的儿子不争气，使我也总是挨这位老师的训。我儿子爱说爱动，在课堂上时常有"违反"纪律的现象，因为这事我被这位教师在电话里或当面训了两三次。"你这个家长是怎么当的，连个孩子都管不好！""孩子的毛病都是你们大人惯的，就你们这样的家长实在太多了！""不怎么样的家长，孩子都是这个样，瞎逞能！"等等。有一次，儿子因同学给他起外号，把一个学生鼻子打出了血，我在教师电话的严厉催促下来到学校。当着一些老师的面，她的第一句话就是："看你把你儿子教育的，都反了天了！""这么点的孩子都管不好，你也太无能了吧？这还用我教你吗……"她训人的时候，神态颇为自豪，总是趾高气扬、盛气凌人的样子，我心里对她已反感至极。要不是我儿子在她的手底下，我非要和她好好理论一番不可。

请分析上述案例中教师在职业道德上存在的主要问题和危害，你认为在教学中教师应怎样对待与学生家长的关系？

6. 晚饭后小朋友都到活动区玩玩具，等待家长的到来。只有媛媛小朋友躲在厕所里哭着不肯出来。我(老师)走过去，轻声问她："你怎么了，可以告诉我吗？"她说："刚才上厕所时，我的裤带儿太紧，脱不下来，所以……"听了孩子的一番话，我向她笑了笑，说："没关系，别的小朋友不知道，老师替你保密，咱们不跟别人说。"她听我这么一说，马上点了点头。为让她放心，我还跟她拉钩儿，发誓保密。我把她带到寝室，帮她把裤子换下来，盖上被子，等她家长接她。我看她表情很不自然，便问她："你在家帮妈妈干活儿吗？"她马上兴奋地说："我有时帮妈妈干活儿，妈妈夸我是个好孩子。"我说："老师也觉得你很能干，是个好孩子。不小心尿一次裤子算不了什么，以后有尿要早点尿，不要穿裤带太紧的裤子，万一解不开裤带要及时告诉老师，告诉你一个小秘密，老师小时候也尿过床呢，每个大人小时候都尿过床，也都尿过裤子！"她听了先是一脸的惊讶，随后露出了轻松的笑容，笑得那么真诚。

请从教师职业道德角度，评析这位教师的保教行为。

7. 小易的妈妈是服装店老板，经常给林老师送礼物，林老师非常喜欢小易，即使小易和小朋友打架，弄翻了小朋友的餐盘，老师也不会责备他。朵朵长得漂亮，林老师夸她是小公主，常抱着朵朵。小白也想让老师抱抱，于是对老师说："老师，我也要抱抱。"林老师不屑地说："没看我正忙着吗？去把鼻涕擦了，都成鼻涕虫啦！"小白转身哭着去擦鼻涕，还不忘回头看了老师一眼，老师说："爱哭鬼，就会哭！"

请从教师职业道德的角度，评析林老师的保教行为。

8. 我原来在幼儿园是个很爱"调皮捣蛋"的人，每次提问都被否定了。记得在幼儿大班时，老师在教古诗《春晓》时我觉得有异议，就问老师："老师说诗人春天好睡觉，连天亮都不晓得，那他夜里怎么能听见风雨声呢？"这位老师不以为然地说："这有什么奇怪的！早上起床到外面看一看不就知道了？"当时我还要再问，老师挥挥手让我坐下，环视一下全班同学，多少带有嘲笑的口吻说道："大家说说看，是他对还是老师对？"同学们毫不犹豫地答道："老师对！"当时我感到很尴尬，竟然对自己的判断产生了怀疑。等懂事后，虽然我仍爱思考但却很少提问了……不像以前那样"炸刺"了。

请从教师职业行为规范的角度，分析案例中教师的教学行为。教师应该怎样对待这样的事情？

9. 小明这段时间有一个不好的行为，就是总爱把班级里好玩的玩具偷偷地藏起来，有时放在自己的衣帽柜，有时放在自己的衣服兜里，有时还会放在户外的某个角落。老师请来了家长，委婉地向她说明了请她来的原因，家长非常感激老师及时发现了孩子的这个行为并与她沟通，决心和老师一起教育好孩子，又一再请求老师一定要替她的儿子保密，以保护儿子心灵不受伤害。经过一段时间的共同努力，小明的不良行为得到了改正。

请结合上述案例分析：教师应该如何处理好与家长的关系？

整合提升

一、单项选择题

1. 依据《幼儿园工作规程》，下列不属于入园照顾对象的是(　　)

A. 孤儿　　B. 烈士子女

C. 独生子　　D. 家中无人照顾的残疾人子女

2. "能清楚地说出自己想说的事"，这属于(　　)的目标。

A. 社会领域　　B. 语言领域　　C. 健康领域　　D. 科学领域

3. 幼儿园应当建立幼儿健康档案，幼儿体检的时间间隔是(　　)(易错)

A. 每两个月一次　　B. 每季度一次　　C. 每半年一次　　D. 每年一次

4.《幼儿园教师专业标准(试行)》要求教师能够主动收集分析相关信息，思考保育教育问题，改进保教工作；针对保育教育工作中的现实需要与问题，进行探索和研究；制定专业成长规划，积极参加专业培训，不断提高自身专业素质。这些要求属于(　　)

A. 沟通与合作能力　　B. 激励与评价能力

C. 计划与实施能力　　D. 反思与发展能力

5. 幼儿园应为幼儿提供健康、丰富的生活和活动环境，满足他们多方面发展的需要，使他们在快乐的童年生活中获得有益于(　　)

A. 认知发展的经验　　B. 身心发展的经验　　C. 语言发展的经验　　D. 动作发展的经验

6. 中班幼儿能双手抓杠悬空吊起(　　)(常考)

A. 10秒左右　　B. 15秒左右　　C. 20秒左右　　D. 25秒左右

7. 为了实现科学领域中(　　)的目标，在讨论春游去哪里玩时，可以让幼儿自主商量想去哪里玩，每个想去的地方有多少人，再根据统计结果做出决定。

A. 在探究中认知周围事物和现象　　B. 初步感知生活中数学的有用和有趣

C. 感知和理解数、量及数量关系　　D. 感知形状与空间关系

8. 幼儿园教育工作评价，实行以(　　)为主。(常考)

A. 园长评价　　B. 管理人员评价　　C. 教师自评　　D. 家长评价

9. "通过和幼儿一起翻阅相片，讲述幼儿成长的故事等，让幼儿感受到家庭和幼儿园的温暖，从而对培育自己的人产生感激之情。"这是培育幼儿(　　)

A. 初步的行为规范　　B. 初步的表达能力　　C. 初步的阅读能力　　D. 初步的归属感

10. 幼儿园的教育内容是全面的、启蒙性的。各领域的内容相渗透，从不同角度促进幼儿(　　)等方面的发展。

A. 知识、技能、能力、情感、游戏　　B. 情感、态度、能力、知识、技能

C. 学习、态度、知识、技能、游戏　　D. 情感、态度、游戏、知识、技能

11.《幼儿园教育指导纲要(试行)》中提到五个领域，每个领域都可以提炼出一个关键的能力。科学领域是(　　)

A. 感受能力　　B. 表现能力　　C. 创造能力　　D. 思维能力

12. 幼儿园应当建立(　　)制度，防止发生食物中毒和传染病的流行。

A. 家长开放日　　B. 卫生保健　　C. 食品安全　　D. 安全防护

13. 幼儿教育评价的目的是(　　)(易错)

A. 了解幼儿的发展需要，以便提供更加适宜的帮助和指导

B. 让家长知道孩子在幼儿园的表现

C. 完成教育评价任务

D. 加强家园合作

14. 幼儿园教师的(　　)有益于其在幼儿教育工作中自觉遵循教师职业道德要求，选择最优的教育行为。

A. 职业义务　　B. 职业理想　　C. 职业良心　　D. 职业幸福

15. "能结合情境感受到不同语气、语调所表达的不同意思。"这是哪个年龄段幼儿在"认真听并能听懂常用语言"方面的具体目标(　　)

A. 3～4岁　　B. 4～5岁　　C. 5～6岁　　D. 3～6岁

16. 以下①～⑦种教师行为中，违反教师职业道德及有关政策法规的是(　　)

①按名次排座位；②作业完不成，罚站一星期；③当众嘲笑，羞辱学生；④对犯错误的学生进行适当的惩戒；⑤教师辅导自己班的学生并收费用；⑥因为找不到违反纪律的某个学生，就将全部同学罚站；⑦对学生各方面表现及时向家长反馈

A. ①②③⑤⑦　　B. ②③⑤⑥⑦

C. ①②③⑤⑥　　D. ②③④⑤⑥

17. 小海的家长给刘老师送来贵重礼品，拜托刘老师给小孩调换一个好座位，刘老师收下了礼品并给小海调换了座位。刘老师的做法(　　)(常考)

A. 体现了礼尚往来的良好品德　　B. 体现了关爱学生的教育情怀

C. 反映了他利用职权谋取私利　　D. 反映了他忽视学生主体意愿

18. 幼儿园教师自身(　　)的高低直接关系着幼儿教育的质量。教师必须在思想品德、生活方式、言谈举止等各方面严格要求自己，为人师表，不断进取，成为幼儿的表率。

A. 专业理念　　B. 行为规范

C. 个人素质　　D. 道德修养

19. 皮皮在幼儿园惹事了，他的爸爸来幼儿园接皮皮时，班主任王老师当着众人的面说："这么大的小屁孩儿都管不好，你到底会不会做家长呀！"王老师的语言(　　)

A. 符合师德要求，无可厚非　　B. 违反了师德规范中"尊重家长"的要求

C. 违反了师德规范中"严于律己"的要求　　D. 违反了师德规范中"以身作则"的要求

20. 在教育教学活动中，对学生的不良行为视而不见、不管不问或对学生讽刺、挖苦、实施体罚或变相体罚。这都是明显的违反师德的行为，它们违反的是现行中小学教师职业行为规范要求中的(　　)

A. 关爱学生　　B. 爱岗敬业　　C. 教书育人　　D. 爱国守法

21. 段老师一直在关爱学生、严谨从教、待人和善等方面严格要求自己，但有时却穿着拖鞋上课，经常不注意修饰。对段老师职业修养最恰当的评价是(　　)

A. 值得肯定，师德修养重在内在品质，与仪表修饰无关

B. 有待改善，师德修养是内在品质与仪表修饰的结合

C. 无可非议，仪表随意是个性的表现

D. 无关紧要，上好课才是最重要的

22. 孔夫子所说的"其身正，不令而行；其身不正，虽令不从"，从教师的角度可以理解为(　　)

A. 走路身体一定要端正

B. 自己做好了，不用教育学生，学生自然会学好

C. 对学生下命令一定要正确

D. 教师自己以身作则，一言一行都会对学生产生巨大的影响

23. 幼儿园教师要仪表端庄、着装整齐、梳妆打扮符合职业要求、谈吐文雅、举止文明、热情和蔼，(　　)(易混)

A. 尊老爱幼　　B. 为人师表　　C. 勇于创新　　D. 一视同仁

24. 王老师与同事之间相互尊重、相互理解、相互学习、相互帮助……在解决同学成绩和纪律问题时，王老师很重视其他任课教师或班主任的意见。这种做法(　　)

A. 正确，有利于处理好师生关系

B. 错误，王老师这样做缺乏主见

C. 正确，是一种良好的师师互动关系

D. 错误，教师间缺乏竞争意识，不利于教师专业发展

25.《国务院关于当前发展学前教育的若干意见》中提出，要把发展学前教育摆在更加重要的位置，原因不包括(　　)

A. 学前教育是终身学习的开端　　B. 学前教育是国民教育体系的重要组成部分

C. 学前教育是重要的社会公益事业　　D. 学前教育是义务教育的基础部分

26. 以下哪项不属于扩大学前教育资源的措施(　　)

A. 鼓励社会力量以多种形式举办幼儿园

B. 完善学前教育师资培养培训体系

C. 大力发展公办幼儿园，提供"广覆盖、保基本"的学前教育公共服务

D. 努力扩大农村学前教育资源

27.(　　)中指出:幼儿园的设备设施、装修装饰材料、用品玩具和玩教具材料等,应当符合国家相关的安全质量标准和环保要求。

A.《幼儿园管理条例》　　B.《中小学幼儿园安全管理办法》

C.《幼儿园工作规程》　　D.《托儿所幼儿园卫生保健管理办法》

28.《3~6岁儿童学习与发展指南》中列举的(　　)的做法,能让幼儿保持有规律的生活,养成良好的作息习惯。

①早起早睡　②每天午睡　③按时进餐　④定量进餐

A.①②③　B.②③④　C.①②④　D.①③④

二、多项选择题

1.下列属于幼儿园教师工作主要职责的是(　　)(易混)

A.观察了解幼儿　　B.创设良好的教育环境

C.监测幼儿的生长发育　　D.做好家园联系

2.《幼儿园管理条例》中具有下列情形之一的单位或者个人,由教育行政部门对直接责任人员给予警告、罚款的行政处罚,或者由教育行政部门建议有关部门对责任人员给予行政处分的是(　　)(易错)

A.体罚或变相体罚幼儿的

B.教育内容违背幼儿教育规律,损害幼儿身心健康的

C.使用有毒、有害物质制作教具、玩具的

D.教育方法不当,幼儿听不明白的

3.语言领域教学活动环境创设的要求包括(　　)

A.提供幼儿"想说、爱说"活动材料

B.利用语言角环境,使教学活动同步拥有丰富语言环境

C.提供促使幼儿"多说"的示范

D.创设使幼儿"敢说"的环境气氛

4.忠于人民教育事业是(　　)(易错)

A.我国教育社会主义性质的必然要求

B.教师处理个人利益和社会整体利益关系时所必须遵循的根本指导原则

C.衡量教育工作者个人行为和品质的最高道德标准

D.教师职业的基本要求

5.关于《幼儿园教育指导纲要(试行)》和《3~6岁儿童学习与发展指南》以下说法正确的是(　　)

A.《纲要》是指导性文件　　B.《指南》是《纲要》的补充

C.两者都包括五大领域的内容　　D.两者不能相互代替

6.关于《3~6岁儿童学习与发展指南》中健康领域的目标描述,正确的有(　　)

A.具有健康的体态　　B.具备基本的安全知识和自我保护能力

C.具有一定的适应能力　　D.情绪安定愉快

7.《幼儿园教师专业标准(试行)》的主要功能是(　　)

A.教育行政部门作为教师队伍建设的基本依据

B.高校幼儿教师培养培训的主要依据

C.处罚幼儿教师违规行为的依据

D.幼儿教师专业发展的基本依据

三、判断题

1.幼儿园应创设富有教育意义的环境氛围,将教学作为幼儿的主要活动。(　　)

2.2015年新修订的《幼儿园工作规程》增加了幼儿园应当结合幼儿年龄特点和接受能力开展反家庭暴力教育。(　　)

3.《3~6岁儿童学习与发展指南》中艺术领域的四个目标用了三个"喜欢",这主要是为了强调幼儿自我表现力的培养很重要。(易错)(　　)

4.教师职业道德的高层次是由教师教书育人的目的和任务决定的。(　　)

5.教师作为社会的一员,其道德状况会影响社会道德的发展。良好的教师职业道德,对整个社会职业道德的发展、对家庭美德的形成、对社会公德的提高具有十分重要的促进作用。(　　)

6.《幼儿园工作规程》规定,幼儿园大部分是三年制,也可是一年制或两年制。(　　)

7.幼儿园园长任职条件之一是必须有两年以上的幼儿园工作经验。(　　)

四、填空题

1.幼儿园应当充分尊重幼儿的________,根据幼儿不同的心理发展水平,研究有效的活动形式和方法,注重培养幼儿良好的个性心理品质。

2.幼儿园应当建立患病幼儿用药的________,未经监护人委托或者同意,幼儿园不得给幼儿用药。幼儿园应当妥善管理药品,保证幼儿用药安全。

3.________是教师职业的本质要求。

4.教师专业发展的不竭动力是________。(易混)

5.《幼儿园工作规程》明确指出,幼儿园规模一般不超过________人。

6.《幼儿园工作规程》第十九条规定,幼儿园应当关注幼儿________,注重满足幼儿的发展需要,保持幼儿积极的情绪状态,让幼儿感受到尊重和接纳。(常考)

五、简答题

1.简述《幼儿园工作规程》中要求幼儿园教育应当贯彻的原则和要求。(易混)

2.为什么不能把《3~6岁儿童学习与发展指南》作为一把"尺子"来衡量全班幼儿?

3. 简述教育活动内容的选择原则。(常考)

4. 如何引导幼儿“喜欢听故事,看图书”?(常考)

5. 实施《3~6岁儿童学习与发展指南》应把握哪几个方面?

6. 简述教师职业道德的特点。(常考)

7. 简述教师职业道德内容的全面性的表现。

8. 教师职业道德的教育作用具体表现在哪几个方面?

9. 简述新《中小学教师职业道德规范》中关于“教书育人”方面所规定的具体职业行为要求。

10. 简述幼儿园教师职业道德建设的重要性。(易混)

六、案例分析题

1. 王老师组织幼儿进行拍球训练,东东在拍球过程中想到了拍球的新玩法,本来是单手拍球,现在他想到了左右手交替拍球,他喊了老师过来看,老师说:“别胡闹,比赛是看谁在规定时间内拍球多。”老师让幼儿只练习单手拍球,冬冬在老师走了之后不想再拍球了,说“真没意思”。

案例中王老师的做法对吗?请用《幼儿园工作规程》中的相关知识进行分析。

2. 杰杰小朋友总喜欢到“聊天地”和好朋友一起聊天,每次杰杰都大方地向好朋友介绍自己收集的“宝贝”,如小贝壳、小贴纸、小玩偶等,分享新买的玩具,交流喜欢的动画片和图书情节,以及和爸爸妈妈一同外出旅行的趣事等。当好朋友提出问题时,杰杰能认真倾听,非常乐意与他们一起讨论,耐心解答。杰杰生动、有趣的讲述,吸引了越来越多的小朋友,“聊天吧”可真热闹啊!

(1)请结合《3~6岁儿童学习与发展指南》中语言领域目标,分析案例中杰杰语言发展的典型表现。

(2)请提出进一步提高杰杰语言表达能力的策略。

3. 大一班的小朋友在玩角色游戏，平平认为自己最高，应该扮演警察的角色；涂涂也认为自己最高；丁丁站在台阶上说："我才是最高的。"三个人僵持不下。王老师说："怎么样才能知道谁是最高的呢？"孩子们一脸茫然。

(1)结合《3～6岁儿童学习与发展指南》分析案例中幼儿数学认知的典型表现。

(2)结合案例提出指导策略。

4. 徐老师的班上新来了一个男孩，不爱说话，更没有笑声。徐老师问他叫什么名字，他只会摇头。通过和家长交谈，徐老师知道这个名叫晓天的幼儿从小失去了母亲，爸爸忙于生计也无暇顾及他，所以晓天性格孤僻。语言表达能力很差，动作发育迟缓。

了解到晓天的身世后，徐老师更加关心晓天，在教室里为他专门准备了开发智力的玩具。还亲手为他编织毛衣，徐老师经常亲切地跟晓天说话，教他练习发音，以提高其语言表达能力；利用图片和图书为他讲故事，以提高其理解能力；跟他一起堆积木、折纸，以提高其动手能力。徐老师还指导晓天的爸爸在家里如何对孩子进行早期智力训练。

时间一天天地过去，渐渐地，晓天的眼睛亮了，能与人进行简单地交谈了，脸上也常挂着微笑。

请从教师职业道德的角度评价徐老师的保教行为。

5. 活动开始了，老师请幼儿轻轻搬椅子到老师身旁来。这时，有的幼儿抱着椅子，有的幼儿推着椅子，有的幼儿拖着椅子往老师身边挤，活动室一片混乱。

看到这幅情景，老师轻轻走到一位推着椅子的幼儿跟前，抱起他的椅子，说："哎呀，小椅子，对不起，你的腿很疼，是吗？我帮你揉揉。"老师充满关爱的神情和言语引起了幼儿的注意，活动室一下子静了下来。"老师，我不推椅子了。""老师，我会抱起椅子的。"推着椅子和拖着椅子的幼儿小心翼翼地抱起椅子，轻轻将椅子放下。教师做出询问小椅子的样子，说："现在椅子很高兴，他说谢谢大家爱护他。"

从教师职业道德的角度，谈谈你从案例中获得了哪些启示？

6. 大班的李老师在阅读区投放了绘本、广告、文字拼图还有纸和笔等。洋洋经常光顾阅读区，一天洋洋说："我要做一本自己的书。"他在纸上画了些线条和圆圈，李老师走过去问需不需要帮他在上面写一些字，洋洋用手指着他画的圆圈说："就写在这里，这个是写给妈妈的话。"李老师就帮他在画圆圈的地方写了字。

(1)结合材料，简述洋洋在阅读与书写准备方面的典型表现。

(2)评析李老师的支持行为及对幼儿阅读与书写准备的意义。

下篇　全真模拟试卷

教师招聘考试全真模拟试卷(一)

(满分100分　时间120分钟)

一、单项选择题(在下列每小题列出的四个选项中只有一个是最符合题意的,请将其代码填在括号内。错选、多选或未选均不得分。本大题共30小题,每小题1分,共30分)

1. 小儿神经系统的发育尚未成熟,需要较长的睡眠时间进行休整。一般5~7岁的孩子每天需要睡(　　)(易错)
A. 11~12小时　B. 13小时　C. 15小时　D. 17小时

2. 儿童离开玩具就不会游戏,说明其思维方式是(　　)
A. 直观行动思维　B. 具体形象思维　C. 抽象逻辑思维　D. 形式运动思维

3. 高老师发现,班上的幼儿往往在熟悉了"西红柿""土豆""白菜"等概念之后,再逐渐理解"蔬菜"这一概念会更加容易。幼儿的这种学习过程属于(　　)
A. 上位学习　B. 并列结合学习　C. 派生类属学习　D. 相关类属学习

4. 幼儿园请交通警察来园给孩子们讲解交通规则。这属于(　　)
A. 幼儿园与家庭合作　B. 幼儿园与社区合作
C. 家庭与社区合作　D. 家庭与交警合作

5. 刚学完故事,立即要幼儿复述,有时效果倒不如隔一天好。这种现象体现的是(　　)
A. 幼儿健忘　B. 记忆恢复　C. 暂时性遗忘　D. 不完全遗忘

6. "表达情绪的方式比较适度,不乱发脾气。"这一目标属于(　　)年龄阶段的幼儿。
A. 小班　B. 中班　C. 大班　D. 学前班

7. 耗氧量最大的是(　　)
A. 肺　B. 心脏　C. 大脑　D. 肝

8. 3~6岁儿童使用的主要句型是(　　)(常考)
A. 单词句　B. 多词句　C. 简单句　D. 复合句

9. 强调早期经验对幼儿发展有重要影响的是(　　)
A. 精神分析学派　B. 成熟主义　C. 行为主义　D. 认知发展学派

10. 学前教育阶段可分为新生儿期、乳儿期、婴儿期和幼儿期,这表明个体发展具有(　　)
A. 规律性　B. 个别差异性　C. 阶段性　D. 社会性

11. 英国幼儿学校的创始人是(　　)(易混)
A. 皮亚杰　B. 埃里克森
C. 罗伯特·欧文　D. 华生

12. 20世纪初,清朝官方确定的我国学前社会教育机构的名称是(　　)
A. 幼儿园　B. 幼稚园　C. 蒙养园　D. 蒙养院

13. 爸爸妈妈在看电视时,高兴地笑了出来,旁边搭积木的宝宝看到了也跟着笑了起来,这一现象反映幼儿情绪具有(　　)
A. 社会性　B. 冲动性　C. 感染性　D. 深刻性

14. 儿童能区分橘子和橙子,其使用的感知觉是(　　)
A. 视觉　B. 触觉　C. 感觉　D. 感知

15. 下列情况,体现了幼儿的再造想象的是(　　)(易错)
A. 看图说话时,有的幼儿能说出图上没有但与主题相关的内容
B. 幼儿把音阶想象成"走楼梯",从而正确理解音阶
C. 幼儿常常自己造词,出现造词现象
D. 绘画时,有的幼儿把太阳画成绿色

16. 桌面上一边摆四颗糖,另一边摆三颗糖,教师问:"一共有几颗糖?"从幼儿的下列表现来看,数学能力发展水平最高的是(　　)
A. 把一边的四颗糖和另一边的三颗糖放一起,然后一个个数
B. 看了一眼四颗糖,说出4,暂停一下,接着数5、6、7
C. 左手伸出四根手指,右手伸出三根手指,暂停一下,说出7颗
D. 幼儿先看四颗糖,后看三颗糖,暂停一下,说出7颗

17. 幼儿园定期或不定期地向家长开放,并邀请家长来观摩和参观的活动形式是(　　)(常考)
A. 家长会　B. 家长学校　C. 家长委员会　D. 家长开放日

18. 幼儿正在画"汽车",听到别人说"这像汽车吗?"他立刻说:"我画的是房子。"这一现象表明幼儿(　　)
A. 以想象过程为满足　B. 想象的内容零散无系统
C. 想象的主题不稳定　D. 想象受兴趣的影响

19. 老师在设置区域时,将"阅读区"与"表演区"等吵闹的区隔开,以免互相干扰,这样做的好处是(　　)
A. 动静分区　B. 安全畅通　C. 便于观察　D. 方便指导

20. 下列活动目标的表述是以幼儿为主体的是(　　)
A. 培养幼儿爱思考的习惯　B. 鼓励幼儿参与制作陀螺
C. 教会幼儿使用玩具　D. 体验探究的乐趣

21. 幼儿知道凡是刚从锅里蒸出来的东西都是烫的、热的。这种认识的获得是通过(　　)(易错)
A. 感知　B. 记忆　C. 想象　D. 思维

22. 儿童对目标刺激“贴上”某种特定的标签以便于记忆。这是(　　)
A. 视觉复述　B. 组织性策略　C. 定位策略　D. 提取策略

23. 以下几组时间概念中,幼儿难理解的是(　　)
A. 上午、下午　B. 白天、晚上　C. 今天、明天　D. 大前天、大后天

24. 4~5岁儿童能够借助一些卡片进行简单的数学运算,到了小学阶段,就可以摆脱卡片进行加减运算。这说明儿童心理发展的趋势是(　　)
A. 从简单到复杂　B. 从被动到主动　C. 从具体到抽象　D. 从零乱到成体系

25. 儿童独白言语产生在(　　)
A. 婴儿期　B. 先学前期　C. 幼儿期　D. 学龄期

26. 学前儿童言语发音的准备经历了三个发展阶段,其中第三个阶段是(　　)
A. 简单发音　B. 模仿发音　C. 连续音节　D. 发展音节

27. 一个5岁的儿童说:“我想画小兔、小草,还想画小狗……”他基本上按他所说的去画。说明他的想象特点是(　　)
A. 以无意想象为主　B. 随意的自由想象
C. 以有意想象为主　D. 有计划地,但想象内容零碎缺乏组织

28. 明明小朋友在回答自己为什么是个好孩子时说:“我不撒谎,我认真参加游戏,并把玩具让给别人。”这是(　　)
A. 依从性评价　B. 对自己外部行为的评价
C. 对自己的内在品质评价　D. 对自己个别方面的评价

29. 幼儿想象夸张的主要原因是(　　)(易混)
A. 认知水平低　B. 创造性高　C. 想象力差　D. 记忆力强

30. “先天下之忧而忧,后天下之乐而乐”是(　　)情感体验。
A. 美感　B. 道德感　C. 理智感　D. 热爱感

二、多项选择题(下列各题备选答案中至少有两项是符合题意的,请找出恰当的选项,并将其代码填在相应的括号内,多选、错选或少选均不得分。本大题共5小题,每小题2分,共10分)

1. 幼儿园班级的人员构成包括(　　)(常考)
A. 教师　B. 幼儿　C. 保育员　D. 园长

2. 以下预防意外事故发生的措施中,正确的是(　　)
A. 要求幼儿正确使用剪刀　B. 保持卫生间地面干燥
C. 入寝前检查幼儿口袋和床铺　D. 减少幼儿外出活动

3. 以下急救措施中,正确的是(　　)
A. 动脉出血时,用手指或者手掌压住出血部位的上端
B. 骨折有伤口出血时,应先固定,再止血和清洗创口
C. 开放性骨折时,不要将外露断骨推入伤口
D. 伤骨固定时,应露出手指或脚趾,以观察血液循环情况

4. 小王是某幼儿园男教师,对于他从事幼儿教师职业,家人很不理解,身边的朋友也纷纷质疑,男子汉大丈夫怎能天天做孩子王?小王很是苦恼,这一现象体现了当今保教实践中存在(　　)问题。
A. 缺乏职业认同感　B. 缺乏爱心
C. 性别歧视　D. 缺乏敬业精神

5. 以下关于幼儿时间知觉特点的阐述,正确的是(　　)(易错)
A. 时间知觉的精确性与年龄呈正相关,即年龄越大,精确性越高
B. 时间知觉的发展水平与儿童的生活经验呈正相关
C. 幼儿对时间顺序的知觉发展较早
D. 幼儿对时间间隔(时隔)的估计及利用时间标尺的能力发展较早

三、填空题(在下列每小题的空格中填上正确答案。错填、不填均不得分。本大题共10小题,每题1分,共10分)

1. ________是个人心理活动的稳定的动力特征。
2. 儿童显示出性别意识,并能正确辨别自己和他人是男孩或者女孩的年龄是________。
3. 卢梭指出,教育有三个来源,即“________”“人”和“________”。
4. ________是实施幼儿德育最基本的途径。
5. 幼儿园与________是幼儿生活中两个重要的环境。
6. ________是一种改变重口头教育轻行为训练倾向的很有效的教育手段。
7. 某幼儿园邀请医生、消防队员、园艺工人等社区各行各业的工作人员到园讲解演示自己的工作,小朋友们非常感兴趣。幼儿园这样做是利用社区的________。
8. “奇装异服、奇形怪状”易引起幼儿的注意。这是________。
9. ________是根据研究目的,改变或控制幼儿的活动条件,以引起其心理活动有规律地变化,从而揭示特定条件与心理活动之间关系的方法。
10. 情境性言语和连贯性言语的主要区别在于是否________。(易错)

四、简答题(本大题共3小题,每小题10分,共30分)

1. 简述陶行知的“六大解放”包含的内容。(常考)

2. 简述解决幼儿分离焦虑的方法。(常考)

3. 简述幼儿记忆的理解和组织程度发展的特点。

五、案例分析题(本大题共2小题,每小题10分,共20分)

1. 一天下午4岁的洋洋独自一个人在幼儿园玩滑梯,由于滑梯已有损坏,他从滑梯上摔了下来,经诊断造成颅脑中度损伤,事后带班姚老师声称:“当时孩子们正在午睡,下午近2点,洋洋起床,自己一个人出去了,过了20分钟,见洋洋还没回来,我急忙去寻找,结果发现他摔倒在滑梯下。”

(1)案例中涉及的法律关系主体有哪些?

(2)结合相关法律法规对案例进行分析。

2. 中班幼儿芳芳经常独自一个人,从不与老师、小朋友说话、玩耍,刚接班的柯老师了解到芳芳自小由奶奶照顾,父母常年在外务工,柯老师心头一震,不能无视芳芳,不能任其发展。一次游戏活动时,见到芳芳独自一个人在座位上,柯老师试着与芳芳交谈,让她和其他小朋友玩,但芳芳只看了一眼就不作声。后来柯老师宣布了一个决定:哪位小朋友和芳芳一起玩,就奖励一朵小红花。还有一次柯老师问芳芳:“奶奶会做什么好吃的给你呢?”第二天芳芳怯生生地塞给柯老师一个纸包,说了一声:“给你。”原来是她奶奶做的米糕,慢慢地芳芳脸上有了笑容,喜欢和小朋友一起玩,还经常围在老师的跟前。

柯老师遵守了哪些职业道德规范?请结合案例加以具体分析。

教师招聘考试全真模拟试卷(二)

(满分100分　时间120分钟)

一、单项选择题(在下列每小题列出的四个选项中只有一个是最符合题意的,请将其代码填在括号内。错选、多选或未选均不得分。本大题共35小题,每小题1分,共35分)

1. 儿童心理产生的标志(　　)(常考)

A. 无条件发射的出现　　B. 条件反射的出现

C. 眨眼反射的出现　　D. 巴宾斯基反射的出现

2. 处在(　　)的多动症患儿,主要表现为注意力集中时间短暂、有破坏行为、不能静坐、对动物残忍、有攻击行为和冲动行为、情绪易波动、遗尿等。

A. 婴儿期　　B. 先学前期

C. 先学前期和学前期　　D. 学龄儿童

3. 环境与材料的呈现方式是与幼儿的年龄特点和主题内容相吻合和一致的,而不是为新奇与丰富。这符合活动环境创设的(　　)原则。

A. 启发性　　B. 多样性　　C. 开放性　　D. 适宜性

4. 矫治幼儿口吃的首要方法是(　　)

A. 解除心理紧张　　B. 鼓励幼儿说清楚

C. 去医院进行相应检查　　D. 反复进行语言训练

5. 丙种球蛋白是(　　)(易混)

A. 自动免疫制剂　　B. 被动免疫制剂

C. 非特异性免疫制剂　　D. 自然自动免疫制剂

6. 儿童所特有的热能消耗是指其(　　)

A. 基础代谢所需　　B. 生长发育所需

C. 活动所需　　D. 食物的特殊动力作用所需

7. 美国儿童心理学家格塞尔设计的著名的儿童心理实验是(　　)

A. 视崖实验　　B. 双生子爬梯实验

C. 守恒实验　　D. 早期隔离实验

8. 以下概念中,学前儿童较难掌握的是(　　)(易错)

A. 桌子　　B. 椅子　　C. 床　　D. 家具

9. 起先儿童观察图画只能认识到个别对象,后来逐渐能观察到图画的整体内容,把握图画的主题。这说明的是儿童观察(　　)

A. 目的性的加强　　B. 方法的形成　　C. 细致性的增加　　D. 概括性的提高

10. 下列不属于幼儿社会学习特点的是(　　)

A. 模仿　　B. 强化　　C. 观察　　D. 同化

11. 在学前儿童思维工具的发展变化中,语词的作用(　　)

A. 基本不变　　B. 越来越大　　C. 越来越小　　D. 始终很小

12. 儿童的数概念的形成,经历的四个阶段分别是(　　)(易混)

A. 口头数数—按数取物—给物说数—掌握数概念

B. 口头数数—给物说数—按数取物—掌握数概念

C. 按数取物—口头数数—给物说数—掌握数概念

D. 按数取物—给物说数—口头数数—掌握数概念

13. 科学活动“认识家禽”中,幼儿认识了鸡、鸭、鹅后,教师抛出问题:“你们知道它们有一个共同的名字叫什么吗?”“它们有什么相同的地方?”老师的提问策略属于(　　)

A. 启发式提问　　B. 发散性提问　　C. 推理式提问　　D. 总结式提问

14. 在幼儿游戏时,幼儿教师正确的做法是(　　)(易错)

A. 站在旁边观望　　B. 做幼儿游戏的伙伴

C. 抓紧时间备课　　D. 与其他老师交谈

15. 下列关于个性的说法不正确的一项是(　　)(易错)

A. 它属于心理现象

B. 个性是相对稳定的

C. 个性心理特征包括能力、气质和性格三方面

D. 个性形成的基础是人的内在需要

16. (　　)是教师职业的内在要求。

A. 教书育人　　B. 关爱学生　　C. 为人师表　　D. 终身学习

17. 学前儿童的语言学习能力非常强,从不会说话到掌握母语的全部会话大约要四年,说明语言发展存在(　　)

A. 最近发展区　　B. 关键期　　C. 危机期　　D. 转折期

18. 强调后天影响对心理发展的作用,儿童发展的原因在于后天,在于教育。这种关于儿童发展的观点是(　　)

A. 遗传决定论　　B. 环境决定论

C. 辩证论观点　　D. 相互作用论

19. 智力游戏属于(　　)的范畴。(易混)

A. 安静性游戏　　B. 角色游戏

C. 创造性游戏　　D. 规则游戏

20. 意大利女教育家蒙台梭利先后出版过著作《蒙台梭利法》及(　　)

A.《母育学校》　　B.《教育漫话》　　C.《爱弥儿》　　D.《童年的秘密》

21. 新中国成立以来，经国务院批准颁布的第一个幼儿教育法规是(　　)
A.《城市幼儿园工作条例》　B.《幼儿园教育指导纲要(试行)》
C.《幼儿园工作规程》　D.《幼儿园管理条例》

22. 提出“父母是孩子的第一任教师”主张的教育家是(　　)(常考)
A. 陶行知　B. 张雪门　C. 福禄贝尔　D. 陈鹤琴

23. 目前我国幼儿园和家庭相互配合的形式中最常用的一种形式是(　　)
A. 家长开放日　B. 家长会　C. 家访　D. 家长委员会

24. 下列各项表述中(　　)不能体现出幼儿语音意识的产生。
A. 对自己和别人的发音感兴趣，并意识到自己发音的弱点
B. 看见中年女性就叫“阿姨”
C. 评价他人的发音，追求自己发音准确
D. 意识到同音字有不同意义

25. (　　)的教育理论体系中的一个最基本的思想就是把儿童当作儿童来看待，同时还强调指出——幼儿教育应当遵循自然的原则。
A. 夸美纽斯　B. 卢梭　C. 洛克　D. 福禄贝尔

26. 社区教育起源于(　　)
A. 丹麦　B. 英国　C. 法国　D. 德国

27. 上课时，个别幼儿喊口渴想喝水，老师正确的做法是(　　)
A. 立即让该幼儿离座去喝水　B. 让该幼儿坚持到下课
C. 批评后再让其喝水　D. 停止教育活动，督促所有幼儿喝水

28. 下列不符合目前我国幼儿园教师资格认定条件的是(　　)
A. 经国家教师资格考试合格　B. 身体健康的成年女性
C. 热爱幼儿教育事业，爱护幼儿　D. 具备幼儿师范学校毕业及其以上学历

29. 张老师在二次晨检时发现贝贝口腔及咽颊部有红色的疱疹，立即将贝贝带到隔离室。这是为了(　　)
A. 管理传染源　B. 切断传播途径　C. 保护易感染人群　D. 以上都是

30. 有差别的微笑的出现，是(　　)(易混)
A. 最初诱发性微笑发生的标志　B. 最初社会性微笑发生的标志
C. 最初生理性微笑发生的标志　D. 最初自发性微笑发生的标志

31. 下列游戏的指导方法，错误的是(　　)
A. 角色游戏指导时，教师可以以角色身份指导游戏
B. 结构游戏指导时，教师应该手把手教
C. 表演游戏指导时，应选择幼儿容易理解又便于表演的作品
D. 规则游戏指导时，教师应详细介绍游戏及规则

32. 老师带着幼儿到户外观察果树，小班时，幼儿东张西望，不能完成老师所要求的观察任务；到了大班，幼儿能认真完成老师的要求，完整地说出果树的特征。这说明幼儿心理的发展趋势是(　　)
A. 从简单到复杂　B. 从具体到抽象
C. 从被动到主动　D. 从零乱到成体系

33. 幼儿期性格的典型特点是(　　)(常考)
A. 模仿性强　B. 喜欢交往　C. 好奇好问　D. 活泼好动

34. 他性子很急，每次拿小人书都是拿一大叠，翻得很快，即使新书也很快看完。喜欢活动量大的活动，他上课时坐不住，随便站起来。以上行为表现判断他的气质类型偏于(　　)
A. 胆汁质　B. 黏液质　C. 多血质　D. 抑郁质

35. (　　)是《中小学教师职业道德规范》最基本的内容。
A. 爱国守法　B. 为人师表　C. 关爱学生　D. 终身学习

二、填空题(在下列每小题的空格中填上正确答案。错填、不填均不得分。本大题共10小题，每题2分，共20分)

1. 在儿童的亲社会行为中，发生频率最多的是________，而其他类型的亲社会行为发生的频率则相当低。(常考)

2. 主张学前教育要“中国化”“平民化”并创办了我国第一所乡村幼稚园和劳工幼稚园的教育家是________。

3. 游戏是________与现实统一的活动。

4. 幼儿的语言能力是在________的过程中发展起来的。

5. 幼儿情绪情感的发展趋势主要有________、________和________。

6. 幼儿的自我意识包括________、________和________。(常考)

7. 内部言语是不出声音的，是对自己的言语，因此这又称为________。

8. 社会性发展是指儿童从一个自然人，逐渐掌握社会的________与________，成长为一个社会人，逐渐步入社会的过程。

9. 蒙台梭利认为3～6岁儿童首先应该从________开始，使他们直接接触实物，储存大量的感性经验。(易错)

10. 幼儿教育心理学发展的萌芽期的三位主要代表人物是：法国的________、德国的________和意大利的________。

三、简答题(本大题共5小题，每小题6分，共30分)

1. 简述幼儿教师应具备的能力结构。(常考)

2. 简述活动中影响幼儿注意稳定性的因素。

3. 简述影响学前儿童心理发展的因素。(易混)

4. 遵循发展适宜性原则包含哪几层含义?

5. 简述运用观察法时应注意的问题。

四、案例分析题(本大题共2小题,第1题7分、第2题8分,共15分)

1. 小伟的父母看到许多小朋友参加了各种兴趣班,也给小伟报了好几个兴趣班,可小伟不愿意,父母为了让小伟能参加兴趣班,绞尽脑汁,想尽办法,甚至不惜用"威逼利诱"的方法让小伟服从。

(1)小伟父母的做法对吗?请用现代儿童观分析该案例。

(2)结合案例提出合理建议。

2. 在伦敦举行的父母与子女会议上,英国"0至3岁"公司总裁马修·梅尔梅德说,很多父母热衷于让幼儿玩大量的益智玩具,安排幼儿进行各种"开发智力"的活动,希望借此提高孩子的语言、认知等能力。如果学习压力过重,幼儿的大脑会不堪重负。这样,孩子长大后容易对事物缺乏兴趣和好奇心,竞争力弱,不善于为人处世。

结合案例分析在实际教育中应如何实施全面的素质教育。

教师招聘考试全真模拟试卷(三)

(满分100分 时间120分钟)

一、单项选择题(在下列每小题列出的四个选项中只有一个是最符合题意的,请将其代码填在括号内。错选、多选或未选均不得分。本大题共30小题,每小题1分,共30分)

1. 下列不属于蒙台梭利教育思想的是(　　)
A. 吸收的心智　B. 环境的力量　C. 白板说　D. 感官教育

2. 孕妇缺碘,小儿可患(　　)
A. 地方性甲状腺肿大　B. 侏儒症　C. 克汀病　D. 甲亢

3. 儿童年龄越小,视力可塑性越强,因此弱视的最佳治疗年龄为(　　)(易错)
A. 1~3岁　B. 3~6岁　C. 6~12岁　D. 6~9岁

4. 下列属于个性倾向性的是(　　)
A. 能力　B. 气质　C. 需要　D. 性格

5. 对于3~6个月的婴儿,应提供的玩具和游戏材料有(　　)
A. 手工、绘画材料　B. 用手穿的大木珠
C. 色彩鲜明的小球　D. 不倒翁、拨浪鼓

6. 新生儿的颅骨还没有发育完全,有前囟、后囟之分,其中前囟约在(　　)闭合。
A. 1岁　B. 1~1.5岁　C. 3~4岁　D. 6~12个月

7. 幼儿2岁以后开始观看其他幼儿的游戏,他的兴趣集中在别人的游戏上,而没有参与到游戏中去。这体现的是幼儿的(　　)
A. 非游戏行为　B. 旁观游戏　C. 独自游戏　D. 平行游戏

8. "上梁不正下梁歪"这句古话告诫家长育儿应遵循(　　)的原则。
A. 尊重儿童　B. 做好榜样　C. 规矩明确　D. 适当回避

9. 发烧、咽痛,一天内出疹,出疹两三天内可见杨梅状舌。出现这种症状及体征的传染病是(　　)
A. 水痘　B. 麻疹　C. 猩红热　D. 幼儿急诊

10. 下列不属于幼儿园与小学不衔接原因的是(　　)
A. 作息制度　B. 环境布置　C. 师幼关系　D. 信息技术

11. 儿童性别角色的认识经历了四个发展阶段,其中3~4岁儿童性别角色的发展是(　　)(易混)
A. 知道自己的性别,并初步掌握性别角色知识
B. 自我中心地认识性别角色
C. 刻板地认识性别角色
D. 去自我中心地认识性别角色

12. 大约2岁半以后,幼儿进入实词句阶段,经常说出类似"妈妈球球""爸爸班班"之类的语句。这种句子和成人打的电报相仿,故称为(　　)
A. 不完整句　B. 复合句　C. 电报句　D. 完整句

13. 在陶行知先生"捧着一颗心来,不带半根草去"的教育信条中得到了充分体现的是教师的(　　)
A. 扎实的教育理论知识　B. 崇高的职业道德
C. 丰厚的文化学科知识　D. 过硬的教学基本功

14. 幼儿气管、支气管的自净能力差,易患肺炎,保教人员要(　　)
A. 做好开窗通风工作　B. 培养幼儿良好的洗手习惯
C. 教给幼儿正确的擤鼻涕的方法　D. 常晒被褥

15. 幼儿可以随意地去做自己喜欢的事情,种种活动既没有时间的限制,也没有确定的地点,玩腻了自然休息,饿了找东西吃,困了就睡觉,生活活动往往是顺其自然、十分宽松的。这体现了幼儿一日活动的(　　)特点。
A. 自在性　B. 习惯性　C. 情感性　D. 游戏性

16. "慎独"作为教师职业道德修养的一种方法,就是(　　)(常考)
A. 在没有外在监督的情况下坚持自己的道德信念,自觉按道德要求行事,不因为无人监督而恣意妄行
B. 一个人用慎重的态度对待自己
C. 在自我的世界孤芳自赏
D. 独立面对自己的种种不足

17. 常常根据自己的与生活经验来判断成人的语言,认为"阿姨"是指成年女性。这是(　　)幼儿心理发展表现特点。
A. 小小班　B. 小班　C. 中班　D. 大班

18. 荀况说:"师术有四,而博习不与焉。尊严而惮,可以为师;耆艾而信,可以为师;诵说而不陵不犯,可以为师;知微而论,可以为师。"下列观点没有体现荀况的教师职业素养基本要求的是(　　)
A. 品德为师　B. 经验为师　C. 专业为师　D. 身正为师

19. 20世纪90年代以来,世界各国把学前教育的根本目标定位于(　　)(易混)
A. 儿童平均发展　B. 儿童全面和谐发展
C. 创造力的培养　D. 儿童智力的开发

20. 影响儿童身体控制稳定性的因素包含重心的高度、稳定角、摩擦力以及(　　)
A. 行进的速度　B. 支撑面大小　C. 腿部的力量　D. 方向的变化

21. 亮亮将电话号码83517517记成"爬山我要吃我要吃",这种记忆属于(　　)
A. 意义记忆　B. 机械记忆　C. 形象记忆　D. 言语记忆

22. 大家都说小东喜欢交朋友,待人接物礼貌大方。这说的是小东的(　　)
A. 气质　B. 情感　C. 能力　D. 性格

23. 人具有自我意识,发展到一定阶段的人,具有规划自己的未来和为未来的发展创造条件的能力。由此表明,人的身心发展具有( )

A. 阶段性 B. 能动性 C. 主观能动性 D. 互补性

24. 某幼儿不能理解从一捆游戏棒中拿出来的一根小棒,是这捆游戏棒的一部分。说明该幼儿的思维处于( )(易错)

A. 形式运算阶段 B. 具体运算阶段

C. 前运算阶段 D. 接近联想阶段

25. "关爱幼儿,尊重幼儿人格,富有爱心、责任心、耐心和细心;为人师表,教书育人,自尊自律,做幼儿健康成长的启蒙者和引路人。"这一内容体现的是教师基本理念中的( )

A. 幼儿为本 B. 师德为先 C. 能力为重 D. 终身学习

26. ( )认为教育应该把重心放在儿童的身上,以儿童为中心,因此儿童在托幼机构所从事的一切活动均应根据儿童的兴趣来进行,活动方式灵活多样,不受任何拘束。

A. 杜威 B. 蒙台梭利 C. 维果斯基 D. 戈尔曼

27. 抽象逻辑思维的萌芽,出现在( )(易错)

A. 4.5~5.5岁 B. 4~5岁 C. 5~6岁 D. 6.5~7.5岁

28. "揠苗助长"违背了人身心发展的( )

A. 阶段性 B. 顺序性 C. 不均衡性 D. 差异性

29. ( )是一项对残疾儿童和正常儿童均有效的教育,值得实施和推广。(易混)

A. 公益教育 B. 义务教育 C. 全纳教育 D. 基础教育

30. 幼儿的学习特点是以无意学习为主,并且通过看似无意的生活学到了很多东西,可以说有生活就有幼儿的学习。这体现了学前教育课程内容选择的原则是( )

A. 适宜性原则 B. 兴趣性原则 C. 基础性原则 D. 生活化原则

二、判断题(判断下列各命题的正误,并在题后括号内打"√"或"×"。本大题共10小题,每小题0.5分,共5分)

1.《中华人民共和国宪法》具有最高的法律地位和法律效力,是国家的根本大法。 ( )

2. 幼儿园组织活动时,可以经常打破班级的界限,让幼儿有更多机会参加不同群体的活动。 ( )

3. 思维与感知觉一样,都是直接对事物做出反映。 ( )

4. 教师利用环境、玩教具对幼儿进行的指导也可以是直接指导。(常考) ( )

5. "玉不琢,不成器"说的是社会环境和教育对心理发展的作用。 ( )

6. 助人行为是幼儿期望参加社会互动的结果,助人行为随着幼儿年龄的增长呈减少趋势。 ( )

7. 君君在用积木搭汽车时说:"嘀嘀,开车了,到北京要买票,五元。"这是问题言语。 ( )

8. 利用生活和游戏中的实际情境,引导幼儿理解数概念。 ( )

9. 幼儿社会性是在日常生活和游戏中通过学习发展起来的。 ( )

10. 2~3岁是儿童图像视觉辨认、形状知觉形成的最佳期。 ( )

三、填空题(在下列每小题的空格中填上正确答案。错填、不填均不得分。本大题共10小题,每小题1分,共10分)

1. 幼儿园教育活动的组织形式有集体活动、小组活动和________。

2. 直观行动思维的典型方式是________。

3. 幼儿说谎的类型有________和________。

4. ________也叫注意的范围。

5. 罗老师创设"快乐的端午节"活动,引导幼儿交流节日由来、讨论节日习俗以及品尝各种风味的粽子等。这一做法践行了《新时代幼儿园教师职业行为十项准则》的________准则。

6. 在日常活动与教育教学过程中,对幼儿发展状况进行评估要采用________的方法进行。(易错)

7. 根据社会性行为的动机和目的,可将其分为________和________两大类。

8. 幼儿园教育是________的重要组成部分,是我国学校教育和终身教育奠基阶段。

9. 婴儿形成对父母的依恋是在________个月时。(常考)

10. 学习动机中,以需要理论为基础的代表人物是________。

四、简答题(本大题共3小题,每小题5分,共15分)

1. 幼儿园规章制度是科学管理幼儿园的重要保证,规章制度的作用主要体现在哪几个方面?

2. 简述学前儿童能力发展的一般趋势。

3. 简述幼儿园教学活动的方法。(常考)

五、论述题(本大题共10分)

3岁前儿童的注意基本上属于无意注意,3~6岁幼儿注意的特点是无意注意占优势地位,有意注意逐渐发展。试举例论述容易引起幼儿无意注意的诱因。

六、案例分析题(本大题共3小题,每小题10分,共30分)

1. 开学不久,陈老师发现王平同学有许多毛病。陈老师心想,像王平这样的同学缺少的不是批评而是肯定和鼓励。一次,陈老师找他谈话说:“你有缺点,但你也有不少优点,可能你自己还没有发现。这样吧,我限你在两天内找到自己的一些长处,不然我可要批评你了。”第三天,王平很不好意思地找到陈老师,满脸通红地说:“我心肠好,力气大,毕业后想当兵。”陈老师听了说:“这就是了不起的长处。心肠好,乐于助人,到哪里都需要这种人。你力气大,想当兵,保家卫国,是很光荣的事,你的理想很实在。不过当兵同样需要科学文化知识,需要有真才实学。”听了老师的话,王平高兴极了,脸上露出了微笑。

结合新的教师观,谈谈你对陈老师的看法。

2. “不能让孩子输在起跑线上”这句难以查到出处的口号,正在成为家长、幼儿园、学校背后一股巨大的推动力,推动着相当多的家庭加入择幼儿园、择小学、择初中的队伍中。不少幼儿园主动适应家长和小学的需要,干脆把幼儿园的最后一年变成了学前班,不断地进行习题和知识训练,学习的是上小学后的知识。“不这样,孩子进入不了好小学,幼儿园的名誉也会受到影响。”同时也给小学的教育带来极大的困扰,许多新生在入学前就学了不少数学、语文、英语知识,教师根本没有办法按照小学一年级的课本讲课,“你讲什么他都会”但不讲不行。

结合上述案例,分析我国幼儿园和小学衔接存在的问题,提出合理的解决策略。

3. 某幼儿园活动场地上,孩子们自由地选取各种材料,和自己的伙伴一起构建游戏场地,器材的组合一变、使用的方法一变、活动的伙伴一变,活动的内容与形式也随之而改变,时而是孩子们的“滑雪场”,时而是“勇敢者之路”,时而是“地雷区”,时而又成了“大森林”,在不同的情境里孩子们主意越来越多,玩法各式各样,玩得也越来越自在尽兴。教师在旁边自如地进行指导。

请分析幼儿教师如何使教学游戏化,并在课程开展中恰当地使用语言法。